Das Lied des Herrn in der Fremde singen. Psalmen in zeitgenössischer lutherischer Interpretation

Dokumentation 59/2014

LUTHERISCHER
WELTBUND

Eine Kirchengemeinschaft

Das Lied des Herrn in der Fremde singen. Psalmen in zeitgenössischer lutherischer Interpretation

Herausgegeben von
Kenneth Mtata, Karl-Wilhelm Niebuhr, Miriam Rose

EVANGELISCHE VERLAGSANSTALT
Leipzig

Bibliografische Informationen der Deutschen Nationalbibliothek

Die Deutsche Nationalbibliothek verzeichnet diese Publikation in der Deutschen Nationalbibliografie; detaillierte bibliografische Daten sind im Internet über http://dnb.dnb.de abrufbar.

Coverbild: NASA, ESA, J. Hester and A. Loll (Arizona State University), öffentliches Eigentum

Redaktionelle Verantwortung: LWB-Abteilung für Theologie und Öffentliches Zeugnis

Übersetzung aus dem Englischen: LWB-Büro für Kommunikation in Zusammenarbeit mit Antje Bommel, Ursula Gassmann, Claudia Grosdidier-Schibli, Detlef Höffken, Angelika Joachim und Regina Reuschle.
Satz und Textlayout: LWB-Büro für Kommunikation/Abteilung für Theologie und Öffentliches Zeugnis
Gestaltung: LWB-Büro für Kommunikation/EVA
Druck und Binden: Druckhaus Köthen GmbH & Co. KG

Veröffentlicht von:
Evangelische Verlagsanstalt GmbH, Leipzig, Germany, für
Lutherischer Weltbund
150, rte de Ferney, Postfach 2100
CH-1211 Genf 2, Schweiz

ISBN 978-3-374-04188-6

www.eva-leipzig.de

Parallelausgabe in englischer Sprache

Inhalt

DANKSAGUNG

Die zweite internationale Hermeneutik-Konferenz wurde ermöglicht durch die Unterstützung der Deutschen Forschungsgemeinschaft und des Kultusministeriums des Freistaats Thüringen. Wir danken für die offiziellen Abendessen, die ausgerichtet wurden von der Bischöfin der Evangelischen Kirche in Mitteldeutschland, Ilse Junkermann, sowie von Dr. Thomas A. Seidel, dem Beauftragten der Thüringer Landesregierung zur Vorbereitung des Reformationsjubiläums. Die Konferenzteilnehmenden hatten, dank der freundlichen Unterstützung durch die Wartburgstiftung Eisenach, die Klassikstiftung Weimar und das Augustinerkloster Erfurt, Gelegenheit, berühmte historische Stätten in Weimar, Erfurt und Eisenach zu besuchen. Sie wurden herzlich willkommen geheissen von Kirchengemeinden und Vertreterinnen und Vertretern der Superintendentinnen und Superintendenten von Eisenach, Weimar und Erfurt. Schliesslich möchten wir noch den engagierten Organisatorinnen und Organisatoren der Konferenz vor Ort danken – Dr. Karl-Wilhelm Niebuhr, Dr. Miriam Rose sowie ihren hilfreichen Assistentinnen Maria Köhler, Charlotte Reinhold und Anne Puhr.

VORWORT

Martin Junge

Diese Aufsatzsammlung will einen Beitrag leisten zur fortgesetzten Reflexion lutherischer Theologinnen und Theologen über Fragen der Auslegungspraxis und -theorie innerhalb der lutherischen Tradition. Die erste Publikation zum Thema, „„Du hast Worte des ewigen Lebens'. Transformative Auslegungen des Johannesevangeliums aus lutherischer Sicht", stellte das Evangelium nach Johannes in den Mittelpunkt, der nun vorliegende Band fragt danach, wie wir als lutherische Kirchen in unseren verschiedenen Kontexten gemeinsam das Alte Testament lesen.

Die Reformation des 16. Jahrhunderts resultierte unter anderem aus einer gemeinschaftlichen Anstrengung zur Auseinandersetzung mit der Heiligen Schrift, auf der Grundlage einer gründlichen literarischen und theologischen Analyse sowie mit dem bewussten Blick auf die drängenden sozialen Fragen der Zeit. Kein Buch der Bibel spielte dabei eine wichtigere Rolle als der Psalter, der die Verbindung herstellt zwischen dem Ausdruck der existenziellen Sinnsuche der einfachen Christinnen und Christen und der Hoffnung auf Rettung durch Gott, die in seinen Verheissungen gründet. Genau aus diesem Grund befasste sich Martin Luther in seinen ersten Vorlesungen an der Universität Wittenberg im Oktober 1512 mit den Psalmen.

In seiner Vorrede zum Psalter von 1528 schreibt Luther:

Es haben viel heilige Väter den Psalter sonderlich vor andern Bücher[n] gelobt und geliebt... Zudem tut der Psalter noch mehr indem er nicht gewöhnliche allgemeine Reden der Heiligen uns vorbildet, sondern die allerbesten, die sie mit grossem Ernst in der allertrefflichsten Sache mit Gott selber geredet haben. Dadurch stellt er nicht allein ihre Worte über ihre Werke, sondern zeigt uns auch ihr Herz und den innersten Schatz ihrer Seele, sodass wir in den Grund und die Quelle ihrer Worte und Werke d. h. in ihr Herz sehen können... Denn ein menschlich Herz ist wie ein Schiff auf einem wilden Meer, welches die Sturmwinde von den vier Orten der Welt treiben... Was ist aber das Meiste im Psalter als solch ernstlich Reden in allerlei solchen Sturmwinden? Wo findet man feinere Worte von Freuden, als die Lobpsalmen oder Dankpsalmen haben?

Mit diesen Überlegungen bekräftigt Luther den Geist der Psalmen, der konkrete menschliche Erfahrungen wie Schmerz, Bedauern und Verzweiflung in den Mittelpunkt stellt. Solche Erfahrungen haben aber im Psalter nicht das letzte Wort, dieses lautet vielmehr: „In der Angst rief ich den Herrn an; und der Herr erhörte mich und tröstete mich." (Ps 118,5) Die Botschaft der Befreiung und Erlösung ist das letzte Wort für jene, die in ihrer Klage Trost finden in Gottes Verheissungen.

Ich empfehle diese Aufsatzsammlung Lehrenden an theologischen Seminaren und anderen Bildungseinrichtungen, Geistlichen und all jenen, die ihr Verständnis der Psalmen im Licht der lutherischen Tradition und im Angesicht der unterschiedlichen Herausforderungen ihres jeweiligen Kontextes vertiefen wollen.

GRUSSWORT

Klaus Dicke

Es ist mir eine grosse Ehre und Freude, Sie in Eisenach zur zweiten internationalen Hermeneutik-Konferenz unter dem Titel „Auf dem Weg zu einer lutherischen Psalmenhermeneutik" herzlich willkommen heissen zu dürfen. Die Universität Jena ist sehr erfreut darüber, dass die zweite vom Lutherischen Weltbund ausgerichtete Konsultation dieser Reihe, die auf internationaler Ebene lutherische hermeneutische Perspektiven erörtert, in Thüringen stattfindet und dass unsere theologische Fakultät die Ehre hat, im Vorfeld des 500. Reformationsjubiläums 2017 ihre Gastgeberin zu sein.

Hochschulrektorinnen und -rektoren in aller Welt wird eine gewisse „My-home-is-my-castle"-Mentalität antrainiert, aber für meinen Teil bedauere ich keineswegs die einstündige Fahrt von Jena nach Eisenach, da Eisenach meines Erachtens aus mehreren Gründen der richtige Ort für diese Konferenz ist. Zunächst und vor allem ist Eisenach die Stadt, wo Martin Luther zur Schule ging, wo er auf der Wartburg das Neue Testament in die Volkssprache übersetzte und, neben anderen Werken, seinen Psalmenkommentar vollendete. Eisenach ist nicht nur eine der prominentesten Lutherstätten, sondern auch der Ort, an dem sich sowohl geografische Hinweise auf das Lutherlied „Ein feste Burg ist unser Gott" entdecken lassen als auch seine theologische Bedeutung sinnfällig wird.

Zweitens wurde Johann Sebastian Bach hier in Eisenach in der Georgenkirche getauft. Bachs sakrale Musik umfasst über 200 Kantaten und steht für eine ganz eigene lutherische Hermeneutik. Er ist am 21. März 1685 geboren. Dass Bachs Geburtstag jährlich gefeiert wird und dass Kantaten von Bach, Telemann und anderen häufig Teil der Sonntagsgottesdienste in der Georgenkirche sind, zeigt die Spiritualität dieser Stadt.

Drittens arbeitete die Universität Jena, die 1548 als akademische Plattform des Luthertums gegründet wurde, im Vorfeld des Jubiläums 2017 eng mit der Kirche in Eisenach und ihrer Leitung zusammen. So fand 2012 ein Symposium zu Luther und Bach statt, aktuell ist für 2015 ein Symposium über Nikolaus von Amsdorf in Planung, der auf dem Weg von Worms auf die Wartburg zu Luther stiess und im Mai 1565 in Eisenach starb. In Eisenach stehen wir auf festem, reichem lutherischem Boden.

In den letzten Wochen habe ich wieder einmal einige von Luthers frühen Predigten und Schriften zur Hand genommen. Aufgefallen ist mir dabei, dass Luther häufig den Gedanken der „Erfahrung" aufgreift. Besonders in seinen Predigten wird deutlich, dass er ein recht sensibler Beobachter seines eigenen Inneren wie des Inneren seiner Mitmenschen war und lebhaftes Interesse hatte am öffentlichen Leben und an der Natur. Mir scheint, dass gerade für Luther das Lesen im Psalter eine pädagogische Übung darstellte und dass er in jeder einzelnen Erfahrung den Willen des Herrn erkannte. Bei der Vorbereitung auf dieses Grusswort habe ich mich gefragt, was Martin Luther zu dem schrecklichen, apokalyptischen Wetter dieser Woche gesagt hätte. Da fiel mir sofort die Bachkantate „Bleib bei uns, denn es will Abend werden" ein. Ich nahm die CD vom Regal und fand die Antwort auf meine Frage. Im vierten Satz der Kantate, einem Bass-Rezitativ, heisst es:

> Es hat die Dunkelheit an vielen Orten überhandgenommen.
> Woher ist aber dieses kommen?
> Bloss daher, weil sowohl die Kleinen als die Grossen nicht in Gerechtigkeit
> vor dir, o Gott, gewandelt
> und wider ihre Christenpflicht gehandelt.
> Drum hast du auch den Leuchter umgestossen.

Im letzten Satz der Kantate schliesslich finden wir Martin Luthers Choral:

> Beweis dein Macht, Herr Jesu Christ,
> der du Herr aller Herren bist;
> beschirm dein arme Christenheit,
> dass sie dich lob in Ewigkeit.

Mit diesem Gebet Luthers wie Bachs wünsche ich Ihnen einen schönen, sicheren Aufenthalt in ihrer Stadt und in Thüringen, anregende Referate und Diskussionen sowie Gottes Segen für Ihre Konsultation.

Einführung

Kenneth Mtata, Karl-Wilhelm Niebuhr, Miriam Rose

Ich rede von dem, was du befohlen hast, und schaue auf deine Wege. Ich habe Freude an deinen Satzungen und vergesse deine Worte nicht. (Ps 119,15f.)

Am 3. Januar 1521 exkommunizierte Papst Leo X. mit einer Bannbulle Martin Luther, da sich dieser sowohl dem Papst als auch dem Kaiser widersetzt hatte. Kaiser Karl V. lud Luther zum Reichstag nach Worms ein und gab ihm damit die Möglichkeit, von seiner theologischen Position abzurücken. Er kam tatsächlich am 17. April nach Worms, nachdem ihm der Kaiser sicheres Geleit zugesagt hatte. Aber Luther widerrief seine Lehren nicht, er wurde zum Ketzer erklärt und geächtet, auf dem Rückweg vom Reichstag wurde ihm aber tatsächlich sicheres Geleit gewährt. Friedrich der Weise, Luthers Freund und Schutzherr, liess ihn nach der Abreise aus Worms zu seiner eigenen Sicherheit „entführen" und auf die Wartburg bringen. Dort auf der Wartburg vollendete Luther die Übersetzung des Neuen Testaments in die deutsche Volkssprache (1521/22) und kehrte dann 1522 nach Wittenberg zurück, wo er die Grundlegung der evangelischen Kirche beaufsichtigte. Für Luther war das Wort Gottes Fundament der Kirche, der Psalter gehörte zu jenen biblischen Büchern, die er besonders schätzte.

Die in diesem Buch gesammelten Aufsätze wurden erstmals anlässlich einer Konferenz über den Psalter vorgelegt, die 2013 am Fuss der Wartburg in Eisenach stattfand, einem symbolträchtigen Veranstaltungsort für diese Tagung, die vom Lutherischen Weltbund und der Universität Jena gemeinsam ausgerichtet wurde. Sie ist die zweite in einer vom LWB organisierten Serie von Hermeneutik-Konsultationen, die Raum bieten sollen für die gemeinsame Auseinandersetzung der Mitgliedskirchen und ihrer theologischen Einrichtungen mit den hermeneutischen Ressourcen, die das Luthertum bietet, sowie für den Austausch mit ökumenischen Partnern in Vorbereitung auf das Reformationsjubiläum 2017.

Die erste Konsultation 2011 in Nairobi beschäftigte sich mit dem Verhältnis des Johannesevangeliums samt seinem Kontext zu seinen Leserinnen und Lesern in ihrem jeweiligen Kontext sowie mit der Möglichkeit, das Evangelium zu lesen aus der Perspektive des lutherischen theologischen Erbes in seiner ganzen Bandbreite. Es stellte sich heraus, dass eine Verstärkung der ökumenischen Komponente sowie ein intensivierter Blick auf den Zusammenhang zwischen dem Gelesenen und der spirituellen Erneuerung der Kirche sowie dem Wandel der Gesellschaft erforderlich sei. Dieses interpretative Element wurde bei der Psalmen-Konferenz vorab eingeplant, an der Wissenschaftlerinnen und -wissenschaftler und Kirchenleitende aus allen sieben LWB-Regionen sowie ökumenische Gäste teilnahmen.

Das erste Kapitel bietet einen Überblick über das Spektrum der Psalmenauslegung. Einer der Beiträge behandelt die lutherische hermeneutische Perspektive, ein zweiter setzt die Klagepsalmen in Bezug zu einem gewaltbestimmten Kontext der Gegenwart. Im zweiten Kapitel geht es um methodische Herausforderungen der Psalmenauslegung, die nicht nur Teil der christlichen Bibel sind, sondern auch bis heute als heilige Texte im jüdischen religiösen Leben Verwendung finden. Die lutherische Perspektive gibt der christologischen Interpretation des Alten Testaments Vorrang als wesentlichem Aspekt für den Umgang mit den Psalmen in kirchlichen Kontexten der Gegenwart. Liest man die Psalmen christologisch, ergibt sich daraus ein vertieftes Verständnis davon, wer Christus für uns ist. Wir machen so dieselbe Erfahrung wie Martin Luther, dessen Verständnis von Jesus Christus sich durch die Psalmen weiterentwickelte und vertiefte. Da er Mensch war, brachte Jesus in seiner eigenen Person das Menschsein in die Gegenwart Gottes. An diesem Menschsein haben wir Anteil. Ein solches christologisches Verständnis der Psalmen impliziert eine hermeneutische Spirale – die Psalmen helfen uns, Christus zu verstehen, in dem gleichen Masse, in dem uns Christus befähigt, die Psalmen zu verstehen. Hieraus ergibt sich die Frage, was ein solches Verständnis für die christlich-jüdischen Beziehungen bedeutet. Können Christinnen und Christen die Psalmen lesen, ohne andere Glaubensgemeinschaften zu berücksichtigen, mit denen sie diese reiche Quelle des Glaubens teilen?

Das dritte Kapitel behandelt verschiedene schwierige Themen des Psalters aus lutherischer Sicht. Die Autorinnen und Autoren arbeiten wichtige Prinzipien lutherischer Hermeneutik heraus, die bei der Auslegung der Psalmen ernst genommen werden sollten. Hierzu zählt etwa die Berücksichtigung der literarischen Form des behandelten Textes. Eine solche Auslegung macht sich das Bewusstsein für die Transzendenz Gottes zu Eigen – Gott kommt zu uns ohne unser Zutun. Ausserdem orientiert sie sich an der Bewegung des/der Lesenden von der Verzweiflung zum Glauben, von der Einsamkeit und Distanz zur Gemeinschaft mit Gott und den Mitgeschöpfen. Die Gemeinschaft der Menschen, die die Psalmen auf diese Weise lesen, bemüht sich auch, das geschriebene Wort in Verbindung zu setzen zum alltäglichen Leben.

Im folgenden Kapitel wird die Rezeption der Psalmen im Neuen Testament untersucht. Wir lesen die Psalmen im vollen Bewusstsein dafür, dass es nicht die eine, alleingültige Auslegung für das jeweilige biblische Buch gibt und dass der Psalter innerhalb des Alten Testaments, im frühen Judentum, im Neuen Testament und später auf unterschiedliche Weisen interpretiert wurden, wobei jede der aufeinanderfolgenden Auslegungsweisen wesentliche Einsichten für die weiteren Lesarten ergab. Als Christinnen und Christen lesen wir die Psalmen sowohl einzeln als auch als Teil des Psalters, Teil des Alten Testaments im Bezug zum Neuen Testament. Wir berücksichtigen dabei auch, dass Jesus selbst, wie auch die Autoren des Neuen Testaments den Psalter nutzen, um die Einheit beider Testamente zu belegen. Aber wir lesen die Psalmen auch im Bewusstsein ihres historischen Ursprungs, ihrer Rezeptionsgeschichte, ihrer theologischen Deutungen und ihrer Relevanz und Bedeutung für uns heute.

In den letzten beiden Kapiteln geht es um Luthers Psalmenauslegung, das zweite dieser beiden Kapitel befasst sich mit Fragen des Kontextes. Die Psalmen können uns helfen, das Menschsein zu verstehen, denn sie bieten einen Rahmen, unsere Erfahrungen zu deuten. In ihnen ist ein Empfinden spürbar für die menschliche Existenz, die sie jeweils beschreiben, und sie richten ihre Aufmerksamkeit auf Fragen von Recht und Unrecht, Gewalt, Konflikt, Klage und Freude. Die Psalmen feiern das Menschsein, lassen aber auch zu, dass der Sehnsucht nach neuem Leben in Gott leidenschaftlicher Ausdruck verliehen wird. Besonders in den Klagepsalmen erkennen wir die Paradoxa des Lebens, an denen wir alle Anteil haben, jenseits unserer verschiedenen Kontexte. Die Klagepsalmen sprechen von Protest, Rache, Wut, sie schreien nach Gerechtigkeit aus der Erfahrung von Schmerz, Unrecht, Leid, Verlassenheit und Zurückweisung. Die Klagepsalmen behandeln sowohl die Ferne als auch die Erfahrung der Nähe Gottes.

Die Texte dieser Veröffentlichung machen den Wert der Auseinandersetzung mit den Psalmen deutlich und zeigen auf, wie der Psalter helfen kann, unser Verständnis von der Auslegung der Bibel zu erweitern. Der Psalter bleibt ein wichtiges biblisches Buch, das sich dazu eignet, christliches Leben zu gestalten und zu prüfen. Als christliche Leserinnen und Leser der Bibel vertreten wir die Auffassung, dass Gott zu uns durch die Heilige Schrift des Neuen wie des Alten Testaments spricht. Der Prozess biblischer Auslegung erreicht dann sein Ziel, wenn der jeweilige Text Wirkung im Leben derjenigen entfaltet, die ihn lesen und hören. Die Anwendung einer lutherischen Hermeneutik erfordert von uns, dass wir uns mit der Art und Weise auseinandersetzen, wie Luther die Texte las und wie nachfolgende Generationen lutherischer Psalmeninterpretinnen und -interpreten sie auf ihren jeweiligen Kontext anwandten, während wir uns in Treue darum bemühen, dieselben Schriftstellen in unseren eigenen Kontext hinein sprechen zu lassen. Die Psalmen bieten sowohl Beispiele als auch eine Sprache für das individuelle und gemeinschaftliche Bekenntnis der Schuld, die die Menschen von Gott und voneinander entfremdet. Im Psalter begegnen wir der ehrlichen Sprache des konkreten Menschenlebens vor Gott.

I. Hermeneutische Ansätze und Herausforderungen

Luthers erste Auslegung der Psalmen und ihr Beitrag zur Hermeneutik

Hans-Peter Grosshans

Im Jahr 1525 stellte Martin Luther der deutschen Ausgabe des Psalters eine kurze Einführung voran, in der er erläuterte, wie die Psalmen gelesen werden sollen, damit sie hilfreich sind:

> Der Psalter hat fur andern buechern der heyligen schrifft die tugent an sich, das er nicht alleyne allerley gutts leret vnd exempel furlegt, sondern auch auffs aller feynest, mit auserweleten worten zeygt vnd weyset, wie man Gottes gepott solle halten vnd erfullen, das ist, wie eyn hertz geschickt seyn sol, das eynen rechten glauben habe, vnd wie eyn gutt gewissen sich halte gegen Gott ynn allen zufellen wie es zu troesten vnd auff zu richten sey, Summa der psalter ist eyne rechte schule, darynne man den glauben vnd gut gewissen zu Gott, lernt, vbet vnd sterckt.[1]

Luther führte weiter aus, viele Psalmen priesen zwar Gottes Wahrheit, Gerechtigkeit und Wort und trösteten so die Glaubenden, andere wieder sprächen jedoch von Kreuz, Klage, Tränen und Sorge. Für ihn ist klar, dass gläubige Christenmenschen in diesem Leben leiden müssen. Die Psalmen beschrieben einerseits, wie der Geist lebt, kämpft, wirkt und im Glauben durch Gottes Wort und Wahrheit zunimmt, andererseits, wie menschliches Fleisch und irdisches Leben sterben, leiden, unterliegen und abnehmen.

---

[1] WA.DB 10/I, S. 588. Martin Luther wird in der Regel nach der Weimarer Ausgabe (= WA) seiner Werke nur mit Angabe des Bandes und der Seite zitiert. Im Haupttext werden die Texte Martin Luthers auf Deutsch zitiert. Falls sie nur auf Lateinisch vorliegen, handelt es sich dann um eigene Übersetzungen.

Luther betrachtete den Psalter als höchst lehrreich und des Studiums wert. Nach der Verleihung seines Doktortitels befasste er sich in den Jahren 1513 bis 1515 in seiner ersten Reihe exegetischer Vorlesungen mit den Psalmen. Luther war insofern ursprünglich Alttestamentler.[2] Lebenslang führte Luther seine Arbeit an den Psalmen fort. Besondere Beachtung verdienen dabei seine „Operationes in Psalmos" über die ersten 22 Psalmen (1519-1521), seine zweite Vorlesungsreihe über den Psalter, das 1524 herausgegebene Werk „Der Psalter deutsch nach Art hebräischer Sprache" und verschiedene Psalmenauslegungen aus den Jahren 1529 bis 1532, etwa seine Auslegung der ersten 25 Psalmen, die er während seines Aufenthalts auf der Veste Coburg in der Zeit des Augsburger Reichstags verfasste. Dazu kommen seine Vorlesungen 1532 über Psalm 2, 45 und 51, von Ende 1532 bis Ende 1533 über Psalm 120 bis 134 sowie 1534/35 über Psalm 90. Seine letzten Psalmenvorlesungen beschäftigten sich 1534 bis 1536 mit Psalm 101 und 23.

Noch vor seiner ersten Psalmenvorlesungen war Luther, wie dies seinerzeit üblich war, anderen Theologen und Philosophen wie Aristoteles, Augustin und Petrus Lombardus gefolgt. Ab 1513 legte Luther als inzwischen eigenständiger Theologe selbst die Psalmen aus, verwendete dabei jedoch auch weiterhin auf die Schriften anderer Theologen, etwa Augustins „Ennarationes in Psalmos". Ausserdem entwickelte er dabei, was vielleicht noch bedeutender ist, ein eigenes Konzept der Hermeneutik.

In Luthers frühen exegetischen Vorlesungen über den Psalter entsprach zwar seine neue Hermeneutik noch nicht gänzlich dem von ihm später vertretenen protestantischen Schriftverständnis, aber die Entwicklung zu seinem späteren Verständnis von der Auslegung biblischer Texte ist darin bereits sichtbar.

So spricht einiges für die Feststellung Karl Bauers, dass Luther durch seine neue Hermeneutik zum Reformator der Kirche geworden ist.[3] Allerdings kann Bauer diese neue Hermeneutik in Luthers ersten Psalmenvorlesungen noch nicht erkennen und meint daher, in den Vorlesungen 1513 bis 1515 sei Luther noch nicht als Reformator hervorgetreten. Da Luthers neue Hermeneutik erst in seinen Psalmenauslegungen der Phase 1519 bis 1521 offensichtlich werde, nimmt Bauer an, dass sich die wesentliche

---

[2] In seinen alttestamentlichen Vorlesungen behandelte Luther nicht nur die Psalmen, sondern auch andere alttestamentliche Bücher, darunter Genesis, Jesaja und die Kleinen Propheten.

[3] „[Z]um Reformator geworden ist er [Luther] [...] durch seine neue Hermeneutik.", schreibt Karl Bauer in: „Die Wittenberger Universitätstheologie und die Anfänge der Reformation", Tübingen, 1928, S. 145.

Veränderung in der Theologie und Hermeneutik Luthers zwischen 1516 und 1519 vollzogen habe.

Gerhard Ebeling hat diese Behauptung zurückgewiesen und aufzuzeigen versucht, dass bereits in Luthers ersten Vorlesungen zum Psalter nicht nur die Wurzeln seiner neuen Hermeneutik erkennbar sind, sondern auch einige ihrer konkreten Elemente, die sich dann in seiner zweiten Reihe von Psalmenvorlesungen zwischen 1519 und 1521 vollständig entfalteten.[4] Nach Ebeling hat Luther seine neue Hermeneutik zwar erst von 1516 bis 1519 entfaltet, doch seien die Grundlagen für diese reformatorische Hermeneutik noch im Zusammenhang mit den traditionellen hermeneutischen Ansätzen bereits 1513 bis 1515 gelegt worden.[5]

Innerhalb der Grenzen eines Beitrags zu einem Aufsatzband kann nun weder eine eigene Interpretation von Luthers Hermeneutik im ersten Jahrzehnt seiner Lehrtätigkeit präsentiert noch Luthers Theologie der Psalmen insgesamt dargestellt werden. Ich will mich stattdessen auf einige Elemente von Luthers Hermeneutik konzentrieren, die aus meiner Sicht charakteristisch sind für seine Art der Auslegung biblischer Texte im Allgemeinen und der Psalmen im Besonderen. An diesen an Luthers erster Psalmenvorlesungen wahrnehmbaren hermeneutischen Charakteristika wird bereits deutlich, auf welche Weise Luther die Hermeneutik erneuert hat.

Die Besonderheit von Luthers Hermeneutik

Bei der Lektüre der Psalmenvorlesungen Luthers aus den Jahren 1513 bis 1515 werden schnell drei dominante Elemente seiner Auslegungsmethode sichtbar. Luther folgt dem traditionellen Schema des vierfachen Schriftsinn[6], arbeitet mit der traditionellen Unterscheidung von Buchstabe und Geist (*litera* und *spiritus*), also dem wörtlichen und geistlichen Sinn des biblischen Texts, und praktiziert eine streng christologische Lesart des Psalters.

Luther verweist bereits in seiner Vorrede zum Wolfenbüttler Psalter auf diese Prinzipien. Der Einstieg in seine Vorlesung lautet:

---

[4] Vgl. Gerhard Ebeling: „Die Anfänge von Luthers Hermeneutik", in: Gerhard Ebeling: „Lutherstudien", Bd. 1, Tübingen, 1971, S. 7.

[5] Vgl. ebd., S. 6.

[6] Zu dieser hermeneutischen Theorie vgl. Hans-Peter Grosshans: „Verstehst du auch, was du liest?' (Apg 8,30) Lutherische Hermeneutik im Überblick", in: Kenneth Mtata (Hg.): „Du hast Worte des ewigen Lebens'. Transformative Auslegungen des Johannesevangeliums aus lutherischer Sicht", LWB-Dokumentation 57/2013, Leipzig, 2013, S. 27-53.

Ich will Psalmen singen mit dem Geist und Psalmen singen mit dem Verstand. Mit dem Geist zu singen bedeutet, mit geistlicher Hingabe und Empfindung zu singen. Dies sei gesagt gegen jene, die nur mit dem Fleisch singen. Dies gibt es in zweierlei Form: Die Einen singen mit unruhigem und müdem Herzen nur mit Zunge und Mund. Die Anderen singen tatsächlich mit frohen und frommen Herzen, geniessen es aber auf eher fleischliche Weise, erfreuen sich also an der Stimme, dem Klang, dem Vortrag und der Harmonie. Sie verhalten sich wie Knaben und kümmern sich nicht um den Sinn oder die Frucht des Geistes, der zu Gott erhoben werden soll. Zugleich bedeutet das Singen mit dem Verstand, mit geistlichem Verständnis zu singen. Auch hier gibt es zwei Gegensätze: Erstens jene, die von dem, was sie singen, nichts verstehen, so wie es heisst, dass die Nonnen den Psalter lesen. Die anderen sind jene, die ein fleischliches Verständnis von den Psalmen haben, wie die Juden, die die Psalmen immer auf die alten Geschichten ohne Christus anwenden. Christus aber öffnet ihnen den Verstand, damit sie die Schrift verstehen. Öfter jedoch erleuchtet der Geist den Verstand, die Gefühle, den Intellekt, ja, auch umgekehrt, denn der Geist erhebt uns an den Ort, wo das leuchtende Licht ist, während der Verstand den Gefühlen ihren Ort zuweist. So sind beide vonnöten, aber der erhebende Geist ist besser etc.[7]

Luther gibt einige Beispiele und fährt dann fort:

In der Schrift besitzt keine Allegorie, Tropologie oder Anagogie Gültigkeit, wenn diese Wahrheit nicht an anderer Stelle ausdrücklich formuliert ist. Sonst wird die Schrift zum Possenspiel. Man darf allegorisch wirklich nur verstehen, was anderswo historisch so gesagt wird, wie z. B. Berg im Sinne von Gerechtigkeit in Ps 36,7: „Deine Gerechtigkeit steht wie die Berge Gottes". Aus diesem Grund ist es am besten, man unterscheidet in der Heiligen Schrift den Geist vom Buchstaben, denn das macht einen wirklich zum Theologen. Die Kirche hat das nur vom

---

[7] WA 3, S. 11: „Psallam spiritu, psallam et mente. Spiritu psallere est spirituali devotione et affectu psallere, quod dicitur contra eos, qui carne tantum psallunt. Et hii dupliciter, primi qui vago et tedioso corde tantum lingua et ore canunt. Secundi qui quidem hylari et devoto corde sed magis carnaliter delectati, puta in voce, sono et apparatu et symphonia, sicut pueri solent, non curantes sensum vel fructum spiritus elevandi in Deum. Eodem modo psallere Mente est psallere spirituali intelligentia. Et his similiter duplices sunt contrarii, primum qui nihil intelligunt de eo, quod psallunt, sicut dicitur Moniales legere psalterium. Alii qui carnalem intelligentiam habent in psalmis sicut Iudei applicantes semper ps. ad veteres hystorias extra Christum. Sed Christus aperuit suis mentem, ut intelligerent scripturas. Frequentius autem spiritus illuminat mentem, affectus intellectum immo et econtra, quia spiritus elevat ad locum ubi est lux illuminans, Mens autem monstrat locum affectui. Ideo utrunque requiritur, sed melius spiritus elevans etc."

Heiligen Geist, nicht aus menschlicher Erkenntnis. In Ps. 72,8 heisst es deshalb: „Er soll herrschen von einem Meer bis ans andere". Vor der Offenbarung durch den Geist konnte niemand wissen, dass dieses Herrschen eine geistliche Herrschaft bedeutet, besonders, weil er nach dem historischen Verständnis hinzufügt „von einem Meer bis ans andere". Diejenigen also, die dies als Herrschen über das Fleisch und als irdische Majestät auslegen, haben den tötenden Buchstaben, die anderen haben den lebendig machenden Geist.[8]

Bereits in dieser Einleitung wird deutlich, wie Luther den Schwerpunkt von bestimmten Aspekten der traditionellen Hermeneutik weg verlagerte und damit schon auf dem Weg war zu einem tiefgreifenden Wandel.

Erstens betonte er die historische Bedeutung der biblischen Texte. In der Auslegung der Schrift gelten weder Allegorie noch Tropologie noch Anagogie, es sei denn, dieselbe Wahrheit wurde anderswo ausdrücklich auch historisch formuliert. Diese Erkenntnis war nicht neu, denn schon in der Augustinischen Tradition musste der vierfache Schriftsinn immer untermauert sein durch die literale und historische Bedeutung des Texts. Da nun die biblische Auslegung auf den literalen und historischen Sinn bezogen sein muss, wird die spirituelle Auslegung biblischer Texte in gewisser Weise eingeschränkt. Später gab Luther die Theorie vom vierfachen Schriftsinn ganz auf zugunsten des Wortsinns der biblischen Texte. Dieser ist jedoch nicht unbedingt identisch mit dem historischen Sinn eines Bibeltexts, mit dem das das Verständnis eines Textes auf dessen ursprünglichen historischen Kontext bezogen wird. Die positive Nutzung einer allegorischen, tropologischen und anagogischen Auslegung – in ihrer Verbindung zur historischen Bedeutung des Texts – in Luthers ers-

---

[8] WA 3, S. 11-12: „In Scripturis itaque nulla videlicet allegoria, tropologia, anagoge, nisi alibi hystorice idem expresse dicatur. Alioquin ludibrium fieret Scriptura. Sed omnino oportet illud solum pro allegoria accipi, quod alibi hystorice dicitur, ut Mons pro Iustitia ps. 57 ‚Iustitia tua sicut montes Dei'. Item in Scripturis sanctis optimum est Spiritum a litera discernere, hoc enim facit vero theologum. Et a spiritu sancto hoc tantum habet Ecclesia et non ex humano sensu. Ut ps. 7. ‚dominabitur a mari usque ad mare'. Quod hic dominari spirituale significat dominium, nemo potuit scire ante spiritus revelationem, maxime quia addit ‚a mari ad mare' secundum hystoricam intelligentiam. Qui ergo intelligunt hoc dominari de carne et temporali maiestate, habent literam occidentem, alii autem spiritum vivificantem." Vgl. Gerhard Ebelings gründliche Studie „Der vierfache Schriftsinn und die Unterscheidung von litera und spiritus", in: Gerhard Ebeling: „Lutherstudien", Bd. I, Tübingen, 1971, S. 51-53, in der er zeigt, wie Luther den vierfachen Schriftsinn insgesamt anwendet auf der Grundlage des übergeordneten Ansatzes der *litera occidens* im Gegensatz zum *spiritus vivificans* – also der Unterscheidung des tötenden Buchstabens vom lebendig machenden Geist.

ten Psalmenvorlesungen, steht im klaren Gegensatz zu seiner späteren Hermeneutik. Aber schon in diesen frühen Vorlesungen ist erkennbar, dass Luther auf dem Weg ist, seine Hermeneutik durch eine konsequente Präferenz für den Wortsinn des Texts zu verändern. Der Grund hierfür liegt in dem zweiten offensichtlichen hermeneutischen Schwerpunkt, den Luther in der Vorrede zu den Psalmenvorlesungen setzt.

Zweitens wäre es nun freilich ebenso falsch, die biblischen Texte *nur* in historischer Hinsicht zu lesen und zu interpretieren, wie es falsch wäre, die historische Bedeutung eines Bibeltexts zu ignorieren. Vermeidet man beides, so gelangte man vielleicht direkt zu dem Konzept eines dreifachen *geistlichen* (spirituellen) Schriftsinns. Luther illustriert diese Überlegung, indem er die vielfältigen (innerlichen) Weisen, Psalmen zu singen, beschreibt. Betrachten wir die Psalmen als geistliche Lieder, nähern wir uns dem Konzept eines „geistlichen Verständnisses", wie es die frühe Kirche im vierfachen Schriftsinn entwickelt hat. Nach diesem Verständnis gibt es neben dem wörtlichen und historischen Sinn auch eine geistliche Lesart eines biblischen Textes, die allegorisch, tropologisch (moralisch) oder anagogisch (eschatologisch) sein kann. Eine spirituelle Auslegung gibt Antworten auf konkrete geistliche Fragen an den biblischen Text: Was sagt er uns über Gottes Heilshandeln und Heilsgeschichte (allegorisch)? Was sagt er uns darüber, was wir tun sollen (tropologisch)?[9] Worauf können wir im zukünftigen Leben hoffen (anagogisch)? Ein Text der Heiligen Schrift sollte nicht nur Aussagen über Vergangenes machen und Informationen über seinen historischen Kontext (und Gottes Gegenwart darin) liefern, sondern Gottes Wirklichkeit darstellen, die die Lesenden und Zuhörenden mit ihren jeweiligen Kontexten und Realitäten umfasst und sie vor die Aufgabe stellt, sich selbst innerhalb dieser göttlichen Wirklichkeit zu verstehen.

Die Geschichte der evangelischen Hermeneutik hat sehr viel damit zu tun, wie wir das spirituelle Verständnis eines biblischen Textes so erfassen, dass uns der göttliche Geist ergreift und bewegt. Bereits in der Vorrede zu seinen frühen Psalmenvorlesungen versuchte Luther, den göttlichen Geist zu betonen und so ein geistliches Verständnis in den biblischen Texten selbst und ihrer literalen Auslegung zu finden als von aussen in sie einzutragen. Der Grund dafür lag nicht nur in seinem allgemeinen Respekt vor der Heiligen Schrift als solcher, sondern in Luthers Einsicht, dass es in allen biblischen Texten um Christus geht. Oder anders und mit einem Begriff, den später der Lutheraner Matthias Flacius populär machte, gesagt: Christus ist der eine und einzige *Skopus* der Heiligen Schrift. Wenn wir

---

[9] Der tropologische Sinn eines Texts stellt den oder die Lesenden oder Zuhörenden in Frage und fordert sie heraus, sich (in ihrem Leben) in Bezug auf die im Text präsentierte Realität zu positionieren.

davon ausgehen, dass alle biblischen Texte in ihrer ganzen Vielfalt letztlich von Christus handeln, oder ihn zumindest bezeugen, dann brauchen wir die verschiedenen spirituellen Bedeutungen nicht mehr. Vielmehr könnten Versuche, verschiedene spirituelle Bedeutungen eines biblischen Textes zu finden, dazu führen, den Kern des Textes zu übersehen, nämlich sein Zeugnis von Christus. Um herauszufinden, was ein biblischer Text über Christus sagt, genügt es, ihn literal zu verstehen. Um hier Missverständnisse zu vermeiden, muss eigens betont werden, das zum literalen Verständnis eines Textes nicht nur erforderlich ist, ihn in der Originalsprache zu lesen, sondern auch, die in ihm verwendeten literarischen Formen (Grammatik, Semantik, Stil, poetischer Anspruch, Rhetorik) zu kennen.

Dass Luther Christus als *Skopus* aller biblischen Texte verstand, charakterisierte auch seine Psalmenauslegung, obwohl der Psalter natürlich Teil des Alten Testaments ist. Von Anfang an ist dabei Luthers Konzentration auf Christus deutlich. Zu der bereits zitierten Vorrede fügte Luther eine „Vorrede Jesu Christi, dem Sohn Gottes und unserem Herrn, zum Psalter Davids"[10] hinzu. Mit Bezug auf eine Reihe biblischer Zeugen (Mose, Sacharja, Petrus, Paulus) schlägt er einige allgemeine Richtlinien für die Auslegung der Psalmen vor.

> Daraus ziehen wir die folgende Richtschnur für dieses dunkle, aber heilige Labyrinth. Jede Prophetie und jeder Prophet muss in Bezug auf Christus, den Herrn, verstanden werden, es sei denn, es wird in klaren Worten gesagt, dass von jemand anderem die Rede ist. Denn so spricht er selbst: „Ihr sucht in den Schriften: jene sind es, die von mir zeugen".[11]

Luther verbindet den Bezugspunkt fast aller biblischen Texte, Jesus Christus, mit dem traditionellen Konzept des vierfachen Schriftsinns, um eine rein historische Auslegung von Bibeltexten zu vermeiden. Mit ihrem Bezug auf Jesus Christus vermitteln biblische Texte nicht nur historische Informationen, sondern sind auch auf die Gegenwart und das jeweilige Leben der Lesenden und Hörenden sowie auf das gemeinschaftliche Leben der Kirche, der Gemeinschaft der Glaubenden, bezogen. So fährt Luther fort:

---

[10] WA 3, S. 12: „PRAEFATIO IHESV CHRISTI filii dei et domini nostri in Psalterium DAVID".

[11] WA 3, S. 13: „Ex quibus tale educitur filium directorium in hoc caliginoso et sacro labyrintho. Omnis prophetia et omnis propheta de Christo domino debet intelligi, nisi ubi manifestis verbis appareat de alio loqui. Sic enim ipse dicit: Scrutamini scripturas: ille enim sunt, quæ testimonium perhibent de me".

Was immer wörtlich vom Herrn Jesus Christus und seiner Person gesagt wird, muss allegorisch verstanden werden hinsichtlich der Hilfe, die ihm entspricht und der Kirche, die mit ihm in allen Dingen übereinstimmt. Gleichzeitig muss dies tropologisch verstanden werden hinsichtlich des geistlichen und inneren Menschen im Gegensatz zum fleischlichen und äusseren Menschen.[12]

Er belegt seine Aussage mit weiteren Beispielen:

Dies wird offensichtlich an Beispielen. „Wohl dem der nicht wandelt usw." Wörtlich bedeutet das, dass der Herr Jesus keine Zugeständnisse an die Vorlieben der Juden und das schlimme und abtrünnige Zeitalter machte. Allegorisch ist gemeint, dass die heilige Kirche keine Zugeständnisse an die bösen Absichten von Verfolgern, Ketzern und gottlosen Christen macht. Tropologisch bedeutet es, dass der menschliche Geist nicht in die Verführungen und Einflüsterungen des widrigen Fleisches und die gottlosen Regungen des sündigen Leibes einstimmt. So heisst es in Ps 2: „Deshalb murren die Völker usw." Literal ist das Murren der Juden und Heiden gegen Christus in seiner Passion gemeint. Allegorisch richtet sich die Aussage gegen Tyrannen, Ketzer und gottlose Kirchenführer. Tropologisch ist sie gegen die Tyrannei, die Versuchung und die Unruhe des fleischlichen und äusseren Menschen gerichtet, der den Geist als die Wohnung Christi erschüttert und beschädigt.[13]

Zwar ringt Luther an diesem Punkt noch mit den traditionellen Interpretationen gemäss des dreifachen Spiritualsinns biblischer Texte, doch er ist bereits auf dem Weg, sich von ihnen zu lösen und sein Verständnis biblischer Texte auf Christus auszurichten.

Drittens unterscheidet Luther bereits in seinen frühen Psalmenauslegungen klar zwischen tötendem Buchstaben und lebendig machendem

---

[12] WA 3, S. 13: „Quicquid de domino Ihesu Christo in persona sua ad literam dicitur, hoc ipsum allegorice de adiutorio sibi simili et ecclesia sibi in omnibus conformi debet intelligi. Idemque simul tropologice debet intelligi de quolibet spirituali et interiore homine, contra suam carnem et exteriorem hominem".

[13] WA 3, S. 13: „Exemplis id palam fiat. ,Beatus vir qui non abiit etc.' Litera est dominum Ihesum non concessisse in studia Iudaeorum et generationis pravae et adulterae, quae tempore suo concurrebat. Allegoria est ecclesiam sanctam non consensisse malis studiis persecutorum, hereticorum et impiorum christianorum. Tropologia est spiritum hominis non consentire suadelis et suggestioni carnis adversariae et impiorum motuum corporis peccati. Sic psal. 2. ,Quare fremuerunt gentes &c.' Litera est de fremitu Iudaeorum et gentium contra Christum in sua passione. Allegoria est contra tyrannos, hereticos et impios principes ecclesiae. Tropologia est contra tyrannidem, tentationem et procellam carnalis et exterioris hominis impellentis et affligentis spiritum habitaculum Christi."

Geist. Diese Terminologie findet sich bereits am Ende der „Vorrede zu den Glossa" im „Wolfenbüttler Psalter", wo Luther auf eine historisierende Fehlauslegung von Psalm 72,8 („Er soll herrschen von einem Meer bis ans andere...") hinweist in der Bedeutung von politischer Herrschaft („über das Fleisch und als irdische Majestät") etwa in Form eines weltweiten theokratischen Staates. Luther sagt, jene, die Psalm 72,8 im politischen Sinne lesen, gebrauchen den biblischen Vers als „tötenden Buchstaben" und nicht als „lebendig machenden Geist".

Inwiefern aber „tötet" eine historisierende Lesart von Psalm 72,9? Das Bemühen um ein historisierendes Verständnis bedeutet eben nicht nur, einen Text in Bezug zu seinem früheren Kontext zu setzen, sondern insgesamt zur Geschichte – Vergangenheit, Gegenwart und Zukunft ein- schliessend – als der Dimension menschlichen Lebens, in der die materiel- len Lebensbedingungen organisiert und das Zusammenleben strukturiert werden. Dasselbe ist dann auch mit „Herrschaft" gemeint. Versteht man den Ausdruck „von einem Meer bis ans andere" nur historisierend, dann wird dies auch politisch in dem Sinne verstanden, dass Gott eine globale politische Herrschaft auf Erden errichten wird, in der nach Gottes Gesetz regiert wird. So verstanden singt Psalm 72 von einem von Gott gerecht gemachten König, wie ihn die Menschen erhoffen:

> ...dass er dein Volk richte mit Gerechtigkeit und deine Elenden rette. Lass die Berge Frieden bringen für das Volk und die Hügel Gerechtigkeit. Er soll den Elenden im Volk Recht schaffen und den Armen helfen und die Bedränger zermalmen. Er soll leben, solange die Sonne scheint und solange der Mond währt, von Geschlecht zu Geschlecht. Er soll herabfahren wie der Regen auf die Aue, wie die Tropfen, die das Land feuchten. Zu seinen Zeiten soll blühen die Gerechtigkeit und grosser Friede sein, bis der Mond nicht mehr ist. Er soll herrschen von einem Meer bis ans andere und von dem Strom bis zu den Enden der Erde. (Ps 72,2–8).

Der junge Luther war freilich der Überzeugung, dass eine politische Ausle- gung dieser Stelle nicht nur in die falsche Richtung geht, sondern tatsäch- lich zum Tode führt. In einer solchen Auslegung ist dieser biblische Text daher „tötender Buchstabe".[14] Luther wäre zweifellos einer theologischen Rechtfertigung eines globalen Imperiums egal welchen Herrschers (auch wenn er fromm wäre), der das göttliche Gesetz politisch zu realisieren versuchte, (aber auch einer herrschenden Gruppe mit einer guten Ideolo- gie oder sogar göttlichen Theologie) höchst kritisch gegenübergestanden.

---

[14] Zu Lebzeiten Martin Luthers herrschte Karl V. über ein Reich, über dem die Sonne nie unterging.

Aber warum sollte eine solche Lesart von Psalm 72 (und ähnlichen biblischen Texten) nicht nur falsch, sondern gar todbringend sein?

Zunächst zeigt uns die Geschichte, dass auch Imperien, die reine und wahre (ja selbst göttliche) Gerechtigkeit anstreben, doch Imperien bleiben, mit allen negativen Aspekten, die mit der Anwendung von Gewalt und dem Missbrauch von Macht einhergehen. Darüber hinaus lehrt die Erfahrung, dass dies immer die Tötung von Menschen impliziert. Wir müssen daraus die Konsequenz ziehen, dass Gerechtigkeit (in ihrer politischen, ökonomischen und kulturellen Dimension) auf Freiheit basieren muss. Natürlich halten hier andere entgegen, dass gerade auch die westliche Vorstellung von Freiheit im politischen, ökonomischen und kulturellen Sinne tötet, zumindest ausserhalb der westlichen Welt.

Solche Überlegungen zu denkbaren Szenarien einer historisierenden Lesart von Psalm 72,8 verdeutlichen, dass Luther Recht hat. In solchen Interpretationen biblischer Texte werden wir mit „tötenden Buchstaben" konfrontiert, auch wenn Menschen mit diesem Lied in seinem ursprünglichen historischen Kontext ihre Hoffnung auf ein besseres, friedliches und gerechtes Leben artikulierten.

Es sind jedoch nicht nur diese Konsequenzen (die den Tod von Menschen implizieren können), weshalb Luther Psalm 72,8 – einen Vers, in dem die Hoffnungen von Menschen in der Vision eines weltweiten theokratischen Imperiums ausdrückt sind – als „tötenden Buchstaben" betrachtete, wenn der Vers historisierend ausgelegt wird. Vielmehr ist ein historisierendes Verständnis eines Textes wie Psalm 72 nach Luthers Auffassung „tötend", weil es nicht vom „lebendig machenden Geist" inspiriert ist. Luther hat die „tötende" Dimension des reinen Buchstaben im Gegensatz zum „lebendig machenden Geist" gesehen. Der Buchstabe tötet, wenn das Lesen und Verstehen einer Bibelstelle nicht durch den „lebendig machenden Geist" inspiriert ist. Die Abwesenheit von Leben ist der Tod; der Entzug der lebensspendenden Macht nimmt Leben, tötet also. Für Luther ist die lebensspendende Macht der göttliche Geist der biblischen Texte.

Nach Luther ist der göttliche, lebendig machende Geist in den Psalmen besonders präsent, weil er David, ihren Autor, als den bedeutendsten Propheten betrachtete. Im „Dresdener Psalter" reflektiert er in der „Vorrede zu den Scholia" darüber und teilt mit, dass er nun weder die verschiedenen interessanten Aspekte von Davids Leben und Herrschaft aufzählen noch ein Loblied auf ihn als herausragenden Propheten singen wolle, sondern die Psalmen Davids als die Schriften eines Propheten lesen und auslegen wolle.

Der Mann, dem dies bezüglich des Christus des Gottes Jakobs aufgetragen wurde, der auserlesene Psalmist Israels, sprach: „Der Geist des Herrn hat durch mich geredet, und sein Wort sagte er durch meine Zunge. Der Gott Israels hat zu mir gesprochen, der Mächtige Israels, der gerechte Herrscher der Menschen, der Herrscher in der Furcht Gottes, wie das Licht des Morgens leuchtet, wenn die Sonne aufgeht am wolkenlosen Morgen."[15]

Aus den von Samuel überlieferten letzten Worte Davids schloss Luther, dass zwischen David und den anderen Propheten ein Unterschied bestehe.

Andere Propheten verwendeten die Formulierung, „des Herrn Wort geschah zu mir". Dieser aber sagt nicht, „des Herrn Wort geschah zu mir", sondern formuliert auf neue Weise: „Sein Wort wird durch mich gesagt." Diese Wortwahl weist hin auf eine höchst intime und vertraute Inspiration. Andere Propheten bekennen, dass sie geredet haben, dieser aber erklärt, dass auf einzigartige Weise nicht er selbst redete, sondern der Geist durch ihn.[16]

Luther verstand sich also in seiner Rolle als Ausleger der Psalmen als jemand, der das vom göttlichen Geist durch David gesprochene Wort Gottes an sein eigenes Publikum weitergibt.

Ein solches Verständnis der Rolle des Auslegers macht es unmöglich, strikt zwischen Predigt und Lehre zu unterscheiden. Theologinnen und Theologen haben die doppelte Aufgabe, Predigende und akademisch Lehrende zu sein – beide Funktionen sind untrennbar miteinander verbunden. Gute akademische Lehre muss kerygmatisch sein; eine gute Predigt muss akademisch fundiert sein.

Die Betonung des göttlichen Geistes ist eine Besonderheit der Hermeneutik des jungen Luther und findet sich in allen seinen Werken. Mit der Betonung des lebendig machenden Geist begann Luther bereits in den ersten

---

[15] WA 3, S. 14: „Dixit vir, cui constitutum est de Christo dei Iacob, egregius psaltes Israel. Spiritus domini locutus est per me, et sermo eius per linguam meam dixit. Deus Israel mihi locutus est, fortis Israel, dominator hominum iustus, dominator in timore Dei, sicut lux oriente sole mane absque nubibus rutilat". 2.Sam 23,1-4a lautet in der heutigen Luther-Bibel: „Dies sind die letzten Worte Davids. Es spricht David, der Sohn Isais, es spricht der Mann, der hoch erhoben ist, der Gesalbte des Gottes Jakobs, der Liebling der Lieder Israels: Der Geist des Herrn hat durch mich geredet, und sein Wort ist auf meiner Zunge. Es hat der Gott Israels zu mir gesprochen, der Fels Israels hat geredet: Wer gerecht herrscht unter den Menschen, wer herrscht in der Furcht Gottes, der ist wie das Licht des Morgens, wenn die Sonne aufgeht, am Morgen ohne Wolken."

[16] WA 3, S. 15: „Aliorum prophetarum ista vox est: factum est verbum domini ad me, hic autem novo loquendi genere non ait: factum est verbum domini ad me, sed: verbum eius per me locutum est. Nescio quid intimioris familiarissimaeque inspirationis in isto verbo significat. Alii prophete sese locutos esse fatentur, hic autem non se, sed per se locutum esse spiritum singulari modo pronunciat."

Vorlesungen zu den Psalmen, die traditionelle biblische Hermeneutik neu zu ordnen. Seinen Psalmenvorlesungen hat er gleich zu Beginn ein Schema des vierfachen Schriftsinns beigefügt, für das er traditionelles Material verwendete.[17] Zunächst benutzt er das traditionelle Beispiel „Jerusalem", um den vierfachen Schriftsinn zu veranschaulichen, und fügt dann die vierfache Bedeutung von „Babylon" hinzu. Traditionell wurde mit diesen beiden Bildern die Herrschaft Christi und die Herrschaft des Teufels einander gegenübergestellt. Im allegorischen Sinn steht „Jerusalem" für „die guten Menschen", im tropologischen für „die Tugenden" und im anagogischen für „den Lohn" der Glaubenden. „Babylon" seinerseits steht im allegorischen Sinne für „die Bösen", im tropologischen für „die Laster" und im anagogischen für „die Strafe" der Bösen. Interessanterweise fügt Luther dieser dualistischen Gegenüberstellung unmittelbar den gleichermassen dualistischen Gegensatz von „tötendem Buchstaben" (*litera occidens*) und „lebendig machendem Geist" (*spiritus vivificans*) hinzu.

Als zweites Beispiel des vierfachen Schriftsinns dient die Bedeutung des Ausdrucks „Berg Zion". Dabei ist bedeutsam, dass Luther dazu zwei Erklärungen des vierfachen Sinns anbietet: erstens gemäss des „tötenden Buchstaben" und zweitens gemäss des „lebendig machenden Geistes". Die Deutung des Ausdrucks „Berg Zion" nach dem vierfachen Schriftsinn wird also mit der Unterscheidung von „tötendem Buchstaben" und „lebendig machendem Geist" verbunden. Historisch bedeutet „Berg Zion" im Sinn des „tötenden Buchstabens" das „Land Kanaan", im Sinn des „lebendig machenden Geistes" „das Volk, das auf dem Zion lebt". Allegorisch bedeutet „Berg Zion" einerseits „die Synagoge oder eine prominente Person in ihr" oder aber „die Kirche oder irgendein Lehrer, Bischof oder bedeutender Mann", tropologisch einerseits „Gerechtigkeit der Pharisäer und des Gesetzes", andererseits „Gerechtigkeit des Glaubens oder andere Herrlichkeiten", anagogisch schliesslich bedeutet „Berg Zion" einerseits „die zukünftige Herrlichkeit nach dem Fleisch" oder andererseits „die ewige Herrlichkeit im Himmel".

Was können wir daraus über die Hermeneutik in den Psalmenvorlesungen des jungen Luther lernen? Zwar lässt sich der historische Sinn eines biblischen Textes nicht mit dem „tötenden Buchstaben" und sein geistlicher Sinn nicht mit dem „lebendig machenden Geist" gleichsetzen, doch kann ein biblischer Text gemäss dem vierfachen Schriftsinn so ausgelegt werden, dass „tötender Buchstabe" oder aber „lebendig machender Geist" entsteht. Für Luther wurde diese letzte Unterscheidung zentral und dominant für die Auslegung biblischer Texte und für die Hermeneutik. Als Konsequenz daraus wurde auch die Verwendung des vierfachen Schriftsinns im Rah-

---

[17] Vgl. WA 3, S. 11.

men einer an Christus orientierten biblischen Hermeneutik als möglich erachtet. Genau dieses Modell hat Luther in seinen ersten Psalmenvorlesungen verwendet.

HERMENEUTISCHE PRINZIPIEN IN LUTHERS INTERPRETATION VON PSALM I

An Luthers Auslegung von Psalm 1 im Jahr 1513 lässt sich das hermeneutische Modell, das seiner ersten Psalmenvorlesung insgesamt zugrunde lag, deutlich erkennen. Luthers grundsätzliche Frage ist, ob die Auslegung sich nach dem „tötenden Buchstaben" oder dem „lebendig machenden Geist" richtet. Dies wiederum hängt sehr von der existenziellen Situation der Zuhörenden, Lesenden und Auslegenden ab. Leben sie im Geist? Oder leben sie nur im Horizont ihrer eigenen Begierden, Sehnsüchte und Bedürfnisse und der entsprechenden empirisch erfassbaren Güter? Leben sie im Geist, werden sie den Psalm in seinem Bezug auf Jesus Christus verstehen. Wenn dies der Fall ist, dann können im Weiteren auch die Möglichkeiten des vierfachen Schriftsinns für die Auslegung des Psalms herangezogen werden.

Luther verwendete in seiner Vorlesung die lateinische Übersetzung von Psalm 1. In seiner Deutschen Bibel übersetzte er Psalm 1 (Verse 1-3 wie folgt aus dem Hebräischen ins Deutsche:

> Wol dem der nicht wandelt ym rad der gottlosen, noch tritt auf den weg der sunder, noch sitzt da die spotter sitzen. Sondern hat seyne lust am gesetz des HERRN, und redet von seynem gesetz tag und nacht. Der wird seyn, wie eyn bawm gepflantzt an den wasser bechen, Der seine frucht bringt zu seyner zeyt, Und seyne bletter werden nicht verwelcken, und was er schafft wird yhm gelingen.[18]

An seiner Auslegung von Vers 2 und 3 wird Luthers Verständnis vom Unterschied zwischen „tötendem Buchstaben" und „lebendig machendem Geist" deutlich. Der Wille eines Menschen, der gesegnet ist und nicht den Weg von Sündern betritt, existiert „im Gesetz des Herrn". Nach Luthers Auffassung verhält sich so ein Mensch „ohne Begehren, aber mit frohem und freiem Willen"[19]. Folglich ist Psalm 1 nicht an alle Menschen adressiert.

> Das gilt nicht für diejenigen, die unter dem Gesetz in einem Geist der Knechtschaft in Furcht sind, sondern für die, die in der Gnade und in einem Geist der Freiheit sind. Daher werden Christenmenschen frei, spontan und willig genannt wegen

---

[18] WA.DB 10/I, S. 106.
[19] WA 3, S. 17: „... sine voluntate, sed hylari et libera voluntate ..."

ihrem Christus, dem ersten dieser Art. Aber die Juden sind lästig und unwillig und nur mit der Hand im Gesetz. Denn das Gesetz kann zwar die Hand hemmen durch die Furcht vor Strafe und zu Werken anregen durch die Hoffnung auf Gutes, aber es kann weder den inneren Willen lösen oder binden noch kann es zur Freiheit befreien oder sein Begehren bändigen. Dies geschieht allein durch die Bande der Liebe, die nicht das Gesetz, sondern Christus in seinem Geist gibt. So spricht er selbst in Ps 40: „Deinen Willen, mein Gott, will ich gern, und dein Gesetz ist in meinem Herzen." „Will ich gern", sagt er und meint: „Es ist mein Wollen und nicht der Zwang der Furcht oder die Hoffnung auf Gewinn. Deswegen ist Dein Gesetz nicht an den Rändern oder in der Haut meines Herzens, sondern in der Mitte, in der innersten und gesamten Zuneigung."[20]

Man kann bei der Auslegung des in der Heiligen Schrift enthaltenen göttlichen Gesetzes auch fehlgehen. Die „Juden" stehen als Chiffre für alle, die sich das göttliche Gesetz nicht im Herzen zu eigen machen, sondern ihm gehorchen, weil es ihnen geboten ist, und nicht etwa, weil sie sich in Herz und Geist am Gesetz erfreuen. Solche Freude und Wohlgefallen sind notwendig, damit Gottes Gesetz und Gebote nicht als „tötender Buchstabe" gelesen werden. Es ist natürlich nicht das generelle Vorhandensein von Freude, was ein vom lebendig machenden Geist geprägtes Verstehen ermöglicht. Es gibt auch eine falsche Freude, wenn nämlich das Wohlgefallen und Wollen von Menschen „nicht in seinem [des Herrn] Gesetz ist, sondern genau sein Gesetz in ihrem Wollen liegt".[21] Das ist generell die Situation des Auslegers und der Auslegerin: Sie finden im biblischen Text, wovon sie sowieso überzeugt sind. Es mag mich also erfreuen, biblische Argumente zur Unterstützung meiner Auffassungen in den verschiedenen Bereichen des Lebens zu finden. Doch die von Luther gemeinte Freude und das Wohlgefallen erwachsen aus dem Gesetz des Herrn selbst. Letztlich handelt es sich also um eine Freude und ein Wohlgefallen an Gott.

---

[20] WA 3, S. 17: „Quod non est eorum, qui sub lege sunt in spiritu servitutis in timore, sed qui in gratia et spiritu ... libertatis. Unde liberi, Nadaboth, spontanei voluntariique dicuntur Christiani a Christo suo, qui primus talis est. Iudei autem tediosi et involuntarii et manu tantum in lege sunt. Licet enim lex per timorem penarum potuit manum prohibere et per spem bonorum ad opera provocare, tamen voluntatem intus non potuit neque solvere neque ligare, non inquam solvere ad libertatem neque ligare eius cupiditates. Hoc enim fit solum vinculis Charitatis, quam non lex, sed Christus in spiritu suo dedit. Sic ipse ps. 39: ‚Deus meus volui et legem tuam in medio cordis mei.' Volui inquit i. e. voluntas mihi est, et non necessitas timoris vel spes lucri. Et ideo lex tua non in finibus et cute cordis mei, sed in medio, in intimo et toto affectu."

[21] WA 3, S. 18: „...et non est voluntas eorum in lege eius, sed precise lex eius in voluntate eorum ..."

Welches Modell stellt sich Luther also vor? Er nimmt keine Quelle solcher Freude und solchen Wohlgefallens ausserhalb der biblischen Texte an. Es geht ihm um die Freude im Prozess des Lesens und Verstehens biblischer Texte. Dies wiederum ist abhängig von der Situation der einzelnen Lesenden, Zuhörenden und Auslegenden. Luther denkt auch hier in Alternativen: Sehe ich mich selbst im Kontext der empirisch erfahrbaren Welt, in der ich handeln muss (*coram mundo*), oder sehe ich mich im Kontext der Realität Gottes (*coram Deo*)? Verstehe ich mich als Leserin bzw. Leser und Auslegerin bzw. Ausleger „vor Gott", also als Person, die durch den biblischen Text von Gott angesprochen wird, werde ich mich freuen und den biblischen Text als „lebendig machenden Geist" rezipieren.

Die Formulierung in Psalm 1,2 „und sinnt über seinem Gesetz Tag und Nacht" („et in lege eius meditatur die ac nocte") erläutert Luther so:

„Nachsinnen bedeutet aufmerksam, gründlich und unablässig nachzudenken und meint eigentlich, etwas im Herzen zu bewegen. Zu sinnen heisst also, sich gewissermassen im Inneren zu erregen, im innersten Selbst bewegt zu sein. Wer also innerlich und genau denkt, fragt, diskutiert usw., sinnt nach. Aber man sinnt nicht über dem Gesetz des Herrn, es sei denn man hat zuerst seine Freude daran geknüpft. Denn was wir wollen und lieben, darüber sinnen wir innerlich und ernsthaft nach. Was wir aber hassen oder verachten, das übergehen wir schnell und ersehnen es nicht tief, ernsthaft oder über lange Zeit. So soll also zuerst die Freude als Wurzel ins Herz kommen, dann folgt das Nachsinnen von selbst. Aus diesem Grund sinnen die Gottlosen nicht über dem Gesetz des Herrn, denn als falsche Pflanzen haben sie keine Wurzeln geschlagen. Sie sinnen vielmehr über anderen Dingen, nämlich jenen, in denen ihre Freude wurzelt, in Dingen, die sie selbst begehren und lieben – wie Gold, Ehre und Fleisch. ... David betet: „Neige mein Herz zu deinen Mahnungen und nicht zur Habsucht." All diese sinnen nicht über dem Gesetz, sondern ausserhalb des Gesetzes: die Habgierigen, die Fleischlichen und die Hochmütigen.[22]

---

[22] WA 3, S. 19: „Quia meditari est morose, profunde, diligenter cogitare. Et proprie est ruminare in corde. Unde meditari quasi in medio agitare, vel ipso medio et intimo moveri est. Qui ergo intime et diligenter cogitat, querit, discutit etc., hic meditatur. Sed in lege domini hoc non facit, nisi cuius primum voluntas in ea fixa fuerit. Nam que volumus et amamus, intime et diligenter ruminamus. Que autem odimus vel vilipendimus, leviter transimus et non profunde, diligenter, aut diu volumus. Igitur radix primum mittatur in corde voluntas, et sua sponte veniet meditatio. Inde enim impii non meditantur in lege domini: quia adulterine plantationes non miserunt radices. Meditantur tamen alia, scilicet in quibus est voluntas eorum radicata, que ipsi volunt et amant i. e. aurum, honorem et carnem. [...] David autem orat: ‚Inclina cor meum in testimonia tua et non in avaritiam'. Omnes hii non in lege meditantur, sed extra legem, ut avari, carnales, superbi."

An der Erläuterung der Formulierung „Tag und Nacht" wird Luthers Interpretationsverfahren besonders schön erkennbar. Er beachtet sämtliche sprachlichen Details und versucht, die wahre Bedeutung des Texts zu erkunden.

> Was aber bedeutet „Tag und Nacht"? Das ist ein grosses Meer. Zuerst bedeutet es literal, jederzeit... Die Zeit ist jedoch nicht nur aufgeteilt in Tag und Nacht, sondern, zweitens, auch in gute und schlechte Zeiten. Der Tag also ist die Zeit des Wohlstands, die Nacht aber die Zeit der Not. Drittens gibt es die Aufteilung in die Zeit der Gnade und die Zeit der Sünde. Viertens, in die Zeit des Lebens und des Todes... Fünftens, in die Zeit der Stille und der Bewegung oder der Ruhe und der Arbeit. So ist (nach dem Geist) die Stille der Tag, die Bewegung die Nacht. Diesen Unterscheidungen entsprechend gibt es in der Schrift eine Vielzahl von Verwendungen dieser Worte. Wer also willig und spontan im Gesetz des Herrn verwurzelt ist, wendet sich nicht ab, vergisst nicht, schiebt das Sinnen über das Gesetz des Herrn nicht auf, egal, welche Zeit ist. Wer töricht ist und sich am Gesetz des Herrn nicht erfreut, verändert sich mit jeder Änderung der Zeit. Vielleicht sinnt er manchmal darüber bei Tag, aber in der Nacht hört er auf, denn er hat keine Wurzel.[23]

Luther sieht sich dabei in voller Übereinstimmung mit den hermeneutischen Prinzipien der frühen Kirche und verweist auf Hilarius' „De trinitate", Buch 1, Kapitel 18, wo dieser schreibt:

> Der beste Leser nämlich ist, wer die Erkenntnis der Worte mehr von den Worten her erwartet, als sie ihnen aufprägt, und mehr annimmt als beibringt, und [sich] nicht [zu der Meinung] zwingt, dass in dem Gesagten dasjenige enthalten scheine, was er vor dem Lesen als Erkenntnisziel sich vorgesetzt hat.[24]

---

[23] WA 3, S. 20: „Quid autem est dies et nox? Hic magnum est pelagus. Primo ad literam i. e. omni tempore seu assidue. ... Dividitur autem Tempus non solum in diem et noctem, sed secundo etiam in tempus prosperum et adversum. Ideo dies est tempus prosperitatis, nox autem adversitatis. Tercio dividitur in tempus gratiae et peccati. Quarto ... in tempus vite et mortis. ... Quinto in tempus quietis et negocii, seu ocii et laboris. Unde quies (secundum spiritum) est dies, occupatio autem nox. Secundum has divisiones varia est istorum nominum in Script. usurpatio. Qui ergo radicatus est voluntate et ex animo spontaneo in lege domini, quodcunque tempus acciderit, non recedit, non obliviscitur, non postponit meditationem legis domini. Stultus autem, et cuius voluntas non est in lege eius, mutatur in omnem differentiam temporis, et si aliquando per diem in ea meditetur. Nocte autem cessat, quia non habet radicem."

[24] Hilarius von Poitiers: „Zwölf Bücher über die Dreieinigkeit" (De Trinitate). Erstes Buch, http://www.unifr.ch/bkv/kapitel2296-17.htm (aufgerufen am 19.11.2014).

Gerade an Luthers Beschreibung der Möglichkeiten des Lesens und des Gebrauchs von Gottes Gesetz unter Vernachlässigung der Situation „vor Gott" wird deutlich, dass er die Situation eines *wahren* Lesers bzw. einer wahren Leserin und eines wahren Auslegers bzw. einer wahren Auslegerin als „vor Gott" stehend versteht. Die Wichtigkeit der Berücksichtigung der Situation „vor Gott" wird besonders deutlich im Falle der Lektüre und Interpretation durch einen Juristen bzw. eine Juristin, der bzw. die über das Gesetz nachsinnen und sich an ihm freuen mögen, dabei aber nicht das Gesetz des Herrn meinen. Luther kritisierte vielfach heftig Juristen, die sich seiner Meinung nach zwar an staatlichen und menschlichen Gesetzen und den Traditionen der Alten erfreuten, aber im Blick auf Gottes Gesetz und Gebote deren Pointe verfehlten, weil sie sich selbst als nicht von Gott in den entsprechenden biblischen Texten angesprochen betrachteten.

In seiner Auslegung von Psalm 1, Vers 3, „Der wird sein, wie ein bawm gepflanzt an den wasser bechen, Der seine frucht bringt zu seiner zeit"[25], vertieft Luther diesen Ansatz. Luther wendet das Bild des Baums, der am Ufer eines Baches steht, auf seine Vorstellung an, dass die Glaubenden, die sich am Gesetz des Herrn erfreuen, Wurzeln haben. Das Bild der Wasserbäche erinnert ihn an Mose, der in der Wüste an den Felsen schlägt, aus dem dann Wasserströme entspringen. Diese Erzählung illustriert für Luther die Erfahrung der Glaubenden mit der Heiligen Schrift. „Über jene, die über das Gesetz sinnen, wird der Fels der Schrift selbst reiche Ströme und fliessende Wasser der Erkenntnis und Weisheit ergiessen, und Gnade und Annehmlichkeit dazu."[26] Hier formuliert Luther die Verheissung, die dem Lesen und Verstehen biblischer Texte innewohnt.

> Wer also reich gebildet zu sein wünscht und gewissermassen überflutet werden möchte mit den strömenden Wassern der Erkenntnis, möge sich Tag und Nacht der Meditation des Gesetzes des Herrn hingeben. Und die Erfahrung wird lehren, dass das, was der Prophet in diesem Vers redet, wahr ist.[27]

Der gesamte Prozess des Lesens, Hörens und Verstehens zielt also ab auf eine existenzielle Verifikation (Bewahrheitung) – eine Verifikation der biblischen Texte im Leben derer, die zu verstehen suchen.

---

[25] WA.DB 10/I, S. 106.

[26] WA 3, S. 21: „Nam iis, qui in lege meditantur, scaturit ipsa petra Script. abundantes rivos et decursus aquarum scientie et sapientie, insuper et gratie et suavitatis."

[27] WA 3, S. 22: „Igitur qui cupit abunde erudiri ac velut inundari cursibus aquarum scientie, tradat se ad meditationem in lege domini die ac nocte. Et experientia docebitur verum dixisse prophetam in hoc versu."

„Behüte mich vor den Gewalttätigen." Psalm 140: Ein Schrei nach Gerechtigkeit – ein Lied der Hoffnung

Monica Jyotsna Melanchthon

> Alle drei Minuten wird eine Frau geschlagen, alle fünf Minuten wird eine Frau verge-
> waltigt/alle zehn Minuten ein kleines Mädchen belästigt... jeden Tag, werden Frauen-
> körper in Hauseingängen und Schlafzimmern/oben auf Treppenaufgängen gefunden ...
> Ntozake Shange[1]

> ...nimm den Psalter vor dich, ... du wirst auch dich selbst und das rechte Gnothi-
> seauton [Erkenne dich selbst!] drin finden, dazu Gott selbst und alle Kreaturen.
> Martin Luther[2]

Schmerz und Verzweiflung sind starke Emotionen. Die Erfahrung von Leid gehört zum Dasein jedes einzelnen Menschen und doch ist kein Mensch ausreichend darauf vorbereitet. Aber Leiden kann auch der Auslöser für die Suche nach Erkenntnissen sein und so zu neuem Bewusstsein führen. Die Klagepsalmen belegen den persönlichen und identitätsstiftenden Charakter des Leidens und Trauerns; sie führen den Schmerz, die Isolation, Verletzlichkeit und Angst aber auch die Zweifel und den Zorn der Leidenden deutlich vor Augen. So schmerzhaft und qualvoll Kummer und Leid für jeden und

---

[1] „With No Immediate Cause", unter: **www.ncdsv.org/images/Keynote-
-with%20no%20immediate%20cause%20-%20Tucker%205.28.08.pdf**

[2] Martin Luther: „2. Vorrede zum Psalter von 1528 bzw. 1545", in: Erwin Mülhaupt (Hg.): „D. Martin Luthers Psalmen-Auslegung", 1. Band, Psalmen 1-25, Göttingen, 1959, S. 5.

jede Einzelne individuell auch sein mögen, sind sie in gewisser Hinsicht auch eine universelle Erfahrung. Wie unsere Interpretation von Psalm 140 zeigen wird, entspricht die Erfahrung des Einzelnen im Grunde der Erfahrung der Menschheit als Ganzes. Der Psalter nimmt im persönlichen und gesellschaftlichen Leben von Menschen und Gemeinschaften einen wichtigen Platz ein. Unsere Aufgabe ist es, uns mit den durch die Psalmen aufgeworfenen theologischen und sozialen Fragen auseinanderzusetzen und einen konstruktiven Bezug zu unseren Glaubensgemeinschaften in diesem Jahrhundert herzustellen.

Für Luther liegt der Wert der Psalmen weder in ihrem jeweiligen historischen Rahmen, noch in dem, was sie über ihren Autor oder über die Zeit, in der sie geschrieben wurden, auszusagen scheinen. Vielmehr, so Luther, sagen sie in den Worten des illustren Propheten David das Kommen des Christus voraus.[3] Was für Luther also wichtig und interessant zu sein scheint, ist der prophetische Charakter der Psalmen – ihre Art in die Zukunft, namentlich auf Christus zu weisen. Doch die Psalmen sind auch „prophetisch" insofern als sie und allen voran die Klagepsalmen die „Feinde" entlarven und exponieren, d. h. diejenigen, die für das Unrecht in der Welt verantwortlich sind. Die Wehklagen der Leidenden betonen die Notwendigkeit, das Unrecht zu korrigieren, Gerechtigkeit in der Welt herzustellen und zu der von Gott geschaffenen Welt zurückzukehren.

Diese grundlegende Aussage über Recht und Unrecht entgeht jedoch den meisten gewöhnlichen Leserinnen und Lesern des Psalters. Die alten Gebete und Lieder wurden grösstenteils gezähmt und domestiziert, ihr radikales revolutionäres Potenzial wurde durch den gattungs- und kultgeschichtlichen Fokus in der von Herman Gunkel begonnenen und Westermann fortgesetzten Psalmenforschung verdrängt. Bei diesem Ansatz wurden beispielsweise die Hymnen einem festlichen Rahmen (Mowinckel)[4] und die Klagelieder im Tempel (Schmidt)[5] oder in der Gerichtsbarkeit (Schmidt)[6] verortet. Howard Wallace meint zu Recht:

> Einzelne Psalmen wurden weitgehend aufgrund der ihnen zugewiesenen Gattung oder anderer Annahmen als Ausdruck persönlicher Pietät, Elemente von

---

[3] WA 3.

[4] Sigmund Mowinckel: „The Psalms in Israel's Worship", 2 Bd., Oxford, 1962.

[5] Hans Schmidt: „Die Psalmen", Tübingen, 1934. Auch Walter Beyerlin ist der Meinung, dass sich der Wehklagende einem sakralen Gericht im Tempel stellen muss. Der/die zu Unrecht Beschuldigte trägt einen Psalm vor, um JHWH zum Eingreifen und zwar zu seinen/ihren Gunsten zu bewegen. Walter Beyerlin: „Die Rettung der Bedrängten in den Feindpsalmen", *FRLANT* 99, Göttingen, 1970.

[6] Ebd.

Tempelliturgien, Teile königlicher Zeremonien, Praktiken in Weisheitsschulen usw. betrachtet.[7]

Und doch geht es in den Psalmen insbesondere in den Klagepsalmen um Protest, Rache, Zorn und den Schrei nach Gerechtigkeit als Folge von Schmerz, Gewalt, Unrecht, Leid, Diskriminierung, Verlassenheit und Zurückweisung. Wie Anderson meint, ringen sie mit

> den Problemen des menschlichen Daseins im Kontext dieses Lebens [...] sie konzentrieren sich mit grimmiger und leidenschaftlicher Intensität auf die Probleme des *jetzigen* Lebens [...] denn die Psalmisten können nur im *Hier und Jetzt* Trost finden.[8]

Wie können wir den Psalter einsetzen um aufzuzeigen, wie dringend notwendig Gerechtigkeit ist? Wie können wir die Psalmen verwenden, um auf die sozioökonomischen, politischen und ökologischen Impulse um uns herum zu reagieren? Lassen sich die echten Probleme des „Ichs" in der Krise auf die sozialen, materiellen, geistigen oder physischen Aspekte der menschlichen Existenzbedingungen im heutigen Zeitalter übertragen? Zunächst müssen wir uns noch einmal über den „Sitz im Leben" dieser Klagepsalmen Gedanken machen. Dazu mag Gerstenberger hilfreich sein, für den die individuellen Klagepsalmen ihren „Sitz im Leben" in der Privatsphäre haben und sich demnach mit den Herausforderungen und Mühen im Leben des Einzelnen befassen. Seiner Ansicht nach wurden die Klagepsalmen im Falle tiefer persönlicher Krisen, Krankheit oder Unglück, Schmerz oder Gefahr eingesetzt, bei denen die Menschen im Tempel oder vom Priester ein solches Gebet erhielten, um über die Ursachen ihres Leidens zu meditieren und den Heilungsprozess in Gang zu setzen.[9] Er schreibt,

> das Klagelied des Einzelnen gehörte zu Sondergottesdiensten für notleidende Menschen, bei denen diese, möglicherweise in Begleitung von Familienmitgliedern, an priesterlichen Bitt- und Heilungsritualen teilnahmen.[10]

---

[7] Howard Wallace: „Psalms – Readings: A New Biblical Commentary", Sheffield, 2009, S. 3.

[8] B. W. Anderson und Stephen Bishop: „Out of the Depths: The Psalms Speak for us Today", 3. überarbeitete und erweiterte Ausgabe, Louisville, 2000, S. 74. Hervorhebung durch die Autoren selbst.

[9] Erhard S. Gerstenberger: „Psalms. Part 1 with an Introduction to Cultic Poetry", Grand Rapids, 1988, S. 14.

[10] Ebd., S. 14.

Der Wortlaut dieser Klagelieder ist vage und allgemein gehalten, so dass sie für eine breite Palette persönlicher Nöte eingesetzt werden konnten.[11] Obwohl sie persönlich sind, verleihen sie auch dem Kampf für die „gerechte Welt Gottes"[12] Ausdruck, indem sie Unrecht aufdecken und eine alternative Sicht der Realität anbieten. Da sie ihren Sitz und ihre Verwendung im gottesdienstlichen und kultischen Rahmen finden, „dringen sie in unser Stumpfsein für menschliches Leiden ein... denn die tiefste Form des Gebets wurzelt in einer Art Begegnung mit dem Übel und Unrecht, das Menschen tagtäglich erdulden müssen".[13] Das „Leiden" und der Schmerz der Klagelieder sind nicht immer auf Krankheit oder persönliche Schicksalsschläge zurückzuführen. Manchmal entsteht persönliches Leid durch Viktimisierung in unterdrückerischen Systemen, d. h. durch kulturell, wirtschaftlich oder sogar politisch institutionalisierte Gewalt. Diese Fragen der sozialen Gerechtigkeit sind nur zu erkennen, wenn auf den soziopolitischen Kontext der Gebete eingegangen wird. Doch sind sie erst einmal aufgedeckt worden, müssen wir uns ihnen stellen, denn sie sind „für unsere zukünftige Rezeption der Psalmen als lebendige Dokumente entscheidend".[14]

Die Betrachtung der Psalmen im Lichte des heutigen Kontextes hat zweifellos zu neuen und gewagten Erkenntnissen geführt und ihr befreiendes Potenzial aufgezeigt, aber zugleich auch ein anderes eklatantes Problem ans Tageslicht gebracht. So schreibt Gerstenberger:

> Kaum ein Kommentar oder eine Studie der AT-Psalmen erwähnt ein anderes wichtiges gesellschaftliches Problem. Die Psalmen wurden ausschliesslich von Männern und für Männer verfasst, da Frauen (und Kinder) in Ritualen oder in der Vermittlung zum Übermenschlichen weitgehend abwesend waren.[15]

Wie richtig! Doch in allen religiösen Traditionen, in denen Frauen unterworfen wurden, indem man sie zum Schweigen zwang, haben diese entgegen allen Erwartungen stets gebetet und an Gebeten teilgenommen. Die Gebete und Lieder der Mirjam (Ex 15,20-21), Hannah (1.Sam 2,1-10), Debora (Ri 5), Judith (Jdt 16,1-17), Maria (Lk 1,47-55) sind in der mündlichen Gebetstradition israelitischer Frauen und des alten Israel laut und deutlich zu vernehmen. Sie sind vielleicht die einzigen Spuren weiblicher Psalmodie

---

[11] John Day: „Psalms", T & T Clark Study Guides, London, 2003, S. 29-30.
[12] J. David Pleins: „The Psalms: Songs of Tragedy, Hope and Justice", Maryknoll, 1993, S. 1.
[13] Ebd., S. 17.
[14] Ebd., S. 5.
[15] Gerstenberger, a. a. O. (Fussnote 9), S. 32.

(alle ausserhalb des Psalters), obwohl Frauen durchaus ermutigt werden, die ganze Schöpfung einschliesslich JHWH zu preisen.

„Jünglinge und Jungfrauen, alte mit den Jungen! Die sollen loben den Namen des Herrn, denn sein Name allein ist hoch, seine Herrlichkeit reicht, so weit Himmel und Erde ist" (Ps 148,12-13). Auch junge Mädchen nahmen an Prozessionen teil: „Die Sänger gehen voran, am Ende die Spielleute, in der Mitte die Jungfrauen, die da Pauken schlagen" (Ps 68,26).

Nicht zu umgehen ist die Tatsache, dass die Psalmen in einer vornehmlich männlichen Sprache verfasst sind. Für Frauen besteht also die einzige Art sich die Psalmen anzueignen darin, in diese männliche Welt einzutreten und in die Figur des männlichen Dichters zu schlüpfen. Dazu schreibt Kathleen Farmer:

> Die Tatsache, dass sich die an sie weitergegebene Tradition auf den Gott Jakobs statt auf den Gott Rahels und Leas bezieht, hindert die Frauen nicht daran, den Gott dieser Tradition für sich zu beanspruchen [...] In dem Gott, den unsere Vorväter als den „Gott Jakobs" bezeichneten, finden Frauen Zuflucht und Kraft.[16]

Ebenso wenig hat die männliche Sprache der Klagetradition Frauen daran gehindert, Psalmen in Gebeten und persönlicher Meditationspraxis zu verwenden. So schreibt Farmer in Bezug auf die Klagelieder:

> Die beichtende Haltung der Psalmisten (ihre Bereitschaft, Zorn- und Schmerzgefühle sowie ihre Freude angesichts der Gegenwart Gottes zu artikulieren, ihre Weigerung, sich passiv mit bedrückenden Verhältnissen abzufinden und ihr Vertrauen, dass Gott sich ihrer annehmen wird) hat die Theologie, Frömmigkeit und das Leben vieler Frauen entscheidend mitgeprägt und tut dies nach wie vor.[17]

Des Weiteren stellt sich die Frage, ob die durch ihre gesellschaftliche Position bedingten spezifischen Erfahrungen von Frauen im Psalter zu finden sind. Mit Bail frage auch ich, „ob die speziellen Gewalterfahrungen von Frauen sich in den Klagepsalmen verorten lassen".[18] Enthalten sie die Vision einer anderen, gerechten, für Frauen inklusiveren Gesellschaft? Gerstenberger antwortet: „An frauenspezifischen Themen fehlt es in den Texten selbst nicht im Geringsten. Wann immer Privat- oder Familien-

---

[16] Kathleen A. Farmer: „The Psalms", in: Carol A. Newsom/Sharon H. Ringe (Hg.): „The Women's Bible Commentary", London/Louisville, 1992, S. 138.

[17] Ebd., 144.

[18] Ulrike Bail: „Vernimm, Gott, mein Gebet: Psalm 55 und Gewalt gegen Frauen", in: Hedwig Jahnow u. a.: „Feministische Hermeneutik und Erstes Testament. Analysen und Interpretationen", Stuttgart/Berlin/Köln, 1994, S. 67.

leben berührt werden, geschieht dies aus der typischen männlichen und patriarchalischen Perspektive".[19] Da es also unmöglich ist, innerhalb des Psalters eine historisch fixierbare Not oder Frauenerfahrung zu entdecken, besteht die Herausforderung darin festzustellen, „ob die Sprachstruktur der Klagepsalmen den spezifischen Gewalterfahrungen von Frauen Raum geben kann."[20]

Angesichts der gegenwärtigen Diskussionen und der grossen Aufmerksamkeit, die das Thema Gewalt gegen Frauen auf sich zieht, stellt sich die Frage, welcher Sprache sich Überlebende oder Opfer von Vergewaltigungen bedienen können, um das Verbrechen öffentlich zu machen, Kraft und Trost zu finden, Gerechtigkeit zu erlangen und zur Ruhe kommen zu können. Der vorliegende Aufsatz soll dieser Frage nachgehen, indem Psalm 140 aus der Perspektive der Frauen und ihrer Erfahrungen von Ungerechtigkeit, Rechtsverletzung und sexueller Gewalt interpretiert wird. Ich werde die Gruppenvergewaltigung von Jyoti Singh Pandey als zweiten Text verwenden, und mit Hilfe der Kommentare Luthers zum Psalter generell und zu den Klagepsalmen im Besonderen das Verständnis von Psalm 140 vertiefen.

Methodologische Überlegungen

Die hier verwendete Methode bedient sich der intertextuellen Interpretation, wie sie Ulrike Bail[21] und Beth Laneel Tanner[22] verwenden. Gemäss der „Intertextualität" ist jeder Text explizit oder implizit mit „anderen Texten" verwoben, also „ein Gewebe von Zitaten aus unzähligen Stätten der Kultur"[23] seiner Entstehung. Ich werde diese eingewobenen Texte identifizieren und einem anderen bibelexternen Text gegenüberstellen, nämlich dem indischen Kontext und den Worten des Opfers Jyoti Singh Pandey und ihres Freundes Awindra Pandey, sowie den Äusserungen und Reaktionen der indischen Bevölkerung, wie sie in Medienberichten und Interviews wiedergegeben wurden. Bei meiner Übersetzung und Auslegung der Worte des Psalms selbst kommen Phantasie, Verkörperung und Emotion zum Einsatz. Meine Herangehensweise ist feministisch, insofern als ich den Erfahrungen von Frauen, ihrer Fähigkeit Schmerz und Leid zu benennen sowie Änderungen

---

[19] Gerstenberger, a. a. O. (Fussnote 9), S. 32.

[20] Ebd., S. 67.

[21] Bail, a. a. O. (Fussnote 18), S. 67-84.

[22] Beth Laneel Tanner: „Hearing the Cries Unspoken: An Intertextual-Feminist Reading of Psalm 109", in: Athalya Brenner/Carole R. Fontaine (Hg.): „Wisdom and Psalms. A Feminist Companion to the Bible", Sheffield, 1998, S. 283-301.

[23] Ebd., S. 284-285.

zu bewirken, den Vorrang gebe. Ich habe ein feines Gespür für den indischen Kontext und die indische Kultur und meine Interpretation des Psalms soll dazu beitragen, die gewaltsame Unterdrückung von Frauen in diesem und anderen Kontexten an den Pranger zu stellen und zu bekämpfen. Leserin und Exegetin sind somit die nach Gerechtigkeit schreiende geschändete Frau und der zweite, Psalm 140 gegenübergestellte „Text".

DER/DIE LESENDE UND DER ZWEITE TEXT

Der brutale Angriff und die Gruppenvergewaltigung der 23-jährigen Physiotherapie-Praktikantin Jyoti am 16. Dezember 2012 löste in ganz Indien zornige Reaktionen aus und führte dazu, dass die zunehmenden sexuellen Übergriffe auf Frauen generell und insbesondere Vergewaltigungen vermehrt thematisiert wurden. Vergewaltigung ist ein Verbrechen, das als derart unaussprechlich, skandalös und beschämend für das Opfer gilt, dass dieses in schützende Anonymität gehüllt werden muss. Also sprach man von *Damini* (Blitz), *Braveheart* (Löwenherz), *Amanat* (Schatz), *Nirbhaya* (die Furchtlose) oder einfach von *India's daughter* (Indiens Tochter), bis ihr Name schliesslich bekannt gegeben wurde. Jyoti Singh Pandey, eine ehrgeizige, entschlossene junge Frau erlag trotz ihres starken Lebenswillens am 29. Dezember 2012 ihren Verletzungen.

Vergewaltigungen sind in Indien an der Tagesordnung, doch aus Angst vor Stigmatisierung wird nur ein Bruchteil davon bekannt. Laut Angaben des Nationalen Amtes für Kriminalstatistik (*National Crime Records Bureau*, NCRB), „wird in Indien alle 22 Minuten eine Vergewaltigung verübt. 2011 wurden insgesamt 24 206 Vergewaltigungsfälle registriert.[24] Von 2 487 Fällen 1971 zu Beginn der Aufzeichnungen des NCRB entspricht dies einem Anstieg um 873 Prozent."[25] Bei den gemeldeten Fällen handelt es sich meist um sogenannte „institutionelle Vergewaltigungen", also Vergewaltigungen von hilflosen Frauen der unterdrückten gesellschaftlichen Klassen, die meist im Gewahrsam in einer Polizeizelle oder unter Schuldknechtschaft von Mitgliedern der repressiven staatlichen Kräfte wie Polizei und Armee oder von anderen Gruppen wie Hausbesitzern (sprich Grundeigentümern aus der

---

[24] „Figures at a Glance–2012", unter: **http://ncrb.gov.in/CD-CII2012/cii-2012/ figure%20at%20a%20glance.pdf**

[25] Anand Teltumbde: „Delhi Gang Rape Case: Some Uncomfortable Questions", unter: **http://roundtableindia.co.in/index.php?option=com_content&view =article&id=6206:delhi-gang-rape-case-some-uncomfortable-questions&c atid=118:thought&Itemid=131**. Dabei handelt es sich um ein globales Problem und um das Verbrechen mit der höchsten Dunkelziffer.

dominanten Kaste) verübt werden. Vergewaltigung gilt also als Ausdruck männlicher Gewalt, die als eine der diversen Formen gesellschaftlicher Machtausübung hingenommen bzw. als Waffe zur Aufrechterhaltung des Status quo eingesetzt wird und bei der es vielmehr um einen „feudalrechtlichen Anspruch"[26] als um sexuelle Befriedigung geht. Die brutale Vergewaltigung von Jyoti war „schlicht das Verbrechen von Wahnsinnigen [...] ohne jegliche Verbindung zu dem komplexen machtpolitischen Hintergrund".[27]

Psalm 140: Ein Schrei nach Gerechtigkeit – ein Lied der Hoffnung

Psalm 140 ist einer der vier Bittpsalmen in Buch 5, die durch gemeinsame Motive und Sprache miteinander in Verbindung stehen.[28] Wissenschaftliche Abhandlungen zu diesem Psalm konzentrierten sich auf seine Gattung: Meist galt er als Beispiel für die Form der individuellen Klage[29] – ein „Gebet um Hilfe in der ersten Person"[30], das Gebet eines Angeklagten (Schmidt)[31] oder eine Klage in der Form der weisheitlichen Reflexion (Lothar Hossfeld)[32], „eines der weniger gefälligen Beispiele der individuellen Klage ohne hohen spirituellen Anspruch oder persönliche Gebrechlichkeit".[33]

---

[26] Arundhathi Roy protestiert gegen die Vergewaltigungskultur in Indien unter: **www.bbc.co.uk/news/world-asia-india-20826070.**

[27] Shoma Chaudhury: „Rape. And How Men see it", in „Tehelka Magazine", Bd. 10, Ausgabe 3, (19. Januar 2013), unter **www.tehelka.com/cover-story-rape-and-how-men-see-it/.**

[28] Erich Zenger stellt fest, dass alle vier mit einer Bitte beginnen, die Wörter „Falle" und „Schlinge" verbinden 140 und 141, direkte Rede findet sich in 140,7 und 143,10 und Ps 140, 142 und 143 schliessen mit dem Lob des göttlichen Namens JHWH. Erich Zenger: „The Composition and Theology of the Fifth Book of Psalms: Psalms 107-145", *JSOT* 80, 1998, S. 94.

[29] Arnold Albert Anderson: „Psalms", Bd. 2, London, 1972, S. 913.

[30] James Luther Mays: „Psalms, Interpretation: A Bible Commentary for Teaching and Preaching", Louisville, 1994, S. 430.

[31] H. Schmidt ist der Auffassung, der Psalm stammt aus einem sakralen Ritus, wo sich der Angeklagte in Untersuchungshaft im Tempel befindet. H. Schmidt: „Die Psalmen", Tübingen, 1934.

[32] Frank Lothar Hossfeld/Erich Zenger: „Psalmen 101-150", Herders theologischer Kommentar zum Alten Testament, Freiburg i. Br., 2008, S. 740.

[33] W. Stewart McCullough und W. R. Taylor: „The Book of Psalms", New York, 1955, S. 718. Der Psalm wurde von John H. Eaton auch zu den Königspsalmen gerechnet, möglicherweise weil die Überschrift auf David verweist und Kriegsmetaphern vorkommen. Eaton beschreibt die Feinde als „fremde Völker". John H. Eaton: „Psalms", London, 1967.

Der Psalm besteht aus drei Teilen: Verse 2-6 sind Errettungsbitten und Notschilderung, Verse 7-12 enthalten zunächst ein Vertrauensbekenntnis an JHWH (V. 7a-8) und dann eine Bitte an JHWH um Verurteilung der Feinde (V. 9-12) und Verse 13-14 sind Vertrauensbekenntnis oder Erklärung der Zuversicht.[34] Die zahlreichen seltenen und archaischen Wörter könnten ein Hinweis auf ein frühes Entstehungsdatum sein[35], sind aber auch irreführend und machen eine Datierung unmöglich.[36] Dennoch sind manche so weit gegangen, diesen Psalm auf die nachexilische Zeit oder sogar auf das 3. oder 4. Jahrhundert v. Chr. zu datieren.[37]

Exegetinnen und Exegeten haben zahlreiche Anstrengungen unternommen, um den Sprecher oder die Sprecherin im Psalm, das „Ich" gegenüber seinen/ihren Feinden zu identifizieren. Doch der Psalm enthält keinerlei Anhaltspunkte, die auf einen präzisen Kontext schliessen lassen. Über die Ursache der Anfeindung wird kein Wort gesagt. Daher wurden für das Verständnis dieses Psalms ausgehend von den Kriegsmotiven (V. 3b und 8b), den Jagdmotiven (V. 6 und 12b) und der Wortwahl (V. 4, 10 und 12a) im Wesentlichen drei Interpretationsrahmen herangezogen, nämlich der „nationale", „gerichtliche" oder „persönliche" Rahmen.[38] Häufigste Interpretation ist jedoch der persönliche Rahmen, wobei Krieg und Jagd als Metaphern betrachtet werden. Der/die Leidende ist eine Einzelperson (V. 7 „Ich aber sage", V. 13 „ich weiss"), die unter persönlichen Problemen leidet. Der/die Psalmistin wendet sich an JHWH, betet und klagt – vielleicht im Tempel – um göttliche Gerechtigkeit gegen die Feinde, die abwechselnd im Singular (V. 9 und 12) oder im Plural (V. 3, 4, 5c, 6, 10 und 11)[39] stehen. Der Mangel an konkreten Einzelheiten oder historischen Anspielungen hat manche dazu bewogen, diesen Psalm als Teil der weisheitlichen Tradition oder als allgemeines Gebet zu betrachten. Durch diese Interpretation werden meiner Ansicht nach sowohl die Gewalterfahrung als auch der Zorn, die Intensität und die Wirkung des Flehens im Psalms abgeschwächt.

---

[34] Der Psalm kann auch in fünf Teile eingeteilt werden: V. 2-4, 5-6, 7-9, 10-12 und 13-14. Als Hauptgrund dafür gilt der Strukturmarker des Sela-Zeichens. Hossfeld/ Zenger, a. a. O. (Fussnote 32), S. 735.

[35] Mitchell Dahood: „Psalms III 101-150: Introduction, Translation, and Notes", New York, 1970, S. 301.

[36] Anderson, a. a. O. (Fussnote 29), S. 913.

[37] Ebd., S. 913.

[38] Martin Ravndal Hauge: „Between Sheol and Temple: Motif Structure and Function in the I-Psalms", Sheffield, 1995, S. 10.

[39] Hossfeld/Zenger, a. a. O. (Fussnote 32), S. 736. Hossfeld/Zenger meinen: „Der rasche Wechsel von Gattung und Individuum bedeutet, dass keine bestimmte Person, dieser oder jener Feind, sondern die Feind-Macht, das ‚Feindliche' im Vordergrund steht". (A. d. Ü.: Versangaben gemäss Lutherbibel)

Luthers Kommentar zu diesem Psalm ist recht allgemein und sehr kurz. Er erkannte darin einen „Betpsalm wider die stolzen freveln Heiligen, die nicht allein dem Wort Gottes viele Stricke und Ärgernisse in den rechten Weg stellen". Es werde gehofft, so Luther, dass die Vorhaben der Feinde nicht gelingen und es ihnen ebenso ergehe wie dem Pharao. Es werden, sagt er, „die Rechtgläubigen vor Gott ewiglich bleiben".[40]

Verse 1-2[41]

> Ein Psalm Davids, vorzusingen. Errette mich, HERR, von den bösen Menschen; behüte mich vor den Gewalttätigen,

Da der Psalm in der Überschrift David zugeschrieben wird, könnte leicht angenommen werden, dass es sich bei dem „Ich" um David handelt und wir uns demnach in seinem Leben und seiner Geschichte, also in einem „männlichen Kontext" befinden. Ermutigt durch Millers Aussage, wonach die Sprache der Psalmen „für eine Vielzahl von Anwendungen und Aktualisierungen"[42] offen ist, nehme ich mir die Freiheit vorzuschlagen, dass es sich bei der Person im Psalm um eine Frau handelt, die sich von niederträchtigen, gewalttätigen Männern umzingelt fühlt. Es kann sich um eine Frau handeln, die Gott anfleht, er möge sie retten vor dem „bösen Menschen", dem „Gewalttätigen", der hier kollektiv im Sinne einer „feindlichen Konstellation"[43] zu verstehen ist. Der „Gewalttätige" und der „böse Mensch" sind die Feinde der vergewaltigten/missbrauchten Frau.[44] Es gibt keine einleitende Bitte, von JHWH vernommen zu werden (diese kommt erst in V. 7). Der Psalm hastet mit unmittelbarer Dringlichkeit zur Bitte um Errettung, Erlösung und Behütung des Lebens! Das Verb „befreien/

---

[40] Erwin Mülhaupt (Hg.): „D. Martin Luthers Psalmen-Auslegung", 3. Band, Psalmen 91-150, Göttingen, 1965, S. 614.

[41] Diese und die nachfolgenden Verse sind (im englischen Original, Anm. d. Übers.) Übersetzungen der Autorin des hebräischen Textes in K. Elliger und W. Rudolph (Hg.): „Biblia Hebraica Stuttgartensia", Stuttgart, 1984. Die Nummerierung der Verse folgt dem hebräischen Text. Falls notwendig wird der Vergleich mit der NRSV vorgenommen. (Für die deutsche Fassung wurde die Lutherbibel 1984 verwendet. Anm. d. Übers.)

[42] P. D. Miller: „Trouble and Woe (Interpreting the Biblical Laments)", in: „Interpretation 37", 1983, S. 35.

[43] Hauge, a. a. O. (Fussnote 38), S. 25-26.

[44] Gegen Hossfeld und Zenger, deren Ansicht nach die Handlungen der Feinde nur allgemein beschrieben werden und „ihr Wirken kein akutes, auf den Beter punktuell konzentriertes Verhalten" ist, a. a. O. (Fussnote 32), S. 736, was meines Erachtens die Dringlichkeit und Ernsthaftigkeit der Klage schmälert!

erretten" im Imperativ „bedeutet wörtlich, jemanden aus einer Situation herauszuholen, in diesem Falle jemanden den Fängen des Übertäters zu entreissen"[45]. Das darauffolgende Verb „behüten/beschützen" ist milder, es bittet um Schutz. Dieser herzzerreissende Hilferuf, dieser Schrei nach Rettung und Erlösung als Einstieg zum Gedicht ist von grösster Bedeutung[46], da er uns einen Einblick in das Weltbild und in die Verfassung der Frau bietet. Ihr Schrei ist schrill, durchdringend und schmerzerfüllt. Er ist eine Einladung an uns Leserinnen und Leser, in diese Welt einzutreten und dem, was über die Frau, ihre Erfahrung, ihre Beziehung zum Feind und zu Gott gesagt wird, unsere volle Aufmerksamkeit zu schenken.

Vor Übeltätern, bösen Menschen und Gewalttätigen ist Rettung notwendig. Die Gewalt kann struktureller, psychologischer oder physischer Art sein. Auf welche spezifische Art der Gewalt hier verwiesen wird, ist unklar. Doch wie Firth meint, ist nicht sicher, ob die hebräische Bibel zwischen diesen drei Arten der Gewalt unterscheidet; auch sind diese „nicht voneinander getrennt sondern gehen ineinander über".[47] Das hebräische Wort *Hamas*, das mit „Gewalt" übersetzt wird, ist jedoch bedeutsam, denn es bezeichnet die „durch Habsucht und Hass motivierte Verletzung der persönlichen Rechte des anderen, oft unter Anwendung von physischer Gewalt und Brutalität".[48] Ganz allgemein sind diese Menschen nicht nur böse, sondern gewalttätig, gesetzlos und voller Frevel.[49] Es ist eine böse, gewalttätige, ungemein grausame und brutale Horde – und Brutalität

---

[45] John Goldingay: „Psalms: Volume 3 – Psalms 90-150", Grand Rapids, 2008, S. 644.

[46] Karen Cerulo: „Deciphering Violence: The Cognitive Structure of Right and Wrong", New York, 1998, S. 7. Sie ist der Meinung, dass der Einstieg in eine Erzählung über Gewalt bestimmt, ob das Publikum die Gewalttat als legitim empfindet oder nicht. Die Progression in narrativen Ereignissen ist ein wesentliches Stilmittel, durch den der/die Erzählende seine/ihre Perspektive der Informationen diktiert und der/die Zuhörer/in den Gewaltakt als legitim oder illegitim interpretiert. Die Abfolge der Informationen in Psalm 140 ist das, was Cerulo eine „Abfolge des Opfers" nennen würde, bei der die Psalmistin in die Rolle des Opfers schlüpft und „dem Publikum als Bezugspunkt dient" (S. 40). Durch diese spezielle Abfolge der Ereignisse werden die Zuhörer dazu neigen, Gewaltakte *gegen* das Opfer als illegitim, *durch* das Opfer verübte Gewalttaten hingegen als legitim zu beurteilen.

[47] David G. Firth: „Surrendering Retribution in the Psalms: Responses to Violence in the Individual Complaints", mit einem Vorwort von Donald L. Morcom, Milton Keynes, 2005, S. 4-5.

[48] G. Johannes Botterweck/Helmer Ringgren (Hg.): „Theologisches Wörterbuch zum Alten Testament", Bd. II, Stuttgart, Berlin, Köln, Mainz, 1977, S. 1056. Das Wort tritt insgesamt in der Bibel nur vierzehn Mal auf, bedeutsamer Weise drei Mal in diesem Psalm (V. 2, 5 und 12). Vgl. auch Ps 7,17; 11,5; 18,49; 25,19; 27,12; 35,11; 55,10; 58,3; 72,14; 73,6 und 74,20.

[49] Vgl. 1 Mose 6,11, 13

ist das, was jede Vergewaltigung auszeichnet. Die Begegnung mit dieser gewalttätigen Horde wird als teuflisch wahrgenommen. Wie gefährdet Frauen sind, wenn solche Männer auf den Strassen frei herumlaufen, ist nicht zu vernachlässigen. Durch diese Schandtat haben Familien in Delhi und anderswo aus Angst die Freiheit ihrer Töchter eingeschränkt, weil das Böse auf den Strassen lauert. Wie sich diese niederträchtigen Menschen verhalten, wird in den nachfolgenden Versen geschildert.

Vers 3

> die Böses planen in ihrem Herzen und täglich[50] Streit erregen.[51]

> Die sechs Angeklagten lockten uns am Abend des 16. Dezember in den Bus.[52]
> (Awindra Pandey, Jyotis Freund)

Aufgrund dieses und des nachfolgenden Verses handelt es sich nach Mays um verbale Gewalt.[53] Doch ist es ausschliesslich verbale Gewalt? Wie bereits weiter oben erwähnt wurde, ist eine solche Unterscheidung für die hebräische Bibel untypisch. Gewalt, ob verbal oder physisch, führt oft zu oder „äussert sich durch physische Gewalt, die in den bestehenden gesellschaftlichen Strukturen verwurzelt ist"[54]. Denn Sprache „ist untrennbar verbunden mit ihrer Wirkung, sie hat performativen Charakter, ist ‚primär Geschehendes'"[55]. Dies gilt vor allem dann, wenn das weibliche Opfer verbal oder physisch reagiert. Die Feinde planen in ihrem Herzen grauenvolle Dinge, sie provozieren und erregen Streit. Gegen das Opfer zu intrigieren und Ränke zu schmieden, stärkt die Bande der im Kollektiv der Gruppe verbündeten Partner. Durch Freundschaft gestärkt, verschärft

---

[50] In der Septuaginta heisst es „den ganzen Tag". „Letzteres dürfte eine sekundäre Angleichung an einen häufigeren Sprachgebrauch des Psalters sein". Hossfeld/Zenger, a. a. O. (Fussnote 32), S. 734.

[51] „schüren sie Kriege" oder „Streit anfangen", Ebd.

[52] „Delhi Gang-rape Victim Wanted Accused to be Burnt Alive: Braveheart's Friend" (veröffentlicht am 5. Januar 2013) unter: **www.megamedianews.in/ index.php/81331/delhi-gang-rape-victim-wanted-accused-to-be-burnt-alive-bravehearts-friend/.**

[53] Mays, a. a. O. (Fussnote 30), S. 430.

[54] Firth, a. a. O. (Fussnote 47), S. 5.

[55] Bail, a. a. O. (Fussnote 18), S. 75. Bail zitiert auch Mieke Bal, die von der ungeheuren Macht der Sprache spricht, eine Macht, die den Tod bringen kann, „denn die Macht zu sprechen steht in engem Zusammenhang mit der Macht zu handeln" in: Mieke Bal: „Death and Dissymetry: The Politics of Coherence in the Book of Judges", Chicago, 1988, S. 245.

sich ihre verbale und physische Hetze. „Schliesslich überkommt den Mob eine rauschartige, halluzinatorische Stimmung. Wie hypnotisiert verbrüdern sie sich in brutaler Einhelligkeit, während sie ein letztes Mal über ihr Opfer herfallen"[56].

Die Frau ist nicht allein mit ihrer Erfahrung. Es geschieht jeden Tag, den ganzen Tag, genauer gesagt, alle 22 Minuten! Sie weiss, dass sie diese Erfahrung mit vielen anderen Frauen teilt. Dieses Verbrechen war kein Zufall...es war beabsichtigt, wurde vorsätzlich geplant. Die sechs Männer hatten gefeiert, sie waren betrunken und gingen auf Spritztour, um unschuldige Opfer anzulocken. Sie waren auf der Jagd nach einer Frau, um sie zu vergewaltigen. Der jüngste der sechs Männer spielte den Busfahrer, sprach die junge Frau mit *Didi* („grosse Schwester") an und forderte sie auf einzusteigen. Vier der Männer sassen wie Passagiere auf den Sitzen. Als der Bus anfuhr, begannen sie mit der Ausführung ihres Plans. Sie provozierten sie, indem sie ihren Freund und sie selbst beleidigten und ihre Beziehung verhöhnten. Als sie versuchte, sich zur Wehr zu setzen, wurden die Täter noch wütender und wollten sie dafür bestrafen. Sie schlugen den Mann bewusstlos und begannen, einer nach dem anderen, die Frau zu vergewaltigen. Sie brauchten gar keinen Vorwand zu suchen, sondern fühlten sich sogar dazu berechtigt, denn schliesslich hat eine Frau einem Mann nicht zu widersprechen! Frauen befinden sich permanent in der Defensive, mit Müh und Not versuchen sie sich zu schützen und zu überleben, denn wenn die Männer um sie herum auf der Jagd nach Opfern sind, stehen ihr Leben, ihre Würde und das Überleben auf dem Spiel.

Vers 4

[4]Sie haben scharfe Zungen wie Schlangen, Otterngift[57] ist unter ihren Lippen. Sela!

Die Frau hat keine Gruppe vernünftiger Personen sondern einen Lynchmob vor sich. Es ist also nicht überraschend, dass sie in ihrer Schilderung Bilder von Tieren verwendet. Die Bewegungen einer Schlangenzunge sind schnell und aggressiv. Die Sprache ist aber mehr als eine Übertreibung.[58]

---

[56] Stephen L. Cook: „Lamentation, Praise and Collective Violence", in: „The Living Pulpit" (Okt–Dez 2002), S. 4.

[57] Im Qumran heisst es „Spinne" statt „Otter" – das ist ein grosser Unterschied, wobei Letztere vielleicht doch glatter und gefährlicher ist.

[58] Die Schilderung von Feinden durch Tiersymbolik kommt in den Klagepsalmen häufig vor. Bei intensivem Schmerz werden sowohl der Psalmist/die Psalmistin als auch die Feinde entmenschlicht und manchmal nur durch Tierbilder beschrieben. Die normale Kommunikationsform geht verloren und der Schmerz wird in Worte gefasst, welche die Bestialität des Feindes betonen.

Sie zeigt, wie es ist mit einer gewalttätigen, dämonischen Horde konfrontiert zu werden, der sich später noch andere anschliessen, die auch nicht zögern, das gleiche Gift zu spucken. Sie haben ihr Frauenbild nicht nur in ihrem Innersten kultiviert, sondern teilen es auch anderen mit. Es gibt keine bessere Möglichkeit, diesen Vers zu verstehen, als einige der Reaktionen auf die Vergewaltigung hervorzuheben[59] – es wird vorschnell verurteilt, vorschnell angeprangert, die Beschuldigung der Frauen wird angefacht, um Schamgefühle zu erzeugen und auf die Ehre zu pochen, die in dieser Kultur auf den Körper der Frau eingestanzt ist. Diese Gedanken sind wie Gift, da sie weder die Würde, noch die Menschlichkeit, noch das Leben fördern. Sie haben, wie Luther sagt, auf ihrer Zunge „Öl, doch unter der Zunge ist Galle. Und Schlangengift ist unter ihrer Lippe, denn nach aussen sind sie mild, doch nach innen töten und vergiften sie brutal die Seelen der Glaubenden"[60]. In Indien haben sich viele junge Frauen das Leben genommen, nachdem aus Wut und Gehässigkeit Gerüchte über sie in Umlauf gebracht worden waren.

> Für all diese Verbrechen liegt die Wurzel des Problems bei den Frauen selbst. Der Rückspiegel in meinem Auto zeigt mir alles, was die Jungen und Mädchen hinter mir tun. Sie sind bereit mehr zu bezahlen, weil sie Sex haben wollen...Frauen stellen ihren Körper zur Schau und provozieren Männer mit ihren Kleidern, was bleibt ihnen da anderes übrig? (Raju, 45, Migrant, Fahrer in Delhi)

> Warum war das Mädchen an diesem Abend draussen unterwegs? Ich habe gehört, sie sei mit dem Mann in den Bus gestiegen und dann hätten sie angefangen sich zu küssen. Also ist es nicht die Schuld der Männer, die sie vergewaltigt haben. Warum macht sie so etwas in der Öffentlichkeit? (Kishen, 33, Landwirt aus Rajastan)

> Natürlich ist die Freiheit der Frauen der Grund für die Zunahme von sexuellen Gewaltverbrechen. Wie soll denn trockenes Gras neben einem Benzinkanister in der glühenden Hitze nicht Feuer fangen?" (Basheer Tawheedi, 40, Dozent aus Kaschmir)

---

[59] Sie werden zitiert von Shoma Chaudhury in: „Rape And How Men See It", in: *Tehelka Magazine*, Bd. 10, Ausgabe 2 (19. Januar 2013). Ihr Kommentar zu diesen Anekdoten mag hilfreich sein: „In Indien – das durch seine Grösse und Vielfalt einem Kontinent gleicht – kann selbst die grossflächigste gesellschaftliche Umfrage bestenfalls anekdotisch sein. Diese hier ist nach allen Massstäben äusserst anekdotisch und winzig klein. Doch wie ein Teststreifen, wie eine Intuition dessen, was dieses riesige Land denkt, wirft es faszinierende Erkenntnisse aus. Wir haben Finsteres erwartet - und gefunden. Doch dankenswerterweise sind wir auch auf Unerwartetes gestossen". Unter: **www.tehelka.com/cover-story-rape-and-how-men-see-it/**.
[60] Martin Luthers Kommentar zu Psalm 55,2, in der WA 3,303ff. (Original auf Latein).

> Ja, Frauen sind auch mitverantwortlich für die Verbrechen gegen sie [...] Wir wissen ja, dass Frauen sich leicht täuschen lassen und nicht logisch denken [...] Männer müssen Frauen beschützen, denn Allah hat sie so geschaffen, dass der eine der anderen überlegen ist. Geschlechtergleichheit kann es nicht geben. In Saudi Arabien gibt es keine Vergewaltigungen, weil sich die Frauen richtig anziehen und sich nicht unter die Männer mischen. (Tabish Darzi 26, Banker, Srinagar)

Oft wird den Frauen die Schuld für den Niedergang der Gesellschaft gegeben, während Männer nur selten für ihr eigenes Handeln verantwortlich gemacht werden. Für häusliche Gewalt, Kindesmissbrauch, Abtreibung weiblicher Föten, Mitgiftmorde, Gewalt in der Ehe, Kinderheirat, Scheidung, den Prozentsatz erwerbstätiger Frauen, die Zahl der Ehrenmorde und für alles andere, was den Menschen in Indien Angst macht, wird der Frau die Schuld in die Schuhe geschoben. Seitdem die Diskussion über Vergewaltigungen wie eine Bombe ins öffentliche Bewusstsein eingeschlagen hat, wird versucht, den Diskurs auf alle möglichen Stereotypen zu reduzieren: Geschlechterkrieg, Klassenkampf, Religionskrieg, Kulturkampf, Kastenkrieg, regionaler Krieg, Krieg zwischen Modernität und Tradition oder zwischen Stadt und Land. Chaudhury schreibt:

> Die bittere Wahrheit ist, dass dies durch genügend finstere Stimmen bestätigt wird. Hört man den Männern in Indien zu, so weiss man, das es genug Männer gibt, die Frauen in einen Käfig sperren und dort wieder hineinstossen möchten, wenn sie entlaufen sind. Dieser Reflex äussert sich auf unzählige Arten von roher Frauenfeindlichkeit bis hin zu erdrückendem Protektionismus. Roter Faden aber sind die Angst und die Abscheu vor Frauen, die sich körperliche oder sexuelle Autonomie anmerken lassen. Frauenkleider, könnte man meinen, sind die grösste Gefahr für die innere Sicherheit in Indien.[61]

Es besteht kein Zweifel, dass Gewalt auch durch Sprache möglich wird. In diesem Psalm und in der Erfahrung von Jyoti und der vielen anderen Frauen, die vergewaltigt und misshandelt werden, kann sie als primäre Form der Gewalt betrachtet werden. Diese primäre Form bildet das Substrat, auf dem derartige Reaktionen auf brutale Macht und Gewalt gedeihen.

Verse 5-6

> Bewahre mich, HERR, vor der Hand der Gottlosen; behüte mich vor den Gewalttätigen, die mich zu Fall bringen wollen. Die Hoffährtigen legen mir Schlingen und breiten Stricke aus zum Netz und stellen mir Fallen auf den Weg. Sela.

---

[61] Chaudhury, a. a. O. (Fussnote 59).

Die Männer in dem Bus mit verdunkelten Scheiben und Vorhängen hatten uns eine Falle gestellt. Möglicherweise hatten sie sich schon früher an anderen Verbrechen beteiligt. Sie haben uns verprügelt, uns mit einer Eisenstange geschlagen, uns unsere Kleider und unsere Sachen weggerissen und uns an einer verlassenen Strassenecke aus dem Bus geworfen.[62] (Awindra Pandey)

Beschütze/bewahre mich (*shamar*) vor den Ungerechten/Gottlosen und behüte mich (*naṣar*)[63] vor den Gewalttätigen – zwei wichtige Verben in dieser Bitte, die bekanntlich als Wortpaar bzw. als eine Art Standard-Schutzformel auftreten[64]. Der Singular (im hebräischen Original, A. d. Übers.; Gewalttätiger) wird in der nachfolgenden Zeile bzw. im Vers danach zum Plural (die...). Die Gewalt ist das Werk von Männern, die einzeln oder in Gruppen auf der Pirsch sind, und die Frau muss vor beiden behütet werden.

Die Feinde setzen verschiedene Teile ihres Körpers ein, um ihr Opfer zu terrorisieren. In den Versen 3 bis 6 ist die Rede von Herz, Zunge, Lippen und Händen. Zum Herzen kommen noch Hände, Zunge und Lippen hinzu, d. h. die gesamte Person des Täters ist an diesem Angriff beteiligt, durch den die Frau stolpert/stürzt und durch einen heftigen Stoss im wörtlichen wie im übertragenen Sinne zu Fall gebracht wird.[65] Luther definiert die „Hoffärtigen", „Angesehenen" oder „Vermessenen"[66] wie folgt:

---

[62] A. a. O. (Fussnote 52).

[63] Der englische Text heisst: „Guard me, JHWH, from the hands of the unjust, from the man of violence, protect me! Those who plot to ‚push my steps'. The proud have hidden a trap for me, with cords they spread out a net, by the wayside they set snares for me. (Selah!)" (englische Übersetzung der Autorin, A. d. Ü.). In der NRSV heisst es: „Guard me, O Lord, from the hands of the wicked; protect me from the violent who have planned my downfall; The arrogant have hidden a trap for me, and with cords they have spread a net, along the road they have set snares for me. (Selah)". In Angleichung an V. 5, wo die Substantive im Plural stehen, haben die Übersetzer der NRSV den Singular in V. 4 mit einem Plural wiedergegeben. Es ist jedoch wichtig, in V. 4 einen Singular und in V. 5 einen Plural zu lesen, da der Psalmist die Psalmistin damit betonen möchte, dass die Gewalttaten sowohl von Einzelnen als auch von Gruppen verübt werden.

[64] Vgl. Jeremy D. Smoak: „‚Prayers of Petition' in the Psalms and West Semitic Inscribed Amulets: Effacious Words in Metal and Prayers for Protection in Biblical Literature", in: *JSOT 36.1*, 2011, S. 75-92. Er vermutet, das Wortpaar sei möglicherweise westsemitischer apotropäischer Kult- und Zauberhandlungen entlehnt.

[65] Goldingay, a. a. O. (Fussnote 45), S. 646.

[66] Nach Mitchell Dahood „diejenigen, die glauben, der HERR werde nicht von sich aus eingreifen", a. a. O. (Fussnote 35), S. 302. Luther sagt von solchen Leuten, „nicht dass sie gar nichts von Gott halten. Denn über Gott erhebt sich kein Hader, sie bekennen alle Gott. Ja, die Verfolger meinen, Gott sei mit ihnen und sie täten Gott einen Dienst, wenn sie die Frommen verfolgen (Joh 16,2)", in Erwin

Du lässest sie so weit kommen und überhand nehmen, dass sie sicher sind und sich schon bereits rühmen freuen singen und jauchzen, als wäre es gewiss, dass es mit uns verloren ist.[67]

Und die, die im Herzen hochmütig sind, sondern die Tyrannen und Ketzer, die mit Verfolgen und Verführen überhand genommen haben und obliegen, als hätten sie schon gewonnen und die Frommen gedämpft. Dies ist auch der Sinn des Wortes Hoffart oder Hochfahrt, d. h. sie fahren hoch daher und schweben oben... .[68]

Im indischen Kontext wären dies diejenigen, die sich aufgrund von Geschlecht, Kaste, Rasse, Klasse oder körperlicher Stärke für überlegen halten. Durch ihre Stellung in der Welt sind sie mächtig und damit eine um so grössere Bedrohung.

Das Opfer wird gejagt wie ein Stück Wild. Die Verwendung von Jagdbegriffen macht die Metapher noch präziser. Sie stellen Fallen auf, breiten Stricke aus – der Psalm nennt verschiedene Arten, jemanden mit diversen Fallen zu fangen. Heutzutage entstehen diese Schlingen und Fallstricke durch religiöse Parolen, biblische Strafen, hierarchische Werte, neoliberale Konsumideologie und ähnliches mehr. Mit diesen Schlingen und Fallstricken soll die Frau gefangen gehalten, eingesperrt und geknebelt werden. Falls die Frau die Logik hinter diesen Fallstricken nicht versteht oder nicht ganz einsieht, wird dies grauenvolle und brutale Folgen für sie haben. Vor diesen Folgen versucht sie sich zu schützen, wozu Gott allein in der Lage ist, denn das System und die Kontrollstrukturen sind all zu sehr ineinander verstrickt, und sie zu entwirren scheint die Fähigkeiten menschlichen Unterfangens zu übersteigen.

Verse 7-8

[7]Ich aber sage zum HERRN: Du bist mein Gott; HERR, vernimm die Stimme meines Flehens!
[8]HERR, meine starke Hilfe, du beschirmst mein Haupt zur Zeit des Streits.

Mülhaupt (Hg.): „D. Martin Luthers Psalmen-Auslegung", 3. Band, Psalmen 91-150, Göttingen, 1965, S. 36. Im indischen Kontext wären dies auch diejenigen, die glauben, dass weder Polizei noch Justiz ihnen etwas anhaben können.

[67] Luthers Kommentar zu Psalm 94,3. Erwin Mülhaupt (Hg.): „D. Martin Luthers Psalmen-Auslegung", 3. Band, Psalmen 91-150, Göttingen, 1965, S. 35.

[68] Luthers Kommentar zu Psalm 94,2. Vgl. auch sein Kommentar zu 94,4, in: Erwin Mülhaupt (Hg.): „D. Martin Luthers Psalmen-Auslegung", 3. Band, Psalmen 91-150, Göttingen, 1965, S. 34.

Nachdem sie uns aus dem Bus geworfen hatten, versuchten sie uns zu überfahren, doch ich konnte meine Freundin im letzten Augenblick zur Seite ziehen. Wir hatten keine Kleider an. Wir versuchten vorbeifahrende Fahrzeuge anzuhalten. Mehrere Auto-Rikschas, Autos und Fahrräder verlangsamten ihr Tempo, doch während 20 bis 25 Minuten hielt niemand an. Dann kam eine Patrouille vorbei, sie hielt an und rief die Polizei.[69]

Niemand von den Leuten auf der Strasse half uns. Wahrscheinlich befürchteten sie, später als Zeuginnen und Zeugen auf dem Polizeirevier oder vor Gericht aussagen zu müssen.[70] (Awindra Pandey)

Mutter, ich möchte leben![71] (Jyoti Singh Pandey)

Das „Ich" im Psalm ist grammatikalisch nicht geschlechtspezifisch, kann also die Stimme eines Manns oder einer Frau sein.[72] Der Vers beginnt mit dem performativen *qatal* „Ich [aber] sage" statt mit einer Erinnerung an eine frühere Aussage.[73] In die Schilderung dessen, wer JHWH ist, wird die Bitte eingeflochten. Das ist der Gott, bei dem die Frau Zuflucht sucht, ein Gott der bereit ist, Kraft zu geben und Retter zu sein. Wenn alles andere scheitert, weil die Unfähigkeit und Gleichgültigkeit der Polizei, die Ineffizienz des Rechtssystems, die Unzulänglichkeit des politischen Systems, die Passivität der Öffentlichkeit und die Profitgier der Medien alle zusammen zu einer Kultur der Straflosigkeit beitragen, in der Männer zu derartigen Schandtaten ermutigt werden – an wen soll sie sich dann wenden? Es bleibt nur noch Gott, den sie um Hilfe anrufen kann, in der Hoffnung, dass er sie vernimmt und erhört.

Die Frau sucht Zuflucht bei Gott. Mit den Worten „Herr, du bist mein Gott" und „Herr, meine starke Hilfe" bekennt sie, wer dieser Gott für sie und für das Volk Gottes ist, sowie ihre Treue zu niemand anderem als diesem einen Gott. Damit würdigt sie die vielen früheren Situationen, in denen JHWH zu ihr gehalten und sie beschützt hat. Doch nun hofft sie, nicht nur an Gottes Erbarmen und Gottes rettende Kraft, sondern vielleicht auch an Gottes Ego zu appellieren. Ihre Worte sind Vertrauens- und Glaubensbe-

---

[69] A. a. O. (Fussnote 52).

[70] Ebd.

[71] Rhythma Kaul: „Delhi Gang Rape Victim Writes on a Piece of Paper, ‚Mother I want to Live'", in: „Hindustan Times", New Delhi (20. Dezember 2012), unter: **www.hindustantimes.com/india-news/newdelhi/rape-victim-still-critical-writes-to-mother-i-want-to-live/article1-976798.aspx**.

[72] Gerstenberger, a. a. O. (Fussnote 9), S. 32.

[73] Goldingay, a. a. O. (Fussnote 45), S. 646.

kenntnisse, sollen aber auch Gott veranlassen und motivieren, zu ihren Gunsten und gegen den Feind einzugreifen. „Du beschirmst mein Haupt zur Zeit des Streits" – ein deutliches Bild für Schutz, fast wie elterlicher Schutz. Du hast mir das Leben geschenkt und mich bis hierher gebracht... bitte, lass mich jetzt noch ein bisschen länger leben!

Von Jyoti ist keine Äusserung über ihren Glauben bekannt, die den Worten des Psalmisten entsprechen würden. Doch ich bin sicher, dass sowohl sie als auch ihre Familie und Freunde gebetet und die heilenden und erlösenden Kräfte ihrer Götter und Göttinnen beschwört haben. Die Mahnwachen, Pujas und sicher für die Götter bestimmten Opfergaben in vielen Teilen des Landes sind Ausdruck dieses Glaubens an eine göttliche, höhere Macht. Auch in den Worten „Mutter, ich möchte leben!" sind Glauben und Bitte enthalten – Worte, die sie an ihre Mutter richtete, ihre direkte und unmittelbare Quelle, aus der sie Mut schöpfte. Nicht alle Notleidenden denken sofort an Gott. Es mag auch zu Zweifeln an Gott gekommen sein, Zweifel, die im Leben des/der Notleidenden durchaus ihren Platz haben. Angesichts der furchtbaren Qualen, die sie erleiden musste, war Jyoti soweit wir wissen möglicherweise nicht zu mehr in der Lage, als ihre unsäglichen Schmerzen und ihren Wunsch zu leben herauszuschreien.

Verse 9-12

[9]HERR, gib dem Gottlosen nicht, was er begehrt! Was er sinnt, lass nicht gelingen, sie könnten sich sonst überheben. Selah.

[10]Das Unglück, über das meine Feinde beraten, komme über sie selber.

[11]Er möge feurige Kohlen über sie schütten; er möge sie stürzen in Gruben, dass sie nicht mehr aufstehen.

[12]Ein böses Maul wird kein Glück haben auf Erden; ein frecher, böser Mensch wird verjagt und gestürzt werden.

Mama, ich möchte, dass sie bei lebendigem Leibe verbrannt werden![74] (Jyoti)

Hängt die Vergewaltiger! Tod den Vergewaltigern![75](Demonstranten)

---

[74] Amrit Dhillon: „„Mama, I want them to be burnt alive', my daughter said: Gang-rape victim's mother", in: „The Daily Telegraph" (Sonntag, 13. Januar 2013) unter: **www.dnaindia.com/world/report-mama-i-want-them-to-be-burnt-alive-my-daughter-said-gang-rape-victim-s-mother-1788340.**

[75] „Rapists Should be Given Death Sentence", unter **www.merinews.com/citizen-debate/rapist-should-be-given-death-sentence/101**; „Delhi Rape Spreads Fear, Women demand Death for Rapists", in: „The Deccan Herald", Neu Delhi, 18. Dezember 2012, unter **www.deccanherald.com/content/299351/delhi-rape-spreads-fear-women.html.**

Die in diesen Versen ausgesprochene Furcht vor bösen Worten und täuschender Sprache könnte darauf hinweisen, dass es der Psalmistin nur um die „Zauberkraft von Flüchen und bösen Worten" geht.[76] Doch auch hier bin ich mir nicht sicher, ob es sinnvoll ist, allzu sehr zwischen Worten und Taten zu unterscheiden. Das „böse Maul"[77] steht gleich neben dem „bösen Menschen", was auf eine allgemeinere, sowohl die Sprache/Rede als auch das Handeln umfassende Schlechtigkeit schliessen lässt.

Das Opfer/die überlebende Frau betet zu JHWH, dass die Pläne der nach Unrecht trachtenden Feinde misslingen mögen. Die jussivisch formulierten Verben in diesem Vers zeigen, auf welche Weise die Psalmistin hofft, jetzt und in Zukunft errettet und verschont, beschützt und behütet zu werden. Die Verwendung des Jussivs statt des Imperativs/der Befehlsform zeigt, dass sich die Psalmistin möglicherweise über einen im Wirklichkeitsgefüge eingebauten Mechanismus bewusst ist, durch den ihr – wenn man ihn richtig funktionieren lässt – die ihr gebührende Gerechtigkeit widerfahren wird. Daher bittet sie nicht um göttliches Eingreifen sondern darum, dass diese Mechanismen der Gerechtigkeit oder des fairen Verfahrens richtig werden funktionieren können.

Vers 12b ist ein Fluch, der darauf abzielt „über die bösen Menschen mehrere Strafen zu verhängen".[78] Mögen die Gottlosen scheitern und das bekommen, was sie verdienen, nämlich eine ihres Verbrechens angemessene Strafe. Es soll ihnen mit gleicher Münze heimgezahlt werden! Die Verleumder dürfen nicht siegen. Zu ihrer Bitte um göttliche Gerechtigkeit gegen die Feinde gehört, dass diese mit feurigen Kohlen überschüttet werden.[79] Diese Bitte erinnert an die zahlreichen Feuerproben, welche Frauen bestehen müssen, sei es um ihre Unschuld zu beweisen oder um sie dafür zu bestrafen, dass sie die von der Kultur vorgeschriebenen Grenzen überschritten haben. Doch könnte mit dieser Bitte vielleicht auch ein Reinigungsritual für die Täter gemeint sein, durch das sie nie wieder aufstehen und derartige Verbrechen begehen können? Angesichts eines ineffizienten

---

[76] Smoak, a. a. O. (Fussnote 64), S. 89.

[77] Könnte ebenfalls „Verleumder" bedeuten.

[78] Dahood, a. a. O. (Fussnote 35), S. 305.

[79] Feuer spielt in hinduistischen Ritualen eine vorrangige Rolle. Gemäss den *Veda* besteht ein Mensch aus fünf Elementen, von denen eines Feuer ist, die ebenfalls im Absoluten zu finden sind. Das heilige Feuer symbolisiert daher die Einheit von Mensch und Gott. Die dem rituellen Feuer oder *Havan* gespendeten Opfergaben wie Ghee (geklärte Butter) oder Kampfer symbolisieren physische Merkmale (in diesem Fall das Ego), die durch das Feuer gereinigt werden sollen. Durch diese Rituale soll das Umfeld gereinigt werden, indem physischer und geistig-emotionaler Körper ihrer Unreinheiten entledigt werden. In der hinduistischen Religion werden alle Neuanfänge mit diesem glückbringenden Feuer zelebriert.

Rechtssystems war der Tod die einzige Möglichkeit zu verhindern, dass sie zu Wiederholungstätern werden. Solche Männer sollten keinen Platz haben auf Erden; es sollte ihnen kein Asyl gewährt und sämtliche Macht sollte ihnen entzogen werden. Denn zu Recht werden nur diejenigen, welche die Beziehungen ehren, lange im Land leben können (2.Mose 20,12), so dass die heiligen Prinzipien gewahrt und Frauen als vollwertige Mitglieder ihrer Gesellschaft geachtet werden. Der hier geäusserte Wunsch nach Rache ist verständlich.

Zwei Dinge sind hier wichtig: Zunächst fällt auf, dass die Anklage gegen die Feinde eine dominierende Stellung einnimmt. Feinde sind im Buch der Psalmen kein Tabu. Es ist nichts Beschämendes daran, die Feinde anzuprangern; der Psalmist/die Psalmistin wird nicht gewarnt, er/sie könnte gegen die Tora verstossen, wenn er/sie um Rache bittet. Rachegefühle werden nicht unterdrückt. Bellinger erinnert uns an folgendes:

> In diesen Gebeten gegen die Feinde zerstört der Beter seinen Feind nicht, sondern übergibt die Angelegenheit durch eine befreiende Glaubenshandlung an Gott, den Richter par excellence; Gott wird sein Urteil sprechen und der Psalmist/die Psalmistin plädiert vor Gott, gegen die Feinde zu urteilen.[80]

Ihre Feinde werden als Feinde Gottes dargestellt, da sie gegen den Willen Gottes handeln. Gott wird daran erinnert, was nun zu tun ist. Nur wer vor dem Feind unschuldig ist und von seinem Glauben an die Gerechtigkeit Gottes nicht ablässt, kann ein solches Gebet sprechen und Gott seine Rache anvertrauen.

Zweitens sind m. E. die Erkenntnisse von Fritz Stolz hilfreich, wie sie in der ebenfalls im vorliegenden Band enthaltenen Abhandlung von Roger Marcel Wanke mit dem Titel „Die Rachepsalmen als rechtskritisches Phänomen: Das Problem der Feinde in Luthers Psalmenexegese"[81] wiedergegeben werden. Wanke zitiert Stolz[82], der von zwei Arten von Krisen spricht: der Krise des Kults und der Krise der Weisheit. Kult und Weisheit sind die beiden Quellen, aus denen der Psalmist/die Psalmistin die Gegenwart Gottes erfährt und das Wissen von Gott erlangt. Sie vermitteln der Psalmist/die Psalmistin die Ordnung, d. h. die Beziehung zwischen Gott, Mensch und Welt. Was aber soll die Psalmistin tun, wenn ihre Erfahrungen zur Tradition

---

[80] W. H. Bellinger Jr.: „Psalms: Reading and Studying the Book of Praises", Peabody, 2009, S. 54.

[81] Roger Marcel Wanke: „Die Rachepsalmen als rechtskritisches Phänomen: Das Problem der Feinde in Luthers Psalmenexegese" in dieser Publikation.

[82] Fritz Stolz: „Psalmen im nachkultischen Raum", Theologische Studien 129, Zürich, 1983, zitiert durch Wanke, Ebd.

oder zu dem, was sie durch Kult und Weisheit gelernt hat, im Widerspruch stehen? Stolz nennt dies das nachkultische und nachweisheitliche Phänomen, wenn Kult und Weisheit ihre Rolle nicht mehr erfüllen und die Ordnung im Leben des Psalmisten/der Psalmistin nicht mehr garantieren können.[83] Selbst in einer nachkultischen oder nachweisheitlichen Krise (wenn die Erfahrungen mit Gott und den Menschen nicht mehr mit Kult und Weisheit übereinstimmen) werden Rache und Zorn ausgesprochen und als Bitte an JHWH gerichtet. Für Frauen kommen meist noch eine nachrechtliche und nachgerichtliche Krise sowie das Versagen der männlichen Autorität hinzu (da sich die Männer als Beschützer der Frauen betrachten) – denn oft wird sie von allen Systemen im Stich gelassen. Doch selbst inmitten dieser Orientierungslosigkeit hält die Frau an ihrem Glauben an die Gerechtigkeit Gottes fest, denn Gott allein kann Gerechtigkeit bringen. Ohne die Hilfe und Rettung Gottes wäre sie verloren. Ihre eigene Kraft und ihr fester Lebenswille sind nutzlos, solange sie nicht in der Kraft Gottes ruhen. Ab dem nächsten Vers beginnt sie also, ihren Glauben an den Gott der Liebe zu bekennen, der die Elenden, Armen, Gerechten und Frommen erlöst.

Verse 13-14

[13]Denn ich weiss, dass der HERR des Elenden Sache führen und den Armen Recht schaffen wird.
[14]Ja, die Gerechten werden deinen Namen preisen, und die Frommen werden vor deinem Angesicht bleiben.

Nun werden den „Gottlosen", dem „bösen Maul" und dem „bösen Menschen" (V 9-12) die „Elenden" und „Armen" gegenübergestellt. Während die Feinde die Psalmistin zu Fall bringen, wird JHWH dafür sorgen, dass die Übeltäter stürzen. In diesen Versen wird ebenfalls deutlich, dass sich die Psalmistin zu den „Elenden" und „Armen" zählt, dies jedoch nicht in Form einer Selbstbeschreibung direkt zum Ausdruck bringen möchte. Die Tatsache, dass die Schutzbedürftigen in der dritten Person erwähnt werden, lassen auf den sprichwörtlichen Charakter dieser Aussagen schliessen.[84]

„Ich weiss"[85] bezeugt nicht nur ein persönliches Erlebnis, sondern leitet zugleich ein Bekenntnis ein. Sie glaubt, dass ihr Gott ein Gott der Gerechtigkeit ist, der die Rechte der Notleidenden vertritt, und hat keine Angst mehr. So schreibt Luther:

---

[83] Stolz, Ebd.
[84] Hauge, a. a. O. (Fussnote 38), S. 30.
[85] Was bedeutet: „Ich habe es selbst erlebt" oder „man hat mir versichert".

Du darfst nicht sorgen, dass dein Recht untergehe; denn es ist nicht möglich. Denn Gott hat das recht lieb; darum muss es erhalten und die Gerechten nicht verlassen werden. Wenn er ein Abgott wäre, der Unrecht lieb hätte und dem Recht feind wäre wie die Gottlosen, so hättest du Ursache zu sorgen und zu fürchten. Aber nu weisst du, dass er das Recht lieb hat. Was sorgest du? was fürchtest du? was zweifelst du?[86]

In ihrer eigenen Erfahrung hat die Betende das Eingreifen und die Rettung durch Gott selbst erlebt und Zugang dazu gehabt. Hier wird eine feste Überzeugung zum Ausdruck gebracht, die voraussetzt, dass JHWH eingegriffen und geholfen hat. Woher weiss sie das? In Jyotis Erfahrung erscheint Gott in Form der protestierenden, zornigen Demonstrantinnen und Demonstranten, die für die Opfer sexueller Verbrechen Gerechtigkeit fordern. Zwar gab es viele Stimmen, die ihr selbst die Schuld gaben, doch die Menge der Frauen, jung und alt, und der Männer, die sich ihnen anschlossen, die vielen Menschen, die in Indien und im Rest der Welt Mahnwachen hielten, protestierten und einen Diskurs und eine Bewegung in Gang setzten, die in ihr nicht das Opfer, sondern die Überlebende sahen, die ihr nicht die Schuld gaben, ihre Familie, die sie unterstützte, aber vor allem die Tatsache, dass die Nation und die ganze Welt sich jetzt dieser Problematik bewusst sind – das sind die Stimmen, in denen und durch die Gott sein Urteil (*Mishpat*) spricht! Die Formulierung „Recht schaffen" spricht für den sakral-gerichtlichen Prozess. Recht wird geschaffen werden und die Frau zählt sich zu den Armen, Gerechten und Frommen, die auf den Schutz und die Gegenwart Gottes angewiesen sind. Sie vertraut darauf, dass ihr Gerechtigkeit widerfahren wird, indem dank Gottes Hilfe eines Tages all das möglich sein wird: ein gerechtes Rechtssystem, wachsame Polizeikräfte, ein wirksames politisches System, eine zugängliche und mitfühlende Kirche oder Religionsgemeinschaft.

Für Luther ist fehlendes Vertrauen in die Gnade Gottes eine grundlegende Sünde, die sowohl in Hochmut als auch in mangelndem Selbstwertgefühl besteht. Vertrauen in Gottes Gnade bedeutet nicht nur, zu wagen und zu riskieren, dass die eigene Energie, Kraft und Macht im Dienste Gottes verwendet werden, sondern auch in der Gnade Trost zu finden, wenn einem die Kräfte fehlen. Der unterdrückten und vergewaltigten Frau fehlt es an Kraft, und sie setzt ihr Vertrauen auf Gott. Vertrauen und Glauben sind kein einlullendes Opiat, sondern geben die Kraft und den Impuls aufzubegehren, zu leben und sich weiter für eine bessere Welt und bessere Menschen einzusetzen.

---

[86] Luthers Kommentar zu Psalm 37,28 in: Erwin Mülhaupt (Hg.): „D. Martin Luthers Psalmen-Auslegung", 2. Band, Psalmen 26-90, Göttingen, 1962, S. 90.

> Denn Leiden Tod, auch die Hölle müssen überwunden werden von uns. Mit Flucht und Ungeduld aber wird sie nicht überwunden, sondern mit Gunst Willen und Liebe, die man in ihr gegen Gott behält.[87]

Psalm 140 kann also als das Lied einer unterdrückten Frau gesungen werden, die in ihrer Gemeinschaft ihrer Rechte beraubt wird. Gewalt und Bosheit umringen sie und erstreben ihren Untergang. Nur JHWH kann helfen.

> Die Bitte um Gottes Eingreifen zeigt, dass es im AT keinen anderen Weg zur realen Gewissheit der aufs äusserste in Frage gestellten צדקה gibt als den der diesseitigen Demonstration.[88]

Zwar liefert der Psalm keine Anhaltpunkte über die Identität der Feinde oder deren institutionelle Zugehörigkeit, doch kann eine Auslegung wie diese, bei der die Erfahrungen vergewaltigter Frauen ernst genommen werden, zur Entlarvung der Feinde beitragen. Die Feinde sind diejenigen, die aufgrund ihres gesellschaftlichen Status, aufgrund der ihnen durch Kaste, Klasse, politische Zugehörigkeit, Geschlecht oder Rasse zufallenden Macht, Frauen als Ausdruck ihrer Vorherrschaft in der Gesellschaft ausbeuten. Sie repräsentieren das Böse und die Übeltäter, deren Sünde sich in ihrer Rede/Sprache und in ihren Handlungen äussert. Die Feindschaft zwischen ihnen und der Beterin ist weder räumlich noch zeitlich beschränkt. Es gibt sie sowohl im Land als auch auf der Erde. Sie reicht von der Vergangenheit (V. 7-12) über die Gegenwart (V. 2-6) bis hin in die weite Zukunft (V. 13). Die Gerechte ist im vorliegenden Falle die ausgegrenzte und unterdrückte Frau, die auf das Eingreifen und die Gerechtigkeit Gottes (in Form eines wirksamen und gerechten Systems) angewiesen ist. Ihre Bedürftigkeit und ihr Leiden kennzeichnen sie. Doch zugleich sind ihr Notschrei und ihre Bitte getragen von der Gewissheit und dem Vertrauen, dass JHWH die Sache der Armen in seine Hand genommen hat.

Wenn wir versuchen, die Erfahrung der Psalmistin nachzuvollziehen, so fällt zum einen die Schutzbedürftigkeit der Ich-Person auf, die sich von hinterhältigen, bösen und gewalttätigen, ihr auf Schritt und Tritt nachstellenden Männern umringt sah, zum anderen aber auch ihr bemerkenswertes Vertrauen auf die göttliche Rettung. Der Psalm zeigt, dass Gewalt- oder Vergewaltigungsopfer häufig willkürlich gewählt werden, wie es auch bei Jyoti der Fall war, die sich weder vor der Menschheit noch vor Gott etwas zuschulden hat kommen lassen. Wenn wir den Psalm mit den Augen der

---

[87] Erwin Mülhaupt (Hg.): „D. Martin Luthers Psalmen-Auslegung. 1. Band, Psalmen 1-25", Göttingen, 1959, S. 103.

[88] Hans-Joachim Kraus: „Psalmen 60-150", Neukirchen-Vluyn, 1989, S. 1106.

vergewaltigten/missbrauchten Frau lesen, „wenden sich unsere Sympathie und Loyalität vollkommen von der Mehrheitseinstellung ab und dem Opfer zu"[89], weil wir die Gewaltrealität aus der Perspektive der Frau tatsächlich als eine Gewalt wahrnehmen, für die es keine Rechtfertigung gibt.

WAS DER PSALM NICHT SAGT...

Ich möchte auch auf das aufmerksam machen, was der Psalm nicht nennt: Weder Scham noch Entehrung werden erwähnt; auch die persönliche Sünde und der für andere Klagepsalmen charakteristische Zorn gegen Gott kommen hier nicht zum Ausdruck. Dieser Psalm ist deshalb so nützlich und hilfreich, weil die Wahrnehmung und das Zuschreiben von Schande, Sünde oder Entehrung für Frauen besonders weitreichende Auswirkungen haben. Dass hier weder Zorn noch Zweifel an Gott ausgesprochen werden, bzw. dieser nicht einmal hinterfragt wird, weist vielleicht darauf hin, dass die Psalmistin keinen Grund sieht, Gott für ihre Not die Schuld zu geben, sondern erkennt, dass sie Opfer menschlicher Sünde und vom Menschen geschaffener Strukturen ist.

Für Frauen ist das „Sprechen über Vergewaltigung" an sich bereits ein Akt der Befreiung, durch den sie sich vom passiven Objekt eines voyeuristischen Diskurses auf die Subjektstellung der „Herrin" über die Erzählung hissen. Indem wir im „Ich" dieses Psalms die missbrauchte Frau sehen, geben wir ihr die Möglichkeit, die Vergewaltigung zu benennen, statt sie in allgemeine nebelhafte Formulierungen des Leidens einzuhüllen. Dadurch werden sowohl persönliche Verwandlung als auch Selbstverbesserung möglich, denn das Benennen von Unrecht ist der erste Schritt der Verwandlung. Durch den Psalm wird kollektiver Gewalt der Boden entzogen; er

> entmystifiziert die hypnotisierende Macht der Schuldzuweisung, indem das Opfer entknebelt wird. Nachdem wir seinen persönlichen, menschlichen Klageschrei gehört haben, können wir es nicht mehr als Untermensch sehen. Vielmehr werden wir schliesslich Mitgefühl für das Opfer entwickeln, das von Gott erkannt und geliebt wird.[90]

---

[89] Cook, a. a. O. (Fussnote 56), S. 5.
[90] Ebd.

ZUM SCHLUSS: LUTHERS KOMMENTAR ZUR KLAGE

Da es sich bei diesem Psalm um ein Klagelied handelt, die Klagepraxis in unseren Kirchen aber seltener geworden ist, mag es für ein noch tieferes Verständnis von Psalm 140 hilfreich sein, sich mit den Ausführungen Luthers zur Klagetradition auseinanderzusetzen und seine Kommentare zu anderen Busspsalmen (z. B. Psalm 6)[91] heranzuziehen. Für Luther gehören Leid und Schmerz zum Leben und zum Reich Gottes. Gott ist bereit und willens, den Schrei der Notleidenden zu vernehmen. Er schreibt:

> ...seines Reiches Art ist, elende rufende betende Leute zu haben, die viel um seinetwillen leiden, und seine Art und Regiment besteht darin, solchen Armen Elenden Sterbenden und Sündern zu helfen, sie zu erhören und ihnen beizustehen...[92]

> ...Gott hört die Schreienden und Klagenden gern, aber nicht die Sicheren und Freien. Darumm besteht ein gutes Leben nicht in äusseren Werken und äusserem Schein, sondern in einem seufzenden und betrübten Geist, wie hernach [im vierten (Buss-)Psalm] geschrieben steht (Ps 51,19): das Opfer, das Gott gefällt, ist ein betrübter Geist, und ein demütoges gebrochenes Herz verschmähst du nicht, und im 34. Psalm (V 19): der Herr ist nahe bei denen, die zerbrochenen oder leidenden Herzens sind. Darum: Weinen geht vor Wirken und Leiden übertrifft alles Tun.[93]

Das ist das Wesen eines gnädigen und liebenden Gottes, der den Schrei und den Schmerz des Notleidenden zu hören bereit ist. Luther ermutigt die Menschen zur Klage.[94] Aber er ist auch vorsichtig. Im lebendigen Kontext von Glauben und Hoffnung darf die Klage nicht übertrieben werden, sondern muss gemässigt sein, denn im Übermass könnten das Klagen und Äussern von Zorn und Zweifeln einen dazu verleiten, Gott zu lästern und von ihm abzufallen. Klagen ist also gut, wenn es aufrichtig ist.

Die wichtigsten und einflussreichsten Lehren zum Klageverständnis Luthers sind seine Lehre der Rechtfertigung allein aus Gnade durch den

---

[91] Einer der sieben Busspsalmen (6, 32, 38, 51, 102, 130, 143), wie sie von der Kirche gruppiert wurden, die nach der Stunde der Lobgesänge jeden Freitag während der Passionszeit vorgetragen werden. Luther selbst verwendete sie als „Ausdruck christlicher Busse" (Einleitung zu *LW* 14, S. ix).

[92] Martin Luther zu Psalm 102,17 in Erwin Mülhaupt (Hg.): „D. Martin Luthers Psalmen-Auslegung. 3. Band, Psalmen 91-150", Göttingen, 1965, S. 133.

[93] Erwin Mülhaupt (Hg.): „D. Martin Luthers Psalmen-Auslegung. 1. Band, Psalmen 1-25", Göttingen, 1959, S. 105.

[94] Kathleen. D. Billman und Daniel L. Migliore: „Rachel's Cry: Prayer of Lament and Rebirth of Hope", Cleveland, 1999.

Glauben, seine Kreuzestheologie und seine Lehren zum Leiden.[95] Ein Merkmal der Klage, dem Luther besondere Aufmerksamkeit geschenkt zu haben scheint, ist Sünde und Busse. So scheint Luther in seiner Abhandlung zu Psalm 6[96] durch sein Zitieren von Psalm 51,17 auf die „Busse" und die menschliche Neigung zur Sünde aufmerksam zu machen, von denen weder in Psalm 6 noch in Psalm 140 die Rede ist. Klage macht also nach Luther nur vor dem Hintergrund eines rechtfertigenden und erlösenden Gottes Sinn – daher seine Betonung von Sünde und Busse. Wie ist es dann im Falle des/der Notleidenden, der/die nicht gesündigt hat – bei grundloser Gewalt? Worin könnte die Sünde der vergewaltigten Frau bestehen? Manche würden argumentieren, die Frau hätte um diese Uhrzeit nicht draussen unterwegs sein und nicht in den Bus steigen dürfen. Worin besteht ihre Sünde? Ist die Art, wie sie vergewaltigt wurde, zu rechtfertigen?

Luther würde darauf möglicherweise mit seiner Ansicht zur „Erbsünde"[97] antworten. Die Allgemeingültigkeit der Sünde ist problematisch, da die Fehler der Mächtigen und Stolzen in die Sprache der Allgemeinsünde eingeflochten sind. Auch Frauen und Arme, die solche Sünden gar nicht begehen können, sind zur Busse und Rechenschaft aufgefordert. Um des vergewaltigten, missbrauchten Opfers willen wäre es daher hilfreich, die Aufmerksamkeit von der persönlichen Sünde weg- und zur strukturellen Sünde hinzulenken, die im politischen, wirtschaftlichen und gesellschaftlichen Leben verwurzelt ist. Dass die Frau ihre Freiheit ausübt, ist keine Sünde. Sünde ist die Ausübung von Zwang zur Stärkung der Strukturen der Unterdrückung, sei es aufgrund des Geschlechts, der Rasse, Kaste oder Klasse.

Luther mag argumentieren, dass die Frau wie Hiob Sünderin und Gerechte zugleich ist – eine gerechtfertigte Sünderin, die „zusammen mit Christus" verfolgt wird. Ebenso wie Jesus Christus durch Leiden und Demütigung zur Erhöhung gelangte, wird auch die Frau in dieser sündigen Welt bedrängt. Dieses geteilte Leid vereint die Frau mit Christus. Auf diese Weise erfährt sie, dass das Erbarmen Gottes für Christus die Verkörperung ist von „Gottes Gnade Barmherzigkeit Gerechtigkeit Wahrheit Weisheit Stärke Trost und Seligkeit, uns von Gott ohn alles Verdienst gegeben"[98].

Aus der Sicht von Frauen, die sehr viel mehr Unterdrückung und Not erleiden als Männer, ist die Tatsache, dass Christus an ihrer Seite mitleidet,

---

[95] Ebd., S. 54.

[96] Vgl. Erwin Mülhaupt (Hg.): „D. Martin Luthers Psalmen-Auslegung. 1. Band, Psalmen 1-25", Göttingen, 1959, S. 100-112.

[97] Vgl. WA 26, S. 499ff.

[98] Erwin Mülhaupt (Hg.): „D. Martin Luthers Psalmen-Auslegung. 3. Band, Psalmen 91-150", Göttingen, 1965, S. 630.

eine Quelle der Kraft und der Hoffnung. Das Kreuz ist ein Symbol für die Solidarität Gottes mit ihr und für ihre Erlösung aus Schmerz und Leid.

> Ein Gott, der in der Lage ist, Leid auszuhalten, bringt Hoffnung in hoffnungslose Situationen. Indem er sich der Schmerzen aller Notleidenden annimmt, spendet Gott Hoffnung auf die Verwandlung von Leid und Tod durch Wiederauferstehung.[99]

Gott ist also sowohl inmitten ihres Leidens als auch danach gegenwärtig und gibt sich in den störenden Fragen und Problematiken zu erkennen, die durch Jyotis Erfahrung aufgeworfen wurden. Es ist ein Gott der Hoffnung, des Handelns und des Eintretens für Veränderungen und für den Wandel sämtlicher Strukturen, die Frauen unterjochen und unterdrücken. Die Frau hat sich ihr Leiden nicht freiwillig ausgesucht, es darf nicht spiritualisiert oder aufgewertet werden, aber es muss bemerkt/anerkannt, beim Namen genannt und konfrontiert werden.

---

[99] Arnfríður Guðmundsdóttir: „Meeting God on the Cross: Christ, the Cross, and the Feminist Critique", New York, 2010, S. 57.

II. Psalmenexegese: Methodologien früher und heute

DIE PSALMEN SINGEN, BETEN UND MEDITIEREN. EXEGETISCHE UND HISTORISCHE ÜBERLEGUNGEN

Corinna Körting

EINLEITUNG

In den letzten 100 Jahren erwies sich in der Psalmenforschung unter anderem eine Frage als immer wichtiger: Wofür wurde das *Sœfœr haTᵉhillîm*, das Buch der Lobpreisungen, verwendet? Auf den ersten Blick scheint die Antwort einfach: Diese Textsammlung diente während der Zeit des Zweiten Tempels als Liederbuch. Dies hätte zumindest Hans-Joachim Kraus in den 1960er-Jahren noch so formuliert.[1] Auch Wissenschaftler wie James Limburg sehen den Psalter, zumindest in seinem Ursprung, noch als Lobpreisbuch.[2] Wieder andere heben demgegenüber seinen rein literarischen Charakter und seinen zweckmässigen Aufbau hervor. Heute wird der Psalter als Buch der Meditation und als Zeugnis der jüdischen Frömmigkeit gesehen; er gehört zu den Lehrtexten und nicht in den Gottesdienst des Zweiten Tempels.[3]

Warum hat sich die Beurteilung des Psalters so stark verändert? Wie können wir die Verlagerung von einem Liederbuch für die Gemeinschaft hin zu einem Buch für die individuelle Meditation erklären?

---

[1] Hans-Joachim Kraus: „Psalmen I", *BK.AT XV/1*, Neukirchen Vluyn, 1961, S. XVIII.

[2] James Limburg: „Psalms, Book of", in: *ABD 5*, S. 522-536, hier S. 524-525.

[3] Vgl. Notker Füglister: „Die Verwendung und das Verständnis der Psalmen und des Psalters um die Zeitenwende", in: Josef Schreiner (Hg.): „Beiträge zur Psalmenforschung: Psalm 2 und 22", *FzB 60*, Würzburg, 1988, S. 355-379; Christoph Levin: „Das Gebetbuch der Gerechten: Literargeschichtliche Beobachtungen am Psalter", in: *ZThK 90*, 1993, S. 355-381, hier: S. 358; Manfred Oeming: „Das Buch der Psalmen: Psalm 1-41", Neuer Stuttgarter Kommentar AT, 13/1, Stuttgart, 2000, S. 23. Klaus Seybold: „Poetik der Psalmen. Poetologische Studien zum Alten Testament 3", Stuttgart, 2003, nennt es ein „toraähnliches Lesebuch" (ebd., S. 364-373).

Im Folgenden werde ich versuchen, auf diese Frage Antwort zu geben, sowie einen kurzen Überblick über einige der wichtigsten Lehrmeinungen aus der Forschung im Zusammenhang mit diesem Problem skizzieren und die Bedeutung der Psalmen für Martin Luther und die gesamte lutherische Tradition darlegen.[4] Vor dem Hintergrund der gegenwärtigen alttestamentliche Forschung muss man sich die Frage stellen, ob Luthers Behauptung, die Psalmen müssten gesungen werden, für die wissenschaftliche Untersuchung derselben heute noch relevant ist, oder ob die Perspektive Luthers eine willkommene Herausforderung für die Exegese darstellt.

Bevor wir uns eingehender der Psalmenforschung zuwenden, möchte ich zunächst einige Aspekte von Luthers Ansichten zum Singen der Psalmen ansprechen.

Der Brief Luthers an Georg Burkhardt Spalatin aus dem Jahr 1523 stellt ein wichtiges Zeugnis dar. Luthers Hauptanliegen war die Übertragung der Psalmen ins Deutsche und er fragte Spalatin, ob er ein Heman, ein Asaf oder ein Jedutun sein wolle.[5] Denn das Wort Gottes soll durch Gesang unter den Menschen wohnen.[6] Laut Inka Bach und Helmut Galle benutzte Luther den Begriff „psalmus" als Bezeichnung für Psalmenlieder, welche die biblischen Psalmen umschreiben, und nicht für unabhängig verfasste Hymnen.[7] Diese Lieder sollten so nahe wie möglich am biblischen Text bleiben.

Ein Grund dafür ist die Empfehlung, Gottes Wort solle durch Lieder unter den Menschen präsent sein. Doch warum das Singen? Was erkennt Luther in den biblischen Texten und insbesondere in den Psalmen, das ihn dazu verleitet, das Singen dieser Texte zu betonen? Luther erwähnt vier Gründe in Form von Leitsätzen:

1. **Folgt einem Vorbild.** Laut Luther sangen bereits die Könige und Propheten Lieder und spielten Musik, um Gott zu loben. Paulus ermutigte die Kolosser, dasselbe zu tun.[8]

---

[4] Vgl. Susan Gillingham: „Psalms Through the Centuries", Bd. 1, Blackwell Bible Commentaries, Oxford et al, 2008, S. 141.

[5] Vgl. WAB 3, S. 220; Inka Bach und Helmut Galle: „Deutsche Psalmendichtung vom 16. bis zum 20. Jahrhundert: Untersuchungen zur Geschichte einer lyrischen Gattung. Quellen und Forschungen zur Sprach- und Kulturgeschichte der germanischen Völker", S. 95 (219), Berlin und New York, 1989, S. 89.

[6] „... quo verbum dei vel cantu inter populos meneat", WAB 3, S. 220.

[7] Bach und Galle, a. a. O. (Fussnote 5), S. 90. Siehe auch: Günter Bader: „Psalterium affectum palaestra: Prolegomena zu einer Theologie des Psalters. Hermeneutische Untersuchungen zur Theologie 33", Tübingen, 1996, S. 165. Bader hebt hervor, dass der dem Psalter innewohnende Lobpreis durch die Schaffung neuer Hymnen eine Äquivalenz erhalten sollte.

[8] Das Wort Gottes soll auf diese Art und Weise gehört und erlernt werden. Siehe: Luthers Vorrede zum „Gesangbuch" von 1524: „Das geystliche lieder singen

2. **Seid Teil der Gemeinschaft der Heiligen**. In seiner zweiten Vorrede zum Psalter erwähnt Luther diesen Aspekt. Der Einzelne wird dadurch Teil der Gemeinschaft der Heiligen, dass alle, die glauben, in *ein* Lied einstimmen und jeder die richtigen Worte für seine Situation findet.[9]

Eine weitere „Gemeinschaft" ist wichtig, wenn es um die Frage geht, wer während eines Gottesdienstes singen darf. Für Luther sollte nicht nur der Chor, sondern die gesamte Gemeinde zum Singen ermutigt werden, weil das Mitsingen zum Verständnis der Worte führt.[10]

3. **Das Singen der Psalmen als Schule für Herz und Gemüt**. Gemäss seiner Exegese von Psalm 1 fordert Luther, „wir" sollten die Psalmen singen und lesen, damit „wir" getröstet werden und „unser" Glaube gestärkt werde.[11]

---

gut und Gott angeneme sey, acht ich, sey keynem Christen verborgen, die weyl yderman nicht alleyn das Exempel der propheten und koenige ym allten testament (die mit singen und klingen, mit tichten und allerley seytten spiel Gott gelobt haben) sondern auch solcher brauch, sonderlich mit psalmen gemeyner Christenheyt von anfang kund ist. Ja auch S. Paulus solchs 1 Cor. 14 eynsetzt und zu den Collossern gepeut, von hertzen dem Herrn singen geystliche lieder und Psalmen, Auff das da durch Gottes wort und Christliche leere, auff allerley weyse getrieben und geuebt werden", WA 35, S. 474. Er erwähnt diesen Leitsatz des „Exempels" auch in seiner zweiten Vorrede zum Psalter. Siehe: Heinrich Bornkamm (Hg.): „Martin Luther: Vorreden zur Bibel", 4. Ausgabe, Kleine Reihe 1550, Göttingen, 2005, S. 68.

[9] Vgl. ebd., S. 68. „Die Erfahrung des Einstimmens lässt sich vielmehr folgendermassen beschreiben: Ich finde meine eigene Stimme getragen vom Zusammenklang der anderen Stimmen, der entweder für mich ausspricht, was ich (noch) nicht selbst sagen kann, oder mir hilft auszusprechen, was ich erst im Begriffe bin zu begreifen. So ist das Einstimmen in ein Kirchenlied ein Zusammenstimmen mit den Gläubigen im Glauben: ὁμο-λογεῖν, wie das griechische Wort für ‚bekennen' lautet. Und tatsächlich ist es dem gemeinsamen Sprechen des Credos nicht unähnlich, in welchem es zum Übereinstimmen und Zusammenstimmen im synchronen wie diachronen Sinn kommt: mit den aktuell Versammelten sowohl als auch mit den früheren Generationen von Gläubigen, die auf diese Weise ihren Glauben bekannt haben." Siehe: Bernd Wannenwetsch: „Singen und Sagen: Zur musisch-musikalischen Dimension der Theologie", in: *NZSTh 46*, 2004, S. 330-347, hier: S. 331.

[10] Siehe: Gillingham: a. a. O. (Fussnote 4), S. 140-141.

[11] Vgl. Christian Gottlieb Eberle (Hg.): „Luthers Psalmenauslegung", Bd. 1, Stuttgart, 1873, S. 21; Wolfram Adolph: „Zu Luthers Verständnis der Musik und seine Haltung zum Recht der Orgel im reformatorischen Gottesdienst", in: Karl Heinz Nestle (Hg.): „Faszination Orgel: Beiträge zur neuen Orgel der Katharinenkirche in Oppenheim", Oppenheim, 2006, S. 23-37, hier S. 25-26.

Die drei oben genannten Aspekte sind sowohl für das Singen, als auch für das Beten der Psalmen von Bedeutung. Dies gilt jedoch nicht für den letzten Punkt:

4. **Eine Schule für die Gefühle.** Hier werden Luthers Aussagen über die Psalmen und die Musik vereint. Die Musik regiert alle Regungen des Herzens, genau wie der Psalter.[12] Die Idee, die dahinter steht, formulierte Melanchthon wie folgt: „affectus affectu vincitur": Ein Affekt kann nur durch einen anderen, stärkeren Affekt gebändigt werden, nicht jedoch durch die Vernunft.[13]

Alle von Luther erwähnten Aspekte sind in der Auslegung der Psalmen präsent, denn die Texte sprechen genau dies an: das Vorbild, die Gemeinschaft, aber auch das Singen als Schule für das Herz. Was sagt dies nun aber aus historischer Sicht über die Verwendung des Psalters aus? In welchem Ausmass wird Luthers Forderung des Singens der Psalmen und des Psalters durch ihre Exegese bestätigt?

---

[12] „[...] das nach dem heiligen wort Gottes nichts nicht so billich vnd so hoch zu rhuemen vnd zu loben, als eben die Musica, nemlich aus der vrsach, das sie aller bewegung des Menschlichen hertzen (denn von den vnuernuenfftigen Thieren wil ich jtzt nichts sagen) ein Regiererin, jr mechtig vnd gewaltig ist, durch welche doch offtmals die Menschen, gleich als von jrem Herren, regiert vnd vberwunden werden. Denn nichts auff Erden krefftiger ist, die Trawrigen froelich, die Froelichen trawrig, die Verzagten hertzeuhafftig zu machen, die Hoffertigen zur demut zu reitzen, die hitzige vnd vbermessige Liebe zu stillen vnd dempffen, den neid vnd hass zu mindern, vnd wer kan alle bewegung des Menschlichen hertzen, welche die Leute regieren, vnd entweder zu tugend oder zu laster reitzen vnd treiben, erzelen, dieselbige bewegung des gemuets im zaum zu halten vnd zu regieren, sage ich, ist nichts krefftiger denn die Musica." Vorwort zur Symphoniae iucundae aus dem Jahr 1538, deutsche Übersetzung von Johann Walter, 1564, WA 50, S. 370-371. „Denn ein menschlich Herz ist wie ein Schiff auf einem wilden Meer, welches die Sturmwinde von den vier Orten der Welt treiben [...] Was ist aber das meiste im Psalter anders als solch ernstlich Reden in allerlei solchen Sturmwinden?" Bornkamm, a. a. O. (Fussnote 8), S. 67. Vgl. Bader, a. a. O. (Fussnote 7), S. 170-182.

[13] Philipp Melanchthon: „Loci Communes" 1,44; siehe: Horst Georg Pöhlmann (Hg.): „Philipp Melanchthon. Loci Communes 1521: Lateinisch-Deutsch", 2. Ausgabe, Gütersloh, 1997, S. 36. Hinsichtlich der von Luther oder Melanchthon erwähnten Affekte, siehe auch Bernd Wannenwetsch: „Affekt und Gebot: Zur ethischen Bedeutung der Leidenschaften im Licht der Theologie Luthers und Melanchtons", in: Johann Anselm Steiger et al (Hg.): „Passion, Affekt und Leidenschaft in der frühen Neuzeit", Bd. 1, Wolfenbütteler Arbeiten zur Barockforschung 43, Wiesbaden, 2005, S. 203-215. Vgl. Wannenwetsch, a. a. O. (Fussnote 9), S. 337-338.

Die Psalmenforschung

Die Frage, ob die Psalmen Teil der Tempelliturgie waren oder ob sie die Grundlage für die Rekonstruktion einer antiken Liturgie darstellen konnten, wurde im letzten Jahrhundert in breiten Kreisen diskutiert. In seinem Kommentar aus dem Jahr 1900 vereinte Frants Buhl einige der wichtigsten Argumente für und gegen die Verwendung der Psalmen im öffentlichen Gottesdienst. Er schrieb, die Psalmen seien eine geistliche Liedersammlung für den öffentlichen Gottesdienst Israels. Doch er unterschied zwischen der Rolle der levitischen Sänger, die den Hauptteil sangen, und der Gemeinde, die mit „Amen", „Halleluja" oder „Dank sei Gott" antwortete.[14] Buhl gab auch zu, dass einige der Psalmen sich nicht für die Liturgie geeignet hätten und erweiterte den von ihm festgelegten Verwendungszweck der Sammlung dahingehend, dass dieser Psalmen für Lehre und Erbauung miteinschloss.[15]

Dasselbe Muster wie bei Buhl findet sich durchgängig in der Forschung der letzten 100 Jahre. In der Diskussion wurden in der Hauptsache vier bis sechs Positionen auf jeweils unterschiedliche Weise miteinander kombiniert. Sie lauten: (1) Die Psalmen waren Lieder, die während der Gottesdienste verwendet wurden; (2) die Psalmen wurden für Lehre und Erbauung genutzt; (3) einzelne Psalmen fanden liturgische Verwendung, doch der Psalter als Ganzes diente „privaten" Anliegen; oder (4) der gesamte Psalter wurde während der Zeit des zweiten Tempels als Liederbuch verwendet; 5) die Psalmen wurden von der Gemeinschaft gesungen; oder (6) die Psalmen wurden von professionellen Sängern gesungen, und die Gemeinde antwortete mit liturgischen Formeln, den sog. Gebetsrufen.

In der Folge werde ich auf zwei Vertreter der wichtigsten Lehrmeinungen aus der Zeit vor 1980 eingehen. Der eine, Hermann Gunkel, steht am Anfang eines Jahrhunderts der Psalmenforschung und hatte grossen Einfluss auf sie. Der andere, Hans-Joachim Kraus, steht am Höhepunkt und gleichzeitig an der Wende der Psalmenforschung des 20. Jahrhunderts unter der Perspektive der Gattungskritik.

Obwohl die Beschreibung eines Sitzes im Leben für die Skizzierung der Gattung wesentlich ist, war Gunkel bei der Beschreibung konkreter liturgischer Zusammenhänge eher vorsichtig. Vielleicht interessierten ihn die

---

[14] Vgl. Frants Buhl: „Psalmerne oversatte og fortolkede", Kopenhagen, 1900/1918. Hier: S. VIII.

[15] Ebd., S. XI. Dies war insbesondere auch die Ansicht von Duhm. Doch Duhm kam zum Schluss, dass diese Art von Texten aus unterschiedlichen Umständen möglicherweise nach der Zerstörung des Tempels verfasst worden war, und dass die Texte demnach nicht für eine Verwendung während des Tempeldienstes vorgesehen waren (Psalmen, IX-X).

Sprache und der dichterische Stil ganz einfach mehr als die Kultfunktion, wie einige Kritiker sagen würden.[16] Dennoch, Gunkel vermerkte sehr wohl, dass die verschiedenen Eigenschaften der Texte auf unterschiedliche Zwecke oder Situationen hindeuteten. Er arbeitete Hinweise auf Erbauung oder Lehre heraus und identifizierte Texte, die aus kultischem Gebrauch herrührten. Eine Untersuchung der Überschriften, die auf diverse kultische Anlässe[17] verweisen, bzw. der Terminologie für einzelne Kultakte führte Gunkel zu dem Schluss, dass diese Hinweise auf Musik und die kultische Ausführung möglicherweise für kleinere Sammlungen galten, jedoch nichts mit der Verwendung des Psalters als Ganzes zu tun hätten.[18] Daraus schloss er, dass die Psalmen teilweise für den Kult und teilweise für eine nichtkultische geistliche Verwendung verfasst worden waren. Als umfassende Sammlung diente der Psalter nichtkultischen Zwecken. Die Sammlung sollte als „Andachts- und Hausbuch für den frommen Laien" verwendet werden.[19]

Nun mache ich aus chronologischer Sicht einen relativ grossen Schritt nach vorne, von 1933 in die 1960er- und 1970er-Jahre, zu dem umfassenden Psalmenkommentar von Hans-Joachim Kraus. Kraus ist davon überzeugt, dass die Psalmen, einschliesslich derjenigen, die weit vom Tempel entfernt verfasst wurden (er zitiert Ps 42-43 als Beispiel), einen kultischen Kontext benötigen, um überhaupt existieren zu können. Für ihn ist demnach ein Begriff wie „Privatdichtung", wie ihn Gunkel verwendet, völlig unangebracht.[20] Der Grund für die Uneinheitlichkeit der Sammlung besteht laut Kraus darin, dass alte Psalmen und Gebete gesammelt werden sollten, um so einem Kanon gemäss, diese als Liederbuch für die Gemeinschaft des Zweiten Tempels zur Verfügung zu stellen.[21]

Die Frage, ob das Buch der Psalmen einem liturgischen Zweck diente, war für die Qumran-Forschung ebenfalls entscheidend. Auch hier reichen

---

[16] Vgl. Sigmund Mowinckel: „The Psalms in Israel's Worship", Bd. 1, Oxford, 1962, S. 31; Fritz Stolz: „Psalmen im nachkultischen Raum", *ThSt 129*, Zürich, 1983, S. 12.

[17] Vgl. z. B. die Einweihung des Tempels (Ps 30) oder der Sabbattag (Ps 92).

[18] Vgl. Hermann Gunkel: „Einleitung in die Psalmen: Die Gattungen der religiösen Lyrik Israels", Göttingen, 1933. Hier: 4. Ausgabe, S. 442-444.

[19] Ebd., S. 452; vgl. S. 446-452.

[20] Vgl. Kraus, a. a. O. (Fussnote 1), S. LXI. Siehe: Erhard S. Gerstenberger: „Psalmen und Ritualpraxis", in: Erich Zenger (Hg.): „Ritual und Poesie: Formen und Orte religiöser Dichtung im Alten Orient, im Judentum und im Christentum", HBS 36, Freiburg et al, 2003, S. 73-90, hier S. 74; Egbert Ballhorn: „Zur Pragmatik des Psalters als Lehrbuch und Identitätsbuch Israels", in: Albert Gerhards et al (Hg.): „Identität durch Gebet: Zur gemeinschaftsbildenden Funktion institutionalisierten Betens im Judentum und Christentum", Studien zu Judentum und Christentum, Paderborn, 2003, S. 241-259, hier S. 249-250.

[21] Vgl. Kraus, a. a. O. (Fussnote 1), S. XVII-XVIII.

die Meinungen von der privaten Verwendung zur persönlichen Erbauung[22] bis zur liturgischen Nutzung. Interessant für unser Thema ist jedoch, dass kleinere Zusammenstellungen von biblischen und nichtbiblischen Psalmen gefunden wurden, deren Reihenfolge sich vom masoretischen Text unterscheidet.[23] Dies könnte die Annahme stützen, dass kleinere Psalmeneinheiten oder einzelne Psalmen sehr wohl einem liturgischen Zweck dienten, nicht jedoch der Psalter als Ganzer.[24] Ein interessantes Beispiel bietet Psalm 91. Dieser wurde als Schlusstext einer Sammlung exorzistischer Psalmen entdeckt (11QPsAp[a]). Es gibt nur sehr wenige Unterschiede zwischen dem masoretischen Psalm und der Qumran-Version. Deshalb fällt auf, dass die direkte Äusserung Gottes in der Qumran-Version fehlt. Dies wurde als Hinweis darauf gedeutet, dass „diese Änderungen eingeführt wurden, um den biblischen Psalm so anzupassen, dass er als apotropäisches Gebet verwendet werden konnte"[25]. Andere, in Qumran gefundene Textsammlungen wie die Lieder für das Sabbatopfer[26] oder Lobpreisungen zu festen Zeiten[27] deuten darauf hin, dass Lieder für liturgische Zwecke existierten, zumindest parallel zum masoretischen Psalter und vielleicht sogar an dessen Stelle.[28]

---

[22] H.-J. Fabry vertritt diese Ansicht. Leider behandelt er das Problem nicht ausführlich, sondern erklärt bloss, wir wüssten nicht genug über die Liturgie während des Zweiten Tempels oder der frühen Synagogen, um belegen zu können, dass das Buch der Psalmen dort verwendet wurde. „Der Psalter in Qumran", in Erich Zenger (Hg.): „Der Psalter in Judentum und Christentum", *HBS 18*, Freiburg et al, 1998, S. 137-163, hier S. 151.

[23] Vgl. Peter W. Flint: „The Dead Sea Psalms Scrolls and the Book of Psalms", *STDJ 17*, Leiden et al, 1997; Eva Jain: „Les manuscrits psalmiques de la Mer Morte et la réception du psautier à Qumran", in: *RevSR 77*, 2003, S. 529-543.

[24] Vgl. Ballhorn, a. a. O. (Fussnote 20), S. 256.

[25] Vgl. Esther Eshel: „Apotropaic Prayers in the Second Temple Period", in: Esther G. Chazon (Hg.): „Liturgical Perspectives: Prayer and Poetry in Light of the Dead Sea Scrolls", *STDJ 48*, Leiden et al 2003, S. 69-88, hier S. 84. Siehe auch: Corinna Körting: „Text and Context – Psalm 91 and 11QPsAp[a]", in: Erich Zenger (Hg.): „The Composition of the Book of Psalms", *BEThL 238*, Leuven, 2010, S. 67-77.

[26] Vgl. Bilhah Nitzan: „Qumran Prayer and Poetry", *STDJ 12*, Leiden et al, 1994, S. 282-318, der schreibt, das Rezitieren dieser Lobpreise führe zu einer Identifikation mit dem himmlischen Modell des Lobpreises Gottes und stärke die Erkenntnis der Anbetenden, dass sie durch ihr Lied den Willen Gottes ausführten, der droben als eine ,Gabe freien Willens' empfangen werde, S. 318.

[27] Vgl. ebd., S. 49-87.

[28] Vgl. Ulrich Dahmen: „Psalmen- und Psalterrezeption im Frühjudentum: Rekonstruktion, Textbestand, Struktur und Pragmatik der Psalmenrolle 11QPs[a] aus Qumran", *STDJ 49*, Leiden et al, 2003, der auf die liturgische Funktion mehrerer Sammlungen hinweist und eine liturgische Verwendung der Psalmenrolle 11QPs[a] für möglich hält. Er benutzt den Begriff „sekundäre Liturgisierung", S. 274-276.

Ein weiterer wesentlicher Aspekt, den es zu erwähnen gilt: Der masoretische Psalter wurde in Qumran entsprechend der prophetischen Bücher behandelt.[29] Über beide Textgruppen wurden *Pescharim* und *Midraschim* verfasst.[30] In den *Pescharim* wurde der Psalter als autoritative Schrift behandelt, deren verborgener Sinn aufgedeckt werden muss.[31]

All dies deutet darauf hin, dass die Entdeckungen von Qumran eines erneut aufzeigen: Es muss klar zwischen den einzelnen Psalmen und dem Psalter unterschieden werden.

Aus Sicht der historischen Forschung haben die Qumran-Funde noch mehr gelehrt. Ihr Einfluss auf die Psalmenforschung im Allgemeinen darf nicht unterschätzt werden. Zahlreiche Aspekte, wie die planvolle Gestalt des Psalters oder die spezifische Position von Weisheitstexten, die nur schwer einer liturgischen Nutzung zugeschrieben werden können, wurden bereits besprochen. Der Weg für eine „Psalterexegese" jedoch wurde erst durch die Arbeit von Gerald H. Wilson in den 1980er-Jahren an der Psalmenrolle 11QPs[a] und durch seine Beobachtung „einer zielgerichteten, redaktorischen Tätigkeit"[32] endgültig geebnet. Eine der wichtigsten Erkenntnisse, die auch für unsere Frage entscheidend ist, ist die aufschlussreiche Position von Psalm 1. Wilson schreibt, dass die Analogie eines Hymnenbuches die Tatsache ignoriere, dass in der Schlussanalyse der kanonische Psalter zu einem Buch geworden sei, das gelesen und über das meditiert (Psalm 1) werden solle, und nicht eine Musik, die zu singen sei.[33] Wie die Tora besteht der Psalter aus fünf Abschnitten. Tora-Psalmen wie Psalm 1 enthalten demnach den Schlüssel zur Auslegung des Psalters. James Luther Mays vertritt die Ansicht, dass die Tora-Psalmen das hermeneutische Prinzip definieren, nach dem die Psalmen als Weisung gelesen werden sollten.[34] Für Mays ist das Buch der Psalmen nicht mehr das Gesangbuch der Gemeinde des zweiten Tempels, sondern eine in Gemeinschaft verwendete Komposition von Texten, deren pädagogisches Ziel es ist, über Gott zu lehren. Erich

---

[29] Vgl. Flint, a. a. O. (Fussnote 23), S. 218-219; Levin, a. a. O. (Fussnote 3), S. 358.

[30] 1Q16; 4Q171; 4Q173 und 4Q174; 4Q177.Vgl. Flint, a. a. O. (Fussnote 23), S. 45-47; Ballhorn, a. a. O. (Fussnote 20), S. 253-254.

[31] Er fügt hinzu, der Psalter sei auch im Neuen Testament und in der frühen Kirche so behandelt worden. Der Psalter wurde als prophetisches Buch verstanden, das auf Christus hindeutet, vgl. Ballhorn, a. a. O. (Fussnote 20), S. 253-256.

[32] Gerald H. Wilson: „The Editing of the Hebrew Psalter", *SBLDS 76*, Chico, 1985, S. 199.

[33] Gerald H. Wilson: „Shaping the Psalter: A Consideration of Editorial Linkage in the Book of Psalms", in: J. Clinton McCann (Hg.): „The Shape and Shaping of the Psalter", *JSOTSup 159*, Sheffield, 1993, S. 72-82, hier: S. 72.

[34] James L. Mays: „The Question of Context in Psalm Interpretation", in: McCann: ebd., S. 14-20; siehe auch Ballhorn: a. a. O. (Fussnote 20), S. 251.

Zenger verbindet die Beobachtung einer zielgerichteten Komposition mit der zentralen Rolle der Tora- und der Weisheitspsalmen und formuliert die Folgen dieses Ansatzes. Das Buch als eine sorgfältig konstruierte Anordnung von Texten anzuerkennen, löst es aus dem konkreten Kultgebrauch heraus und ermöglicht, es als Gebetsbuch zu sehen, als Lehre für das Gebet und/oder die Heiligung des täglichen Lebens – ausserhalb des Tempels und der Synagogen.[35]

Der Psalter als Gesangbuch – trotz allem?

Die Forschungsergebnisse zum Kompositionscharakter des Psalters und seine Verwendung müssen ernst genommen werden. Es ist nicht meine Absicht, die bisherigen Entdeckungen zu ignorieren. Dennoch, es gibt zahlreiche Hinweise auf Gesang, Lobpreis und Musik für Musiker, Psalmensänger und Autoren.[36] Die Septuaginta könnte sogar die sorgfältige Unterscheidung zwischen der Verwendung einzelner Psalmen und der Verwendung des Psalters als Ganzem in Frage stellen. Was im masoretischen Psalter eher unauffällig erwähnt wird, nämlich die konkreten liturgischen Umstände, wurde in der Septuaginta hinzugefügt.[37] Es wäre schwierig, dies allein durch einen Verweis auf die Nutzung kleinerer Einheiten zu erklären.

Ich möchte die Herausforderung der Hinweise für Musik und Singen auf zwei verschiedene Weisen angehen. Zunächst werde ich entsprechend dem Programm der Psalterexegese vorgehen, d. h. die Psalmen als Buch lesen und nach dem Zusammenhang von Meditation und Lobpreis fragen. Danach werde ich einige Überlegungen aus dem so genannten „Material Approach"[38]in die Diskussion einbringen. Letzterer ist insbesondere in den Sozial- und Kulturwissenschaften zentral.

---

[35] Vgl. Erich Zenger: „Psalmenforschung nach Hermann Gunkel und Sigmund Mowinckel", in: André Lemaire und Magne Sæbø (Hg.): „Congress Volume", *VTSup 80*, Leiden et al, 2000, S. 399-435, hier: S. 435. Levin: a. a. O. (Fussnote 3), S. 358.

[36] Vgl. John A. Smith: „Which Psalms were sung in the Temple?", in: Music and Letters, 7, 1990, S. 167-186; Frank-Lothar Hossfeld: „Musik und Gebet im Alten Testament", in: Winfried Bönig et al (Hg.): „Musik im Raum der Kirche", Stuttgart und Ostfildern, 2007, S. 44-50.

[37] Vgl. Joachim Schaper: „Der Septuaginta-Psalter: Interpretation, Aktualisierung und liturgische Verwendung der biblischen Psalmen im hellenistischen Judentum", in: Erich Zenger (Hg.): „Der Psalter in Judentum und Christentum", *HBS 18*, Freiburg et al, 1998, S. 165-183.

[38] Dick Houtman und Birgit Meyer: „Things: Religion and the Question of Materiality", New York, 2012, insbesondere S. 1-23.

Psalm 150 als Schluss und Ziel des Psalters

Wie ich weiter oben erläutert habe, gilt Psalm 1 als einer der Schlüssel zum Verständnis des Psalters als Meditations- und/oder Einweisungsbuch. Die Betonung von Psalm 1 ist verständlich, wenn man seine Funktion als Eröffnungstext des gesamten Psalters betrachtet. Doch wir müssen uns fragen, wie wir dies mit dem Abschluss des Psalters und der Hervorhebung des Lobpreises verbinden können. Psalm 150 ist der letzte Text eines zunehmend intensiveren Lobpreises, der in Psalm 146 seinen Anfang nimmt. Der Einzelne (Ps 146,1), die Gemeinde (Ps 147,2) und die gesamte Schöpfung (Ps 148) sind aufgerufen, Gott zu loben, während die letzte Aufforderung in Psalm 150,6 lautet: „Alles, was Odem hat, lobe den Herrn! Halleluja!" Handelt es sich hier immer noch um einen reinen Meditationstext? Ist Psalm 150 nicht mehr als ein theologisch motiviertes, verbales und literarisches Bild einer kosmischen Liturgie, möglicherweise inspiriert durch die tatsächliche Verwendung von Instrumenten während des Tempeldienstes?[39]

Walter Brueggemann sieht die Entfaltung von Psalm 1 bis zu Psalm 150 als Bewegung vom Gehorsam hin zum Lobpreis.[40] Ob man seine Auslegung von Psalm 1 nun übernimmt oder kritisch hinterfragt – ihr Vorteil ist, dass der Psalter als Buch mit einer Eröffnung und mit einem Ziel betrachtet wird.[41] Wenn Lobpreis das Ziel ist, dann ist der Lobpreis, wie ihn Psalm 150 fordert, der nicht nur den Einzelnen oder einige Nationen einschliesst, sondern die gesamte Schöpfung, hat das etwas darüber zu sagen, in welcher Art und Weise wir das gesamte Buch lesen sollen. Daraus könnten man folgern, dass alles, was untersucht, gelernt und verstanden werden soll – über Gott und Gottes gerechtes Urteil über Israel und die Nationen, über Gottes Nähe oder seine Verborgenheit vor dem Einzelnen –, dass all dies am Ende dem Zweck dient, zum Lobpreis hinzuführen.[42]

Diese Leseart ist eine theologische und sagt zunächst nichts über eine liturgische Verwendung oder irgendeinen anderen Sitz im Leben aus. Es ist

---

[39] Frank-Lothar Hossfeld und Erich Zenger: „Psalmen 101-150", *HThK*, Freiburg et al, 2008, S. 874.

[40] Vgl. Walter Brueggemann: „The Psalms and the Life of Faith", herausgegeben von Patrick D. Miller, Minneapolis, 1995, S. 189-213.

[41] Hossfeld und Zenger beschreiben die Anordnung zunächst als Bewegung von der Klage hin zum Lobpreis. A. a. O. (Fussnote 39), S. 874. Doch der Psalter beginnt nicht mit einer Klage (diese beginnt in Ps 3), sondern mit dem Leben des Gerechten und der Meditation der Tora. Die Verbindung zwischen den Psalmen 1 und 150 wird später klarer, wenn sie erläutern, dass es eine Bewegung gibt: „Von der *Tora* zur *Tehilla*", ebd., S. 885.

[42] JHWH liebt die Gerechten, nicht nur gemäss Psalm 1, in dem er den Gerechten wohlgesinnt ist sondern insbesondere nach Psalm 146,8 – dem Psalm, der die Schlussdoxologie des Psalters eröffnet.Vgl. Levin, a. a. O. (Fussnote 3), S. 362-263.

zunächst nur eine Aussage über die Bewegung des Herzens in der Meditation hin zu Gott. Wenn wir in unserer Analyse aber mit Psalm 150 so vorsichtig umgehen, sollten wir dann nicht Psalm 1 genauso achtsam behandeln und die Betonung von Studium und Meditation weniger stark machen?

Anstatt hier eine zu starke Betonung von Psalm 1 als Schlüssel für das Lesen des Psalters in Frage zu stellen, möchte ich jedoch vielmehr die Bedeutung von Psalm 150 und der gesamten Schlussdoxologie des Psalmenbuches herausstreichen. Dazu zitiere ich einige wichtige Bemerkungen von Frank-Lothar Hossfeld und Erich Zenger zu Psalm 150 als dem letzten Psalm des Psalters:[43] Psalmen sind eine Hofmusik für den himmlischen König; sie sind Einübung und Vorwegnahme des kosmischen Festes zur Feier der Vollendung der Welt. „Im Singen/Beten der Psalmen realisiert ‚aller Atem', d. h. der Mensch, seine spezifische Gotteskompetenz und Gottesverwandtschaft, insofern er der Gottesgabe seines ‚Atems' die ihr mögliche höchste Ausdrucksgestalt gibt, nämlich die Gestalt der im Gotteslob realisierten Gottesgemeinschaft".[44] Besonders der letzte Punkt geht über die theologische Einschätzung des Psalters als „Tempel der Worte", in den man hineintreten kann, hinaus.[45] Im Gotteslob realisierte Gottesgemeinschaft erfordert aktive Umsetzung. Das hier Gesagte ist eine Beurteilung von Musik und Lobpreis aus theologischer Sicht. Damit sollte eine Antwort auf die Frage gegeben sein, wie die Theologie des Psalters durch eine spezifische musikalisch-kultische Terminologie gestaltet wird.

Nun wende ich mich den realen (materiellen) Dingen zu.

DER „MATERIELLE ANSATZ" IN DER FORSCHUNG UND WIE ER FRÜCHTE TRAGEN KANN

Zu den zahlreichen Forschungsansätzen (insbesondere in den Sozial- und Geisteswissenschaften) gehören der „spatial" und der „linguistic" Approach, aber auch der „Material Approach". Interessant für die in diesem Beitrag behandelte spezifische Frage ist sein Blick auf die „realen" Dinge. Dazu gehören nicht nur Gegenstände oder Materialien, sondern auch Geräusche, Schweigen, Gerüche, Gesten und Farben. Die Verlagerung hin zu einem Fokus auf das Materielle stützt sich auf die

---

[43] Vgl. Hossfeld und Zenger, a. a. O. (Fussnote 39), S. 885.

[44] Vgl. ebd.; Hossfeld: a. a. O. (Fussnote 36), S. 45.

[45] Es handelt sich hier nicht um eine Kritik des Psalterporträts, das z. B. bei Zenger, a. a. O., verwendet wird, (Fussnote 35), S. 434-435. Im Gegenteil, meine Bemerkung deutet bloss auf die Notwendigkeit hin, dass die beschriebene theologische Welt durch Singen und Beten realisiert werden muss.

Unzufriedenheit über Ansätze, welche Ideen, Konzepte, Ideologien oder Werte als immaterielle Abstraktionen auffassen, die dann als Antriebskräfte der Geschichte gesehen werden. Wird das Abstrakte dem Konkreten vorgezogen, reduziert dies die materielle Kultur (ebenso Wörter und Gesten) zu blossen Ausdrucksformen einer hintergründigen Bedeutung oder zum Status „reiner" Zeichen.[46]

Positiv ausgedrückt bedeutet dies,

> Religionen aus materieller Sicht zu untersuchen und zu fragen, wie Religion materiell geschieht. Ein Material Approach zur Untersuchung der Religion beginnt mit der Annahme, dass die *Dinge*, ihre Verwendung, der ihnen zugemessene Wert und ihre Anziehungskraft nicht zu einer Religion hinzugefügt werden, sondern sich untrennbar aus ihr ergeben.[47]

Diese Aussagen scheinen zunächst nicht überraschend. Spezifische Untersuchungen des frühen israelitischen Kults oder allgemein des religiösen Lebens in Israel nehmen diese Fragen auf. Wie weiter oben gezeigt scheint jedoch die Verbindung zwischen dem einzelnen Psalm und dem Kultleben verloren gegangen zu sein. Für den gesamten Psalter hat diese Verbindung vielleicht nie existiert. Die Betonung liegt auf Lehre und Studium. Fragen der Musik und des Singens beleuchten den Text aus einem anderen Blickwinkel als die Gattungskritik, eine Untersuchung der Literaturgeschichte oder der Komposition – und bieten so möglicherweise neue Einblicke.

Wie dies konkret aussehen könnte, wird zum Beispiel in einem Artikel von Friedhelm Hartenstein dargelegt.[48] Er kombiniert das Wissen über die Instrumente, ihre Herstellung und ihre Klänge mit den Informationen, die sich im Text über ihren Gebrauch finden. Kurz gesagt sind die Klänge, die Musik und die Instrumente, wie sie im Psalter erwähnt werden, nicht nur ein Symbol für etwas, zum Beispiel für Gottes Anwesenheit, sondern sie rufen diese (auch) hervor. Instrumentale Musik und Singen sind Mittel der religiösen Kommunikation.[49]

---

[46] Houtman und Meyer: a. a. O. (Fussnote 38), S. 5.

[47] Vgl. Birgit Meyer et al: „The Origin and Mission of *Material Religion*", in: *Religion 40*, 2010, S. 209.

[48] Vgl. Friedhelm Hartenstein: „„Wach auf, Harfe und Leier, ich will wecken das Morgenrot' (Psalm 57,9) – Musikinstrumente als Medien des Gotteskontakts im Alten Orient und im Alten Testament", in: M. Geiger et al (Hg.): „Musik, Tanz und Gott", *SBS 207*, Stuttgart, 2007, S. 101-127. Dabei sollte darauf hingewiesen werden, dass Hartenstein die Behauptungen von verschiedenen Forschern, die den „materiellen Ansatz" in strikter Auslegung unterstützen, nicht befürwortet. Doch die Art und Weise, wie er von den „Dingen" und von ihrer Rolle ausgeht, gibt uns nützliche Einblicke.

[49] Vgl. ebd., S. 102.

Ein erstes Beispiel ist Psalm Ps 57,8-9:

> Mein Herz ist bereit, Gott, mein Herz ist bereit, dass ich singe und lobe. Wach auf, meine Seele, wach auf, Psalter und Harfe, ich will das Morgenrot wecken!

Die Musik von Psalter und Harfe erzeugt eine Wirkung. Sie wecken das Morgenrot und bereiten auf das Kommen von Jhwh vor.

Als zweites Beispiel möchte ich den Schofar erwähnen. Dieses Instrument ist interessant, weil es nicht für seinen schönen Klang bekannt ist, dennoch aber zu den in Psalm 150 aufgelisteten Instrumenten zählt. Der Schofar kann innerhalb des Kultes, aber auch in einem profanen Kontext verwendet werden, um einen lauten Schall (terû'āh) zu erzeugen, der Aufmerksamkeit erregt.[50] Ziehen wir unterschiedliche Texte heran dann ist zu erkennen, dass dieser Schall die Aufmerksamkeit Jhwhs auf sich zieht, damit Jhwh sich an Sein Volk erinnert und sich für es einsetzt.[51] Der Schall wird wie ein Gebet an Gott gerichtet.[52]

„Dinge" sind wichtig.[53] Sie haben nicht nur reine Symbolkraft. Die Beispiele von Musikinstrumenten und ihren Klangtönen geben einen Einblick in die religiöse Praxis und Erfahrung[54] und lassen erahnen, wie Musik die Erfahrung von Wirklichkeit gestaltet.[55]

Kommen wir zurück zu Luther: Der letzte Punkt – die Frage, inwiefern Musik die Erfahrung der Wirklichkeit, des Glaubens, gestaltet – sollte hervorgehoben werden. Luther spricht sich dafür aus, dass ein Affekt, einer Emotion erzielt werden soll. Die Psalmen sind nicht bloss ein Ausdruck des

---

[50] Vgl. Corinna Körting: „Der Schall des Schofar: Israels Feste im Herbst", *BZAW 285*, Berlin und New York, 1999, S. 157-162; Edo Škulj: „Musical Instruments in Psalm 150", in: Jože Krašovec (Hg.): „Interpretation of the Bible", Sheffield, 1998, S. 1117-1130.

[51] In 3. Mose 23,24 wird diese Art von Schall mit dem Gedächtnis (*zikkārôn*) in Verbindung gebracht. Siehe hierzu auch 4. Mose 10,9-10, wo der Klang eines Instruments (im vorliegenden Fall einer Trompete) die Erinnerung auslöst. Siehe: Joachim Braun, „Die Musikkultur Altisraels/Palästinas", *OBO*, S. 164, Göttingen und Freiburg/Schweiz, 1999, S. 209-218.

[52] Siehe 2.Chr 13,12-16; vgl. Jacob Milgrom: „Numbers", *JPS Torah Commentary*, Philadelphia und New York, 5750/1990, S. 75.

[53] Dieser Ausdruck stützt sich auf Houtman und Meyer, a. a. O. (Fussnote 38), S. 4-5.

[54] „Die Musik vermochte auf Personen und Dinge einzuwirken, die hintergründige Wirklichkeit zu berühren und konnte selbst etwas von dieser in der Tiefe erfahrenen Welt offenbaren." Hans Seidel: „Israel und Juda", in: Ernst H. Meyer: „Geschichte der Musik I: Musik der Urgesellschaft und der frühen Klassengesellschaften", Leipzig, 1977, S. 262; Hossfeld, a. a. O. (Fussnote 36), S. 50.

[55] Vgl. Hartenstein, a. a. O. (Fussnote 48), S. 101.

Glaubens; sie machen die Erfahrung des Glaubens erst möglich.[56] Bernd Wannenwetsch erklärt dies zum Beispiel mit dem Singen von „In dulci jubilo" [In süsser Freude] während eines Weihnachtsgottesdienstes. Das Singen dieses Liedes ermöglicht es den Singenden, die Freude zu erleben. Die Logik einer Glaubensaussage, welche das Lied auf die Lippen der Sänger bringt, wird erst später verstanden.[57]

SCHLUSSWORT

Singen und Lobpreis sind wesentliche Themen der Psalmen und des gesamten Psalters. Luther hatte dies erkannt und verband seine exegetischen Erkenntnisse mit der eigenen Überzeugung, dass das Singen der Psalmen in christlichen Gemeinden von grosser Bedeutung ist. Die Forschung hat jedoch gezeigt, dass dies nichts über die tatsächliche Verwendung des Psalters während der Zeit des Zweiten Tempels aussagt. Die planvolle Verfassung, die den Psalter zu einem Studienbuch werden lässt, ist ebenso wahrzunehmen, wie die besondere Behandlung des Psalters in der Qumran-Gemeinschaft, nämlich in Parallelität zu den Büchern der Propheten, d. h. als prophetischer, autoritativer Text den es zu erläutern gilt. Ausserdem müssen wir davon ausgehen, dass neue Fassungen von Psalmen für liturgische Zwecke erlaubt waren – was bedeutet, dass der masoretische Psalter nicht die einzige Quelle für liturgisches Gebet und Lobpreis darstellte.

Musik und Singen sollten nicht aus der Psalmenforschung verschwinden. Aus theologischer Sicht legt Psalm 150 das Ziel fest: Der Psalter sollte gesungen, gebetet oder studiert werden, die Gemeinschaft mit Gott aber entsteht durch den Lobpreis. Selbst wenn wir den Psalter ausschliesslich als ein Meditationsbuch betrachten, das nichts mit dem Tempeldienst und der Musik zu tun hat, müssen wir zugeben, dass beim Lesen dieser Texte die Welt des Tempeldienstes mit Musik, Rufen und Singen evoziert wird. Dies zeigt uns, dass die Dinge, d. h. die Musik und die Klänge durchaus ihre Wichtigkeit haben.

---

[56] Wannenwetsch, a. a. O. (Fussnote 9), S. 332; Adolph, a. a. O. (Fussnote 11), S. 24-25.
[57] Ebd., S. 333.

Von der Psalmen- zur Psalterexegese

Frank-Lothar Hossfeld

Die sogenannte neuere Psalmenexegese hat seit 1980 mehr und mehr die klassische formen- und gattungskritische Exegese des 20. Jahrhunderts ergänzt und eine eigene Dynamik entwickelt. E. Zenger formuliert auf dem Leuvener Psalmenkongress 2008:

> Gegenüber dem interpretatorischen Desinteresse Gunkels am *literarischen* Kontext, in dem ein Psalm im Psalmenbuch steht, ist in der jüngsten Psalmenforschung ein verstärktes Interesse am Einzelpsalm als *Teiltext einer Sammlung bzw. als Teiltext des Psalmenbuchs* als einem Textganzen festzustellen. Darüber hinaus bemüht sich die neuere Forschung, die Entstehung des Psalters als Buch aufzuhellen. Dieses Bemühen ist zugleich verbunden mit den bereits von Gunkel und Mowinckel kontrovers diskutierten Fragen: „Zu welchem Zwecke ist der Psalter zusammengestellt worden?" Wer sind die Kreise, die den Psalter geschaffen haben, und für welche Adressatenkreise war der Psalter ursprünglich bestimmt? [...] Auch wenn der Psalter im Vergleich zu anderen Büchern darin sein spezifisches Profil hat, dass seine Einzeltexte *als solche* markiert sind, so ist er *zugleich* ein Textganzes, [...] das wie die meisten anderen biblischen Bücher *sukzessiv* entstanden ist und vor allem *auch* als Buch gelesen bzw. gehört werden muss. [...] Hinsichtlich des Psalters ist zu betonen, dass die Zusammenstellung einzelner Psalmen zu Psalmengruppen bzw. Teilpsaltern und die sukzessive Formation des Gesamtpsalters das Werk von Tempelsängern, Priestern und Weisheitslehrern ist, die sowohl in poetischer als auch in literarischer Hinsicht „Fachleute" waren.[1]

J. K. Kuntz schreibt in seinem Forschungsbericht „Continuing the Engagement. Psalms Research since the Early 1990s" in seiner Schlussfolgerung:

---

[1] Erich Zenger: „Psalmenexegese und Psalterexegese. Eine Forschungsskizze", in: Erich Zenger (Hg.): „The Composition of the Book of Psalms", *BEThL, 238,* Leuven/ Paris/Walpole, MA, 2010, S. 17-65, hier S. 24, 26, 27 (Hervorhebungen im Original).

Die Psalmenforschung beschäftigt sich derzeit eher mit literarischen und theologischen Fragen als mit historischen. Und dieser Trend wird sich wahrsheinlich noch fortsetzen. Für die Wissenschaft ist aber natürlich immer der Text in seiner endgültigen Form am bedeutendsten [...] Darüber hinaus ist es unvorstellbar, dass der Austausch über die Form und Formation des Psalters aufhören wird. Es wäre jedoch heilsam, wenn Vorstösse in dieser Richtung mindestens genauso auf disziplinierter Forschung beruhen würden wie auf blühender Fantasie. Wenn wir Recht haben mit unserer Behauptung, dass sich die Psalmenforschung einer vielfältigen jüngeren Geschichte rühmen kann, können wir uns auch auf eine vielversprechende Zukunft freuen.[2]

Schliesslich formuliert J. Barton in seinem Postskript zur Oxford Konferenz 2010 zum Thema „Jewish and Christian Approaches to the Psalms. Conflict and Convergence", organisiert und durchgeführt von S. Gillingham:

Ein zweites Thema [neben der Wechselbeziehung zwischen dem jüdischen und christlichen Gebrauch und Studium des Psalters] ist der Psalter als Buch: eine Sammlung einzelner Psalmen, das mehr ist als die Summe seiner Teile. Dies ist ein historischer Aspekt, der sich [...] mit beiden Enden des Prozesses beschäftigt: der ursprünglichen Formulierung der Psalmen im alten vorderen Orient sowie der Sammlung der Psalmen für das Gesamtwerk. Letzteres wiederum hat ebenfalls zwei Komponenten – den historischen Sammlungsprozess und die Interpretation der Sammlung als Buch oder „Werk". Beide sind weiterhin von Interesse, doch mir scheint letztere von wachsender Bedeutung in der aktuellen Bibelwissenschaft. Wie haben die jüdischen und christlichen Gläubigen nicht die einzelnen Psalmen, sondern den Psalter als Ganzes gelesen; wie sollten jüdische und christliche Gläubige dieses komplexe Buch heute lesen. Es scheint sich eine Art Konsens abzuzeichnen, dass der Psalter nicht eine zufällige, sondern eine geplante Sammlung von Texten ist, die bestimmte theologische Ideen vermitteln soll.[3]

Der Spannung von Einzel-Psalm und Psalter entspricht das Verhältnis von diachroner und synchroner Leseweise des Psalmenbuches. F. Hartenstein führt dazu aus:

Mit der Perspektive einer Psalterexegese ist vor allem dann etwas für das Verständnis der Psalmen und ihres literar- und theologiegeschichtlichen Ortes gewonnen, wenn man die formale und inhaltliche Komplexität der Texte nicht nur auf der

---

[2] J. Kenneth Kuntz: „Continuing the Engagement. Psalms Research Since the Early 1990s", in: *Currents in Biblical Research 103* (2012), S. 321-378, hier S. 364.

[3] John Barton: „Postscript", in: Susan Gillingham (Hg.): „Jewish and Christian Approaches to the Pslams. Conflict and Convergence", Oxford, 2013, S. 260-261.

Endtextebene wahrnimmt. Auch eine kanonische Lektüre des Psalters und der Psalmen bildet hierzu eine (notwendige) Ergänzung, insofern sie das dicht gewobene Netz möglicher Anspielungen auf alttestamentliche Texte sichtbar macht. Jedoch ist auch bei ihr die Gefahr der Eintragung moderner Leserperspektiven gross. Eine methodische Kontrolle wird am ehesten gelingen, wenn sie die kompositorische Lektüre des Psalters stets mit der Frage nach seiner Entstehung verbindet.[4]

Die Verschränkung von Diachronie und Synchronie möchte ich im Folgenden an drei Beispielen aus der Makrostruktur des Psalters darstellen: (1) der Hauptzäsur des Psalters nach Ps 89, (2) am singulären Kolophon des Psalters in Ps 72,20 und (3) an der Einteilung des Psalters in fünf Bücher durch vier Doxologien Ps 41,14; 72,19; 89,53; 106,48.[5]

Es hat sich in de Psalterexegese eingebürgert, mit Blick auf den Gesamtpsalter von einer Hauptzäsur nach Ps 89 zu sprechen, weil sie den Gesamtpsalter in zwei Hälften teilt: nämlich die erste Hälfte der Bücher 1-3 und die kleinere Hälfte der Bücher 4-5. Die Veränderungen betreffen die Gattung der Psalmen, das faktische Verschwinden des Sela-Zeichens in der zweiten Hälfte (Ausnahmen Ps 140 und 143) und die Änderungen im System der Über- und Unterschriften.[6]

Klage und Bitte haben ihren Schwerpunkt in der ersten Hälfte; Lob, Dank und Hymnen überwiegen in der zweiten Hälfte. Wenn man das Sela-Zeichen musikalisch deutet, dann verschiebt sich wohl die Aufführungspraxis der Psalmen: auf jeden Fall ist sein Verschwinden in der zweiten Hälfte ein unabweisbares Indiz der Veränderung.

In der ersten Hälfte finden sich nur fünf (bzw. sechs) Fälle von überschriftlosen Psalmen (Ps 1-2; 10; 33; 43; 71). In der zweiten Hälfte steigt die Zahl dieser Psalmen (Ps 91; 93-97; 99; 114; 119; 137): Hier übernehmen lobende Rahmenformeln die Funktion von Überschriften und ordnen die Psalmen zu kleineren Gruppen zusammen (vgl. „Lobe de Herrn, meine Seele" in Ps 103; 104; die Hodu-Formel „danket dem Herrn, denn er ist gut" in Ps 106; 107; 118; 136; dann die Halleluja-Triaden Ps 104-106; 111-113; 115-117).

Die Überschriften der ersten Hälfte sind sehr komplex: Sie bestehen aus der Gattungsangabe, der Zuschreibung an eine Person oder Personengruppe

---

[4] Friedhelm Hartenstein: „„Schaffe mir Recht, JHWH!' (Ps 7,9). Zum theologischen und anthropologischen Profil der Teilkomposition Psalm 3-14", in: Zenger, a. a. O. (Fussnote 1), S. 229-258, hier: S. 234-235.

[5] Vgl. Erich Zenger and Frank-Lothar Hossfeld: „Das Buch der Psalmen", in: Christian Frevel (Hg.): „Einleitung in das Alte Testament", KStTh 1,1, Stuttgart, 2012, S. 428-452, hier: S. 436.

[6] Siehe auch: Bernd Janowski: „It is generally acknowledged that the 117 superscriptions to the Psalms belong to the more difficult and somewhat unresolved problems that exist in Psalms research." (im Druck)

(vgl. David: 73 Mal, Mose: einmal, Salomo: zweimal, Asaf: zwölfmal; Korach: elfmal), der kultisch-liturgischen Zweckangabe (vgl. „dem Chormeister": 54 Mal), der Melodieangabe und der biographischen Situationsangabe bei der Zuschreibung an David (13 Mal bzw. 14 Mal im 1. und 2. Davidpsalter und einmal im 5. Davidpsalter).

Die Hauptzäsur macht auf zwei Spezifika des Psalters aufmerksam: Auf die Verbindung von Gebetstext und Musik sowie auf die Dynamik von der Klage zum Lob, sei es in Bezug auf den Einzelpsalm (vgl. den sogenannten Stimmungsumschwung Ps 3,8 und 22,22 oder Ps 17,15, und 13,6), sei es in Bezug auf eine Teilgruppe (vgl. die Hymnen Ps 8; 19; 29 im Zentrum von klagenden Teilgruppen), sei es in Bezug auf die fünf Psalmenbücher mit den abschliessenden Doxologien oder dem Schlusshallel in Ps 146-150 – und schliesslich in Bezug auf den Gesamtpsalter.[7]

Loben ist ein Habitus des Menschen vor Gott, der innerhalb des Psalters in Zeit und Raum expandiert. Er greift vom Einzelnen über auf die Gruppen bzw. auf das Volk, von dort auf die Völker bzw. auf die Menschheit (vgl. Ps 96; 98; 100; 150). Er dehnt sich aus in der Zeit (vgl. das punktuelle Lobgelübde des Einzelnen am Ende der Klage, z. B. Ps 26,12; 27,6), er kann das ganze individuelle Leben umgreifen (z. B. Ps 71,24; 104,33; 145,1.21) und schliesslich in das ewige Lob der Menschheit münden (vgl. Ps 145,21).

Von besonderer Bedeutung ist der singuläre Metatext des Psalters, nämlich der Kolophon Ps. 72,20 „Zu Ende sind die Bittgebete Davids, des Sohnes Isais".

Verständlich bzw. nachvollziehbar ist die Gattungsangabe „Bittgebete" angesichts des 1. und 2. Davidpsalters Ps 3-41.51-72 mit ihren überwiegenden Klagegebeten. Unverständlicher ist der Abschluss der Bittgebete, wo doch Ps 86 mit der Gattungsangabe „Bittgebet Davids" fortfährt und im Gesamtpsalter noch drei Davidpsalter (Ps 101-103.108-110.138-145) folgen und die Gesamtzahl der Davidzuschreibungen im hebräischen Psalter 73 Psalmen kennzeichnet (die LXX bietet 88 bzw. 89 Psalmen). Wir begegnen hierbei dem Phänomen der sogenannten Davidisierung des Psalters, ein Prozess bis der Psalter insgesamt David zugewiesen wird (2.Makk 2,13; 11QPs[a] Davids Compositions; Lk 20,42; Apg 4,25-26). Die Zuschreibung an David ist die einzige Zuschreibung an eine Person, die den ganzen Psalter durchzieht, was die enorme Bedeutung Davids als historischer König, Prophet, Dichter, Musiker und prototypischer Mensch unterstreicht.

Ausgehend von den Nennungen Davids neben den Hinweisen auf David als „König" und „Gesalbtem" in den Korpora der Psalmen, dann das grosse Interesse der klassischen Formen- und Gattungskritik an den

---

[7] Vgl. Frank-Lothar Hossfeld: „Von der Klage zum Lob. Die Dynamik des Gebets in den Psalmen", in: *BiKi 56/1* (2001), S. 16-20.

Königspsalmen fortführend, hat die Psalterexegese die strukturgebende Bedeutung der elf Königspsalmen herausgearbeitet (vgl. Ps 2; 18; 20; 21; 45, 72; 89; 101; 132; 144). Sie stehen im Kontext von Psalmengruppen oder Teilpsaltern entweder an zentraler oder markanter Eckposition. Die belegen das durchgehende Interesse des Psalters an der Gestalt des Königs als dem konkreten Vermittler der Königsherrschaft JHWHs. Sie bezeugen im Leseablauf die Metamorphosen/Wandlungen des Königsbildes im Verhältnis zu Gottes Königsherrschaft (im Himmel oben) und zur historischen Realität Israels (vgl. Ps 2; 89; 132; 144 in Verbindung mit 145).

Seit der Mitte der 90er Jahre waren die strukturrelevanten Königspsalmen in Verbindung mit der Betrachtung von Anfang und Ende der fünf Bücher ein Anstoss, den historischen Verlauf im Leseablauf des Psalters zu entdecken.[8] Die Bücher 1 und 2 spiegeln die Gründerepoche der Könige David und Salomo wider. Darauf folgt der Niedergang bis zum Babylonischen Exil in Buch 3. Buch 4 leitet über von der Exilzeit zur Erwartung der Heimkehr ins Heimatland und der Zusammenführung Israels. Buch 5 konzentriert sich auf die Wiederherstellung Israels. Innerhalb des fünften Buches blicken Ps 126,1-3 und Ps 136,23-24 sowie Ps 137 auf die Zeit des Exils und die Schicksalswende Zion/Jerusalems zurück. Zugleich zeigt Ps 147,2-3, dass der Vorgang der Wiederherstellung Israels noch nicht abgeschlossen ist, während Ps 149 die Durchsetzung der Königsherrschaft JHWHs in der Zukunft durch ein Strafgericht an den Völkern anzeigt.

Der Psalter mit seiner Einteilung in fünf Bücher folgt also einem historischen Ablauf der Geschichte Israels und antwortet damit im Gebet auf die Heilstaten JHWHs in der Geschichte, die aber noch nicht abgeschlossen ist.[9]

Die drei für die Makrostruktur des Psalters relevanten Beispiele zeigen die Verschränkung der synchronen und diachronen Leseweise des Psalters. Zugleich wird an der zentralen Bedeutung Davids und abgeleitet Salomos deutlich, dass der Psalter aus sich selbst heraus Verbindungen mit biblischer Literatur ausserhalb des Psalters aufnimmt, nämlich im Rückgriff auf die Samuelbücher (vgl. die biographischen Situationsangaben in 13 Davidpsalmen und die Übernahme von Ps 18 nach 2.Sam 22). Und zugleich als Vorlage bzw. Quelle für die Rezeption durch die Chronik dient (vgl 1.Chr 16 und 2.Chr 6,41-42).

---

[8] Vgl. R. G. Kratz: „Die Tora Davids. Psalm 1 und die doxologische Fünfteilung des Psalters", in: *ZThK 93* (1996), S. 12-34; Nancy de Claissé-Walford: „Reading from the Beginning. The Shaping of the Hebrew Psalter", Macon, GA, 1997.

[9] Vgl. Frank-Lothar Hossfeld: „Dejinné zastavenia Izraela ako ráz tiahnuci sa Žaltárom. Abstrakt prednášky v tézach", in: *Studia Biblica Slovaca 4/2* (2012), S. 72-81.

M. Luther wandelt auf den Pfaden der Kirchenväter, indem er die Psalmen sehr hochschätzt. Neben den klassischen Übersetzungsfragen fallen einem Exegeten drei Anstösse auf:

- In seiner Psaltervorrede von 1524 unterscheidet er zwischen dem „Psalter" als Bezeichnung für das Ganze des Psalmenbuches und dem „Psalm" bzw. den „Psalmen" als Bezeichnung der Einzeltexte. Das entspricht dem Hauptanliegen der jüngeren Psalmenexegese.

- Für ihn ist der Psalter das Buch der Bücher der ganzen Bibel. Es ist die „kleine Biblia"[10] des Alten und Neuen Testaments. Er ist das Enchiridion, das Handbuch für die ganze Heilige Schrift. Die historisch-kritische Exegese versucht, der Funktion des Handbusches im Horizont des Alten Testaments nachzugehen. Im Blick auf das Neue Testament setzt die Handbuchfunktion des Psalters den prophetischen Charakter des Psalters voraus und unterstreicht die besondere Würde, die der Psalter für das Neue Testament hat, da das Neue Testament trotz des Auftretens des Mensch gewordenen Gottessohnes keinen neuen Psalter schafft.

- M. Luther hat mitgearbeitet an einer rezeptionsgeschichtlichen Weichenstellung. Die Psalmen werden einerseits zum Text fürs Lesen und Meditieren; andererseits wird der Psalter zur Basis für vertonte Neudichtungen.

---

[10] „Vnd sollt der Psalter allein deshalben thevr vnd lieb sein / das er von Christus sterben vnd aufferstehung / so klerlich verheisset / vnd sein Reich vnd der ganzen Christenheit stand vnd wesen vurbildet. Das er wol möcht ein kleine Biblia heissen / darin alles auffs schönest vnd kürtzest / so in der gantzen Biblia stehet / gefasset vnd zu einem feinen Enchiridion oder Handbuch gemacht vnd bereitet ist." Martin Luther: „Vorrede auf den Psalter, Die gantze Heilige Schrifft Deudsch", Wittenberg 1545, Bl. 288b.

III. Schwierige Themen in den Psalmen und deren lutherische Auslegung

Das Thema Gewalt – eine hermeneutische Herausforderung bei der Psalmenlektüre

Jutta Hausmann

Das Thema Gewalt im Alten Testament bedeutet eine grosse Provokation sowohl für viele Bibellesende als auch für Bibelwissenschaftlerinnen und Bibelwissenschaftler.[1] Ein Blick auf die Publikationen der letzten zwanzig Jahre zeigt, dass sich Forschende unterschiedlicher Fachrichtungen mit diesem Themenkomplex auseinandersetzen, nicht nur alttestamentliche Fachwissenschaftlerinnen und Fachwissenschaftler.[2] Zwischenmenschliche Konflikte und Gewalt werden von biblischen Autorinnen und Autoren nicht oft aus theologischer Perspektive *reflektiert*. Sowohl Männer als auch Frauen sind betroffen und haben Erfahrungen mit Gewalt, respektieren diese auch teilweise als eine Problemlösung,[3] doch wenn sie selbst davon betroffen sind, können sie diese zumeist nicht akzeptieren.[4] Entsprechend finden sich in den Psalmen Klagen wie Anklagen angesichts von Gewalt, die durch Feinde erlebt wurde bzw. wird.

---

[1] Vgl. den Beitrag von Roger Wanke in diesem Band.
[2] Vgl. jüngst Bernd Janowski: „Ein Gott, der straft und tötet?", Neukirchen-Vluyn, 2013. Darüber hinaus u.a.: Thomas Römer: „Dieu obscur. Cruauté, sexe et violence dans l'Ancien Testament", Genf, 2009; André Wénin: „La Bible ou la violence surmontée", Paris, 2008; Gerlinde Baumann: „Gottesbilder der Gewalt im Alten Testament verstehen", Darmstadt, 2006; Jonneke Bekkenkamp und Yvonne Sherwood (Hg.): „Sanctified Aggression. Legacies of Biblical and Post-Biblical Vocabularies of Violence", JSOTS 400, London/New York, 2003; Walter Dietrich und Christian Link: „Die dunklen Seiten Gottes", Bd. 1: „Willkür und Gewalt", Bd. 2: „Allmacht und Ohnmacht", Neukirchen-Vluyn, 1995 (³2000) resp. 2000.
[3] Besonders im Falle eines Krieges, so z. B. Num 31; 1.Kön 12,16-30.
[4] 1.Kön 19,1-4; Jer 18,18-23; Ps 83.

Wir begegnen häufig aus christlicher Perspektive dem Verdikt, dass der Ruf nach einem gewaltbestimmten helfenden Eingreifen nicht erlaubt sei und zudem dem Gebot der Feindesliebe widerspreche. Ein solcher Ruf stehe in Kontrast zu der neutestamentlichen Aussage: Wenn Dir jemand auf die rechte Backe schlägt, so halte ihm auch die linke hin. Auch findet sich in der christlichen Tradition mehrfach eine „Christianisierung" der Psalmen, so durch das Hinzufügen der trinitarischen Formel im liturgischen Gebrauch wie auch durch christologische Interpretation. Diese können zwar zurückgeführt werden auf ihre Wurzeln im Neuen Testament, haben aber häufig dieselben problematischen Konsequenzen in der Wirkungs- wie in der Rezeptionsgeschichte. Bis heute erleben wir in unseren Kirchen – vor allem auf Gemeindeebene – eine Entfremdung von der Hebräischen Bibel und damit zugleich vom theologischen Denken des Judentums. In unserer lutherischen Tradition können wir bis zu Martin Luther selbst zurückgehen und zu seinen teilweise sehr harten Aussagen, die von deutlichem Antisemitismus geprägt sind.

Neben dem – für Luther wichtigen und charakteristischen – christologischen Zugang zum Alten Testament, begegnen wir seinem gegenwärtig vielfach diskutierten Antijudaismus,[5] der ein bedauernswerter Teil auch der Psalmeninterpretation Luthers ist. Es scheint, als bestünde ein Bezug zwischen diesen beiden Phänomenen, was besonders in Luthers später Periode zu bemerken ist. Kaufmann unterstreicht allerdings, dass eine Unterscheidung zwischen einer judenfreundlicheren frühen Phase und einer späten kritischeren theologisch nicht korrekt ist. Tatsächlich macht die jüdische Ablehnung einer Bindung an Christus es für Luther und seine Nachfolger unmöglich, das Judentum und seine Tradition anzuerkennen.[6] Ein Beispiel für dieses Problem finden wir in Luthers Interpretation von Ps 58 (auf diesen Psalm wird später noch genauer eingegangen). Lassen Sie uns hier vorerst nur einen kurzen Blick auf einige Aspekte werfen.

---

[5] Cf. Walter Bienert: „Martin Luther und die Juden", Frankfurt am Main, 1982; David G. Singer: „Baptism or Expulsion: Martin Luther and the Jews of Germany", JES 44 (2009), S. 401-408; Thomas Kaufmann: „Luthers ‚Judenschriften'", Tübingen, 2011; James E. McNutt: „Luther and the Jews Revisited: Reflections on a Thought Let Slip", *CThMi 38* (2011), S. 40-47; Folker Siegert (Hg.): „Kirche und Synagoge. Ein lutherisches Votum", Göttingen, 2012; Dorothea Wendebourg: „Jews Commemorating Luther in the Nineteenth Century", *LuthQ XXVI* (2012), S. 249-270.

[6] Kaufmann, a. a. O. (Fussnote 5). Vgl. dort S. 3: „dass er[Luther] vor allem einer Lesart alttestamentlicher Traditionsbestände verpflichtet war, die er infolge einer christologischen Deutung als Anklage gegen die Judenheit auslegte"; dazu Duane H. Larson: „Jewish-Christian Relations", in: Günther Gassmann/Duane H. Larson/Mark W. Oldenburg (Hg.): „Historical Dictionary of Lutheranism", Boston/Folkstone, 2001, S. 161-162.

Mit Blick auf Vers 4 schreibt er: „der Prophet wirft ihnen [= den Häretikern] Heuchelei und das Preisen ihrer eigenen Gerechtigkeit vor. Dies beides findet sich bei den Juden, damals und heute." Die Juden „sind, zuallererst, verworfen und heuchlerisch, dann auch übel, indem sie Verworfenheit und Frevel betreiben und beachten"[7]. Und im Blick auf Vers 6 mit Bezug auf Augustin: *„Gott wird ihre Zähne in Stücke zerbrechen*, das heisst, ihre beissenden und verleumderischen Anklagen. Erstens geschah dies nach Augustin, als Christus die Juden auf der Grundlage ihrer eigenen Worte widerlegte [...] Zum Zweiten wird dies geschehen, wenn ER am Ende der Welt und in der Stunde des Todes jeden auf der Basis seiner eigenen Worte rechtfertigen und verdammen wird. Drittens, wenn ER in Güte jemanden veranlasst, seine beissenden Verleumdungen bei sich zu behalten, bevor er sie vorbringt [...] Aber ER bricht ihre Zähne auch auf die Weise, dass ER die Juden der Kraft beraubt, Christus und die Christen durch ihre Verleumdungen zu beleidigen"[8]

Nach Luthers Worten ist also das jüdische Verständnis der Bibel nicht zu akzeptieren und führt zum Ruin der Juden; sie sind selbst verantwortlich für ihr Schicksal. Wer nun von christlicher Seite auf massive Weise unterstreicht, dass nur die christologische Interpretation – bzw. eine Interpretation des Alten Testaments auf der Basis des Neuen Testaments – akzeptabel ist für eine christliche Lesart des Alten Testaments, geprägt von einem Gegensatz von Altem und Neuem Testament, wird unweigerlich zu einer Ablehnung der jüdischen Sicht kommen.[9] Auf jeden Fall hat die Wirkungsgeschichte beider, sowohl der Ausschliesslichkeit der christologischen Interpretation als auch der Ablehnung des jüdischen Verständnisses, ihre problematischen Auswirkungen bis in unsere Gegenwart.[10] Glücklicherweise erscheint diese

---

[7] Das Originalzitat findet sich in lateinischer Sprache in WA III, 323: „arguit propheta, quod hipocrisim faciant et suam iustitiam magnificent. Hec enim duo tunc et nunc in Iudeis sunt et fuerunt [...] Et ita primum iniusti et hipocrite: deinde etiam iniqui, eas statuendo et ponderando."

[8] Das Originalzitat findet sich in lateinischer Sprache in WA III, 324: „Conterit Deos dentes, i.e. mordaces et dectractoria accusationes, primo secundum Augustinum quando Christus Iudeos ex propriis verbis confutavit [...] Secundo Quando ex propriis verbis iustificabit et condemnabit unumquemque in fine mundi et hora mortis. Tertio Quando facit aliquem in bonitate mordces detractiones in sese compescereantequam proferat [...] Conterit autem etiam sic dentes, quia Iudeis abstulit vim nocendi Christo et Christianis per suas detractiones."

[9] Dazu Volker Weymann: „Luthers Schriften über die Juden. Theologische und politische Herausforderungen", in: *Texte aus der VELKD Nr. 168*, (2013), S. 7f.

[10] Vgl. den instruktiven Überblick bei Christian Danz: „Grundprobleme der Christologie", Tübingen, 2013, S. 230ff.; Kaufmann, a. a. O. (Fussnote 5), S. 134ff.; Rober Rosin: „Reformation Christology: some Luther starting points", *CThQ 71* (2007), S. 147-168; David G. Horrell/Christopher M. Tuckett (Hg.): „Christianity, controversy, and

Form des offensichtlichen Antijudaismus in Luthers Interpretation heute als Anachronismus und tritt gegenwärtig nur selten zutage, abgesehen von einigen Vertreterinnen und Vertretern radikaler Positionen, die wir in allen christlichen Konfessionen finden können. Aber abgesehen von diesem offenen Antijudaismus begegnen wir in unseren Kirchen diversen anderen Formen, die von einer höheren Qualität der neutestamentlichen Texte gegenüber dem Alten Testament ausgehen, sei es aus ethischer, sei es aus theologischer Sicht oder aus beiden. Oder es wird die vollgültige Offenbarung Gottes an das jüdische Volk bestritten und/oder die Frage nach der Wahrheit gestellt, unter Berufung auf Joh 14,16 und ähnliche Texte.[11]

Im Blick auf die Psalmen hat der katholische Alttestamentler Erich Zenger[12] – beeinflusst von den Erfahrungen im christlich-jüdischen Dialog wie viele andere auch – vor etwa 20 Jahren resolute Schritte unternommen für ein anderes Verstehen der Texte, die um Gottes gewaltsame Intervention bitten oder über die von Gott ausgehenden Gewalterfahrungen sprechen.[13] Seither ist eine Reihe von Veröffentlichungen erschienen, und auf der Ebene der Forschung sind erhebliche Fortschritte zu verzeichnen. Aber in der Arbeit mit Studierenden, Gemeindegliedern wie sogar in Diskussionen mit Kolleginnen und Kollegen nicht nur aus anderen Fakultäten, sondern auch aus den unterschiedlichen theologischen Fächern ist zu spüren, dass die veränderten Einsichten im Blick auf einen anderen Zugang zum Alten Testament noch weit entfernt sind von einer grundsätzlichen Rezeption in Kirche und Wissenschaft. So ist es wert, sich erneut dem Thema Psalmen und Gewalt zu widmen.

ZWEI BEISPIELE FÜR EIN MÖGLICHES VERSTEHEN VON PSALMEN MIT GEWALTERFAHRUNG

Psalm 58

In diesem Psalm ist die Rede von Gewalt auf zwei unterschiedlichen Ebenen: 1) als Gewalt zwischen Menschen und 2) als Gewalt, die von Gott ausgeübt wird. Die erste Ebene spricht über bereits erfahrene Gewalt, die

---

community. New Testament essays in honour of David R. Catchpole", *SNT 99*, Leiden, 2000; Donald J. Brunswick: „God and Humanity in Auschwitz: Jewish-Christian Relations and Sanctioned Murder", New Brunswick, New Jersey, 1995.

[11] Vgl. die Beispiele zur Forschungsgeschichte bei Erich Zenger: „Ein Gott der Rache? Feindpsalmen verstehen", Freiburg, 1994), S. 27ff.

[12] Es ist sicher kein Zufall, dass ein katholischer Wissenschaftler eine neue Perspektive einbrachte, da er bereits das offizielle Dokument „Nostra aetate" des 2. Vaticanums voraussetzen konnte, das einen völlig anderen Zugang zum Judentum einbrachte als in den Zeiten davor.

[13] Zenger, a. a. O. (Fussnote 10), passim.

von Übeltätern ausgeübt wurde. Die rhetorische Frage zu Beginn (V. 2) macht deutlich, dass das Hauptproblem der Gebrauch von Sprache ist. Es geht um verletzende Worte, nicht um physische Gewalt. Der physische Aspekt leuchtet nur einmal in V. 2 auf, wo die Erwähnung der Hände an physische Erfahrung denken lässt. Das Wortfeld Sprache – und Hören – hingegen begegnet erneut in den folgenden Versen: So geht es in V. 4 um das Aussprechen von Lügen und das Verschliessen der Ohren. Die Metapher des Giftes erinnert ferner an die vergiftende Wirkung von Worten. Wenn der Psalmist in V. 7 Gott um Hilfe bittet, ist die Erwähnung der Zähne im Mund im Kontext des Giftes von Schlangen (V. 5) zu verstehen. Die Metapher „die Zähne des jungen Löwen" ist eine Reminiszenz an die zerstörende Kraft in der Sprache der Frevler und wird zum Teil des Wunsches, dass Gott den Psalmisten von diesen befreien soll.[14] Darüber hinaus finden sich Vergleiche mit Phänomenen aus der Natur zum Unterstreichen der Bitte an Gott, die machtvollen Aggressoren zu zerstören (V. 8.9). Dazwischen begegnen wir wieder einer Metapher für destruktive Sprache in V. 8: Das Motiv des Pfeils ist in Ps 57,5 klar mit Sprache verbunden, findet sich aber auch in anderen Psalmen im Zusammenhang mit dem Missbrauch von Sprache.

Aggression gegen den Psalmisten ist deutlich im Gebrauch verletzender Sprache zu finden, so dass es vor allem um psychischen Terror geht. Der Psalm ist damit einer von jenen, in welchem Gewalt uns nicht als physische Gewalt begegnet, sondern im Gebrauch von Worten.[15]

Mit einer besonderen Herausforderung konfrontiert v. 11. Das drastische Bild scheint für einen brutalen Wunsch nach Rache zu sprechen. Aber wenn wir bedenken, dass alle bisher aufgezeigten Metaphern nicht geprägt waren von der Idee eines grossen Blutvergiessens, führt uns das dazu, auch in diesem Vers wieder eine Metapher für das erwartete Schicksal der Frevler/Übeltäter zu sehen – ein Zeichen der Hoffnung für den Psalmisten und einer Warnung für die Frevler: Die Taten der Frevler werden zu ihnen zurückkehren und sich gegen sie selbst wenden.[16] Hossfeld lenkt die Aufmerksamkeit auf die Überschrift des Psalms, die identisch ist mit der von Ps 57 und 59, und zeigt, dass der Ruf nach der Vernichtung der Feinde

---

[14] Peter Krawczack: „Es gibt einen Gott, der Richter ist auf Erden!" (Ps 58,12b), *BBB 132*, Berlin, 2001, S. 248: „Somit wird Gott in V. 7 um ein eingreifendes und destruierendes (Gerichts-)Handeln gebeten, das auf der Bildebene der Giftzähne der Schlange, die Neutralisierung der als Waffe des Un-Rechts eingesetzte Sprachmächtigkeit der Frevler erwünscht." Und Bernd Janowski: „Ein Gott der Gewalt?", in: Ilse Müllner et al. (Hg.): „Gottes Name(n). Zum Gedenken an Erich Zenger", *HBS 71*, Freiburg, 2012, S. 11-33, hier: S. 24.

[15] Siehe u. a. Ps 35,21; 52,4.

[16] Siehe Janowski, a. a. O. (Fussnote 13), S. 25.

abgeschwächt wurde.[17] Damit haben wir bereits ein inneralttestamentliches Beispiel für das Interesse, den Gedanken brutaler Vergeltung zu vermeiden.

Die chiastische Struktur des Psalms stellt V. 7 in seine Mitte: Der Ruf nach Hilfe durch Gott markiert so das eigentliche Ziel des Psalms. Der Fokus liegt ganz klar auf dem Wunsch, dass die Feinde in der Zukunft nicht in der Lage sein werden, ihre destruktive Sprache gegen den Psalmisten zu wenden.

Psalm 137

Im Gegensatz zu Ps 58 finden wir in Ps 137 eine Klage des Volkes, die in die Zeit nach dem babylonischen Exil zu datieren ist. Das Leiden unter den Worten der Feinde ist wiederum ein konstitutives Motiv. Die von den Unterdrückern formulierte Aufforderung, Freudenlieder, insbesondere Lieder auf den Zion, zu singen in einer Situation der Trauer und der Erfahrung der Deportation weg von Jerusalem (V. 3), kann nur als Verhöhnung verstanden werden.[18] Aber dieser Psalm konfrontiert uns viel stärker mit physischer Gewalt als Ps 58,[19] so besonders in der Retrospektive angesichts der Erfahrungen der Zerstörung Jerusalems: sowohl im Blick auf das Land, die Stadt, auf Gebäude, Menschen, als auch auf die Deportation. Die Erinnerung an den Wunsch der Söhne Edoms (V. 7) im Blick auf die Zerstörung Jerusalems ist ebenso eine Reminiszenz an physische Gewalt.

Auffallend ist die uns mehrfach begegnende indirekte Form der Rede über Gewalt. Sie beginnt bereits in V. 1 mit der Erwähnung des Weinens und seiner Ursache. V. 8 spricht in der masoretischen Form über Babel als *hasch{^e}dudah*. Das grammatikalische Passiv lässt Babel selbst als zerstört erscheinen – und das gerade in einer Zeit seiner grössten Blüte. In Analogie zu Am 5,2 haben wir hier eine Antizipation des erwarteten Schicksals von Babel.[20]

Das *'aschre* in V. 8 und 9 tritt formal als ein Glückwunsch auf. Angesichts der semantischen Konnotation in V. 8 und 9 ist jedoch eher ein ironischer Gebrauch zu erkennen, der die Eröffnung eines Fluchs bildet. Ähnlich verhält es sich mit dem Gebrauch von *schillem* und *gamal* in V. 8. Die ursprünglich neutralen Worte werden durch ihren Kontext zu gewaltbetonten Ausdrücken.

---

[17] Frank-Lothar Hossfeld: „Das göttliche Strafgericht in Feind- und Fluchpsalmen: der Psalmenbeter zwischen eigener Ohnmacht und dem Schrei nach göttlicher Parteilichkeit", in: Andreas Holzem und Bernd Wegner (Hg.): „Krieg und Christentum", Paderborn, 2009, S. 130.

[18] Zu diesem Phänomen der Verhöhnung vgl. Ps 79,10; 115,2.

[19] Vgl. Psalm 149,6, wo sich die Kombination von physischer und psychischer Gewalt in *einem* Vers findet!

[20] Vgl. Norbert Rabe: „,Tochter Babel, die verwüstete!' (Psalm 137,8) – textkritisch betrachtet", BN 78 (1995), S. 84-103. Deshalb ist es nicht notwendig, den Text in ein aktives *haschod{^e}dah* zu verändern, wie es teilweise vorgeschlagen wird.

Das Gleiche geschieht in V. 7 im Blick auf das Verbum *sachar*: Die Erinnerung wird verstanden als eine aktive, die zu Gottes Handeln gegen Edom führen wird. So wird dieser Satz zu einem indirekten Fluch.

Die Forderung in V. 9 hingegen ist sehr direkt. Auf der Oberfläche erscheint sie als äusserst grausam, wenn wir jedoch einen Blick auf das in ihr verborgene Ziel werfen, verändert sich der Fokus. Die jungen Kinder repräsentieren die Zukunft ihres Volkes. Ihre Vernichtung ist so gleichbedeutend mit der Vernichtung der Macht der gegenwärtigen Unterdrücker.[21] Es scheint, dass der Psalmist in diesem Instrument die einzige sichere Chance sieht für ein garantiertes Weiterbestehen seines eigenen Volkes.

Wie in Ps 58 und anderen Psalmen fordert der Psalmist Hilfe von Gott ein. Wir finden darin keine Einladung zur Selbstverteidigung. Die Einforderung von Gewalt ist nicht identisch mit deren Ausführung. Es ist eher anzunehmen, dass diese Einforderung sowohl zukünftige physische Exzesse als auch psychische Gewalt seitens der Menschen verhindern soll.

FOLGERUNGEN

Als Reaktion auf die darin verarbeitete Erfahrung von Gewalt begegnen wir sehr unterschiedlichen Annäherungen an die Psalmen. Meine eigene Annäherung lehnt ähnlich wie die meisten der modernen Forschungspositionen Antijudaismus ab und vermeidet christologische Interpretation. Ist sie damit noch eine lutherische?

In der modernen westlichen protestantischen Tradition war und ist bis heute wissenschaftliche Bibelauslegung weitgehend Teil der historisch orientierten Wissenschaft, die nach (historischen) Entwicklungen von Texten und der Einbettung der Texte und ihrer Autoren in ihre jeweils eigene Zeit fragt. Dies ist nicht zwangsläufig verbunden mit der Frage nach ihrer Normativität. Seit Christinnen und Christen nachdenken über die grosse Zeitspanne speziell zwischen dem Alten Testament und der Gegenwart, ist das Phänomen, von schwierigen biblischen Texten selbst existentiell betroffen zu sein – als Individuum wie als Gemeinschaft –, häufig verbunden mit irritierenden Zügen.[22] Parallel zu dieser Form der Annäherung haben

---

[21] Vgl. Andreas Michel: „Gott und Gewalt gegen Kinder im Alten Testament", *FAT 37*, Tübingen, 2006, S. 197: „Bei der ‚Totalvernichtung' von Ps 137,9 liegt, ebenso wie bei jener von Jer 51,20-23, der Akzent auf der rhetorischen Vermittlung der Aussage, nicht so sehr auf der geschichtlich nachprüfbaren Realisierung [...] Intendiert ist die Annihilierung des Gegners als Gegner."

[22] Theologen wie Rolf Rendtorff, die sich dem „canonical approach" verpflichtet wissen, konfrontieren mit nicht wenigen Problemen angesichts des historischen Grabens,

wir in unseren Kirchen eine Tradition der Bibellektüre, die davon ausgeht, dass Bibellesende unmittelbar von Gott angesprochen werden. Problematisch erscheinende Texte wie zum Beispiel solche, die das Thema Gewalt enthalten, gehören eher selten zum Kanon der in Gemeinden gebrauchten Texte. Deshalb lässt sich oft ein Mangel an reflektiertem Lesen solcher Texte konstatieren, der teilweise mit Vorurteilen verknüpft ist. Es zeigt sich oft ein Defizit im Blick auf die Adaption wissenschaftlicher Arbeiten und ihrer Implikationen bzw. Ergebnisse.

Wer über Gewalt – auch mit Blick auf Gott – im Zusammenhang mit dem Alten Testament spricht, hat zumeist physische Gewalt im Sinn. Ein genauerer Blick auf die Psalmen hingegen zeigt, dass das Thema erfahrener Gewalt sich in den meisten Fällen auf psychischen Terror konzentriert, der durch Sprache ausgeübt wird.[23] Deshalb ist die Bitte um Gottes Eingreifen gegen die Feinde oftmals eine Bitte um das Ausschalten ihrer Sprechwerkzeuge wie in Ps 58. Es besteht kein Zweifel, dass es nicht das Ziel ist, die Feinde selbst zu vernichten, sondern mit Gottes Hilfe sicher zu stellen, dass sie nicht länger mit ihrer Sprache gegen den Psalmisten auftreten können. Wenn wir auf die Texte aus einer pragmatischen Perspektive blicken, geben diese Psalmen einem verzweifelten Volk Hoffnung, das keine Möglichkeit mehr sieht, sich selbst vor den – verbalen – Attacken seiner Feinde zu schützen.

Gewalt ist ein Thema, das uns erstaunlich oft im Psalmenbuch begegnet – sowohl als Erfahrung von Gewalt als auch in der Forderung nach Ausübung von Gewalt. Beide sind eng miteinander verbunden. Die Forderung nach Gottes gewalttätiger Intervention ist konsequent angesichts der eigenen Erfahrungen als Opfer von Gewalt.

Das Thema Gewalt findet sich vorwiegend in den Klageliedern des Einzelnen wie des Volkes als Klage und/oder Forderung, die ihre Wurzeln in einer verzweifelten, ausweglosen Situation haben. Sie sind viel eher Reaktionen von Menschen im Blick auf ihre katastrophale Situation als Worte Gottes an Männer und Frauen. Die Kanonisierung dieser Texte akzeptiert sie als eine Möglichkeit, mit Gott zu sprechen, als eine Form, ihre Verzweiflung angesichts ihrer Feinde zum Ausdruck zu bringen. Das ändert sich auch durch die Kanonisierung der ganzen Bibel nicht. Dies sollte

---

sind aber näher an der jüdischen Annäherung an die Hebräische Bibel. Gegenwärtige Zugänge zur Exegese ermöglichen eher eine Re-präsentation biblischer Texte, wie sie auch bei Luther programmatisch in seiner Akzentuierung des *pro nobis* begegnet. Vgl. dazu u. a. Volker Leppin: „Vorlesungen", in: Volker Leppin/Gury Schneider-Ludorff (Hg.): „Das Luther-Lexikon", Regensburg, 2014, S. 728-734.

[23] Vgl. die Diskussion über das Verhältnis von Sprache und Gewalt u.a. bei Burkhard Liebsch: „Subtile Gewalt. Spielräume sprachlicher Verletzbarkeit", Weilerswist, 2007.

nicht vergessen werden bei der Beurteilung dieser Texte. Wir sind heute weit davon entfernt, dass es weniger Gewalt gäbe und daher sind Texte wie dieser ein Geschenk, um alles Leiden und alle daraus resultierenden Gefühle vor Gott zu bringen.

Die Schwierigkeit bei der Bestimmung einer exakten Entstehungszeit von Psalmen macht einerseits darauf aufmerksam, dass Psalmen häufig einem Entstehungsprozess unterworfen waren. So kann der historische und soziale Kontext nicht immer genau beschrieben werden. Andererseits – und das ist meines Erachtens von besonderer Wichtigkeit – sind Psalmen zumeist eben gerade nicht gebunden an einen konkreten Ort und/oder eine konkrete Zeit, sondern frei davon und gerade so in der Lage, ein breites Spektrum menschlicher Erfahrungen an unterschiedlichen Orten und zu unterschiedlichen Zeiten zur Sprache zu bringen. Dies unterstreicht Luthers Interpretation der Psalmen als Gebete, die uns Menschen gegeben sind, wie sie bei ihm seit den „Operationes in Psalmos" zu finden ist.

Psalmen nehmen Menschen in ihrer Ganzheit wahr, mit der Realität all ihrer Erfahrungen und Gefühle im Hier und Jetzt[24] – so wie auch andere Texte im Alten Testament. Es scheint, dass die Psalmisten mehr Einsichten in psychische Vorgänge haben als viele unserer christlichen Brüder und Schwestern im Laufe der Jahrhunderte der Kirchengeschichte mit ihrem Urteil, dass die Worte und Gedanken über Gewalt nicht vereinbar sind mit christlichem Denken und christlicher Ethik. Die anthropologische Perspektive sollte nicht vergessen werden und ihr gegenüber nicht die christologische Interpretation oder die neutestamentliche Annäherung ausgespielt werden.[25]

Auch die neutestamentlichen Autoren kennen sehr wohl die anthropologische Basis, das Leiden unter Ungerechtigkeit und unfairen Angriffen ebenso wie ausweglose Situationen – und wie die Psalmisten sehen sie die Lösung nicht im menschlichen Handeln, sondern in Gottes machtvollem Eingreifen (vgl. die apokalyptischen Texte des Neuen Testaments, die ebenfalls nicht frei sind vom Gedanken an Gewalt, so Mt 24; Off 9; 12).

Ein wichtiger Punkt im Blick auf die Annäherung aus neutestamentlicher Perspektive ist die Gefahr der Enteignung Israels, des jüdischen Volkes durch die Behauptung, dass nur die neutestamentliche Perspektive die gültige ist für das Verständnis der Psalmen (wie auch anderer alttestamentlicher Texte). Die ersten Lesenden und Sprechenden der Psalmen

---

[24] Vgl. Hossfeld, a. a. O. (Fussnote 16), S. 131: „Der manche Christen [und Christinnen] so irritierende konkret-geschichtliche Immanenzbezug".

[25] Ralf Koerrenz: „Hermeneutik des Lernens. Der anthropologische Wirklichkeitsbezug der biblischen Überlieferung", in: Ingo Baldermann u. a.: „Biblische Hermeneutik", *JBTh 12*, Neukirchen-Vluyn, 1998, S. 221-242, hier: S. 222.

waren jüdische Männer und Frauen, die ersten, die Christus nachgefolgt sind, waren jüdische Menschen, die in der Welt der Psalmen gelebt haben, sie gehört und benutzt haben, um ihre eigenen Erfahrungen und Gefühle zur Sprache zu bringen. Wenn Luther – und häufig seine Nachfolgerinnen und Nachfolger durch die Jahrhunderte hindurch bis heute – in seiner Interpretation von Ps 58 über das jüdische Volk spricht als eines, das sich sein eigenes Ende bereitet durch die Missachtung Christi, die Juden mit den Frevlern vergleichend, nimmt er die Gattung des Psalms nicht ernst. In seiner Interpretation wird die Klage aus der Situation der persönlichen Verzweiflung heraus angesichts der Angriffe von Feinden zu einem Statement über Juden, ihre Theologie und das ihnen von Gott garantierte Gericht. Es scheint leichter zu sein, über Juden in Form eines demütigenden, endgültigen Statements zu sprechen, die dubiose These der Substitution Israels als Gottesvolk durch die Kirche zu vertreten als Gott zu bitten, Israel zu zerstören. Es ist erkennbar, dass solche Worte ihren eigenen Anteil haben am weit verbreiteten Mangel an Widerstand in der Zeit des Nationalsozialismus. Und es zeigt sich die Analogie in der Auswirkung auf die diversen Hassreden gegen andere Nationen oder gegen sexuelle Orientierungen, die teilweise inspiriert sein können durch das Missverstehen von Texten wie Ps 58.

Die Rolle wie die (Aus-)Wirkung von Sprache sind von besonderer Bedeutung in Fällen von Diskriminierung und Rassismus, unterstreicht doch Luther selbst mehrfach auch die zerstörende Macht der Sprache.[26] Es wäre allerdings zu einseitig, nur den antijüdischen Aspekt in Luthers Annäherung zu betonen, wenn es um das Thema Gewalt in den Psalmen geht. Vielmehr kann verwiesen werden auf die Entwicklung in Luthers Interpretation von den „Dictata super Psalterium" hin zu den „Operationes in Psalmos".[27] Deutlich führt eine Entwicklungslinie von der betonten christologischen Interpretation hin zur einer, mit der das Lesen der Psalmen zum eigenen Beten hinführt. Das wird besonders deutlich bei der Interpretation von Ps 6.[28]

Wenn wir die Heilige Schrift als Massstab für unsere theologische Reflexion ansehen,[29] dürfen wir das kritische Potential in ihr nicht vergessen, das uns erlaubt, unsere bisherigen Annäherungen zu überdenken,

---

[26] Vgl. Albrecht Beutel: „Sprache/Sprachverständnis", in: Volker Leppin/Gury Schneider-Ludorff (Hg.): „Das Luther-Lexikon", Regensburg, 2014, S. 652-655.

[27] Vgl. Gerhard Hammer/Manfred Biersack: „Operationes in Psalmos 1519-1521: Historisch-theologische Einleitung", Köln, 1981, S. 413f.

[28] Vgl. Archiv zur Weimarer Ausgabe der Werke Marin Luthers 2.362, 12.

[29] Marianne Grohmann: „Aneignung der Schrift. Wege einer christlichen Rezeption jüdischer Hermeneutik", Neukirchen-Vluyn, 2000, S. 10.

und uns geradezu dazu nötigt. Aus dieser Perspektive ist es sogar eine notwendige Form der lutherischen Hermeneutik und verbindet uns mit Luthers eigenen kritische Einsichten im Blick auf überkommene theologische Positionen, die darin ihre Wurzeln haben, dass er die Schrift selbst ernst nahm. Ein Beispiel dafür sahen wir in seiner oben erwähnten Entwicklung im hermeneutischen Zugang zu den Psalmen von einer starker christologisch orientierten Interpretation hin zu einer eher leserorientierten (pro nobis). Seine eigene Freiheit gegenüber vorgegebenen exegetischen und theologischen Autoritäten, sich u. a. auf das Prinzip *sola scriptura* beziehend, lädt uns ein, nach der Interaktion zu fragen zwischen Texten, die einander anscheinend kontradiktorisch gegenüberstehen wie Ps 58 und das Gebot der Feindesliebe (Ex 23,4f; Mt 5,43f.) ebenso wie mit den Herausforderungen unserer Zeit.[30] In diesem Zusammenhang spielen auch Luthers Annäherungen an ethische Fragen eine wichtige Rolle.[31]

---

[30] Vgl. Weymann, a. a. O. (Fussnote 8), S. 24ff.
[31] Dazu siehe Antti Raunio: „Ethik", in: Volker Leppin/Gury Schneider-Ludorff (Hg.): „Das Luther-Lexikon", Regensburg, 2014, S. 204-211.

Zwischen Lob und Klage. Anmerkungen zur Entwicklung der hebräischen Psalmen

Urmas Nõmmik

Klagepsalmen gehören zu den wichtigsten biblischen Textgattungen, insbesondere weil sie Menschen in verschiedenen Zeiten und an verschiedenen Orten ansprechen können, und natürlich aufgrund ihrer Rolle, das Alte und das Neue Testament zusammen zu bringen (vgl. Ps 22).[1] Als Klagepsalmen sind sie häufig ein Beleg für die Tatsache, dass Lob und Klage eng zusammenhängen. Schon seit einiger Zeit diskutieren Wissenschaftlerinnen und Wissenschaftler den Grund für den Stimmungsumschwung in den Klagepsalmen. Dieser hängt seinerseits mit der Stellung der Klagepsalmen in der Kultur- und Religionsgeschichte Israels zusammen. Zur Erörterung dieser Frage und um den Weg zu ebnen, der zu hermeneutischen Schlüssen führen kann, die für uns heutzutage relevant sind, erscheint es sinnvoll, einen Blick auf den *Sitz im Leben* der Psalmen zu werfen, und zwar sowohl während der Königszeit in Israel und Juda als auch im Zeitalter des Zweiten Tempels. Wir werden uns mit einigen neuen Erkenntnissen aus den Studien altorientalischer Texte sowie mit der Perspektive einer diachron angelegten Untersuchung beschäftigen. Dies kann uns helfen, das Verwendungsspektrum der Klagepsalmen in unterschiedlichen Situationen unserer Gegenwart zu klären oder zumindest zu erweitern.

Die Königszeit

Führende Wissenschaftlerinnen und Wissenschaftler sind sich einig, dass die Psalmenliteratur der israelitischen und judäischen Monarchien fragmentär

---

[1] Siehe Anni Hentschel und Craig R. Koester (ebenfalls zu Ps 69) in diesem Band.

und oft schwierig zu identifizieren und zu analysieren ist. Allerdings gilt die Existenz zweier Psalmengattungen – Hymnen und persönliche Klagen – in der vorexilischen Zeit als sicher. Man hat verschiedene vorexilische Hymnen entdeckt und in einigen Fällen geht es bei der Debatte lediglich um Details, nicht um ihre Datierung im Allgemeinen. In Hinblick auf die individuellen Klagepsalmen ist man sich einig, dass die Wurzeln dieser Gattung bis in die Königszeit zurückverfolgt werden können, möglicherweise sogar noch weiter, doch das Problem, das ausgiebig erörtert wurde und auf das ich im Folgenden noch einmal kurz zurückkommen möchte, ist die Frage nach ihrem ursprünglichen Kontext.

Bezüglich des allgemeinen kultischen Rahmens der Klagepsalmen herrscht durchaus Klarheit, da einige ihrer konstitutiven Elemente, wie die Bitte um Gottes Hilfe, ein Ritual oder zumindest ein Gebet nahelegen. Zusammengefasst kann gesagt werden, dass die gängigsten Theorien davon ausgehen, dass persönliche Klagepsalmen im Falle konkreter Not zum Einsatz kamen, d. h. es gab bestimmte Psalmen für bestimmte Situationen akuter Not. Darüber hinaus konzentrieren sich die meisten Studien zu den Klagepsalmen auf die Änderung des Tons am Ende vieler Klagepsalmen, d. h. auf den so genannten Stimmungsumschwung. Laut einer Theorie kann dies vom psychologischen Standpunkt aus als innere Wende während des Gebets von der Not hin zum Vertrauen gedeutet werden. Eine andere Sichtweise sieht es als Resultat eines kultischen Rituals, eines Opferrituals, eines Heilsorakels usw.[2]

Die Tatsache, dass die vorhandenen Texte leider nicht von Liturgien begleitet sind, stellt für alle Theorien eine Schwierigkeit dar. Fast jede Art der kultischen Erklärung, die dem Psalmentext nicht direkt widerspricht, ist möglich. Warum also suchen wir nicht nach weiteren Alternativen?

Einige einleitende kritische Beobachtungen bezüglich der Psalmenliteratur der Königszeit erscheinen an dieser Stelle angebracht. Zum einen deutet der Kontext des Hofes und des Tempels darauf hin, dass das, was

---

[2] Vgl. die Standardlexika, z. B. Rainer Albertz: „Gebet. II. Altes Testament", in: „Theologische Realenzyklopädie 12", Berlin/New York, 1984, S. 34-42, hier: S. 35: „...hier zeigt sich ein Transzendieren der Notsituation im Verlauf des Betens: Indem der Leidende seine Not vor Gott bringt, streckt er sich in die Zukunft hinein auf die Wende seiner Not hin aus ..." (vgl. S. 39f.). Oder: Henning Graf Reventlow: „Gebet. II. Altes Testament", in: „Religion in Geschichte und Gegenwart 3", Tübingen, 2000, S. 485-488, hier: S. 486: „Konkreter Anlass sind Nöte wie Krankheit, Anfechtung durch Feinde, Schuld. Entscheidende, ursächliche Not ist die Beklagte Ferne Gottes." Und in differenzierterer Weise: Friedhelm Hartenstein: „Psalmen/Psalter. II. Altes Testament. b) Gattungen", in: „Religion in Geschichte und Gegenwart 6", Tübingen, 2003, S. 1763-1766, hier: S. 1765. Es darf nicht vergessen werden, dass die zweiten, oft viel späteren Psalmentitel auf einen anderen Sitz im Leben hindeuten.

aufgezeichnet wurde, von beträchtlicher Bedeutung für den Kult war. Zum anderen ist es sehr wahrscheinlich, dass alles entweder von den Schriftgelehrten des Hofes oder des Tempels aufgeschrieben wurde und nicht von unabhängigen oder halbwegs unabhängigen religiösen Gruppen, wie dies im Zeitalter des Zweiten Tempels möglich war. Während der Königszeit wurden die kultischen Texte wahrscheinlich in einem stabilen und regelmässigen Kontext verwendet. Ein institutionalisierter Kult selbst, wie im Umfeld des Königs der Fall, setzt eine regelmässige Verwendung religiöser Literatur voraus. Der regelmässige Einsatz bedeutender Texte schliesst ihre Verwendung als Hilfe für Individuen in konkreten Notsituationen nicht aus, erfordert aber doch zusätzliche Theorien bezüglich ihrer Verwendung.

Festzuhalten ist, dass Hymnen, insbesondere die Jahwe-König-Psalmen, so wie heutzutage die Liedtexte in unseren wöchentlichen Gottesdiensten, regelmässig verwendet werden konnten. Mehrere regelmässige jährlich, monatlich und wöchentlich stattfindende Feste können für das Zeitalter des Zweiten Tempels rekonstruiert werden (vgl. 5.Mose 16; 3.Mose 23; 4.Mose 28 usw.) – die Spuren einiger von ihnen reichen sicherlich bis in die Königszeit zurück. Im Gegensatz zu den Hymnen ist es jedoch schwierig, sich vorzustellen, dass Klagepsalmen regelmässig verwendet wurden. Ihr im Vergleich zu anderen Formen vorexilischer Literatur sehr breites Spektrum legt ihre aktive Verwendung aber nahe. Sie gewinnen zunehmend an Bedeutung, wenn man das Problem der Gebete und Bitten betrachtet – ein Phänomen, das unbestreitbar zum Leben vorexilischer Gemeinden gehörte. Auf textlicher Ebene sind sie nicht in vergleichbarem Umfang vertreten: Gebet und Bitte gehören meistens zu Klagepsalmen, oder zumindest können sie im Umfeld längerer Klagetexte ausgemacht werden. Wurde die Klage oft als eng mit dem Gebet verknüpft betrachtet und umgekehrt? Wurden Klagen somit ebenso regelmässig vorgetragen wie Gebete höchstwahrscheinlich regelmässig vorgetragen wurden?

Vielleicht hilft uns der Bezug zum Hiobdialog dabei, unsere Frage zu beantworten. Bereits in seiner frühesten Form kamen andere Gattungen, insbesondere die Klage (-Psalmen) in der Hiobdichtung umfassend zum Einsatz.[3] Die altorientalischen Parallelen der „Hiobliteratur" zeigen die gleichermassen repräsentative Stellung der Klage. Jedoch wäre es wohl, ungeachtet der Tat-

---

[3] Vgl. besonders Claus Westermann: „Der Aufbau des Buches Hiob", *Beiträge zur historischen Theologie 23*, Tübingen, 1956, S. 25-55, und auch Georg Fohrer: „Das Buch Hiob", *Kommentar zum Alten Testament 16*, Gütersloh, 1963, S. 68-86; hier S. 70; bezüglich der Freundesreden: Urmas Nõmmik: „Die Freundesreden des ursprünglichen Hiobdialogs. Eine form- und traditionsgeschichtliche Studie", *Beihefte zur Zeitschrift der alttestamentlichen Wissenschaft 410*, Berlin/New York, 2010, S. 218-223, hier: S. 292.

sache, dass wir den Kontext dieser kritischen Klage- und Weisheitsliteratur nicht kennen, eher schwierig, weiterhin eine konkrete Notsituation im Kopf zu haben, wenn der Zweck in der Darbietung liegt. Ein theatralisches Drama ist möglich, doch man ist sich einig, dass die Hiobdichtung nicht als einfache Unterhaltung gedeutet werden kann - wenn es sich um ein Drama handelte, das zur Aufführung vor Publikum gedacht war, dann aus der Notwendigkeit heraus, existentielle Angelegenheiten thematisieren und diskutieren zu müssen. Tod und Leiden waren weitaus wichtiger als die königliche Ideologie, die heutzutage manchmal als einziger Auslöser für die Entstehung der frühen Texte in Israel und Juda betrachtet wird. Sogar die Standardversion des Gilgamesch-Epos, die unzweifelhaft an den königlichen Ideologien des Alten Orients beteiligt war, befasst sich in ihrer zweiten Hälfte mit dem Problem des Todes.

Sollen wir also nach einem existentielleren Sitz im Leben der Klagepsalmen suchen? Wurde das menschliche Leben als permanente Mühsal betrachtet, und thematisierten die Klagelieder dieses Problem? Diese Fragen gehen einher mit der kritischen Beobachtung, dass die in den Klagepsalmen beschriebene Not oft nicht eindeutig ist. Traditionelle Redewendungen, konventionelle Wortpaare und Metaphern werden aneinandergereiht, um die Not in lebendiger Weise, jedoch eher exemplarisch, darzustellen. Um das Ganze noch einmal mit den unzähligen Beschreibungen von Not und Elend in der Hiobliteratur zu vergleichen, sei gesagt, dass hier die Not als solche bedeutsam ist, und nicht ihre spezifische Eigenschaft.

Alternativen können in den wissenschaftlichen Arbeiten zu mesopotamischen Texten oder in deren Vergleich mit den alttestamentlichen Psalmen gefunden werden. Ich möchte hier nur einige wenige, bedeutende Impulse aus den Studien der letzten Jahrzehnte aufgreifen.

Wie von Stefan M. Maul und Annette Zgoll aufgezeigt, wurden bestimmte Texte - und so auch die Klagepsalmen - in apotropäischen Riten verwendet. Die *eršahunga*-Gebete erfüllten den Zweck, das Herz einer zornigen Gottheit zu beruhigen.[4] Die gewaltige Serie von *Namburbi*-Tafeln war für die jeweiligen Rituale gerichtlicher Verfahren gegen ein düsteres Omen oder gegen die Anzeichen eines Omens, oder, kurz gesagt, für Gegenrituale gegen ein böses Schicksal geschaffen worden.[5] König Assurbanipal nutzte diese Riten und Texte ausgiebig, um die Zukunft zu seinen Gunsten zu beeinflussen.

---

[4] Vgl. Stefan M. Maul: „Herzberuhigungsklagen: Die sumerisch-akkadischen Eršahunga-Gebete", Wiesbaden, 1988, S. 27.

[5] Stefan M. Maul: „How the Babylonians Protected Themselves against Calamities Announced by Omens", in: Tzvi Abusch und Karel van der Toorn (Hg.): „Mesopotamian Magic. Textual, Historical, and Interpretative Perspectives, Ancient Magic and Divination", Groningen, 1999, S. 123-129, hier: S. 123.

Dahinter steht der Versuch, die mit der stets angewachsenen Macht assyrischer Könige immer vielschichtiger gewordenen Gefahren für König und Staatswesen so gering als möglich zu halten. Die gewaltige Serie von *Namburbi*-Tafeln, die Assurbanipal kompilieren liess, umfasste wohl alle Löserituale, derer man habhaft werden konnte. Diese Serie sollte dem König ermöglichen, wie kein anderer die Zukunft zu seinen Gunsten zu beeinflussen. [...] Die Löserituale waren also keineswegs eine hinderliche Ausgeburt des Aberglaubens, sondern vielmehr ein stabilisierender Faktor in der Geschichte des assyrischen Reiches.[6]

Annette Zgoll stellte ein ähnliches Bedürfnis der Beschwichtigung und Kanalisierung göttlichen Zorns durch die Klageanteile des Liedes *Nin-me-šara* fest,[7] das sich selbst in Zeile 99 für šir *kug̃akeš*, „ein schicksalbestimmendes Lied" beschreibt.[8] Sie ist zudem der Auffassung, dass die šu'ila Gebete ebenfalls dazu dienen, mit der Unvorhersagbarkeit der Zukunft zurechtzukommen[9] und weist auf die präventive Funktion in den Klagefeiern aus der Ur III-Zeit hin: „Weinen und Klagen sind auch hier funktionalisiert, sind ein Mittel, den Gotteszorn zu beruhigen /.../."[10] In Mesopotamien scheinen solche apotropäischen Riten sehr verbreitet gewesen zu sein.

Sich auf die Forschungsarbeiten von Stefan M. Maul und Annette Zgoll stützend, insbesondere auf jene, die auf den *Namburbi*-Texten basieren, interpretierte Oswald Loretz[11] persönliche Klagepsalmen als Beispiele für den sogenannten „*rîb*-Pattern", das *rîb*-Muster. Seiner Auffassung nach gab

---

[6] Stefan M. Maul: „Zukunftsbewältigung. Eine Untersuchung altorientalischen Denkens anhand der babylonisch-assyrischen Löserituale (*Namburbi*)", *Baghdader Forschungen 18*, Mainz am Rhein, 1994, S. 225; vgl. auch Maul, a. a. O. (Fussnote 5), S. 129.

[7] Annette Zgoll: „Der Rechtsfall der En-hedu-Ana im Lied Nin-me-šara", *Alter Orient und Altes Testament 246*, Münster, 1997, S. 116, vgl. S. 435: „Die Funktion des Textes *NMS* ist also nicht Prophylaxe gegen den göttlichen Zorn, vielmehr Erregung und Kanalisierung dieser Zornesmacht."

[8] Ebd., S. 137.

[9] Vgl. Anette Zgoll: „Die Kunst des Betens. Form und Funktion, Theologie und Psychagogik in babylonisch-assyrischen Handerhebungsgebeten an Ištar", *Alter Orient und Altes Testament 308*, Münster, 2003, S. 268: „Diesem Gebet [Ištar 1 – *U.N.*] liegt die allgemeine Erkenntnis eigener Machtlosigkeit und Verwiesenheit auf die Gottheit zugrunde. [...] Beten heisst gegenüber der Zukunft, sich vorzusehen vor dem Unvorhersehbaren, ist ein Versuch, die Zukunft zu terminieren."

[10] Zgoll, a. a. O. (Fussnote 7), S. 116, Fussnote 486. Vgl. Maul, a. a. O. (Fussnote 4), S. 27.

[11] Oswald Loretz: „Psalmstudien. Kolometrie, Strophik und Theologie ausgewählter Psalmen", *Beihefte zur Zeitschrift für die alttestamentliche Wissenschaft 309*, Berlin, New York, 2002, S. 131-170; und Oswald Loretz: „Götter – Ahnen – Könige als gerechte Richter. Der ‚Rechtsfall' des Menschen vor Gott nach altorientalischen und biblischen Texten", *Alter Orient und Altes Testament 290*, Münster, 2003, S. 9-210.

es ein gerichtliches Verfahren zwischen dem oder der Klagenden und dem Omenanzeiger, mit einem Orakel von einer bedeutenden Gottheit wie zum Beispiel dem Sonnengott, das von rituellen, präventiven Massnahmen gegen Not und gegen den Omenanzeiger begleitet war. Im Alten Orient erforderte ein schlechtes Omen schnelles Handeln, da die durch das Omen markierte Person vom Schutz der Gottheit ausgeschlossen war oder da die Gottheit sich sogar selbst gegen sie wandte.

Die Möglichkeiten, solche Behauptungen wie die von Loretz aufgestellten zu beweisen, sind nur begrenzt, da die Textgrundlage zu gering ist, um endgültige Schlussfolgerungen zu erlauben.[12] Eine weitere Beobachtung Stefan M. Mauls hilft uns, einen Schritt weiter zu kommen. Er bearbeitete ein Fragment des babylonischen Kultkalenders aus dem Sonnenheiligtum in Sippar (BM 50503 (82-3-23, 1494)) samt Angaben zu den vorgetragenen Liedern und Gebeten, darunter die Klagelieder.[13] Der Kontext des Kultkalenders unterstreicht die regelmässige Verwendung der Klagelieder im Kultus, und nach Auffassung von Erhard S. Gerstenberger sollte dieser Art der „Analogie der in ausführliche rituelle Vorschriften eingebetteten babylonischen Beschwörungsgebete" durchaus Beachtung geschenkt werden.[14] Zwar treffen Nöte die Menschen selten regelmässig, doch die Klagelieder hatten noch weitere Funktionen. Wahrscheinlich handelte es sich dabei einerseits um eine Art vorbeugende Massnahme, andererseits ging es aber auch um existenzielle Zuversicht. Es ist kein Zufall, dass das Klagelied an den Sonnengott Šamaš dominiert; Maul erklärt das damit, dass der Aufgang der Sonne aus der Unterwelt nach der Meinung altorientalischer Menschen ein universelles Ereignis darstelle, für das man besonders gebetet habe.[15] Wenn wir die Tatsache mit einbeziehen, dass der Morgen den Augenblick der Überwindung von Chaos und Gefahr bedeutete, können wir verstehen, dass der Sonnenaufgang auch der Augenblick war, der den Menschen das Vertrauen für den ganzen folgenden Tag gab.[16]

---

[12] Vgl. William S. Morrow: „Protest Against God. The Eclipse of a Biblical Tradition", *Hebrew Bible Monographs 4*, Sheffield, 2007, S. 47-48.

[13] Stefan M. Maul: „Gottesdienst im Sonnenheiligtum zu Sippar", in: Barbara Böck et al (Hg.): „Munuscula Mesopotamica. Festschrift für Johannes Renger", *Alter Orient und Altes Testament 267*, Münster, S. 285-316, insbesondere S. 309-311. Ich danke Dr. Amar Annus dafür, dass er mich auf diesen Artikel hingewiesen hat.

[14] Erhard S. Gerstenberger: „Modes of Communication with the Divine in the Hebrew Psalter", in: C. L. Crouch et al (Hg.): „Mediating Between Heaven and Earth. Communication with the Divine in the Ancient Near East", *Library of Hebrew Bible/Old Testament Studies 566*, London/New York, 2012, S. 93-113, hier S. 95, Fussnote 7.

[15] Maul, a. a. O. (Fussnote 13), S. 310.

[16] Vgl. insbesondere Bernd Janowski: „Rettungsgewissheit und Epiphanie des Heils. Das Motiv der Hilfe Gottes ‚am Morgen' im Alten Orient und im Alten Testament",

Die Tür zu einer anderen hermeneutischen Perspektive kann somit aufgestossen werden: Worum es hier geht, ist nicht akute Not, sondern potentielle Not, gegen die vorsorgende Massnahmen getroffen werden sollten. Unter Berücksichtigung der vorstehenden Betrachtungen zu den Klagepsalmen, der Hiobliteratur und der mesopotamischen Klageliteratur ist es wahrscheinlich, das Not als etwas galt und betrachtet wird, das das menschliche Leben ständig bedroht. Die Not galt als eines der existenziellen Probleme. Die in den Klagepsalmen thematisierte Not erwächst aus einer unmittelbaren Gefahr für Leib und Leben. Maul sagt dazu folgendes:

> Die psychologische Wirkung, die die Vorhersage der Zukunft auf jene hatte, die gläubig waren, darf keinesfalls unterschätzt werden: Eine diffuse Besorgnis in Anbetracht der Bedrohungen einer ungewissen Zukunft, wobei der Mensch schlimmstenfalls von der Gnade jeder nur denkbaren chaotischer Kraft abhängig ist, wich einer begrenzten Furcht vor einer bekannten und somit nachvollziehbaren Gefahr. Eine solche Gefahr ist kontrollierbar, da sie sich auf konkrete, vertraute, möglicherweise sogar bereits erlebte Ereignisse bezieht.[17]

Für alte Religionen war das Ritual – in vielen Fällen handelte es sich dabei um einen apotropäischen Ritus – ein offensichtlicher Weg, mit existenzieller Angst umzugehen. Diese Riten benötigten Texte, und die Klagepsalmen boten sich für ähnliche, in Israel beheimatete Riten, sicherlich an. Der alternative Weg ist ein Drama, eine provokante Darstellung einer Notsituation, durch die die Personen, die daran entweder als Darstellende oder als unmittelbares Publikum beteiligt sind, eine Notsituation erleben und diese bewusst oder unbewusst reflektieren. Diese Reflexion ist für das Leben eines Menschen und den Umgang mit einer realen Notsituation von unschätzbarem Wert. Allgemein haben diese Riten einen gewissen stabilisierenden Effekt für die Gesellschaft.[18]

Wichtig an diesem Punkt sind das Vertrauensbekenntnis und Lob, die beide im zweiten Teil der hebräischen Klagepsalmen oft durch hymnische Formulierungen zum Ausdruck kommen. Nachdem sie die dramatisch dargestellte Situation der Not oder die Zeremonie des Rituals erlebt haben,

---

Band I: „Alter Orient". *Wissenschaftliche Monographien zum Alten und Neuen Testament 59,* Neukirchen-Vluyn, 1989, S. 184: „Die Welt ist nach alttestamentlicher Auffassung nicht eine Welt prästabilierter Harmonie, sondern eine Welt, die besonders in der Nacht, aber auch in den kritischen Lebensmomenten wie Krankheit, Feindbedrängnis, Rechtsnot und Todesgeschick ins Chaos zurücksinken kann, die aber jeden Morgen von Jahwes Schöpferwirken neu gefestigt wird."

[17] Maul, a. a. O. (Fussnote 5), S. 123.

[18] Vgl. wiederum mit *Namburbi*-Ritualen, siehe Fussnote 6 oben.

verlassen die Teilnehmenden die Sphäre der Furcht. Vielleicht kann es mit dem tönernen Bild des Vorboten verglichen werden, dass in den *Namburbi*-Ritualen vorkommt:

> Die Furcht wird in einem konkreten Gegenstand verkörpert, mit dem man sich auseinandersetzen und den man als Gegner behandeln kann, während man gleichzeitig die göttliche Entscheidung, ein negatives Schicksal zugeteilt bekommen zu haben, respektiert. /.../ Der Vorbote seinerseits musste jedoch verurteilt und schliesslich zerstört werden.[19]

Jene, die an den Ritualen teilnehmen, erfahren eine besondere Vertrautheit mit Gott. Vertrauen und Lob stärken die existenzielle Zuversicht. Es ist einleuchtend, dass die Vergangenheitsform verwendet wird, wenn von Not gesprochen und die Tatsache bekräftigt wird, dass man in Klagepsalmen von Gott erhört wird. In Psalm 3,6-7 heisst es:

> Ich, ich lag und schlief,
> und ich erwachte, denn Jhwh hält mich.
> Ich fürchte mich nicht vor Tausenden im Volke,
> die sich ringsum wider mich legen.[20]

DAS ZEITALTER DES ZWEITEN TEMPELS

Die Entwicklung der Klagepsalmen über einen Zeitraum von vielen hundert Jahren sowie der wechselnde historisch-religiöse Kontext legen nahe, dass die Klagepsalmen nicht immer in gleicher Weise zum Einsatz kamen. Wir dürfen nicht vergessen, dass viele Klagepsalmen bei der Beschreibung von Not nicht präzise genug sind und es uns daher nicht möglich ist, ihren genauen Kontext zu rekonstruieren. Manchmal ist die Beschreibung zu allgemein, oder es werden zahlreiche ganz unterschiedliche Schicksalsschläge erwähnt. Es ist nicht möglich, die dem Text zugrunde liegende Situation zu visualisieren.

---

[19] Maul, a. a. O. (Fussnote 5), S. 125-126.
[20] Übersetzung des Verfassers, die sich teilweise auf die Luther-Bibel stützt. Vgl. Maul, a. a.O. (Fussnote 13), S. 310. „In dem regelmässigen Götterkult in Sippar ist freilich nicht die Angst vor einem realen Feind vorherrschend. Vielmehr steht die dunkle, fast archetypisch zu nennende Furcht im Vordergrund, dass der Gott, der schützend seine Hand über das Gemeinwesen legt, die ihm anvertrauten Menschen auf immer verlassen könne."

Darüber hinaus hat die Psalmenforschung der letzten Jahrzehnte, beginnend mit Fritz Stolz, das nachkultische Milieu einiger oder sogar der meisten Psalmen herausgearbeitet.[21] Ungeachtet der Diskussionen und in Anbetracht der Komplexität der Rekonstruktionen[22] wurden viele der frühen Klagelieder umgearbeitet und an einen neuen Kontext angepasst. Es ist nicht ausgeschlossen, dass die Rezitation solcher umgearbeiteter Psalmen von dem ein oder anderen Ritual begleitet wurde, doch entscheidend ist das neue Phänomen wiederholter Beschreibungen von Notsituation im Rahmen ein und desselben Psalms, das Phänomen pessimistischer Psalmen mit dem nur zögerlichen Ausdruck von Gotteslob (z. B. Psalm 39) und das Phänomen der „Klage"-Psalmen, bei denen traditionelle Elemente in einer unkonventionellen Reihenfolge zum Einsatz kommen.

Diese Beobachtungen lassen auf einen anderen Kontext und eine andere Haltung im Zusammenhang mit der Not schliessen. Psalm 22, der aus einer formkritischen Perspektive intensiv untersucht worden ist, ist ein gutes Beispiel für diese Art von Text. Er besteht aus mehreren Teilen, die nicht aus einer Hand stammen, und wahrscheinlich stammt auch keiner davon aus der vorexilischen Zeit. Der zweite Teil, der manchmal als Psalm 22B bezeichnet wird,[23] ist jünger als der erste Teil.[24] Die erste Hälfte des

---

[21] Fritz Stolz: „Psalmen im nachkultischen Raum", *Theologische Studien 129*, Zürich, 1983.

[22] Vgl. z. B. Erhard S. Gerstenberger: „Psalms, Part 1 with an Introduction to Cultic Poetry", *The Forms of the Old Testament Literature 14*, Grand Rapids, 1988, S. 9-21, und Katherine J. Dell: „‚I Will Solve My Riddle to the Music of the Lyre' (Psalm XLIX 4 [5]): A Cultic Setting for Wisdom Psalms?", in: *Vetus Testamentum 54/2004*, S. 445-458.

[23] So Bernhard Duhm: „Die Psalmen", *Kurzer Hand-Kommentar zum Alten Testament 14*, Freiburg i. B., 1899, S. 68ff und andere. Es ist nicht ausgeschlossen, dass anstatt der Verse 23ff. ursprünglich eine Art hymnischer Text existierte, der jedoch nicht mehr rekonstruiert werden kann.

[24] Bezüglich der Entstehungszeit von Psalm 22A siehe Hermann Gunkel: „Die Psalmen", 5. Auflage [Nachdr. 1926], Göttingen, 1968, S. 95; Hartmut Gese: „Psalm 22 und das Neue Testament. Der älteste Bericht vom Tode Jesu und die Entstehung des Herrenmahles", in: *Zeitschrift für Theologie und Kirche 65/1968*, S. 1-22, hier: S. 13, Fussnote 24; Fritz Stolz: „Psalm 22: Alttestamentliches Reden vom Menschen und neutestamentliches Reden von Jesus", in: *Zeitschrift für Theologie und Kirche 77/1980*, S. 129-148, hier: S. 133; Marko Marttila: „Collective Reinterpretation in the Psalms. A Study of the Redaction History of the Psalter", *Forschungen zum Alten Testament II 3*, Tübingen 2006, S. 85ff. Eine Zuordnung zur vorexilischen Zeit oder zumindest die Überzeugung, dass diese Zeit einen starken Einfluss hatte, ist unter Wissenschaftlern jedoch auch sehr populär; siehe Herrmann Spieckermann: „Heilsgegenwart. Eine Theologie der Psalmen", *Forschungen zur Religion und Literatur des Alten und Neuen Testaments 148*, Göttingen, 1989, S. 252; Fredrik Lindström: „Suffering and Sin. Interpretations of

Psalms hat wahrscheinlich eine Zeit lang als unabhängiger Text existiert, kann jedoch seinerseits in einen früheren Psalm und seine Erweiterung unterteilt werden. Der Text kann folgendermassen rekonstruiert werden:[25]

2   Mein Gott, mein Gott, warum hast du mich verlassen?
     Fern von meiner Rettung sind die Worte meines Schreiens.

3   Mein Gott, ich rufe am Tag, aber du antwortest nicht,
     in der Nacht, aber es gibt keine Ruhe für mich.

4   Aber du, der Heilige, du thronst
     über den Lobgesängen Israels.[26]

5   Auf dich hofften unsere Väter,
     hofften – und du halfest ihnen;

6   zu dir schrien sie – sie wurden errettet,
     sie hofften auf dich – wurden nicht zuschanden.

7   Aber ich, ich bin ein Wurm und kein Mensch,
     ein Spott der Leute, eine Verachtung des Volkes.

8   Alle, die mich sehen, verspotten mich,
     öffnen die Lippe, schütteln den Kopf:

9   „Er hat alles auf Jhwh gewälzt[27], er helfe ihm,
     rette ihn, denn er hat Gefallen an ihm!"

10   Ja du, du hast mich aus dem Leibe gezogen,
     aus meiner Sicherheit[28], von der Brust meine Mutter;

11   auf dich bin ich geworfen von Mutterleib an,
     von meiner Mutter Schoss an bist du mein Gott.

12   Sei nicht ferne von mir,
     denn die Not ist nahe,
     – denn kein Helfer ist da.

13   Mich umgeben gewaltige Stiere,
     mächtige (Büffel) Baschans umringen mich;

14   sie sperren ihren Rachen gegen mich auf,

Illness in the Individual Complaint Psalms", *Coniectanea Biblica, Old Testament Series 37*, Stockholm, 1994, S. 77; Frank-Lothar Hossfeld in Hossfeld und Erich Zenger: „Die Psalmen I. Psalm 1-50", *Die Neue Echter Bibel 29*, Würzburg, 1993, S. 145. Bezüglich Psalm 22B ist die Mehrheit der Forscher der Auffassung, dass er aus der hellenistischen Zeit stammt.

[25] Bei der Übersetzung ins Deutsche sind viele deutschsprachige Psalmenkommentare hilfreich gewesen.

[26] Es ist nicht sicher, ob der Vers vollständig ist; vgl. besonders Duhm, a. a. O., (Fussnote 23), S. 68f. Gunkel: ebd., S. 95.

[27] Der Imperativ ist in Perfekt geändert; so eine Anzahl von Kommentatoren.

[28] Alte Übersetzungen und die Fragmente aus Kairoer Geniza setzen diese Änderung voraus (BHS).

[wie][29] ein Löwe, der brüllt und reisst.

15 Wie Wasser bin ich ausgeschüttet,
   alle meine Knochen haben sich gelöst;
   mein Herz ist wie das Wachs,
   es ist zerschmolzen in meinem Leibe;

16 mein Mund[30] ist vertrocknet wie eine Scherbe,
   meine Zunge klebt mir an Gaumen.

17 Ja, die Hunde umgeben mich,
   der Bösen Rotte umringt mich;

17b sie binden[31] meine Hände und Füsse,

[16b sie legen[32] mich in des Todes Staub.][33]

18 Ich kann alle meine Knochen zählen,
   sie aber, sie schauen zu und sehen auf mich,

19 sie teilen meine Kleider unter sich,
   und werfen das Los um mein Gewand.

20 Aber du, Jhwh, sei nicht fern;
   meine Stärke, eile, mir zu helfen;

21 errette meine Seele vom Schwert,
   mein Letztes von den Hunden!

22 Hilf mir vor dem Rachen des Löwen,
   und vor den Hörnern wilder Stiere – du antwortest mir!

Zwei Schichten weichen in ihrer poetischen Form und ihrem Inhalt leicht voneinander ab. Vier Strophen (V. 2-12, 20-22) meist bestehend aus drei Bikola (V. 4-6, 7-9, 10-12a;[34] 20-22), mit einer Anakrusis am Anfang (siehe Unterstreichungen), bilden den früheren Psalm. Zahlreiche Schlüsselwörter, die wiederholt verwendet werden, unterstützen diese Rekonstruktion der älteren Schicht. Ihr Ziel ist die Klage und Bitte gewesen, aber es fällt auf, dass Strophen mit Klage (V. 2-3, 7-9) zweimal mit Strophen, die Vertrau-

---

[29] Die Präposition „wie" ist hinzugefügt (BHS).

[30] Das Wort „meine Kraft" ist geändert in „mein Mund"; so die Mehrheit der Forscher.

[31] Vgl. Hans-Joachim Kraus: „Psalmen. 1. Teilband. Psalmen 1-59", 7. Auflage, *Biblischer Kommentar zum Alten Testament 15/1*, Neukirchen-Vluyn, 2003, S. 323.

[32] Das Subjekt ist geändert; vgl. Duhm, a. a. O., (Fussnote 23), S. 71; Stolz: „Psalm 22", a. a. O. (Fussnote 24), S. 130.

[33] Wenn auch die Umstellung der Kola manchmal spekulativ ist, fordern V. 16-17 eine Lösung in diese Richtung, wobei hier mit dem Parallelismus gerechnet wird; vgl. besonders Duhm, a. a. O. (Fussnote 23), S. 70f. Viele erwägen die Möglichkeit von Glossen; vgl. besonders Spieckermann, a. a. O. (Fussnote 24), S. 240.

[34] Aus verschiedenen Gründen gehört das dritte Kolon zur jüngeren Schicht oder ist eine Glosse; siehe Klaus Seybold: „Die Psalmen", *Handbuch zum Alten Testament 1/15*, Tübingen, 1996, S. 96; Marttila, a. a. O. (Fussnote 24), S. 85ff.

ensäusserungen enthalten, wechseln (V. 4-6, 10-11), und dass ein Hymnus am Ende fehlt bzw. nicht rekonstruierbar ist. Stattdessen steht am Ende pointiert ein Ausruf: cănîtānî „du antworte mir!"[35]

Bei der Erweiterung in V. 13-19 handelt es sich um einen längeren Kommentar und eine Beschreibung von „Not", ṣārā, in V. 12, die in vier kürzeren Strophen gestaltet ist (V. 13-14, 15-16a, 17+16b, 18-19). Der ganz eigene Charakter dieses Abschnitts zeigt sich durch eine Reihe von Schlüsselwörtern (insbesondere in V. 13a·, 15a·, 17a·, 18a), durch die umgekehrte Darstellung von Katastrophen (Stiere, Löwen, Hunde, Feinde) aus der älteren Schicht, sowie durch zahlreiche Klangfiguren. Die Häufung verschiedener Nöte wirft die Frage auf, ob all diese Elemente aus einer akuten Notsituation stammen können. Es scheint sich eher um einen längeren Zeitraum der Not zu handeln. Und dauerhafte Not führt zum Grundproblem der Distanz zu Gott, siehe insbesondere V. 20. Dabei scheint es sich um ein sehr bedeutendes Thema aus dem Zeitalter des Zweiten Tempels zu handeln, zumal zum Beispiel die Entstehung vieler Psalmen und die Popularität der ständigen Bearbeitung und Erweiterung des Buches Hiob ansonsten keine Erklärung fänden. Somit zeichnet sich die Klage aus dem Zeitalter des Zweiten Tempels besonders durch die Darstellung des Problems dauerhafter Not aus.[36] Die Not ist akut und unendlich.

Man kann spekulieren, dass der Hintergrund der Klagepsalmen aus dem Zeitalter des Zweiten Tempels in einer damals schwierigen sozioökonomischen Situation zu finden ist, oder dass eine schwere Krise eine deutliche Verschiebung in der Psalmen- (und Weisheits-)literatur begünstigte. Es ist möglich, dass es zum wirtschaftlichen Niedergang vieler ehrwürdiger, gebildeter Leute kam,[37] und gleichzeitig zu einer immer stärker werdenden Opposition religiöser Vorstellungen und Gruppen innerhalb der jüdischen Gesellschaft. Wahrscheinlicher ist jedoch eine andere soziale Veränderung: Wenn der Kontext der vorexilischen Psalmen der Tempel und der Hof einschliesslich der dort vorherrschenden Ideen und Probleme war, so schloss der Kontext der nachexilischen Psalmen den Hof sicherlich aus. Der Tempel spielte zwar nach wie vor in einigen Psalmen eine Rolle, jedoch längst nicht in allen. In erster Linie geht es um die Perspektive armer und bedürftiger – sowie tief religiöser – Menschen. Dauerhafte Not ist hier ganz klar von grösserer Bedeutung als ein akutes Unglück.

---

[35] Optativisch verstanden; so mündlich Otto Kaiser im privaten Gespräch.

[36] Bezüglich Psalm 22 insbesondere betont von Stolz, a. a. O. (Fussnote 21), S. 137.

[37] Vgl. das Vorhandensein vieler „Armer" und „Bedürftiger" in den Psalmen, auch in Psalm 22. Vgl. Hossfeld, a. a. O. (Fussnote 24), S. 145, und vgl. Johannes Un-Sok Ro: „Socio-Economic Context of Post-Exilic Community and Literacy", in: *Zeitschrift für die alttestamentliche Wissenschaft 120/2008*, S. 519-617.

Das führt uns zu der Frage, wie man mit dem nicht enden wollenden Leiden in diesem Psalmen fertig wird? In Psalm 22 behalten die Vertrauensbekenntnisse in den Versen 4-6 und 10-11 ihre Position am Anfang des Psalms, bevor die längere Beschreibung der Katastrophen beginnt. Damit wird die Tradition älterer Klagepsalmen fortgeführt. Zudem wird hier Jahwe angesprochen, und kein anderer Gott; der Text wendet sich sogar auf sehr persönliche Weise an ihn, in dem Gott zweimal mit *'attā*, „du", angesprochen wird (V. 4, 10). Nur dieser Gott und niemand sonst dominiert die Welt und beeinflusst menschliche Schicksale, selbst dann, wenn er vom Bittenden unerträglich fern ist. Durch dieses Vorgehen spielt es bald keine Rolle mehr, ob es sich um eine akute Notsituation handelt oder nicht. Viel wichtiger sind eine vertrauensvolle Beziehung zu Gott und die Einstellung des Einzelnen zur eigenen Notsituation. Resignation ist sicherlich nicht das Idealbild, um das es geht, sondern Frieden im Vertrauen. Kontakt zum höchsten Gott, ein Dialog mit Gott ist möglich.

Die am geeignetsten erscheinende Massnahme, die Beziehung eines Menschen zu Gott zu definieren, ist das Lob Gottes – ganz gleich, ob in einer Notsituation oder nicht. Die Gattung des Klagepsalms legt diese Haltung nahe. Viele Hymnen und ihre Fragmente, die aus der Königszeit stammen, sowie das kurze Lob am Ende von Klagepsalmen, das bereits zu den ältesten Schichten gehörte, sind Elemente von entscheidender Bedeutung. Sie spielen sowohl in hebräischen als auch in mesopotamischen Klagetexten eine wichtige Rolle.[38] In der späteren Entwicklung der Gattung der Klagetexte wird der Aspekt des Lobs sogar noch wichtiger – Not wird zwar nicht eliminiert, doch sie wird durch Lob überwunden. Gemeinsam mit der Zunahme von Beschreibungen von Notsituationen und Vergänglichkeitsklagen in hebräischen Psalmen wachsen die hymnischen Teile ebenfalls, sogar oft in ein und demselben Text. Der im Vorangegangenen beispielhaft dargelegte Psalm 22 stellt einen typischen Fall dar. Einige Zeit nach der Erweiterung des Psalms um die in den Versen 13–19 dargestellten Miseren und während des Zeitalters des Zweiten Tempels wurde das Ende des Psalms verlängert, und zwar genau an der Stelle, wo in der Regel Lob erwartet wurde. Vermutlich wurden in zwei oder drei Schritten die kollektiven und universellen hymnischen Verse 23-32 hinzugefügt.

Diese Art der Verschmelzung von Klage und Lob, begünstigt durch das Erstarken zweier Extreme – Klagen über die Vergänglichkeit und universelle Hymnen – kann besonders gut anhand der Beobachtungen zur literarischen

---

[38] Siehe die Beobachtungen zur literarischen Entwicklung der akkadischen Versionen des sich an Ištar richtenden Gebets von Anna Elise Zernecke: „How to Approach a Deity: The Growth of a Prayer Addressed to Ištar", in: Crouch et al, a. a. O. (Fussnote 14), S. 124-143.

Entwicklung des Buches Hiob aufgezeigt werden. Es ist jedoch zu beachten, dass, während der ursprüngliche Hiobdialog den Reden Hiobs mit einem hohen Anteil an Klageelementen (z. B. Hiob 3) die Reden Jahwes mit ihrem hymnischen Tenor (38-39) scharf gegenüberstellte, im Laufe der Redaktionsgeschichte des Buches grosse Teile der Hymnen in den Hiobreden (z. B. 12,7-13,2; 26; 28) den Dialog merklich veränderten. Was in den Studien zum Buch Hiob unterschätzt worden ist, sind die später hinzugefügten Teile, die die vergängliche Natur des menschlichen Lebens unterstreichen.[39] Diese Passagen können durchaus, ebenso wie die Niedrigkeitsredaktion, auf die jüngsten redaktionellen Veränderungen zurückzuführen sein, so z. B. im Fall von 4,12-21, 40,3-5 und 42,1-6.[40] Des Weiteren können einige Psalmen als repräsentativ für ähnliche Bewegungen in der Psalmenliteratur betrachtet werden, die ebenfalls mit umfassendem Lob in benachbarten Psalmen einhergehen. Insbesondere gilt dies für Psalm 90, der die Einführung zum Vierten Buch der Psalmen bildet (Ps 90-106). Durch besondere Betonung der Vergänglichkeit aller Menschen ist der Psalm für das gesamte Psalmenbuch exemplarisch. Dennoch bestehen die folgenden sechzehn Psalmen fast vollständig aus Hymnen. Darunter sind solche bekannten Loblieder wie zum Beispiel Psalm 99, einschliesslich der dreifachen Formel der Heiligkeit (V. 3, 5, 9), und Psalm 104, bei dem es sich um den wahrscheinlich schönsten Hymnus der göttlichen Schöpfung in der Bibel handelt.

SCHLUSSFOLGERUNGEN

Lob und Klage gehören zu den ältesten kultischen Phänomenen und Literaturgattungen im Alten Orient und in der Bibel. Zudem existieren sie bereits seit frühester Zeit nebeneinander. Bei der Untersuchung der Beziehung zwischen Lob und Klage in den hebräischen Psalmen führen einige kritische Fragen zum Kontext der vorexilischen Klagepsalmen sowie Betrachtungen zur späteren Entwicklung der Lob- und Klageelemente im Psalter zu Schlussfolgerungen, das Lesen von Psalmen auch heutzutage betreffen können.

---

[39] In Hiob 7 und 14 gibt es zum Beispiel lange Passagen zur Vergänglichkeit, deren Ton, verglichen mit dem in den Reden Hiobs normalerweise vorherrschenden Ton jedoch leicht verändert ist. Es ist durchaus möglich, dass es sich hierbei um spätere Hinzufügungen handelt.

[40] Vgl. insbesondere Jürgen van Oorschot: „Die Entstehung des Hiobbuches", in: Thomas Krüger et al (Hg.): „Das Buch Hiob und seine Interpretation. Beiträge zum Hiob-Symposium auf dem Monte Verità vom 14.-19. August 2005", *Abhandlungen zur Theologie des Alten und Neuen Testaments 88*, Zürich, 2007, S. 165-184.

Unter Berücksichtigung der Einblicke in die mesopotamische Literatur, die wir bis heute gewonnen haben, öffnen die kritischen Fragen, die vorstehend hinsichtlich des Kontextes der Klagepsalmen aus der Zeit der israelitischen und judäischen Monarchien gestellt wurden, eine Tür, die uns zu einem Verständnis der Klagepsalmen in eher existenzieller Weise führt. Not im Allgemeinen, die Furcht, von Gott verlassen zu werden, die Überwindung dieser Furcht, die Vorbeugung gegen Unheil (nicht verstanden als Teil von Magie) und das Vorbereitet Sein auf akute Notsituationen sind die Aspekte, die neben dem Einsatz von Klagepsalmen in akuten Notsituationen in Betracht gezogen werden sollten.[41] In jedem Falle ist aber Lob am Ende des Klagepsalms eine adäquate Antwort auf Not und auf existenzielle Probleme. Dem Wesen der Bibel entsprechend ist die Lösung natürlich theologischer Art: Existenzielle Probleme im Allgemeinen können nur durch eine gewisse Beziehung zu Gott gelöst werden. Im Alten Testament sind dies die vertrauensvolle Beziehung zu Gott und die Hoffnung, die daraus erwächst. Es gibt keine andere Option als den einzigen Gott, da Jahwe der Schöpfer ist, der einzige, der sich qualitativ von seinen Geschöpfen unterscheidet und der somit die einzig mögliche stabile Grundlage des Vertrauens und der Hoffnung bildet.

Bezüglich der Entwicklung der Klagepsalmen kann man zu dem Schluss kommen, dass die Beschreibungen von Miseren länger wurden und sich mit Klagen über die Vergänglichkeit mischten, was eine Betonung permanenter Not nahe legt. Auf der anderen Seite nahm das Lob gleichzeitig an Bedeutung zu. Die menschliche Existenz zwischen Lob und Klage wird in den Psalmen des Alten Testaments also in Worten erfahrbar. Die Beziehung des Einzelnen zu Gott ist bereits in den traditionellen Formen der Klagepsalmen dichotomisch und nimmt in späteren Zeiten an Ambivalenz zu. Diese Ambivalenz ist kein Paradoxon, das mental gelöst werden kann, sondern sie muss durchlebt werden. Im Neuen Testament und im Christentum wird die Existenz zwischen Lob und Klage aufs neue erfahren – für Christus wird Not, die ebenso akut wie existenziell ist, im Tod auf die Spitze getrieben und durch die Auferstehung überwunden. In den Evangelien dient das Bild der Not aus Psalm 22 explizit als Vorbild (siehe insbesondere Mk 15,24.29-30.34.39 und Parallelstellen, oder Mt 27,43-44, oder Lk 23,35) für die Beschreibung der Leiden Christi und seines Todes am Kreuz. Ebenso wie die Apostelbriefe berücksichtigen sie das Lob am Ende des Psalms (siehe Mt 27,51-54; 28,17-20).[42] Nach der Klage kommt das Lob.

Im Hinblick auf die lutherische Hermeneutik in der heutigen Zeit könnte diese Spannung zwischen Klage und Lob in den Klagepsalmen

---

[41] Vgl. Andrea Bieler in diesem Band.
[42] Vgl. Anni Hentschel in diesem Band.

und in längeren Psalmenkompositionen ernst genommen werden. Der starken Dichotomie selbst könnte mehr Raum gegeben werden, indem sie in Predigten, Lesungen von Psalmentexten oder im Rahmen der Exegesen hervorgehoben wird, ganz gleich, ob dies im akademischen Kontext geschieht oder nicht. Durch das Wissen um die Bedeutung des Ringens mit der Angst in Israel und im Alten Orient kann das Verständnis des menschlichen Daseins vertieft werden. Der nächste Schritt, die Antwort Gottes auf die tiefen existenziellen Probleme durch Christus, kann so auf verantwortliche und anregende Weise vorbereitet werden. Der Schwerpunkt unserer vorstehenden Folgerungen liegt auf der Bedeutung der Dichotomie von Klage und Lob in alten Riten – im wahrsten Sinne des Wortes auf dem Durchleben der Furcht, die einhergeht mit dem Aufkeimen von Hoffnung und Lob, unterstützt durch die Interdependenz des Wortes und der rituellen Handlung. Das Spannungspotenzial zwischen Lob und Klage wird uns also bewusst, wenn beides auf eine Weise gelebt wird, die Gottesdienstbesucherinnen und -besucher sowohl geistig als auch physisch miteinbezieht.[43]

Insbesondere in unserer globalisierten Welt mit all ihren Herausforderungen und dem intensiven Austausch von Erfahrungen drängen sich universelle Modelle geradezu auf, mithilfe derer solche existenziellen Probleme wie in den Klagepsalmen angegangen werden können und mithilfe derer gleichzeitig in den hymnischen Teilen der universelle Gott gelobt werden kann. Lutheranerinnen und Lutheraner in der ganzen Welt sind aufgefordert, die Klagepsalmen gemeinsam in Glück oder in Not zu lesen und im wahrsten Sinne des Wortes zu erfahren.

---

[43] Ein einfaches Beispiel genügt: Beim Lesen von Klagepsalmen, sei es gemeinsam oder allein, reicht bereits eine längere Pause, die den Übergang von der Klage zum Lob kennzeichnet, als Anregung aus. Siehe auch die Bedeutung und Funktion der Pause in der Musik von Arvo Pärt.

Die Rachepsalmen als rechtskritisches Phänomen: Das Problem der Feinde in Luthers Psalmenexegese

Roger Marcel Wanke

Der Glaube an Jesus Christus war für Luther trotz seiner Zweifel und Unsicherheiten stets eine Motivation, aus den vorherrschenden Paradigmen auszubrechen. Er widersetzte sich den Fehlentwicklungen in der Kirche seiner Zeit und vermittelte dem einfachen Volk und dem Adel durch die Transformation des Evangeliums Jesu Christi die Erkenntnis von der Einzigartigkeit des Wortes Gottes und von der erlösenden Gnade und Rechtfertigung durch den Glauben allein. Damit fand er den richtigen Ton für die protestantische Reformation und die richtige Form für eine durch und durch evangelische Kirche.[1]

Luthers Interesse für die Psalmen insbesondere zu Beginn seiner beruflichen Laufbahn führte ihn zum Brief an die Römer und von da zur Wiederentdeckung des Evangeliums und zur Reformation. Wissenschaftler sind sich darüber einig, dass kein alttestamentliches Buch in der Christenheit so intensiv gelesen, benutzt und kommentiert worden ist wie dieses.[2]

---

[1] Roger Marcel Wanke: „Lutero – Reforma: 500 anos – Biografia", in: *JOREV*, Jahr 41, Jan./Feb. 2012 Nr. 747, S. 8-9.

[2] Vgl. Erich Zenger: „Das Buch der Psalmen", in Erich Zenger et al (Hg.): „Einleitung in das Alte Testament", Stuttgart, 2006, S. 348-370; Hans Jochen Boecker: „Das Lob des Schöpfers in den Psalmen", Neukirchen-Vluyn, 2008, S. 10; Siegfried Kreuzer: „Die Psalmen in Geschichte und Gegenwart. Aspekte der Erforschung und der Bedeutung der Psalmen", in: Thomas Wagner, Dieter Vieweger und Kurt Erlemann (Hg.): „Kontexte. Biografische und forschungsgeschichtliche Schnittpunkte der alttestamentlichen Wissenschaft. Festschrift für Hans Jochen Boecker zum 80. Geburtstag", Neukirchen-Vluyn, 2008, S. 327-348, insbesondere S. 327-328.

In der vorliegenden Abhandlung werde ich zunächst auf die Hermeneutik der so genannten Rachepsalmen eingehen, die Teil des Psalters sind. Wie sind sie zu versehen? Warum befinden sie sich im Psalter? Anschliessend werde ich die Rachepsalmen im Rahmen eines Phänomens erläutern, das ich als rechtskritisches Phänomen bezeichne. Wie gelingt es dem Psalmenbeter, selbst dann unerschütterlich *coram Deo* zu bleiben, wenn Gottes Gerechtigkeit über die Feinde ausbleibt? In einem dritten Schritt werde ich anhand einiger ausgewählter Texte darlegen, wie Luther die Rachepsalmen ausgelegt hat, und versuchen seine Auslegung zu verstehen. Abschliessend werde ich einige Perspektiven und Aufgaben ansprechen, die mir für die Erforschung der Hermeneutik Luthers – nicht nur hinsichtlich der Psalmen, sondern in Bezug auf die Bibelexegese generell – interessant und wichtig erscheinen.

WIE SIND DIE RACHEPSALMEN ZU VERSTEHEN?

Wenn wir uns der Aussage von Dietrich Bonhoeffer „Die Bibel ist Gottes Wort, auch in den Psalmen"[3] sowie Christoph Levin anschliessen, für den der Psalter das Gebetbuch der Gerechten ist,[4] dann müssen wir uns fragen, wie denn die Rachepsalmen zu verstehen sind, wo sie doch auf den ersten Blick weder nach Gottes Wort und noch viel weniger nach einem Auszug aus einem Gebetbuch der Gerechten aussehen! So liest man z. B.: „Gott, zerbrich ihnen die Zähne im Maul, zerschlage, Herr, das Gebiss der jungen Löwen!" (Ps 58,7) oder „Tochter Babel, du Verwüsterin, wohl dem, der dir vergilt, was du uns angetan hast! Wohl dem, der deine jungen Kinder nimmt und sie am Felsen zerschmettert!" (Ps 137,8-9). Beim Lesen dieser Verse wird uns bewusst, wie schwer unsere Worte gegenüber Gott und unseren Feinden wiegen.

Die Rachepsalmen werfen eines der grössten hermeneutischen Probleme im Alten Testament auf. Wie lassen sich diese Psalmen mit der Lehre Jesu in der Bergpredigt vereinbaren („Liebet eure Feinde und bittet für die, so euch verfolgen", vgl. Matthäus 5,43-48)? Bereits die Tora (vgl. Ex 23,4-5; Lev 19,17-18) lehrt dem Volk Israel, mit seinen Feinden anders umzugehen, und in den Weisheitsbüchern des Alten Testaments (Spr 25,21) erfahren wir, dass es besser ist, seinem Feind zu helfen als nach Rache zu trachten.

Andererseits begegnen wir der Rache bereits auf der ersten Seite der Bibel. Die Beziehung der menschlichen Prototypen Kain und Abel ist von

---

[3] Dietrich Bonhoeffer: „Die Psalmen. Das Gebetbuch der Bibel", Bad Salzuflen, 1989, S. 9.

[4] Christoph Levin: „Das Gebetbuch der Gerechten. Literargeschichtliche Beobachtungen am Psalter", in: Christoph Levin: „Fortschreibungen: Gesammelte Studien zum Alten Testament", *BZAW 316*, Berlin/New York, 2003, S. 291-313.

Feindseligkeit und Rache geprägt. Nach Hans Walter Wolff wird an der Erzählung von Kain und Abel das Universalproblem menschlichen Miteinanders verdeutlicht. Selbst ein Brudermörder wie Kain steht noch unter Gottes Schutzzeichen vor wilder Blutrache.[5] Der von Gott geschaffene Mensch ist dazu bestimmt, zu lieben und jeglichen Hass zu überwinden.

Doch wenn wir den Psalter aufschlagen, stossen wir auf Gebete, die tatsächlich Rache und die Vernichtung aller Feinde herbeiwünschen. Feinde kommen in fast allen Psalmen vor und bezeichnen entweder den Feind im eigentlichen Sinne, den so genannten *reša'ym*, treulose Freunde oder Verwandte oder sogar wilde Tiere.[6] Generell wird in den Psalmen mit Feinden auf zwei verschiedene Arten umgegangen: In manchen Psalmen fleht der Beter um Gottes Rettung vor den Feinden, in anderen erfährt er bereits das erlösende Eingreifen Gottes und seine Klage verwandelt sich in Dankbarkeit und Lobpreisung Gottes. Wiederum in anderen, vornehmlich in den Klagepsalmen, bittet der Psalmist um Rache und ersucht Gott um Erlösung, ohne jedoch die erhoffte Erlösung zu erfahren (vgl. Ps 94, 109, 137).[7]

Von Feinden umringt zu sein ist nicht allein das Los des Volkes Israel und der Psalmisten, sondern auch ein universelles Phänomen des Alten Orients. Othmar Keel hat zu dieser Reflexion vor allem in Bezug auf die Psalmen einen wichtigen Beitrag geleistet.[8] Indem er zu Babylon Parallelen zieht, bezeichnet Keel die Rachepsalmen als Vernichtungsgebete, welche die menschliche Ohnmacht angesichts der von Feinden verursachten Unsicherheit und Ungerechtigkeit zum Ausdruck bringen. Für Keel sind diese Psalmen nicht Ausdruck bösartiger Rachsucht, sondern schrecklicher Angst, der der Beter wehrlos ausgeliefert ist und auf deren Ursache er Gottes Vernichtung herabruft.[9]

Eines ist klar: Feinde sind kein Tabu, sondern werden im Psalter offen benannt. Der Psalmist gibt unumwunden zu, dass er Feinde hat, und wird nicht davor gewarnt, dass er mit seinem Rachegebet gegen die Tora verstossen könnte. Sein Wunsch nach Rache wird nicht im Namen ethischer, moralischer oder jener anderer Grundsätze unterdrückt, die das bestimmen, was man heutzutage als politisch korrektes Verhalten bezeichnen würde. Vielleicht sind die Rachepsalmen deshalb für uns so schockierend. Vielleicht ist das der Grund, weshalb sie nicht Teil unserer Liturgien, Gottesdienstkalender

---

[5] Hans Walter Wolff: „Anthropologie des Alten Testaments", Gütersloh, 2002, S. 274-275.

[6] Vgl. Bernd Janowski: „Konfliktgespräche mit Gott, Eine Anthropologie der Psalmen", Neukirchen-Vluyn, 2006, S. 105-108.

[7] Zenger, a. a. O. (Fussnote 2), S. 361-362.

[8] Othmar Keel: „Die Welt der altorientalischen Bildsymbolik und das Alte Testament. Am Beispiel der Psalmen", Göttingen, 1996, S. 68-97.

[9] Ebd., S. 85-86.

und Lektionare sind. Kaum einer riskiert es, die Rachepsalmen zu predigen. Im Kontext des Alten Testaments war dies jedoch nicht der Fall, wie Bernd Janowski ausführt: „In Israel hat man den Leidenden also gelehrt, seine Ängste im Gebet auszusprechen und die Konflikte mit dem Feind nicht aus der Gottesbeziehung herauszulassen. Der ‚Gott der Gerechtigkeit‘ wurde auf diese Weise mit dem Leiden seiner Geschöpfe konfrontiert."[10] Ich stimme folgender Aussage von Bernd Janowski zu: „Wir müssen die Feindproblematik also ernster nehmen als es der oberflächliche Umgang mit dem Gebot der Feindesliebe Mt 5,43ff suggeriert."[11]

Ein Rachepsalm ist immer eine Klage, welche die Erfahrung der Abwesenheit Gottes widerspiegelt. Klagen spiegeln die grundlegenden Dimensionen menschlicher Erfahrungen wider: Leiden, Schrecken, Gebrechlichkeit und Todesangst sowie das Verlangen nach Rache angesichts der erlittenen Ungerechtigkeit. In der Sekundärliteratur findet man nur selten einen getrennten Abschnitt über die Rachepsalmen. Sie werden stets unter den individuellen oder kollektiven Klagepsalmen behandelt. Manche Psalmen enthalten nur kurze Verse im vergeltungssüchtigen Ton (vgl. Ps 3; 139,21-22). Andere hingegen sind lang und deutlich von diesem Ton geprägt (vgl. Ps 12; 35; 58; 59; 69; 70; 83; 109; 137; 140). Rachepsalmen sind auch Gebete. Da der Psalmist weiss, dass er nicht allein für Gerechtigkeit sorgen kann, delegiert er die gesamte Rache an den einen Verantwortlichen, nämlich Gott.

Für moderne Exegeten stehen die Rachepsalmen nicht im Widerspruch zum Evangelium und dem obersten Gebot. Nach Erich Zenger bringen sie den Glauben an den Gott der Gerechtigkeit zum Ausdruck, auf den die Rache in Erwartung seines göttlichen Einschreitens übertragen wird.[12] Für Gordon Fee und Douglas Stuart sind die Fluchpsalmen[13] legitim und widersprechen den Lehren Jesu in der Bergpredigt gerade deshalb nicht, weil „das biblische Gebot von uns fordert, Liebe zu *praktizieren*, nicht Liebe zu *fühlen*. In diesem Zusammenhang helfen uns die Fluchpsalmen, wenn wir Ärger *fühlen*, nicht aus Ärger zu *handeln*."[14]. William Bellinger schreibt:

> In diesen Gebeten gegen die Feinde zerstört der Beter seinen Feind nicht, sondern
> übergibt die Angelegenheit durch eine befreiende Glaubenshandlung an Gott, den

---

[10] Janowski, a. a. O. (Fussnote 6), S. 133.

[11] Ebd., S. 101.

[12] Erich Zenger: „Ein Gott der Rache? Feindpsalmen verstehen", Freiburg/Basel/ Wien, 1994. Vgl. Erich Zenger: „Fluchpsalmen", in: *LThK 3*, 1995, S. 1335f.

[13] Gordon Fee und Douglas Stuart: „Effektives Bibelstudium. Die Bibel verstehen und auslegen", Asslar-Berghausen, 1990, S. 258-261

[14] Ebd., S. 260 (Kursivierung durch die Autoren selbst).

Richter par excellence; Gott wird sein Urteil sprechen und der Psalmist plädiert vor Gott, gegen die Feinde zu urteilen.[15]

Dietrich Bonhoeffer, einer der grossen Interpreten der Schriften Luthers insbesondere in Bezug auf die Hermeneutik der Psalmen, macht in seinem Buch „Die Psalmen. Das Gebetbuch der Bibel"[16] auf die Gefahr aufmerksam, nur nach den möglichen Motiven für das Rachegebet des Psalmisten zu suchen. Ihm ging es mehr um den Inhalt als um das Motiv für das Gebet, weshalb seiner Ansicht nach die in den Rachepsalmen beschriebenen Feinde die Feinde der Sache Gottes sind, die den Psalmisten um Gottes willen angreifen. Bonhoeffer geht davon aus, dass die Rachepsalmen Gebete um die Vollstreckung seiner Gerechtigkeit im Gericht über die Sünde sind, das jeden Menschen mit seiner Sünde treffen kann. Auch Bonhoeffer interpretierte die Rachepsalmen christologisch,[17] denn „Gottes Rache traf nicht die Sünder, sondern den einzig Sündlosen, der an der Sünder Stelle getreten ist, den Sohn Gottes". Und daher schreibt Bonhoeffer: „So führt der Rachepsalm zum Kreuz Jesu und zur vergebenden Feindesliebe Gottes. Nicht ich kann von mir aus den Feinden Gottes vergeben, sondern allein der gekreuzigte Christus kann es [...] So wird die Vollstreckung der Rache zur Gnade für alle Menschen in Jesus Christus".[18]

Zwar stimme ich Bonhoeffer hinsichtlich der Bedeutung des Inhalts der Rachepsalmen zu, meine aber, dass die Frage nach den Motiven nicht vernachlässigt werden sollte. Was motiviert Menschen, die sich zwar gerechtfertigt aber von Gott verlassen fühlen, insbesondere wenn sie keinerlei Gerechtigkeit feststellen können, um Rache an ihren Feinden zu bitten? Diese Psalmisten halten am Glauben und an der Erwartung der Gerechtigkeit Gottes fest. Aus diesem Grunde, so Bonhoeffer, können nicht nur unschuldige Opfer ihre Rache Gott anheim stellen, sondern auch jene, die aller Widrigkeiten und zahlloser Ungerechtigkeiten zum Trotz weiterhin an die Gerechtigkeit Gottes glauben und diese erwarten. An dieser Stelle ist es hilfreich, wie Bonhoeffer die christologische Hermeneutik anzuwenden. Im Alten Testament hatte der Psalmist jedoch keine christologische Perspektive; statt um Vergebung und Rettung seiner Feinde zu bitten, hoffte er auf Vergeltung und Vernichtung.

Daraus können wir schliessen, dass es in der Hermeneutik der Rachepsalmen ein Missverhältnis zu geben scheint zwischen den Ergebnissen

---

[15] W. H. Bellinger Jr.: „Psalms. Reading and Studying the Book of Praises", Peabody, 2009, S. 54.

[16] Bonhoeffer, a. a. O. (Fussnote 3), S. 40-45.

[17] Vgl. seine „Predigt über einen Rachepsalm" (Ps 58) vom 11. Juli 1937 in Dietrich Bonhoeffer: „Gesammelte Schriften", Bd. 4, München, 1966, S. 413-422.

[18] Bonhoeffer, a. a. O. (Fussnote 3), S. 43-44.

von Exegese und theologischer Forschung einerseits und der heutigen Praxis oder besser gesagt fehlenden Praxis dieser Gebete in Gemeinden andererseits. Auf der einen Seite wurden durch die Psalmenexegese die Bedeutung und der Wert der Rachepsalmen aufgezeigt. Auf der anderen Seite werden ihre Bedeutung und ihr Wert von christlichen Gemeinschaften nicht anerkannt, weder in geistlicher Hinsicht noch in Bezug auf die Ungerechtigkeit in der Welt.

Die Rachepsalmen als rechtskritisches Phänomen

Der Theologe und Religionswissenschaftler Fritz Stolz, der in der Forschung und gegenwärtigen Diskussion über das Verständnis der Rachepsalmen mehr Aufmerksamkeit verdient, veröffentlichte 1983 ein kleines Buch mit dem Titel „Psalmen im nachkultischen Raum".[19]

Stolz beschäftigt sich mit dem Verständnis zweier Phänomene, die in mehreren Psalmen und anderen Texten des Alten Testaments auftreten: der Krise des Kults und der Krise der Weisheit.[20] Kult und Weisheit sind ordnungssetzende, lebensschaffende und sinnstiftende Kräfte. Im Kult (Kultvorgängen) erfährt der Psalmist die Gegenwart Gottes. Gott erhört seine Gebete, vergibt ihm seine Sünden, spendet seinem Leben Kraft und hilft ihm, seine Beziehung zu Gott und seinen Mitmenschen zu verstehen. Weisheit hingegen vermittelt dem Psalmisten die Ordnung, d.h. die Beziehung zwischen Gott, Mensch und Welt. Gott herrscht über diese Welt. Das Wissen von Gott und von der Welt, in der man lebt, kann man erlangen und eine Beziehung zu Gott pflegen, indem man mit dem auch als Gottesfurcht bekannten Grundprinzip der Weisheit beginnt. Weisheit lehrt den Menschen, dass die Gerechten gesegnet und die Rechtlosen verdammt sind. Doch auch dem Menschen, der an Kult und Weisheit teilhat, bleiben Erfahrungen nicht erspart, die der von Kult und Weisheit gesetzten Lebensordnung widersprechen. Menschen erleben Unglück, Naturkatastrophen, Gebrechlichkeit, Bedrängnis, feindliche Angriffe, Verleumdung, lebensfeindliche Kräfte einschliesslich Tod – Erfahrungen, welche die chaotische Seite des Lebens enthüllen. In diesen Momenten isolieren sich die Menschen, Gemeinschaften und das Leben selbst lösen sich auf. Rituale ermöglichen es den Menschen

---

[19] Fritz Stolz: „Psalmen in nachkultischen Raum", *Theologische Studien 129*, Zürich, 1983.

[20] Stolz analysiert folgende Psalmen: 77, 22, 39, 94, 73, 62, 32, 49 und 37. Ausserhalb des Psalters untersucht er die Hiob-Dichtung, die Konfessionen Jeremias, die Loblieder in Qumran und das vierte Esra-Buch als konkrete Beispiele für das nachkultische und das nachweisheitliche Phänomen.

jedoch, zum Leben gemäss der durch Kult und Weisheit gesetzten Ordnung zurückzufinden. Ebenso wie die Dankpsalmen Gott für seinen Segen loben, bitten die Trauerpsalmen Gott, die gestörte Ordnung wieder herzustellen. Wer zu Unrecht vor Gott beschuldigt wird, hat die Möglichkeit im Tempelgebet seine Stimme zu erheben. Opfer und Rituale begleiten seine Trauer und Bitte an Gott, sein Gebet zu erhören. Daneben hat der/die Angeschuldigte die Möglichkeit, zu protestieren und seine/ihre Unschuld zu beteuern.[21] Stolz geht in seinem Buch unter anderem folgenden Fragen nach:

Was kann ein Psalmist tun, wenn:

- Er trotz seiner Gebete und Unschuldsbeteuerungen keine Gnade erfährt?

- Er Gott anruft, doch Gott ihn nicht zu hören scheint?

- Er weiss, dass er zu den Gerechten gehört, jedoch die den Gottlosen vorbehaltene Bestrafung erfährt?

- Er sieht, dass der Böse im Wohlstand lebt während die Gerechten leiden?

- Er von Ungerechtigkeiten geplagt und von seinen Feinden verfolgt wird, die ihn rächende Gerechtigkeit Gottes aber nicht mehr finden kann?

In diesem Zusammenhang führt Antonius Gunneweg zur Erklärung der Krise der Weisheit in Israel zwei Faktoren an. Zum einen waren in Israel wie im Alten Orient die Weisen, Gerechten und Guten ebenfalls dem Leiden ausgesetzt. Zum anderen war der JHWH-Glaube selbst nicht nachvollziehbar und Gottes Handeln nicht mehr vorhersehbar.[22] Dasselbe gilt für die Krise des Kults. Hier geht es jedoch um die Ferne Gottes und das Problem für den Beter, in einer scheinbar gottlosen Welt an Gott zu glauben.[23]

Stolz bezeichnet diese Erfahrungen als nachkultisches und nachweisheitliches Phänomen. Dabei sind nachkultisch und nachweisheitlich nicht als zeitliche Begriffe zu fassen, sondern bedeuten die Verarbeitung der Erfahrung, dass Kult und Weisheit ihre Rolle nicht mehr erfüllen und die Ordnung im Leben des/der Psalmisten/in nicht mehr garantieren können. Laut Stolz ist diese Erfahrung gegeben, seit es Kult gibt.[24] In den von Stolz

---

[21] Vgl. dazu Hans-Joachim Kraus: „Psalm 1", *BKAT Band XV/1*, Neukirchen-Vluyn, 1961, xlviii–xlix.

[22] A.H.J. Gunneweg: „Biblische Theologie des Alten Testaments", Stuttgart, 1993, S. 239.

[23] Stolz, a. a. O. (Fussnote 19), S. 74.

[24] Ebd., S. 19.

analysierten Psalmen ist das die Haltung und Überlegung des Psalmisten, also *coram Deo* selbst wenn er *Deus absconditus* erfährt. Laut Stolz sucht der Psalmist in seiner Orientierungslosigkeit die Vergewisserung des Heils und der Gerechtigkeit Gottes, sowie die Unterweisung darin, wie er mit seinen widersprüchlichen Erfahrungen mit Gott und den Menschen umgehen kann.[25]

In diesem Zusammenhang könnte angeführt werden, dass die von Fritz Stolz beschriebenen Phänomene auch auf die Rechtstradition und den gesetzlichen Kontext des Alten Testaments zutreffen. Diese Dimension wurde von ihm jedoch nicht behandelt. Als Antwort auf die Arbeiten von Stolz und Melanie Köhlmoos[26] habe ich versucht, ein Phänomen vorzustellen und zu erörtern, das man als nachrechtlich bezeichnen könnte. Dabei habe ich mich jedoch nicht auf die Psalmen sondern auf das Hiobbuch konzentriert.[27] Leider ist es mir nicht möglich, den gesamten Inhalt der Abhandlung hier wiederzugeben. Dennoch möchte ich darauf hinweisen, dass neben Kult und Weisheit auch die alttestamentliche Rechts- und Gesetzestradition infolge ihrer Krise einen kritischen Reflexionsprozess vollzogen hat. Hiob wird als frommer, rechtschaffener, gottesfürchtiger Mann beschrieben, der das Böse meidet (Hiob 1,1). In seiner Not ersucht er Gott um Gerechtigkeit, die ihm aber nicht widerfährt. Hiob betet sogar Rachepsalmen gegen seine Freunde, die ihm zu Feinden wurden (Hiob 24, 27). Wie der Psalmist ist Hiob von seiner Unschuld überzeugt und glaubt an die Gerechtigkeit Gottes, die er jedoch als weit entfernt erlebt. Die Erfahrung der Ferne Gottes äussert sich durch Anklagen (Hiob 22), leidiges Trösten (Hiob 16) und die Feststellung, dass die Gerechten leiden während die Gottlosen an Kraft zunehmen (Hiob 21). Um weder die eigene Unschuld noch die Gewissheit um Gottes Gerechtigkeit aufzugeben, beten Hiob und der Psalmist Rachepsalmen. Das haben sie gelernt und ist für sie der einzige Ausweg, wenn weder Recht und Gerechtigkeit noch Kult und Weisheit die durch Leiden und Feinde zerstörte Ordnung wieder herzustellen vermögen.

Möglicherweise fragen Sie sich, was hinter dem Begriff „rechtskritisch" steckt. Die von Stolz zur Beschreibung dieses *Nachphänomens* verwendete Terminologie wurde von manchen Wissenschaftlern in Frage gestellt.[28] Andere greifen sie auf.[29] Die für dieses Phänomen relevanten Bibeltexte

---

[25] Ebd., S. 27-29.

[26] Melanie Köhlmoos: „Das Auge Gottes. Textstrategie im Hiobbuch", *FAT 25*, Tübingen, 1999.

[27] Roger Marcel Wanke: „Praesentia Dei. Die Vorstellungen von der Gegenwart Gottes im Hiobbuch", *BZAW 421*, Berlin/Boston, 2013.

[28] Siegfried Kreuzer, a. a. O. (Fussnote 2), S. 340-341.

[29] Jürgen van Oorschot: „Nachkultische Psalmen und spätbiblische Rollendichtung", *ZAW 106*, 1994, S. 69-86. Vgl. Manfred Oeming: „Die Psalmen in Forschung und Verkündigung", Gerhard Sauter zum 60. Geburtstag. Verkündigung und Forschung, 40. Jg. Heft 1, 1995, S. 28-51.

spiegeln Kult, Weisheit und Recht kritisch wider, ohne jedoch darauf zu verzichten. Kultische Handlungen werden weiterhin durchgeführt, jedoch auf kritische Weise, d.h. aus einer durch die Erfahrung der Abwesenheit Gottes ausgelösten theologischen Reflexion heraus. Weisheit vermittelt auch weiterhin die Ordnung der Welt, obwohl der Mensch erkennt, dass das Geheimnis Gottes und Gottes *sapientia abscondita* für ihn nicht ganz zu verstehen sind. Dasselbe gilt für das Recht, das selbst dann nicht abgeschafft wird, wenn Gottes Gerechtigkeit als Antwort auf feindliche Angriffe ausbleibt. Aus diesem Grunde verwende ich den Begriff rechtskritisch.

Die Rachepsalmen sind rechtskritische Psalmen, in denen die Gerechtigkeit Gottes nicht geleugnet wird. Gott ist nach wie vor ein gerechter Gott, doch Gottes Gerechtigkeit bleibt dem Psalmenbeter verborgen. Die Erfahrung des *Deus absconditus* macht sie zu einer *Iustitia abscondita*. Gerechtigkeit ist nicht nur ein Attribut Gottes, sondern kann nur in Gott gefunden werden. Als Beispiele für das rechtskritische Phänomen lehren die Rachepsalmen den Psalmisten, zu Gott zu beten und ihn um Rache an seinen Frevlern und um die Vergewisserung zu bitten, dass Gott gegen alle Erwartungen doch noch handeln wird; sie helfen ihm sogar, *coram Deo* zu bleiben.

LUTHER UND DIE RACHEPSALMEN

Da das Interesse Luthers für die Psalmen, seine Psalmentheologie und sein Beitrag zur Hermeneutik bereits von Hans-Peter Grosshans behandelt wurden, möchte ich lediglich einige Fragen aufwerfen, die meines Erachtens für das Verständnis von Luthers Auslegung der Rachepsalmen relevant sind.

Luther studierte das Psalmenbuch auf unterschiedliche Arten und zu vielen verschiedenen Zeitpunkten in seinem Leben.[30] Sein akademisches Leben begann am 16. August 1513 mit seinen Vorlesungen über die Psalmen. Und an seinem Lebensende war „Psalmen" eines seiner letzten Worte (Ps 31,5; 68,20). Luther lebte die Psalmen. Sie waren Teil seines theologischen Lebens, d.h. seiner theologischen Lehren, seiner Predigten in der Gemeinde und seiner Seelsorge. Doch wie las und legte Luther die Rachepsalmen aus?

---

[30] Hier werden die Psalmenpredigten hervorgehoben: „Dictata super psalterium" (1513-1515), WA 55/I/1 e; WA 55/II/1; „Operationes in Psalmos" (1519-1521), WA 5,19-654; „Auslegung der 25 ersten Psalmen" (1530), WA 31/I,263-383; „Summarien über die Psalmen" (1531-1533), WA 38,18-69; „In XV Psalmos graduum" (1532/33, 1540), WA 40/III,9-475; „Enarratio Psalm XC" (1534/35, 1541), WA 40/III,484-594. Zu Luthers Psalmpredigten vgl. Heinrich Bornkamm: „Luther und das Alte Testament", Tübingen, 1948, S. 230-233. Nicht zu vergessen, dass Luther in Gottesdienstliedern viele Psalmen verwendete.

Nach Luthers „Vorrede auff den Psalter" von 1545[31] steht der Beter in den Psalmen meist Gott, seinen Freunden oder Feinden gegenüber. Luther vergleicht das Leben und das menschliche Herz mit einem Schiff auf einem wilden Meer, weshalb für ihn das Wichtigste im Psalter darin besteht, in solchen Sturmwinden ernstlich mit Gott reden zu können.

Bereits am Ende seiner „Summarien über die Psalmen und Ursachen des Dolmetschens" von 1530[32] stellt Luther seine Einteilung in fünf Psalmgattungen kurz vor. Die erste Gattung nennt er Weissagungspsalmen, zu denen alle Psalmen gehören, die Verheissungen für die Frommen und Drohungen über die Gottlosen enthalten. Die zweite Kategorie ist die der Lehrpsalmen, die lehren, was man nach dem Gesetz Gottes tun und lassen soll. Dritte Kategorie sind die Trostpsalmen, welche die betrübten und leidenden Heiligen stärken und trösten, die Tyrannen hingegen schelten und schrecken. Dazu gehören alle Psalmen, die trösten, ermahnen, zu Geduld raten und die Tyrannen schelten. Zur vierten Kategorie gehören die Betpsalmen, die klagen, trauern und über die Feinde schreien. Und schliesslich nennt Luther die Dankpsalmen, in denen Gott für seine Wohltat und Hilfe gelobt und gepriesen wird. Festzuhalten ist, dass in dieser Klassifizierung das – von Luther am häufigsten verwendete – Wort „Feinde" in drei der fünf Gattungen vorkommt, nämlich in den Weissagungs-, Trost- und Betpsalmen.

In seiner Auslegung von Psalm 6 in „Operationes in Psalmos" definiert Luther die Feinde als „hartnäckige Verfolger", die Unrecht üben und daher Gottes Gericht verdienen. Nach Vers 11 sollen alle Feinde zuschanden werden und erschrecken, damit sie zu Gott umkehren können. Luther schreibt:

Das Wort Gottes wird zum Narren verständlich, wenn sie von Leiden viel gequält werden. Das Kreuz Christi ist die einzige Anweisung von Gottes Wort, die reineste Theologie [...] Aus diesem Grund, obwohl den Zorn Gottes nicht möglich zu ertragen sei, ist es für die Ungläubigen und Törichten absolut notwendig, denn nur das ist stark genug, um zu demütigen sie [...] Wir haben viele ähnliche Stellen in der Heiligen Schrift, in der die gewaltsame Verwirrung und Quälen des Herzens sowohl der Heiligen, als auch der Gottlosen, so dass diejenigen, gedemütigt, getröstet und erhaben werden, diese aber, gedemütigt, leiden und unterdrückt werden, und damit will er, dass alle Menschen gerettet werden und dass niemand untergehe.[33]

---

[31] „Vorrede auff den Psalter", WA DB 10/I, S. 99-105.

[32] WA 38, S. 9-18.

[33] WA 5, S. 19-654. Hier: WA 5, S. 217-218: „[...] idest verbum dei fit intelligibile insensatis, si bene vexati fuerint passionibus; Crux Christi unica est erudition verborum dei, Theologia syncerissima [...] Quare ut impossibilis est haec irae dei sustentation, ita incredulis es insensatis vehementer necessaria et sola potens ac sufficiens eos humiliare [...] Et multa similia in scripturis habemus, quibus

Es gibt auch einen Text, in dem Luther zwei Rachepsalmen auslegt. Auf Luthers Auslegung des einen, Psalm 94, möchte ich kurz eingehen. Im Jahr 1526 liegen der Bauernaufstand sowie die Konflikte mit Erasmus, Zwingli, Thomas Münster und Karlstadt bereits hinter ihm. Er ist seit weniger als einem Jahr mit Katharina von Bora verheiratet. Der Honigmond ist noch nicht vorbei, es ist eine glückliche Zeit, doch zugleich quälen ihn die Angriffe seiner Feinde und seine eigenen Fragen und Zweifel. Plötzlich wird bekannt, dass die Türken in Ungarn eingefallen sind, weil König Ludwig den geforderten Tribut nicht bezahlt hat.[34] Es folgt ein Feldzug des türkischen Heers gegen das ungarische Heer. Am 29. August 1526 wird Ungarn besiegt und König Ludwig bei einem Fluchtversuch getötet. Ungarn wird verwüstet und erlebt interne politische Unruhen. König Ludwigs Ehefrau Königin Maria von Ungarn hat als spanische Prinzessin und Schwester von Kaiser Karl V. durchaus Sympathien für die Reformation. Nach dem Tod ihres Ehemanns versucht sie, die internen Zwistigkeiten einschliesslich reformationsgegnerischer Regungen zu schlichten. Luther fällt es leicht, die Königin zu trösten, indem er ihr die Auslegung von vier Psalmen widmet, die er als „tröstlich" bezeichnet (Ps 37, 62, 94 und 109).[35] Diese Arbeit ist am 1. November 1526 abgeschlossen; von der Reaktion der Königin Maria auf seine Widmung ist nichts bekannt. Zwei dieser Psalmen, Psalm 94 und 109, werden heute zu den Rachepsalmen gezählt.[36]

Luther interpretiert Psalm 94 Vers für Vers. In einer kurzen Einleitung nennt er den Psalm ein „gemeyn gebet aller fromen Gotts kinder und geistlichen volks widder alle yhre verfolger" (WA 19,582). Luther schildert diese Verfolger zunächst als Tyrannen, die das Wort Gottes gewaltsam angreifen, und anschliessend als falsche Lehrer, Ketzer und Rotten, die die Menschen mit ihren Lügen und ihrer Heuchelei verfolgen. Danach stellt er den Bezug zu seiner eigenen Zeit her, indem er anregt, den Psalm gegen den Papst, Bischöfe, Fürsten und Herren zu beten, die mit ihrer falschen und verkehrten Auslegung der Schrift aufs Schärfste gegen das Evangelium verstossen.

In seiner Auslegung von Vers 1, in dem der Ausdruck „Gott der Rache" zweimal vorkommt, versteht Luther dies ebenso wie Paulus als einen der Namen Gottes. So wie Gott ein Gott der Hoffnung (Röm 15,13), der Geduld

---

ista vehemens confusion et conturbatio cordis tam in sanctis describitur quam super impios praedicitur, ut illi humiliate consolentur et exaltentur, Hi vero humiliate affligantur et deprimantur, et sic vult omnes hominess salvos fiery et neminem perire".

[34] Über den historischen Kontext und die politischen Ereignisse vgl. Reinhard Schwarz: „Luther", Göttingen, 2004, S. 195-198.

[35] WA 19, S. 542-615.

[36] WA 19, S. 582-594. Vgl. Die Auslegung von Ps 94 durch Fritz Stolz, a. a. O. (Fussnote 19), S. 42-46.

und des Trostes ist (Röm 15,15), so ist er auch ein Gott der Vergeltung. Luther bemerkt dazu, dass er diesen Schluss aus den Klagen des Psalmisten zieht. Dass Gott ein Gott der Vergeltung ist, gehört zur alttestamentlichen theologischen Konzeption. Dieses Wissen veranlasst den Psalmisten, Gott um seine Rache anzurufen. Luther sagt zu Gott: „Ist den Rache dein Werk und ist ytzt so hoch von Noten, warumb verbirgstu denn dich ym finstern und lessest dich so gar nicht sehen?" (WA 19,585).

Im Lichte von Matthäus 5,44 fragt sich Luther dann auch, wie denn fromme, geistliche Leute um Rache bitten können. Seine Antwort beinhaltet eine interessante Unterscheidung zwischen Glauben und Liebe: „Glaube und Liebe sind zweyerley. Glaube leydet nichts. Liebe leydet alles; Glaube flucht, Liebe segenet. Glaube sucht rache und Straffe, Liebe sucht schonen und vergeben" (WA 19,583). Kriterium und Legitimation für das Aufsagen eines Rachepsalms ist somit für Luther nicht allein die Situation des Beters, sondern die Tatsache, dass seine Feinde zugleich Gottes Feinde sind, die den Glauben bedrohen. Die Liebe hingegen führt dazu, dass der Psalmist nicht eigenhändig Rache übt, sondern diese an Gott delegiert. In seiner Auslegung von Vers 5 bestätigt Luther: „Das thuen die Tyrannen, so mit gewalt Gotts wort verfolgen, toedten und plagen die leute drumb. Ja die Ketzer helffen und raten auch dazu. Das klaget er Gott und bit umb rache" (WA 19,586).

Ebenfalls interessant in Luthers Auslegung dieses Psalms ist die Tatsache, dass er Psalm 94 als Trostpsalm bezeichnet. Es stimmt, dass die Tröstung im Psalm selbst erwähnt ist (V. 19). Doch spendet laut Luther das Beten eines Rachepsalms dem Betenden immer Trost. Luther schreibt:

> „Aber Gott ist, der mir geduld gibt, mich anders leret und die gottlosen stortzet uber und wider alle vernunft. Er lest saber so grewlich angehen durch die gottlosen, auff das er mich lere, das ich verloren were on seine hulffe, und ich erkenne, das meine kraft nichts sey. Also ist dieser vers mit den zween folgenden nichts den eine danksagung fur die gnade, das uns Gott trostet zur bosen zeit, wenn die Tyrannen und ketzer toben, wie wir gehort haben".[37]

In seiner Auslegung von Psalm 94 betont Luther abschliessend, was meiner und möglicherweise auch Fritz Stolzs Ansicht nach die beiden Ziele eines Rachepsalms sind: die Vergewisserung des Glaubens an Gottes Gerechtigkeit, selbst wenn alles dagegen spricht, und die Unterweisung durch Gott, wie mit Feinden umzugehen ist: „Wer nu solchs gleubt und von Gott gelert ist, der kan gedultig sein, die gottlosen toben lassen und auffs ende schawen und der zeit erharren".[38]

---

[37] WA 19, S. 591-592.
[38] WA 19, S. 594.

Welchen Schluss können wir nach diesem kurzen Blick auf Luthers Auslegung von Psalm 94 ziehen?

Insgesamt macht Luther aus einem Psalm des *nāqam* einen Psalm des *naham*, d. h. Luther versteht die Rachepsalmen als Trostpsalmen. Interessanterweise spiegelt dieser Ansatz auch die jüngsten Forschungsarbeiten zum Psalter wider. Es besteht eine gewisse Tendenz zu bezweifeln, ob die Bezeichnung für diese Art von Psalmen richtig gewählt wurde. Erich Zenger beispielsweise regt an, dass man die Rachepsalmen (oder Fluchpsalmen) besser „Eiferpsalmen" oder gar „Gerechtigkeitspsalmen" nennen sollte.[39] Entlang dieser Linie hält auch Bernd Janowski die Bezeichnung Fluch- oder Rachepsalmen für irreführend, da sie doch vielmehr auf die Wiederherstellung des Rechts durch Gottes rettende Gerechtigkeit abzielen. Laut Janowski[40] schwelgt der Beter in den Rachepsalmen nicht in der Vorstellung vom blutigen Triumph über die Gottlosen (vgl. Ps 58,11), sondern hält an der Gerechtigkeit Gottes fest. Die Klage des Psalmisten ist deshalb ein Schrei nach Gottes Gerechtigkeit in einer Welt voller Ungerechtigkeit.

Ausblick und zukünftige Forschung

Zum Abschluss dieser Abhandlung stelle ich fest, dass noch drei Aufgaben vor uns liegen:

- Zunächst stellt sich die Frage: Ist das, was Dietrich Bonhoeffer, Erich Zenger, Bernd Janowski und andere Theologen (natürlich Luther nicht zu vergessen) erörtert und geschrieben haben, das letzte Wort über die Rachepsalmen? Die Überlegungen von Fritz Stolz können uns meines Erachtens helfen, die Rachepsalmen als eine „politisch inkorrekte" Sprache (*coram inimico*) zu verstehen, die jedoch von einen theologisch korrekten *coram Deo* kommt.

- Zweitens verdient Luthers Hermeneutik der Psalmen insbesondere der Rachepsalmen in der Lutherforschung grössere Aufmerksamkeit. Seine Hermeneutik hat Auswirkungen und Folgen vor allem für die Untersuchung eines gefährlichen Antisemitismus, der sich aus Luthers Interpretation der Rachepsalmen ableiten lassen könnte. Aus Platzmangel möchte ich nicht ausführlicher auf diese Frage eingehen, doch könnte Luthers Auslegung von Psalm 109 einen solchen Antisemitismus bestätigen. Die Unterscheidung zwischen Glauben und Liebe in

---

[39] Zenger, a. a. O. (Fussnote 2), S. 370.
[40] Janowski, a. a. O. (Fussnote 6), S. 129-133.

Luthers Ansatz sollte vertieft und in seiner Interpretation der übrigen Rachepsalmen nachgeprüft werden.

• Schliesslich stelle ich fest, dass mit Luthers Interpretation der Rachepsalmen eine praktische Aufgabe ansteht. Was bedeuten sie für Gottesdienst und Liturgie heute? Vor welche Herausforderungen stellen uns die Rachepsalmen, deren Rechtskritik in der Unterscheidung zwischen Glauben und Liebe sowie in der Gewissheit und Unterweisung Gottes besteht, selbst entgegen allen scheinbaren Beweisen und angesichts lokaler und globaler Ungerechtigkeit?

Wenn die Psalmen für Luther eine „kleine Biblia"[41] und ein „Spiegel"[42] sind, dann haben die Rachepsalmen ebenso in diesem Kanon wie in der Erfahrung all jener ihren Platz, die sich von Gott gerechtfertigt wissen. Dass die Gerechten aus Glauben leben werden, ist nicht nur die Grundlage Luthers Theologie. Es ist auch die Überzeugung des Betenden, dem Recht und Gerechtigkeit vorenthalten werden. Dadurch entsteht ein dialektisches Spannungsfeld zwischen den Aussagen am Anfang von Psalm 94 und am Ende von Psalm 58: „Herr, du Gott der Vergeltung, du Gott der Vergeltung erscheine! Erhebe dich, du Richter der Welt; vergilt den Hoffärtigen, was sie verdienen!" (Ps 94,1-2) und „Ja, Gott ist noch Richter auf Erden" (Ps 58,12b). Doch gerade in der Erfahrung dieses Spannungsfeldes können wir auch heute noch Trost finden. Möge das Buch der Psalmen uns weiterhin die richtigen Worte geben, wenn diese uns fehlen, mit denen wir Gott loben aber ebenso gut auch zu Gott um Hilfe schreien können.

---

[41] WA DB 10, S. 99.
[42] WA DB 10/I, S. 105.

IV. Alttestamentliche Psalmen und ihre Rezeption im Neuen Testament

Psalmen ausserhalb der biblischen Psalmensammlung: das Beispiel Jona

Karl-Wilhelm Niebuhr

Einleitung

Mit der Entdeckung der Schriftrollen vom Toten Meer zeigte sich, dass die Sammlung der Schriften Israels – später von den Christen Altes Testament genannt – noch nicht abgeschlossen war, als diejenigen Texte verfasst wurden, die man später im Neuen Testament zusammenfasste. Besonders die Psalmenrollen aus Qumran unterscheiden sich deutlich in Inhalt, Anordnung und Formulierung vom späteren masoretischen Text, der erst in mittelalterlichen Handschriften vollständig überliefert ist. Das Manuskript 11Q Ps[a] zum Beispiel besteht aus zahlreichen kanonischen Psalmen, die auch zum masoretischen Psalter gehören (aber in einer anderen Reihenfolge), aber auch aus den hebräischen Versionen anderer Psalmen, die bis dahin nur in ihrer syrischen Version bekannt waren, sowie aus bis dahin völlig unbekannten, so genannten „nicht-kanonischen Psalmen".[1]

Natürlich war auch schon vor den Entdeckungen von Qumran klar, dass zusätzlich zu derjenigen Sammlung, die erst später „biblisch" wurde, in der frühjüdischen Literatur andere Psalmensammlungen existierten. Doch der gesamte Umfang und die Vielfalt der frühjüdischen Psalmentraditionen war vor der Veröffentlichung der Schriftrollen vom Toten Meer für die Bibelwissenschaft nicht zugänglich. Daneben haben wir Kenntnis von einer unabhängigen Psalmensammlung aus dem antiken

---

[1] J. A. Sanders: „Discoveries in the Judean Desert", Bd. iv: „The Psalms Scroll of Qumran Cave 11", Oxford, 1965, S. 1997; Peter W. Flint: „Psalms and Psalters in the Dead Sea Scrolls", in: James H. Charlesworth (Hg.): „The Bible and the Dead Sea Scrolls", Bd. I, „Scripture and Scrolls", Waco, 2006, S. 233-272.

Christentum, bestehend aus mehreren poetischen Kompositionen aus dem Alten Testament und frühjüdischen Lobliedern, aber auch aus Lobliedern sehr viel späteren Ursprungs, darunter auch poetische Abschnitte aus neutestamentlichen Schriften. Diese Sammlung, genannt „Oden" (nicht zu verwechseln mit den „Oden Salomos", die angeblich gnostischen Ursprungs sind!), wurde in Manuskripten der griechischen Bibel des fünften Jahrhunderts („Septuaginta") überliefert.[2] Anscheinend wurde sie auch in der christlichen Liturgie verwendet. Nicht nur poetische Texte aus dem Alten Testament wie das „Schilfmeer-Lied" (2.Mose 15,1-19), das Lied des Mose (5.Mose 32,1-43), der Lobgesang der Hanna (1.Sam 2,1-10) und andere Lieder aus den prophetischen Schriften gehören zu den „Oden", sondern auch das *Magnificat* und das *Nunc Dimittis* aus Lukas 1f. Die Sammlung endet mit dem Engelsgesang aus Lukas 2,14 (*Gloria in excelsis Deo ...*), der in eine trinitarische Doxologie an Gott übergeht (Ode 14).

Im Mittelpunkt dieser Sammlung, nach den Liedern aus den Büchern Habakuk und Jesaja und vor den Liedern aus dem Danielbuch, finden wir auch den Psalm, den Jona im Leibe des grossen Fisches sang (vgl. Jona 2,3-10). Angesichts seiner Stellung in den Oden und seiner Berücksichtigung darin ergibt sich, dass der Psalm Jonas offensichtlich als zum Alten Testament zugehörig betrachtet wurde. Wie andere alttestamentliche Psalmen nutzte man ihn demnach möglicherweise an Wochentagen im Stundengebet. Doch da er zum traditionellen Kanon aus Altem und Neuem Testament gehörte, wurde er gleichzeitig als Teil der christlichen Bibel gesehen. Die Sammlung der Oden zielte damit auf die Inkarnation Jesu, wobei die Verherrlichung des dreieinigen Gottes ihren Abschluss prägte und besonders hervorhob. Interessant ist, dass durch diesen Anordnungsgrundsatz selbst Texte aus dem Neuen Testament ins Alte Testament integriert wurden, zum Beispiel die Loblieder aus Lukas 1 und 2. Gleichzeitig wurde die trinitarische Doxologie zu einem wesentlichen Bestandteil des Alten Testaments. Sie betonte, dass der dreieinige Gott, nach christlichem Verständnis, kein anderer ist als der Gott Israels. Das Zeugnis für Gott, den Vater Jesu Christi, und für Gott, den Heiligen Geist, findet sich demnach nicht nur im Neuen, sondern auch im Alten Testament, sobald man Letzteres vom christlichen Glauben ausgehend liest.

Darauf aufbauend können wir aus der Überlieferungsgeschichte des Jonapsalms in der christlichen Bibel bestimmte Prinzipien für eine biblische Theologie ableiten, die sich auf das neutestamentliche Zeugnis stützt. Dieses

---

[2] Aus diesem Grund finden sich heute in allen modernen Ausgaben oder Übersetzungen der Septuaginta auch die „Oden", obwohl viele Fragen hinsichtlich der Ursprünge und der Überlieferungsgeschichte der antiken griechischen Bibel noch offen sind. Vgl. J. M. Dines: „The Septuagint", London/New York, 2004; Michael Tilly: „Einführung in die Septuaginta", Darmstadt, 2005.

Verständnis einer biblischen Theologie war im antiken Christentum bestimmend für die christliche Bibel, bestehend aus Altem und Neuem Testament. Die frühen christlichen Theologen entwickelten damit bereits eine reflektierte Hermeneutik.[3] Aus Sicht der christlichen Bibel kann das Neue Testament nicht angemessen verstanden werden, wenn es vom Alten Testament getrennt wird. Gleichermassen kann auch das Alte Testament ohne das Neue nicht verstanden werden. Es gab verschiedene Versuche, diese Verständnisrelation zwischen den beiden Teilen der christlichen Bibel aufzulösen, angefangen mit dem christlichen Theologen und Bischof Marcion im zweiten Jahrhundert bis in unsere jüngste Vergangenheit in Deutschland. In Eisenach versuchten der christliche Theologe und Professor für Neues Testament Walter Grundmann (1906-1975) und seine ähnlich gesinnten Freunde der Glaubensbewegung ‚Deutsche Christen‘, das Alte Testament vollständig aus dem christlichen Gebrauch zu verbannen und alle Verbindungen zur jüdischen Tradition in der Bibel, in der Theologie und im kirchlichen Leben aufzulösen. Zur Verfolgung dieses Ziels gründeten sie das ‚Institut zur Erforschung und Beseitigung des jüdischen Einflusses auf das deutsche kirchliche Leben‘.[4] Glücklicherweise wurden diese Versuche von den Landeskirchen nie offiziell angenommen. Heute ist das Alte Testament ein unbestreitbarer Teil der christlichen Bibel. Mehr noch: Manchmal sind die Erzählungen und Bücher aus dem Alten Testament bei Christinnen und Christen oder sogar in säkularen Kreisen besser bekannt als Teile des Neuen Testaments.

In dieser Hinsicht hat das Jonabuch besondere Bedeutung. Es enthält nicht nur eine der bekanntesten und anschaulichsten Erzählungen der gesamten Bibel, sondern wird auch oft im Neuen Testament und im Frühjudentum zitiert oder zumindest erwähnt. Auf diese Weise konnten im Zuge der Überlieferung immer wieder andere Schwerpunkte hervorgehoben bzw. aktualisiert werden. Das Jonabuch spielte damit in der Überlieferung und Auslegung der christlichen Bibel eine besondere Rolle,[5] angefangen

---

[3] Vgl. Karl-Wilhelm Niebuhr: „Schriftauslegung in der Begegnung mit dem Evangelium", in: Friederike Nüssel (Hg.): „Schriftauslegung", Themen der Theologie 8, Tübingen, 2014, S. 43-103, hier: S. 54-69; Volker Drecoll: „Exegese als Grundlage der Theologie in der Alten Kirche und im Mittelalter", in: ebd., S. 105-140, hier: S. 110-127.

[4] Vgl. Oliver Arnholds ausführliche Monographie „‚Entjudung‘- Kirche im Abgrund: Die Thüringer Kirchenbewegung Deutsche Christen 1928-1939 und das ‚Institut zur Erforschung und Beseitigung des jüdischen Einflusses auf das deutsche kirchliche Leben‘ 1939-1945", Berlin, 2010.

[5] Referenzen hierzu finden sich in dem von Johann Anselm Steiger und Wilhelm Kühlmann herausgegebenen Sammelband „Der problematische Prophet. Die biblische Jona-Figur in Exegese, Theologie, Literatur und Bildender Kunst", Arbeiten zur Kirchengeschichte 118, Berlin/New York, 2011; vgl. auch Beat Weber: „Jona. Der widerspenstige Prophet und der gnädige Gott", Biblische

bei der Sammlung der „Oden", wie wir bereits gesehen haben, und in den Auslegungen der antiken Theologen.[6] Dieser Einfluss zeigt sich auch in der breiten Rezeption des Buches in der christlichen Kunst der Spätantike und des Mittelalters bis hinein in die moderne Kunst und Literatur.

Auch Martin Luther widmete dem Jonabuch einen kurzen Kommentar sowie eine akademische Vorlesung und brachte seine Jona-Interpretation auch in seinen „Tischreden" zum Ausdruck.[7] Für Luther war der Prophet im Leibe des grossen Fisches „ein Zeichen der Auferstehung der Toten"; gleichzeitig war Jona aber auch ein „zweifelhafter Heiliger", der trotz seiner Errettung aus Todesgefahr noch immer wollte, dass Gott die Stadt Ninive zerstöre. In seiner Exegese des Jonabuches folgte Luther methodisch den Regeln der mittelalterlichen Exegese und unterschied zwischen einem *sensus literalis* und einem *sensus spiritualis.* Theologisch gesehen hingegen legte er die tödliche Gefahr für Jona und seine Rettung durch Gott nach dem Modell von „Gesetz und Evangelium" aus:

> Hie kompt nu der walfissch und verschlinget Jona, das ist der tod und die helle. Denn so gehts nach einnander: Zu erst das gesetz, darnach die sunde, zu letzt der tod [...] Darnach kompt das lebendige Gotts wort, das Euangelion der gnaden, und spricht zum fissche, das ist, es gepeut dem todte, das er den menschen lebendig lasse. Da gehet der glaube an und wird der mensch beyde von sunden und tod ledig und los und lebt also ynn gnaden und gerechtickeit mit Christo.[8]

Gestalten 27, Leipzig, 2012, S. 125-175; Uwe Steffen: „Die Jona-Geschichte. Ihre Auslegung und Darstellung im Judentum, Christentum und Islam", Neukirchen-Vluyn, 1994; Uwe Steffen: „Das Mysterium von Tod und Auferstehung. Formen und Wandlungen des Jona-Motivs", Göttingen, 1963; Mishael Caspi und John T. Greene (Hg.): „Jonah Interpreted in Judaism, Christianity, and Islam. Essays on the Authenticity and Influence of the Biblical Prophet", Lewiston, 2011.

[6] Vgl. die Kommentare von Hieronymus (S. Risse [Hg.]: „Hieronymus Commentarius in Ionam Prophetam/Kommentar zu dem Propheten Jona", FC 60, Turnhout, 2003) und Theodor von Mopsuestia (Charlotte Köckert: „Der Jona-Kommentar des Theodor von Mopsuestia. Eine christliche Jona-Auslegung an der Wende zum 5. Jahrhundert", in: Steiger/Kühlmann: ebd., S. 1-38, deutsche Übersetzung des Kommentars S. 21-38). Andere Auslegungen des Buches Jona in der antiken Kirche stammen unter anderem von Gregor von Nazianz, Ephraim dem Syrer, Theodoret von Cyrus, Theophylaktos, Origenes, Augustinus, Ambrosius und Gregor dem Grossen. Vgl. dazu Steffen: ebd., S. 75-87.

[7] Zur Auslegung Luthers vgl. Johann Anselm Steiger: „Jonas Propheta. Zur Auslegungs- und Mediengeschichte des Buches Jona bei Martin Luther und im Luthertum der Barockzeit", Doctrina Pietatis II/5, Stuttgart, 2011, S. 13-54; Johann Anselm Steiger: „Gottes ‚Bilderbücher'. Die Auslegung der Jona-Erzählung bei Luther und im Luthertum der Barockzeit", in: Steiger/Kühlmann, a. a. O., (Fussnote 5), S. 53-87.

[8] Martin Luther: „Der Prophet Jona ausgelegt. 1526", in: WA 19, 1897, S. 248f. Vgl. auch: Steffen, a. a. O. (Fussnote 5), S. 107-11.

In seinen Tischreden erklärt Luther ausdrücklich, die Geschichte von Jona sei keine historische Erzählung, sondern als Symbol für die Auferstehung zu verstehen. Die Erzählung vom Überleben Jonas im Bauch des Fisches sei „sehr lügerlich", und wäre sie nicht Teil der Heiligen Schrift, würde er selbst ihr keinen Glauben schenken.[9]

Für Luther ist demnach der historische Wert der Erzählung von Jona nicht entscheidend. Wichtig ist hingegen die spirituelle Bedeutung der Geschichte, die nur dann herausgearbeitet werden kann, wenn man den christlichen Glauben als Ausgangspunkt für die Auslegung nimmt. Nachfolgend werde ich mich nun aber nicht weiter mit Luthers Exegese des Jonabuches beschäftigen,[10] sondern meine Untersuchung auf die Frage beschränken, wie das Jonabuch und im Besonderen der Jonapsalm vor dem Hintergrund heutiger biblischer Theologie zu unserem eigenen Verständnis des biblischen Psalters beitragen kann.

JONAS PSALM ALS TEIL DES JONABUCHES

Das Jonabuch ist ein Sonderfall unter den Prophetenbüchern in der gesamten Bibel, aber auch im Zwölfprophetenbuch. Tatsächlich kann man es fast als Fremdkörper in der Sammlung der Prophetenbücher betrachten. Es gibt im gesamten Buch nur eine einzige Prophezeiung, und diese besteht im Hebräischen aus bloss fünf Wörtern (Jona 3,4), obwohl das Buch im alttestamentlichen Kanon stets als Teil der Propheten überliefert wurde und bereits in frühjüdischen Schriften der Sammlung der zwölf Propheten zugeordnet wurde.[11] Die einzige prophetische Verkündigung in Jona lautet: „Es sind noch vierzig Tage, so wird Ninive untergehen." Abgesehen von dieser Aussage klingt das Buch viel eher wie eine Weisheitserzählung mit vorherrschend pädagogischen oder paränetischen Zielen. Es würde daher besser in den dritten Teil der hebräischen Bibel passen, zu den Schriften, in Anlehnung an die Bücher Tobit, Judit oder Hiob bzw. andere frühjüdische Weisheitsschriften.[12]

---

[9] WA TR 736 (Sammlung Aurifaber).

[10] Zur Auslegung des Buches Jona durch die Reformatoren vgl. Jens Wolff: „Providenz und Meeresforschung. Auslegungsgeschichtliche Beobachtungen zu Johannes Calvins Jona-Kommentar", in: Steiger/Kühlmann, a. a. O. (Fussnote 5), S. 139-158.

[11] Vgl. Sir 49,10; Vitae Prophetarum 10.

[12] Zur erzählanalytischen Kritik des Buches Jona vgl. Peter Weimar: „Eine Geschichte voller Überraschungen. Annäherungen an die Jonaerzählung", SBS 217, Stuttgart, 2009; Ehud Ben Zvi: „Signs of Jonah. Reading and Rereading in Ancient Yehud", The Library of Hebrew Bible and Old Testament Studies, Sheffield, 2003; Rüdiger Lux: „Jona. Prophet zwischen ‚Verweigerung' und ‚Gehorsam'.

Eine weitere Besonderheit des Jonabuches aus literarischer Sicht ist der lange Psalm, den Jona betet, als er im Leib des Fisches gefangen ist. Er wird in Jona 2,2-9 wiedergegeben.[13] Diese Dichtung ähnelt einem biblischen Psalm, wie bereits antike christliche Leserinnen und Leser feststellten. Sie hoben ihn aus seinem literarischen Kontext heraus und stellten ihn neben andere Loblieder aus dem Alten und dem Neuen Testament und bildeten so die „Oden". In der alttestamentlichen Forschung dient diese Besonderheit des Buches Jona als Ausgangspunkt für seine literaturgeschichtliche Analyse. Heute geht man meist davon aus, dass das Buch seine literarische Form erst in der späten Perserzeit oder in der frühhellenistischen Zeit erlangte.[14] Alle Versuche, verschiedene Phasen der literarischen Entwicklung des Buches zu rekonstruieren, zum Beispiel indem man davon ausging, der Psalm in Kapitel 2 existierte ursprünglich unabhängig von seinem literarischen Kontext und stammte möglicherweise aus der Zeit vor dem Exil, aus einem ähnlichen Umfeld wie andere biblische Psalmen, sind gescheitert. Die erzählerischen Verbindungen zwischen Jonas Psalm und seinem Kontext in der Jonageschichte sind zu eng, um beide voneinander zu trennen. Im Psalm selbst gibt es zudem mehrere Motive, die sich nur aus der vorangehenden und folgenden Erzählung erklären.[15] Obwohl es möglich ist, Jonas Psalm der Gattung der „Danklieder" (*todah*) zuzuordnen, beziehen sich die Motive in der Beschreibung der Notlage konkret auf die Situation des ertrinkenden Jona.[16] Deshalb können wir davon

---

Eine erzählanalytische Studie", FRLANT 162, Göttingen, 1994; vgl. auch den Kommentar von Jack M. Sasson: „Jonah. A New Translation with Introduction, Commentary, and Interpretation", AncB 24B, New York, 1990, S. 328-351.

[13] Zu jüngeren Forschungen zum Psalm Jonas vgl. Lux, a. a. O., S. 165-186; Meik Gerhards: „Studien zum Jonabuch", BThSt 78, Neukirchen-Vluyn, 2006, S. 11-26; Hermann J. Opgen-Rhein: „Jonapsalm und Jonabuch. Sprachgestalt, Entstehungsgeschichte und Kontextbedeutung von Jona 2", SBB 38, Stuttgart, 1997.

[14] Für die ältere Forschung vgl. Hans Walter Wolff: „Studien zum Jonabuch", BSt 47, Neukirchen-Vluyn, 1967; Hans Walter Wolff: „Dodekapropheton 3: Obadja und Jona", BK 14/3, Neukirchen-Vluyn, 1977, S. 54-56; Wilhelm Rudolph: „Joel – Amos – Obadja – Jona", KAT 13/2, Gütersloh, 1971, S. 328-330. Zur jüngeren Forschung gehören Gerhards, a. a. O., S. 15-26, 55-65; Opgen-Rhein, a. a. O., S. 213-230; Sasson, a. a. O. (Fussnote 12), S. 20-28; Ben Zvi, a. a. O. (Fussnote 12), S. 7-9.

[15] Dies ist das Ergebnis der kritischen Analyse von Gerhards, a. a. O. (Fussnote 13), S. 53-55; vgl. Sasson, a. a. O. (Fussnote 12), S. 16-20; Douglas Stuart: „Hosea – Jonah", Word Biblical Commentary 31, Waco, 1987, S. 438-440; 471f. Vgl. auch Lux, a. a. O. (Fussnote 12), S. 170, der erklärt, dass „das Gebet notwendig zur narrativen Konzeption des Erzählers gehörte". Etwas optimistischer gegenüber der Rekonstitution verschiedener literarischer Ebenen im Buch sind Opgen-Rhein, a. a. O., S. 129-146, und Rudolph, a. a. O., S. 347-351.

[16] Vgl. Vers 6a: „Wasser umgaben mich und gingen mir ans Leben, die Tiefe umringte mich, Schilf bedeckte mein Haupt."

ausgehen, dass der Psalm und die Erzählung einander gegenseitig erklären. Sie gehören zusammen und wurden vom selben Autor verfasst.[17]

Dies bedeutet, dass wir uns, was die Motive angeht, bei der Auslegung noch stärker den Verbindungen zwischen dem Psalm Jonas und anderen biblischen Psalmen zuwenden sollten. Betrachtet man den Psalm Jonas genauer, zeigt sich, dass darin Motive aus anderen biblischen Psalmen zusammengefügt worden sind. Die Gattung der *todah*-Psalmen legt den Aufbau fest.[18] Dies erklärt, weshalb Jonas Rettung bereits in seinem Gebet angesprochen wird, obwohl er da noch immer in Not ist.[19] Selbst einzelne Formulierungen aus dem Psalm Jonas entstammen vom Wortlaut her biblischen Psalmen, zum Beispiel:[20]

Vers 3

Ich rief zu dem Herrn in meiner Angst, und er antwortete mir
Ich schrie aus dem Rachen des Todes, und du hörtest meine Stimme.
Ps 130,1f. Aus der Tiefe rufe ich, Herr, zu dir. Herr, höre meine Stimme!

Vers 4

Du warfst mich in die Tiefe, mitten ins Meer, dass die Fluten mich umgaben.
Alle deine Wogen und Wellen gingen über mich.
Vers 6a
Wasser umgaben mich und gingen mir ans Leben, die Tiefe umringte mich,
Schilf bedeckte mein Haupt.
Ps 42,8 Alle deine Wasserwogen und Wellen gehen über mich.

Vers 5

Ich dachte, ich wäre von deinen Augen verstossen,
ich würde deinen heiligen Tempel nicht mehr sehen.

---

[17] Für eine ausführlichere Analyse vgl. Lux, a. a. O. (Fussnote 12), S. 171-181; Opgen-Rhein, a. a. O. (Fussnote 13), S. 34-73; Stuart, a. a. O. (Fussnote 15), S. 472-474; Sasson, a. a. O. (Fussnote 12), S. 160-215; Weber, a. a. O. (Fussnote 5), S. 66-69.

[18] Vgl. Opgen-Rhein, a. a. O. (Fussnote 13), S. 147-154; Weber, a. a. O. (Fussnote 5), S. 71-82.

[19] In *todah*-Psalmen folgt auf die Beschreibung der Notlage und den Ruf nach Rettung ein Eingreifen Gottes und eine Reaktion darauf seitens der betenden Person, die ihre Dankbarkeit ausdrückt und gelobt, Gottes Namen in der Gemeinde zu preisen. Vgl. Erich Zenger: „Das Buch der Psalmen", in: Erich Zenger et al: „Einleitung in das Alte Testament", Stuttgart, 2008, S. 348-370, hier: S. 361f.

[20] Weitere Parallelen erwähnt Alfons Deissler: „Jona", in: Alfons Deissler: „Zwölf Propheten II", Würzburg, 1984, S. 26-28; vgl. Weber, a. a. O. (Fussnote 5), S. 74-80; Rudolph, a. a. O. (Fussnote 14), S. 351-354.

*Ps 31,23 Ich sprach wohl in meinem Zagen: Ich bin von deinen Augen verstossen.
Doch du hörtest die Stimme meines Flehens, als ich zu dir schrie.*

Vers 7

Ich sank hinunter zu der Berge Gründen, der Erde Riegel schlossen sich hinter mir ewiglich.

Ps 40,3 Er zog mich aus der grausigen Grube, aus lauter Schmutz und Schlamm.

Durch diese Aneinanderreihung biblischer Psalmenformulierungen wird der Prophet selbst zu einem Vorbild für alle frommen Israelitinnen und Israeliten. Obwohl Jona gegen Gottes Willen protestierte, seine Aufgabe nicht erfüllte und daher in äusserste, lebensbedrohliche Not geriet, durfte er im Gebet zu seinem Gott zurückkehren und ihn um Rettung anflehen. Jeder Mensch in einer ähnlichen Situation sollte seinem Beispiel folgen. Denn Gott ist ein barmherziger Gott, ein rettender Gott, im Gegensatz zu den erbärmlichen Götzen der Heiden (vgl. Jona 2,9). Gott verdient es, in seinem heiligen Tempel gelobt zu werden (Jona 2,8.10). Jona, wie ihn das biblische Jonabuch darstellt, kann seinen Gott sogar schon loben, noch bevor er ans Land gespien wird, denn er lebt aus seinem Glauben an einen barmherzigen Gott.

Dieses biblische Verständnis von Gott als dem Retter in der Not, der die Sünden seines Volkes vergibt, durchzieht das gesamte Jonabuch und nicht nur Jonas Psalm.[21] Innerhalb dieses theologischen Rahmens ist Jona eine beispielhafte Figur, die Zeugnis ablegt von Gottes barmherzigem Handeln gegenüber seinem Volk Israel. Jona ist als exemplarischer Mensch Teil einer narrativen Theologie des Alten Testaments. Ein moderner Exeget schlug deshalb als angemessenen Titel des Buches vor: „Die Geschichte JHWHs mit seinem Propheten Jona".[22]

Zusätzlich zu diesem theologischen Rahmen des Jonapsalms werden innerhalb des Buches noch mehrere weitere theologische Motive angesprochen. Dazu gehört die Ansicht, dass der Gott Israels gleichzeitig der „Herr, der Gott des Himmels, der das Meer und das Trockene gemacht hat" (Jona 1,9) ist, dem niemand entkommen kann (Jona 1,3f.). Gott beherrscht die

---

[21] Zu anderen, wichtigen theologischen Fragen, die das Buch Jona anspricht, vgl. Gerhards, a. a. O. (Fussnote 13), S. 73-135 (besonders S. 131); Friedhelm Hartenstein: „Die Zumutung des barmherzigen Gottes. Die Theologie des Jonabuches im Licht der Urgeschichte Gen 1-11", in: Angelika Berlejung und Raik Heckl (Hg.): „Ex oriente Lux. Studien zur Theologie des Alten Testaments", FS R. Lux, ABG 39, Leipzig, 2012, S. 435-455; Jörg Jeremias: „Der Psalm des Jona (Jona 2,3-10)", in: Michaela Bauks et al (Hg.): „Was ist der Mensch, dass du seiner gedenkst? (Psalm 8,5). Aspekte einer theologischen Anthropologie", FS B. Janowski, Neukirchen-Vluyn, 2008, S. 203-214.

[22] Deissler, a. a. O. (Fussnote 20), S. 20.

Naturgewalten (Jona 1,4.15), und selbst die Heidinnen und Heiden fürchten ihn (Jona 1,16). Kapitel 3 zeigt, dass sogar die Heidinnen und Heiden (mehr noch als Jona, der Israelit!) bereit sind, umzukehren und Gott vielleicht sogar umstimmen können, damit er seinen Zorn von ihnen abwende (Jona 3,8f.). Und tatsächlich geschieht genau dies in der Erzählung: Als Gott ihre Busse sah, „reute ihn das Übel, das er ihnen angekündigt hatte, und [er] tat's nicht" (Jona 3,10).[23] Auch hier wird Jona als beispielhafter Israelit dargestellt, nun allerdings im negativen Sinn. Er kennt Gottes Wesen gut, lehnt sich aber dagegen auf:

> Ach, Herr, das ist's ja, was ich dachte, als ich noch in meinem Lande war, weshalb ich auch eilends nach Tarsis fliehen wollte; denn ich wusste, dass du gnädig, barmherzig, langmütig und von grosser Güte bist und lässt dich des Übels gereuen. (4,2)

Offensichtlich zitiert Jona hier eines der grundlegenden Bekenntnisse Israels in der Tora (vgl. 2.Mose 34,6f.), nach dem auf Gottes Verheissung der Gnade die Ankündigung von Gottes Gericht folgt.[24] Jonas Zitat bricht aber genau an diesem Wendepunkt des biblischen Bekenntnisses ab. Dies ist ein Beleg für das Gottesverständnis im Buch Jona: Gott ist der Richter, dem niemand je entkommen kann, am wenigsten derjenige, der sich selbst als frommer Israelit und Verkündiger von Gottes Gericht über die Heiden sieht.[25] Vor allem aber ist Gott ein barmherziger Gott, selbst für Heidinnen und Heiden, die bereit sind, zu ihm umzukehren und zu lernen, ihn zu fürchten. Mehr noch: Gott zeigt sich sogar gegenüber diesem widerborstigen, kleingläubigen Israeliten, der glaubt, er sei unfähig, Gottes Gnade auszuhalten, barmherzig!

Jona ist demnach ein Testfall für Israels Vertrauen auf Gott (wahrscheinlich aus nachexilischer oder sogar frühjüdischer Zeit), gleichzeitig ist er aber auch ein unfreiwilliger Verkündiger von Gottes Gnade. Der Psalm Jonas ist ein Bekenntnis zu Gott, einem Gott, der die Menschen aus tiefster Not rettet. Die Geschichte Jonas ist eine erzählerische Darstellung von Gottes Barmherzigkeit gegenüber allen Menschen, die sich seinem gütigen Urteil anvertrauen. Wollte man die lutherische Unterscheidung von Gesetz und

---

[23] Vgl. Weber, a. a. O. (Fussnote 5), S. 98-103. Zum Motiv von Gottes eigenem Kummer und Reue im Buch Jona vgl. Jan-Dirk Döhling: „Der bewegliche Gott. Eine Untersuchung des Motivs der Reue Gottes in der Hebräischen Bibel", HBS 61, Freiburg i. Br., 2009, S. 429-484.

[24] Vgl. Weber, a. a. O. (Fussnote 5), S. 104-113; Ruth Scoralick: „Gottes Güte und Gottes Zorn. Die Gottesprädikationen in Exodus 34,6f und ihre intertextuellen Beziehungen zum Zwölfprophetenbuch", HBS 33, Freiburg i. Br., 2002, S. 182-185.

[25] Vgl. dazu Gerhards, a. a. O. (Fussnote 13), S. 175-193.

Evangelium auf die alttestamentlichen Schriften anwenden, so gehörte das Jonabuch, auch wenn es aus erzählerischer Sicht ein offenes Ende hat, offensichtlich zum Evangelium.

JONA IN DER FRÜHJÜDISCHEN LITERATUR

In der Antike war Jonas Geschichte beliebt, wie die Schriften des Neuen Testaments und die Rezeptionsgeschichte im antiken Christentum zeigen. Auch im Frühjudentum kannte man Jona in verschiedenen Kontexten. Hauptquelle für die Rezeption des Jonabuches bei den griechischsprachigen Juden war die Septuaginta, die auch die Textgrundlage für die Rezeption des Buches im antiken Christentum bildete. Dies kann aus verschiedenen Einzelheiten abgeleitet werden, zum Beispiel der Bezeichnung der Pflanze, die Gott eine Nacht lang wachsen liess, um Jona Schatten zu geben, die jedoch die Nacht darauf verdorrte, nachdem sie von einem Wurm angegriffen worden war (Jona 4,6f.). Nach dem hebräischen Text handelte es sich dabei um einen Rhizinusstrauch / *ricinus communis* (σιλλικύπριον), in der Septuaginta hingegen ist es ein Kürbis (κολόκυνθα) und in der griechischen Version von Symmachus ein Efeu (κισσός). Gebildete Kirchenväter wie Hieronymus oder Augustinus konnten sich kräftig darüber streiten, um welche Pflanze es sich nun tatsächlich handelte. Doch offensichtlich orientierte sich Hieronymus in seiner Argumentation zugunsten seiner eigenen Übersetzung nicht so sehr an der Botanik, als vielmehr an der Autorität der Ursprache der Bibel und ihrer richtigen Übersetzung bzw. ihrem korrekten Verständnis. Ihn interessierte die *hebraica veritas*, durch die die Offenbarung Gottes allen Menschen zugänglich ist.[26]

Eine andere Einzelheit betrifft das Tier, das Jona vor dem Ertrinken rettete und ihn drei Tage und drei Nächte lang in seinem Bauch am Leben erhielt (Jona 2,1). Nach dem hebräischen Text war dies ein grosser Fisch. Die Septuaginta hingegen nennt es κῆτος, ein sagenhaftes Seeungeheuer.[27] Die gesamte Geschichte Jonas erhält dadurch einen mythenhaften Grundton, der auch ihre Rezeption bei Matthäus beeinflusst hat (vgl. Mt 12,40). Wichtiger noch ist eine dritte Änderung des hebräischen Wortlautes durch

---

[26] Vgl. Risse, a. a. O. (Fussnote 6), S. 204-209. Zum ernsthaften Hintergrund dieses eher amüsanten Streits über Kürbisse findet sich eine Erklärung bei Risse, a. a. O., S. 20-37. Im Mittelpunkt stand die Verwendung der Bibel in der Kirche. Dort wurde entweder die Septuaginta und ihre lateinische Übersetzung bevorzugt, oder aber eine direkt aus dem Hebräischen übersetzte Version, die so genannte *hebraica veritas*.

[27] Vgl. auch Ps-Philo: „De Jona 16"; 3. Makk 6,8; Flavius Josephus, Ant IX 213.

die griechischen Übersetzer: Der Zeitraum für Ninives Reue (Jona 3,4) beträgt nach dem hebräischen Text vierzig Tage. In der Septuaginta wurde er auf nur drei Tage verkürzt, wodurch Jona als Gerichtsprophet noch strenger erscheint.

In der frühjüdischen Literatur existierte jedoch kein festes oder einheitliches Bild von Jona. Flavius Josephus zum Beispiel erzählt nur einen Teil der Geschichte der Bibel.[28] Nach Jonas Prophezeiung gegen Ninive (Jona 3,4) bricht er seine Wiedergabe plötzlich ab mit der Bemerkung „dann ging er nach Hause", obwohl er später behauptet, er hätte die Geschichte so wiedergegeben, wie er sie in der Schrift gefunden habe. Offensichtlich war Flavius Josephus bei seiner Neufassung und Auslegung der biblischen Geschichte Israels von seinem theologischen Blickwinkel aus hauptsächlich an Jonas Ankündigung der Rettung für Jerobeam (2.Kön 14,23-29) interessiert und nicht so sehr an Jonas eigener Geschichte. Im 3. Makkabäerbuch, einer legendären und erbaulichen Erzählung darüber, wie die Jüdinnen und Juden Ägyptens im Alexandria des dritten Jahrhunderts vor einem Pogrom gerettet wurden, erscheint Jona in einer Fürbitte des alten Priesters Eleasar (3.Makk 6,1-8).[29] Jona gehört hier zu einer Reihe biblischer Figuren und Szenen, die zusammen genommen als Beispiele für Gottes rettendes Handeln gegenüber dem Volk Israels dienen. Genannt werden Abraham und seine Nachkommen, die Geschichte von Israels Auszug aus Ägypten, die Meerwundererzählung, die Rettung Jerusalems vor dem Assyrerkönig Sanherib, die Befreiung der drei Männer aus dem Feuerofen und Daniels aus der Löwengrube nach dem Buch Daniel und schliesslich „Jona, der im Bauch eines in der Meerestiefe lebenden Seeungetüms schonungslos hinschwand", den aber Gott „allen Angehörigen unversehrt wieder gezeigt" hat. Betrachtet man den Kontext des Gebets und die Auswahl der Ereignisse, so ist das Motiv von Jonas Schutz im Leib des Fisches die einzige Szene aus dem ganzen Buch, die als Beispiel dafür angeführt wird, wie Gott vor dem Tod retten kann.

Die *Vitae Prophetarum*,[30] eine weitere jüdische Schrift, wahrscheinlich aus dem ersten Jahrhundert nach Christus, behandelt zusätzliche Aspekte der biblischen Jonafigur und fügt der Geschichte mehrere Elemente hinzu, die keinerlei biblische Grundlage haben. Der Abschnitt über Jona erwähnt kurz die biblische Jonaerzählung, die dem Verfasser und den Lesenden offensichtlich bekannt ist.[31] Wichtiger ist für den Autor jedoch, was danach folgt: Jona verliess seine Heimat und „wohnte als Fremder (im) Gebiet Sur,

---

[28] Flavius Josephus, Ant IX 205-214.

[29] Übersetzung im Folgenden nach Septuaginta Deutsch.

[30] Deutsche Übersetzung bei A. M. Schwemer: „Vitae Prophetarum", JSHRZ I, Gütersloh, 1997.

[31] VitProph 10,2f.

(dem Land) fremder Völker. Denn er sagte: ‚So werde ich meine Schande beseitigen, denn ich habe gelogen, als ich weissagte gegen Ninive, die grosse Stadt'" (10,2f.).[32] Den Hintergrund bildet hier die biblische Episode, in der Jona sich den Tod wünschte (vgl. Jona 4,1-3), vielleicht auch sein Weggang aus Ninive (vgl. Jona 4,5). Dieses Motiv wird jedoch nicht mehr wegen seines Unwillens, die Busse Ninives anzunehmen, erwähnt, sondern wegen seiner falschen Prophezeiung gegen die Stadt.

Der ausführlichste Text aus der frühjüdischen Literatur, der uns heute bekannt ist und sich auf das biblische Jonabuch stützt, ist eine als Teil der Werke Philons von Alexandria überlieferte Synagogenpredigt.[33] Über ihren Herkunftsort und die Entstehungszeit kann nichts Bestimmtes gesagt werden; sicher ist nur, dass die Schrift nicht von Philon verfasst wurde.[34] Sie stammt jedoch aus der griechischsprachigen jüdischen Diaspora, die in Ägypten/Alexandria nur bis zum ersten Viertel des zweiten Jahrhunderts nach Christus existierte, in anderen Teilen des Mittelmeerraumes aber wesentlich länger. In dieser sehr langen Predigt werden fast jeder Aspekt und jede Einzelheit der Geschichte Jonas erklärt und ausgelegt; das Jonabuch wird dabei in der Reihenfolge des biblischen Textes abgehandelt. Die Absicht der Schrift ist grösstenteils paränetisch und belehrend. Wollte man eine theologische Leitidee hervorheben, so wäre dies das Zeugnis von Gottes Güte und Menschenliebe, die uns das Beispiel Jonas und der Stadt Ninive lehrt.[35] In dieser Predigt wird auch der Psalm Jonas behandelt (Kapitel 19-25); er wird jedoch vollständig in ein Bussgebet umgewandelt, gesprochen von einem beispielhaften Sünder, der den menschenliebenden

---

[32] Nach dem biblischen Text stammte Jona, der Sohn Amittais, aus Gat-Hefer, einem Ort in Galiläa (vgl. 2.Kön 14,25). Nach VitProph war seine Heimatstadt Aschdod am Meer, ein Ort nahe der „Stadt der Griechen".

[33] Dieses Werk ist nur in einer armenischen Übersetzung erhalten. Eine deutsche Übersetzung, basierend auf einer Rückübersetzung aus dem Armenischen ins Griechische, bietet Folker Siegert: „Drei hellenistisch-jüdische Predigten. Ps.-Philon, ‚Über Jona', ‚Über Simson' und ‚Über die Gottesbezeichnung ‚wohltätig verzehrendes Feuer". I: Übersetzung aus dem Armenischen und sprachliche Erläuterungen", WUNT 20, Tübingen, 1980. Vgl. auch Steffen, a. a. O. (Fussnote 5), S. 13-16.

[34] Vgl. Folker Siegert: „Philon von Alexandrien. Über die Gottesbezeichnung ‚wohltätig verzehrendes Feuer' (De Deo). Rückübersetzung des Fragments aus dem Armenischen, deutsche Übersetzung und Kommentar", WUNT 46, Tübingen, 1988, S. 2.

[35] Vgl. Siegert, a. a. O. (Fussnote 33), S. 7: „Als Thema oder Roten Faden könnte man für De Jona benennen: ‚Der gütige Gott'[...] Dass in De Jona die φιλανθρωπία Gottes [...] unter völligem Absehen vom Gesetz des Mose gepriesen wird, [...] erklärt sich sowohl aus dem Predigttext als auch aus dem Anlass, zu dem dieser [...] vorgelesen wurde: es war der Nachmittag des Versöhnungstages (Megilla 31a). Die Geschichte von der Busse der Niniviten, mit denen sich Gott versöhnte, gab diesem Tag eine nichtexklusive, der ganzen Menschheit geltende Deutung [...].“

und barmherzigen Gott um Gnade anfleht. Nur sporadisch treten in diesem Bussgebet noch Motive aus dem biblischen Jonapsalm auf, zum Beispiel das Ertrinken Jonas in den Tiefen des Meeres (Kapitel 19). Viel spannender ist jedoch das Seeungetüm, das äusserst anschaulich beschrieben wird: Es hat Zähne wie die Gitterstäbe eines Gefängnisses (Kapitel 22), den Rachen einer Bestie (Kapitel 20) und einen Leib, der den Gefangenen wie ein Tunnel umschliesst (Kapitel 21). Doch selbst unter diesen Umständen betet der arme Jona noch für das Seeungetüm, dass Gott es (ebenso wie ihn selbst) möglichst bald befreien möge. Denn wegen der Anwesenheit Jonas in seinem Leib kann das Ungetüm keine Nahrung zu sich nehmen (Kapitel 22). Anscheinend ist Gott nicht nur menschenliebend, sondern auch tierlieb![36] Die Busspredigt, die bereits zum biblischen Jonabild gehörte, wird in dieser belehrenden und paränetischen Rede zum Hauptziel des Textes.

Bezüge auf Jona in der synoptischen Tradition

In den synoptischen Evangelien wird die Jonageschichte zwar nicht nacherzählt, klar ist aber, dass sie sowohl den Verfassern als auch ihren Lesenden bekannt war.[37] Der Diskussionsstand zur vorliterarischen Überlieferungsgeschichte, die zur synoptischen Jona-Tradition führte, ist relativ komplex und kann hier nicht behandelt werden.[38] Doch grundsätzlich gibt es in der synoptischen Überlieferung zwei voneinander unabhängige Einheiten, eine aus der markinischen Überlieferung und eine aus der Lukas und Matthäus gemeinsamen Tradition („Q"), die von beiden Evangelisten auf verschiedene Art und Weise miteinander kombiniert wurden. Zusätzlich nutzten beide weitere Logien aus ihrer eigenen Tradition (sog. Sondergut). Klar ist auf jeden Fall, dass der synoptische Jesus mit den Pharisäern als Repräsentanten seiner Gegner streitet und sie auf das „Zeichen des Jona" verweist. Weniger eindeutig ist aber, was dieses „Zeichen" genau bedeutet.[39]

---

[36] Vgl. Ps 36,7.

[37] Vgl. Mk 8,11f.; Mt 12,38-42; 16,1-2a; 4; Lk 11,16; 29-32.

[38] Vgl. Michael Wolter: „Das Lukasevangelium", HNT 5, Tübingen, 2008, S. 414-426; Ulrich Luz: „Das Evangelium nach Matthäus", Bd. 2, EKK I/2, Zürich/Neukirchen-Vluyn, 1990, S. 271-285; Joachim Gnilka: „Das Evangelium nach Markus", Bd. 1, EKK II/1, Zürich/Neukirchen-Vluyn, 1980, S. 305-308.

[39] Für eine ausführlichere Diskussion vgl. John S. Kloppenborg: „The Formation of Q. Trajectories in Ancient Wisdom Collections", Minneapolis, 1987, S. 128-134; Martin Hüneburg: „Jesus als Wundertäter in der Logienquelle. Ein Beitrag zur Christologie von Q", ABG 4, Leipzig, 2001, S. 214-223; James D. G. Dunn: „Jesus Remembered, Christianity in the Making 1", Grand Rapids/Cambridge, 2003, S. 658-660, und zuletzt Peter Lampe: „Jona in der Jesustradition des ersten

Bei Markus weigert sich Jesus grundsätzlich, ein Zeichen zu geben. Markus erwähnt jedoch Jona nicht. Die Paralleltexte bei Matthäus und Lukas erweitern im Vergleich zu Markus Jesu Weigerung, ein Zeichen zu geben, und beide nennen als Ausnahme das „Zeichen des Jona". Bei Lukas führt Jesus jedoch nach seiner Weigerung, der Aufforderung der Pharisäer nachzukommen (Lk 11,16), noch mehrere andere Argumente an, bevor er das „Zeichen des Jona" erwähnt (Lk 11,29). Erst danach gibt Lukas einen Hinweis darauf, was dieses Zeichen bedeuten könnte. Er bezieht sich auf Jonas Prophezeiung des Gerichts über Ninive. Genau wie Jona früher für die Leute von Ninive zu einem „Zeichen" wurde, so wird „der Menschensohn" beim Jüngsten Gericht auftreten und gegen „dieses Geschlecht" sprechen (Lk 11,30). Weil die Heidinnen und Heiden von Ninive damals Busse taten (wie die „Königin aus dem Süden",[40] die vom Ende der Welt kam, die Weisheit Salomos zu hören), werden auch sie beim Jüngsten Gericht gegen „dieses Geschlecht" auftreten, d. h. gegen die Israelitinnen und Israeliten, die nicht bereit sind, an Jesus zu glauben. Denn „hier ist mehr als Salomo" und „mehr als Jona" (Lk 11,31f.). In den Evangelien wird Jona demnach zum beispielhaften Propheten des Gerichts aus dem ersten Bund und zu einem Vorbild für Jesu eigene Verkündigung des eschatologischen Gerichts.

Bei Matthäus weigert sich Jesus, den Pharisäern ein Zeichen zu geben,[41] und verweist sie, genau wie Lukas, auf das „Zeichen des Jona" (Mt 16,1a, 4; 12,39). Doch dann fährt er fort, zumindest an einer der beiden Stellen, und führt zwei Erklärungen für dieses „Zeichen des Jona" an. Zunächst legt er Jonas dreitägigen Aufenthalt im Bauch des „Seeungetüms"[42] als Vorbild für den dreitägigen Aufenthalt des Menschensohnes „im Schoss der Erde" (Mt 12,40) aus und spielt damit indirekt auf Jesu Auferstehung von den Toten an. Danach erwähnt er die Leute von Ninive als Zeugen gegen „dieses Geschlecht" beim Jüngsten Gericht, weil sie nach Jonas Prophezeiung Busse taten (Mt 12,41). Wie Lukas spricht auch Matthäus, allerdings erst nach den Leuten von Ninive, von der „Königin aus dem Süden" (Mt 12,42), und zwar als biblisches Vorbild für die Heidinnen und Heiden, die, anders als „dieses Geschlecht", Busse taten. Bei Matthäus erscheint Jona demnach wie bei Lukas vor allem als eschatologischer Gerichtsprophet. Aber nur bei Matthäus ist er zudem gleichzeitig auch ein biblisches Vorbild für die Auferstehung Jesu, des „Menschensohns".

Jahrhunderts auf der Grundlage literarischer und archäologischer Zeugnisse", in: Petra von Gemünden/David G. Horrell und Max Küchler (Hg.): „Jesus – Gestalt und Gestaltungen. Rezeptionen des Galiläers in Wissenschaft, Kirche und Gesellschaft", FS G. Theissen, NTOA/StUNT 100, Göttingen, 2013, S. 347-372.

[40] Vgl. 1. Könige 10,1-13.

[41] Ebenso den Schriftgelehrten, vgl. 12,38, oder den Sadduzäern, vgl. 16,1.

[42] Κῆτος wie in der Septuaginta!

Angesichts dieser relativ komplizierten synoptischen Tradition ist es riskant, eine Vermutung darüber zu äussern, was der „vorösterliche" Jesus selbst über Jona wusste. Wir müssten von den beiden Streitgesprächen ausgehen, die unabhängig voneinander in die synoptischen Evangelien aufgenommen worden sind. Ursprünglich war eines davon Teil einer Auseinandersetzung mit den Pharisäern, bei der Jesus sich grundsätzlich weigerte, ihnen ein Zeichen zu geben.[43] Die zweite Überlieferung entstammt einem anderen Streitgespräch, in dem Jesus die Leute von Ninive als Adressatinnen und Adressaten von Jonas Gerichtsprophezeiung sowie die „Königin aus dem Süden" erwähnt. Diese Aussage wurde nach der Logienquelle („Q") sowohl von Matthäus als auch von Lukas überliefert. Die Leute von Ninive und die „Königin aus dem Süden" wurden hier zum Modell für Jesu eigene Ankündigung des Jüngsten Gerichts gegen „dieses Geschlecht". Matthäus und Lukas kombinierten beide Überlieferungen. Matthäus verdoppelte sie sogar und fügte sie an zwei unterschiedlichen Stellen in seine Evangelienerzählung ein. Ausserdem nutzte er das Motiv von Jona im Bauch des Seeungetüms als Vorbild für die Auferstehung Jesu, was offenbar das Osterbekenntnis seiner Gemeinde voraussetzt. Dies passt gut zum Umgang mit der Schrift bei Matthäus an anderen Stellen seines Evangeliums. Wahrscheinlich war es demnach Matthäus, der diesen Spruch zur Überlieferung über Jona hinzufügte. Ob er dabei auf sein Sondergut zurückgriff oder nicht, bleibt offen.

Mit anderen Worten: Jesus selbst kannte möglicherweise Jona als Gerichtspropheten und führte ihn vielleicht auch als Beispiel für seine eigene Lehre über das Jüngste Gericht an. Vielleicht erwähnte er auch bereits die Leute von Ninive als Beispiel für die Busse von Nichtjuden.[44] Auf jeden Fall konnte er dieses biblische Vorbild polemisch gegen seine jüdischen Zeitgenossen verwenden, die seine Lehre verwarfen. Gehen wir von dieser Annahme aus, dann wurde die prophetische Konfrontation zwischen Israeliten/Israelitinnen und Heiden/Heidinnen, die implizit schon Teil der Jonageschichte war, möglicherweise von Jesus in die Streitgespräche mit seinen Gegnern eingeführt. Darin könnte bereits die Ausbreitung der Jesusbewegung auf nichtjüdische Menschen angedeutet sein, die später im Matthäusevangelium als zentrales Thema aufgegriffen wird.[45]

---

[43] Mk 8,11f. Die Überlieferung vor Markus beinhaltete wahrscheinlich bereits einen Bezug auf das „Zeichen des Jona", den Markus aufgrund des neuen Kontexts dieser Überlieferung in seinem Evangelium entfernte. Ohne einen solchen Hinweis wäre die Polemik der Aussage gegen die Pharisäer völlig unverständlich gewesen.

[44] Vgl. Florian Wilk: „Jesus und die Völker in der Sicht der Synoptiker", BZNW 109, Berlin/New York, 2002, S. 270-286). Zu Jesu Absicht, zumindest in aussergewöhnlichen Situationen auch zu den Heiden zu sprechen, vgl. Dunn, a. a. O. (Fussnote 39), S. 537-539.

[45] Vgl. Mt 28,16-20.

JONA ALS MODELL FÜR EINE BIBLISCHE THEOLOGIE (SCHLUSS)

Jonas Psalm spielt in der Jesustradition keine Rolle. Der Leib des Fisches ist nur ein Modell für Jesu Grab, aber nicht der Ort, einen Psalm zu singen. Und selbst dies gilt wohl erst für die Zeit nach Ostern und vielleicht auch nur für Matthäus. Schritt für Schritt wurde das Jonabuch so zu einem biblischen Modell für die Auferstehung der Toten.[46] Die frühesten Phasen dieser Überlieferung haben in den synoptischen Evangelien noch Spuren hinterlassen. Aber erst bei Matthäus findet sich erstmals das Motiv von Jona im Leib des Fisches als Symbol für die Auferstehung Christi. Und doch war es diese Überlieferungsstufe, die bei der Auslegung des Jona-buches in der christlichen Rezeptionsgeschichte leitend wurde, und nicht derjenige Akzent, den wohl Jesus selbst hervorgehoben hatte. Es war der nachösterliche Glaube an Jesu Tod und Auferstehung, der das christliche Verständnis der Jonageschichte bestimmte.

Dieser Gedanke ist entscheidend für die christliche Lektüre und das christliche Verständnis des Jonapsalms. Wenn wir heute fragen, wie wir es aus Sicht lutherischer Hermeneutik verstehen sollen, wenn Jona aus dem Maul des Fisches heraus zu uns spricht, müssen wir die Botschaft in den Mittelpunkt stellen, die uns die ganze Bibel, bestehend aus beiden Testamenten, vermitteln will. Was kommt für uns heute heraus aus dem Maul des Fisches? Dazu möchte ich zum Schluss einige Bemerkungen zu Jona als Modell für eine biblische Theologie machen.

Das Buch Jona kann als Musterfall für eine biblische Theologie im christlichen Sinne betrachtet werden. Entscheidend für eine solche biblische Theologie ist nicht die Verkündigung eines irgendwie zu rekonstruierenden „vorösterlichen" oder gar „historischen" Jesus, ebenso wenig wie die Botschaft des „historischen Jona" aus dem achten Jahrhundert vor Christus, wie sie vielleicht durch historische Analysen rekonstruiert werden kann. Entschei-dend für ein christliches Verständnis des Jonabuches ist das Bekenntnis zu Jesus, der am Kreuz starb und am dritten Tag von Gott auferweckt wurde. Dieses Bekenntnis bestimmt die Auslegung der Texte des Neuen, aber auch des Alten Testaments. Dies bedeutet nun nicht, dass jede historische Unter-suchung alttestamentlicher Texte oder jede Interpretation biblischer Texte in jüdischer Auslegungstradition nutzlos oder gar verfehlt wäre. Im Gegenteil: Beide können hilfreich sein, um die uns überlieferten Texte differenzierter zu verstehen. Doch die historische Forschung ist kein Selbstzweck. Sie kann nur Mittel sein, um ein besseres theologisches Verständnis der Bibel, bestehend aus Neuem und Altem Testament, zu erlangen – als Zeugnis von Gottes rettendem Werk durch seinen Sohn Jesus Christus.

---

[46] Vgl. die vielen Belege bei Steffen, a. a. O. (Fussnote 5), S. 141-238.

Auf diesem Bild sieht man die Kanzel der katholischen (ehemals lutherischen) Kirche in Bad Reinerz in Schlesien, heute in Polen, aus dem 18. Jahrhundert. Klar zu erkennen ist das dargestellte Tier. Es gleicht eher einem
Seeungetüm als einem freundlichen Fisch. Die Kanzel wird von den vier

Evangelisten getragen. Über dem Maul des Fisches sind mehrere alttestamentliche Propheten zu sehen. Ganz oben ist der auferstandene Christus dargestellt. Bewundern (oder fürchten) mag man auch die weissen Zähne im Maul des Fisches. In der Mitte des Rachens ist nichts als ein leerer Raum und ein blutroter Hintergrund. Bei näherem Hinsehen erkennt man jedoch ein Mikrofon, ein Lesepult und darüber den Heiligen Geist wie eine Taube, umgeben von einem Strahlenkranz.

Was aus dem Maul des Fisches herauskommt, hängt davon ab, wer auf die Kanzel steigt und wie er oder sie die Geschichte versteht und darlegt. Die Predigt wird entweder den Fisch oder den auferstandenen Christus oder den Heiligen Geist oder etwas anderes betonen, je nach dem, was der Prediger oder die Predigerin in den Evangelien oder in der Bibel gelesen hat. Es braucht eine lebendige Stimme, einen gläubigen Menschen, um das Evangelium so zu predigen, dass es von Menschen in der heutigen Zeit als Wort des Lebens verstanden und angenommen werden kann. Es gibt unzählige Arten und Weisen, wie man die biblischen Erzählungen verstehen kann, und jede hat ihren eigenen Kontext. Aber es gibt nur ein Evangelium zu verkündigen. Aus Sicht heutiger lutherischer Hermeneutik wird entscheidend sein, ob wir in all diesen verschiedenen, manchmal auch beunruhigenden Erzählungen und Texten der Bibel die *viva vox evangelii* entdecken können, die Botschaft des lebendigen Wortes, das Nahrung bietet für alle Menschen, die es brauchen.

In der lutherischen Tradition soll das Wort Gottes den Menschen als Gesetz und Evangelium verkündet werden. Der biblische Jona damals – obwohl er noch nichts von Luther und dessen Unterscheidung zwischen Gesetz und Evangelium wusste – ist ein Modell für lutherische Pastorinnen und Pastoren heute, die sich – manchmal gegen den eigenen Willen oder das eigene Verstehen – der Aufgabe annehmen, den Menschen die Botschaft Gottes zu predigen. Und so werden sie selbst zum Mund Gottes.

Interpretation der Psalmen im Neuen Testament: Zeugnis für Christus und die conditio humana

Craig R. Koester

Die Psalmen haben Luthers Verständnis von einem Leben im Glauben entscheidend geprägt. In seiner „Vorrede" von 1528 bezeichnet Luther den Psalter „als kleine Biblia" und als „Handbuch", das die ganze Bibel zusammenfasst.[1] Luthers Kontext war die spätmittelalterliche Welt, die er als eine Welt voller Legenden und Beispiele aus dem Leben der Heiligen beschreibt. Dabei stellte er fest, dass die Psalmen die einzigartige Kraft haben, Menschen für den Glauben zu begeistern. Luther hoffte, diese inspirierende Kraft durch die Übersetzung der Psalmen weitergeben zu können, da die Menschen die Psalmen dann in ihrer eigenen Sprache lesen könnten. Er nannte zwei Gründe, warum die Psalmen gelesen werden sollten: Erstens, so Luther, vermittelten sie die Verheissung des Todes und der Auferstehung Christi und wiesen damit darauf hin, was Christus getan habe.[2] Zweitens hätten sie mehr zu bieten als nur fromme Beispiele. Sie berichteten aufrichtig über die Bedingungen des Menschseins mit seinem Schmerz und seiner Trauer, seinen Hoffnungen und Erwartungen. Die Psalmen seien wie ein Spiegel, der den Menschen zeige, was sie sind und ihnen verspricht: „Ja du wirst auch dich selbs drinnen / vnd das rechte Gnotiseauton finden / Da zu Gott selbs vnd alle Creaturn."[3]

---

[1] Martin Luther: „Vorrede zum Psalter", WA DB 10/1, S. 98-105, insbes. S. 98.

[2] Luther sagte „Denn hie finden wir nicht allein / was einer oder zween Heiligen gethan haben /Sondern was das Heubt selbs aller Heiligen gethan hat / vnd noch alle Heiligen thun.," denn der Psalter „das er von Christus sterben vnd aufferstehung / so klerlich verheisset", WA DB 10/1, S. 98.

[3] WA DB 10/1, S. 100 und 104.

Die Mitglieder der weltweiten lutherischen Gemeinschaft lesen und verstehen die Psalmen in Kontexten, die sich von der Lebenswirklichkeit Luthers unterscheiden, in der er seine „Vorrede" geschrieben hat. Darüber hinaus weist die historisch ausgerichtete Bibelwissenschaft, die in akademischen Kreisen viele Anhängerinnen und Anhänger hat, darauf hin, dass man die Psalmen in die Kontexte der frühesten Geschichte Israels stellen müsse. Ein solcher Kontext reicht von der Zeit der Monarchie und des Ersten Tempels bis hin zum Exil und der Rückkehr aus dem Exil. Diese Betrachtungsweise zeigt die Bedeutung der Psalmen für die Menschen in den Jahrhunderten vor Christi, führt aber auch zu der Frage, wie die Psalmen auf Jesus bezogen werden können. Gleichwohl haben die Psalmen einen festen Platz in lutherischen Gottesdiensten, Lehren und Predigten weltweit. In diesen Kontexten werden sie theologisch und pastoral so interpretiert, dass sie die Gläubigen ansprechen. Es ist deshalb wichtig zu fragen, welche Bedeutung es hat, die Psalmen innerhalb einer Gemeinschaft zu lesen, die durch ihren Glauben an den gekreuzigten und auferstandenen Christus miteinander verbunden ist.[4]

Die Bedeutung der Psalmen im neuen Testament hat ihren Platz in der Diskussion, da sich die Verfasser des Neuen Testaments auf die Psalmen bezogen haben, als sie sich mit Fragen befassten, die für ihre jeweiligen Gemeinschaften von Bedeutung waren. Da die Psalmen überall im Neuen Testament erwähnt werden, haben wir es hier mit einem umfassenden Themenbereich zu tun. Im vorliegenden Text werden wir uns in erster Linie mit der Apostelgeschichte und dem Johannesevangelium befassen, in denen die Psalmen in unterschiedlicher Weise unter Hinweis auf Christus zitiert werden.[5] Wir werden Luthers Bemerkungen zu den Psalmen zu Fragen der Auslegung machen, um zu erfahren, welchen Bezug diese Verfasser zwischen

---

[4] Bibelexegetinnen und -exegeten, die die Psalmen im Zusammenhang mit der Geschichte Israels interpretieren, untersuchen ihre theologische Bedeutung in späteren Kontexten in der Kirche. Für deutsche Forschende sind die Verweise auf Luther und Calvin in Hans-Joachim Kraus: „Psalms", Continental Commentaries, 2 Teilbände, Minneapolis, 1993 und 2000, und seine „Theology of the Psalms", Minneapolis, 1992, anzumerken, für amerikanische Autoren vgl. J. Clinton McCann Jr.: „The Book of Psalms", New Interpreter's Bible 4, Nashville, 1996, S. 641-677. Eine afrikanische Perspektive präsentiert Cyril C. Okorocha: „Psalms", in: Tokunboh Adeyemo et al (Hg.): „Africa Bible Commentary", Nairobi/Grand Rapids, 2006.

[5] Psalmen werden in den meisten Büchern des Neuen Testaments zitiert oder paraphrasiert. Die verwendeten Psalmen stammen aus allen Teilen des Psalters. Eine Liste der Zitate vgl. Wayne A. Meeks (Hg.): „The HarperCollins Study Bible", New York, 1993, S. 2342-2343. Eine ausführlichere Liste der Zitate und Anspielungen findet sich bei Erwin Nestle, Barbara Aland, et al: „Novum Testamentum Graece", Stuttgart, 1993, S. 785-790. Eine Übersicht über das Thema vgl. Steve Moyise und Maarten J. J. Menken (Hg.): „The Psalms in the New Testament", London/New York, 2004.

den Psalmen und dem gekreuzigten und auferstandenen Jesus und den Bedingungen des Menschseins im weitesten Sinne herstellen. Dabei werden wir untersuchen, welche Folgen sich daraus für die Interpretation der Psalmen in unseren eigenen Kontexten ergeben. Zwar befassen wir uns in erster Linie mit der lutherischen Hermeneutik, aber unsere Welt ist ökumenisch. Auch dies ist ein Grund, die Verwendung der Psalmen in der Apostelgeschichte und im Johannesevangelium zu untersuchen, da sich die Christenheit auf der ganzen Welt auf einen gemeinsamen biblischen Kanon beruft, der sowohl die Psalmen als auch diese Schriften des neuen Testaments mit einschliesst.

PSALMEN IN DER APOSTELGESCHICHTE

Die Psalmen spielen eine wichtige Rolle in der Apostelgeschichte, wo sie Zeugnis ablegen für den Tod und die Auferstehung Jesu.[6] Wir beginnen mit der Pfingstpredigt des Petrus in der Apostelgeschichte 2,14-36, die einen für die Apostelgeschichte typischen theologischen Rahmen verwendet. Der Gedanke ist, dass die Kreuzigung Jesu die Tiefe des menschlichen Wütens gegen Gott zeigt, denn die Widersacher Jesu töteten den Messias, den Gott auf die Erde gesandt hatte, zu heilen und die frohe Botschaft zu verkündigen. Gott aber antwortete, indem er Jesus von den Toten auferstehen liess. Die Auferstehung zeigt, dass Gott nicht duldet, dass der Mensch gegen ihn wüte. Indem er Jesus auferstehen lässt, zeigt Gott seinen Wunsch, Leben zu schenken, damit die Menschen jetzt die Gelegenheit haben, zu bereuen und an die Botschaft des Evangeliums zu glauben. Diese Sichtweise wird am Ende der Pfingstrede des Petrus mit der Aussage deutlich, dass Jesus derjenige ist, den „ihr durch die Hand der Heiden ans Kreuz geschlagen und umgebracht habt. Den hat Gott auferweckt", so dass „Gott diesen Jesus, den ihr gekreuzigt habt, zum Herrn und Christus gemacht hat". Als die Menschen ihn fragten, was sie tun sollten, antwortete Petrus: „Tut Busse und jeder von euch lasse sich taufen auf den Namen Jesu Christi zur Vergebung eurer Sünden, so werdet ihr empfangen die Gabe des Heiligen Geistes." (Apg 2,23-24.36.38).[7]

---

[6]   Am Ende des Lukasevangeliums sagt Jesus: „Er sprach aber zu ihnen: Das sind meine Worte, die ich zu euch gesagt habe, als ich noch bei euch war: Es muss alles erfüllt werden, was von mir geschrieben steht im Gesetz des Mose, in den Propheten und in den Psalmen." (Lk 24,44) Die Apostelgeschichte schreibt dies fort, indem die Erfüllung der Psalmen in das Zeugnis der Urgemeinde mit eingebunden wird.

[7]   Ein weiteres Beispiel dieses Musters vgl. die Predigt des Paulus in der Apostelgeschichte 13,16-41. Die Predigt erinnert daran, wie die Einwohnerinnen und Einwohner Jerusalems Jesus nicht erkannten und Pilatus baten, ihn zu töten (Apg 13,26-29). Dann heisst es: „Aber Gott hat ihn auferweckt von den Toten." (Apg 13,30) Paulus verwendete ebenfalls Psalm 16 als Zeugnis der Wiederauferstehung Christi, wie ebenfalls die Pfingstpredigt des Petrus in der Apostelgeschichte 2 (vgl. Apg 13,35).

In der Pfingstrede heisst es, dass Gott gewusst habe, dass sich die Menschen Gottes Messias widersetzen würden und Gott in seinen Plänen diese Feindseligkeiten berücksichtigen werde. Petrus sagt, dass Jesus „durch Gottes Ratschluss und Vorsehung" (Apg 2,23) dahingegeben war. Entscheidend ist dabei, dass Jesu Widersacher mit ihrer Entscheidung, Jesus zu töten, Gott nicht überrascht haben. Gott hat vielmehr erwartet, dass dies passieren würde, und war deshalb bereit, Jesus von den Toten zu erwecken und so zu zeigen, dass Gott letztlich Leben und Erlösung bietet. Um diese Behauptung zu untermauern, beruft Petrus sich auf die Psalmen, von denen die Menschen überzeugt waren, dass sie Gottes Wille lange vor Lebzeiten Christi offenbart haben.

Die Auslegung der Psalmen an dieser Stelle folgt einer eigenen inneren Logik.[8] Die Grundlage ist Gottes Verheissung, ein ewiges Königreich zu errichten durch die Thronnachfolge Davids (2.Sam 7,12-13). Die Predigt erinnert an das Versprechen in der Sprache des Psalms 132,11, der eines der Hauptthemen der Bibel zusammenfasst: „Der Herr hat David einen Eid geschworen, davon wird er sich wahrlich nicht wenden: Ich will dir auf deinen Thron setzen einen, der von deinem Leibe kommt." (vgl. Apg 2,30) Die Frage ist, wie Gott diesen Eid erfüllen will. Die Predigt gibt eine Antwort darauf mit dem Hinweis, dass David ein Prophet sei, wobei dieser Gedanke aus 2.Samuel 23,1-7 stammt – hier spricht der Geist des Herrn durch David, wie es bei einem Propheten der Fall wäre. Und da David ein Prophet war, folgert Petrus, dass dieser die Fähigkeit habe, „vorauszusehen", wie Gottes Verheissung durch den Tod und die Auferstehung Jesu erfüllt werden würde (vgl. Apg 2,31).[9] Die Predigt unterstützt diese Vorstellung, indem sie in den David zugeschriebenen Psalmen nach einer Vorahnung der Wiederauferstehung sucht.

Eine wichtige Stelle ist Psalm 16: „Ich habe den Herrn allezeit vor Augen; steht er mir zur Rechten, so werde ich festbleiben"; „Denn du wirst mich nicht dem Tod überlassen und nicht zugeben, dass dein Heiliger die Verwesung sehe. Du hast mir kundgetan die Wege des Lebens; du wirst mich erfüllen mit Freude vor deinem Angesicht." (Ps 16,8-11; Apg 2,25-28).[10] Der Psalm ist ein Gebet um Hilfe, das einen festen Glauben an Gottes

---

[8] Peter Doble: „The Psalms in Luke-Acts", in: Moyise und Menken, a. a. O. (Fussnote 5), S. 83-117, insbes. S. 90-97.

[9] Zu Davids Rolle als Prophet und den prophetischen Eigenschaften der Psalmen vgl. Margaret Daly-Denton: „David in the Fourth Gospel: The Johannine Reception of the Psalms", Leiden, 2000, S. 91-94.

[10] Das Zitat im englischen Originaltext basiert auf der griechischen Übersetzung vom Psalm 16, die eng an das Hebräische angelehnt ist. Das griechische „Hades" entspricht dem hebräischen „Sheol". Luther übersetzte hier etwas freier mit „Tod". Paulus Predigt in Antiochia in Pisidien verwendet Psalm 16 in ähnlicher Weise als Zeugnis der Wiederauferstehung (Apg 13,35-37).

unerschöpfliche Fürsorge zum Ausdruck bringt. Für sich allein genommen kann die Zuversicht des Psalmisten, dass er nicht dem Tode überlassen wird, als Hoffnung verstanden werden, dass er vor dem Tode gerettet wird. Die Apostelgeschichte gibt dem Psalm aber eine neue Dimension, so dass hier nicht gemeint ist, dass man dem Tod gänzlich entkommen kann – Jesus ist schliesslich auch gestorben. Stattdessen wird der Psalm so interpretiert, dass Gott die Person dem Tod nicht so lange „überlässt", dass der Leib in Verwesung übergeht. Aus dieser Sicht beschreibt der Psalm die Geschichte Jesu, der am Kreuz gestorben ist und am dritten Tag von den Toten erweckt wurde, bevor sein Leib verwest ist.

Das abschliessende Argument finden wir in Psalm 110,1: „Der Herr sprach zu meinem Herrn: Setze dich zu meiner Rechten, bis ich deine Feinde zum Schemel deiner Füsse mache". (Apg 2,34-35). Dieser Psalm feiert die Inthronisierung eines Königs. Da der König oder „Herr" in diesem Psalm zur Rechten Gottes erhoben wird, setzt Petrus Predigt die Inthronisierung mit Jesu Aufstieg in die himmlische Herrlichkeit gleich.[11] Mit diesem Punkt schliesst sich die Argumentation. Wenn die davidische Hoffnung mit dem Versprechen Gottes beginnt, einen von Davids Nachkommen auf den Thron zu setzen (Ps 132,11), wird diese erfüllt, indem Gott Jesus durch die Auferstehung vom Tode errettet (Ps 16,10) und ihn inthronisiert durch den Aufstieg in den Himmel, wo er jetzt herrscht (Ps 110,1).

Aus der Sicht der modernen historischen Forschung erscheint es problematisch, diese Psalmen als prophetische Texte einzuordnen, da sie diese Funktion wahrscheinlich nicht erfüllen, als sie damals geschrieben wurden. Die auf die Predigt des Petrus angewandten Überlegungen könnten ebenfalls darauf hinweisen, dass die eigentliche Aufgabe der Exegese darin bestehe, für Textteile aus den Psalmen entsprechende Ereignissen in Jesu Leben zu finden, anstatt das Verständnis aus dem literarischen Fluss der Psalmen entstehen zu lassen. Letztlich sind viele Psalmen so allgemein gehalten, dass sie auf eine Vielzahl von Situationen zutreffen. Es wäre deshalb nicht angemessen, sie auf die Geschichte Jesu zu beschränken. Mit diesen vorbehaltlichen Anmerkungen im Sinn möchte ich auf die Frage zurückkommen, was die Apostelgeschichte 2 zu einer zeitgenössischen theologischen Interpretation der Psalmen und der Diskussion der lutherischen Hermeneutik beitragen kann.

---

[11] Psalm 110,1 ist die im Neuen Testament am häufigsten zitierte Stelle eines Psalms (Mt 22,44; Mk 12,36; Lk 20,42; Apg 2,34; 1.Kor 15,25; Hebr 1,13; vgl. Röm 8,34; Eph 1,20; Hebr 1,3; 8,1; 10,12). Vgl. David Hay: „Glory at the Right Hand: Psalm 110 in Early Christianity", Nashville, 1973; Michel Gourgues: „A la droite de Dieu: Resurrection de Jesus et actualisation du psaume 110:1 dans le Nouveau Testament", Paris, 1978.

Psalm 16 ist eine Vertrauensbekundung in Gottes unerschöpfliche Fürsorge.[12] Nachdem er von seinem Glauben in Gott erzählt hat, berichtet der Psalmist über die zahlreichen Segnungen Gottes. Er sagt, dass Menschen, die anderen Göttern nachlaufen, viel Leid erleben werden. Der Psalmist aber vertraut fest auf Gott und lebt in einem „lieblichen Land" (Ps 16,4-6). Gott bietet seinen guten Rat an und stärkt ihn, so dass er festbleibt (Ps 16,7-8). Aufgrund der Segnungen, die der Psalmist erfahren hat, kann er sicher sein, dass Gott ihm nicht dem Tod überlassen wird, sondern ihm ewig Freude und Wonne zukommen lässt (Ps 16,9-11). Ein solches Glaubensbekenntnis ist besonders aussagekräftig, aber die Erfahrungen des modernen Lesers werden dies oftmals in Frage stellen. Es gibt Kontexte, in denen es keinen eindeutigen Zusammenhang zwischen dem Glauben an Gott und den Freuden eines angenehmen Lebens gibt. Leid widerfährt selbst den gläubigsten Menschen.

Hier kann die Lektüre des Psalms im Lichte der Kreuzigung und Auferstehung Jesu hilfreich sein. Die Interpretation des Psalms 16 in der Predigt des Petrus zeigt, dass Gottes Absichten nicht darauf verkürzt werden können, Menschen dabei zu helfen, schwierige Lebensumstände zu vermeiden. Gott hat Jesus nicht vor dem Tod bewahrt, indem er ihn vor dem Tod beschützt hat. Gott hat ihn vielmehr gerettet, indem er ihm durch den Tod das Leben gegeben hat. Gottes Treue kann die Form der in Psalm 16 beschriebenen Segnungen annehmen, aber sie kann sich auch in einer Form manifestieren, in der wir Menschen in einem Kontext begegnen, in dem die Kräfte des Tods und der Zerstörung am Werk sind. Aus dieser Perspektive eröffnet der Psalm eine Verheissung, denn wo Menschen den Kräften begegnen, die ihr Wohlergehen bedrohen, sind Gottes Ziele letztlich auf das Leben gerichtet.

Der Kontext in der Apostelgeschichte erlaubt auch Sichtweisen auf den Psalm 110,1, die ein triumphierendes Bild des zu Gottes Rechter herrschenden Königs bieten. Ein bedeutender Aspekt des Psalms ist aber, dass auch nach der Inthronisierung des Königs die Konflikte weitergehen. Der Psalm spricht von den „Feinden", die unter die Herrschaft des Königs gebracht werden müssen. Paulus Auslegung des Psalms 110,1 betont, dass Christi Herrschaft als der Auferstandene das Konfliktszenario ist, in dem alle gegen Gott gerichteten Kräfte überwunden werden müssen. Er fügt hinzu, dass der letzte zu vernichtende Feind der Tod ist, der bei der endgültigen Auferstehung vollständig besiegt werden wird (1.Kor 15,24-26).

Die Apostelgeschichte entwickelt nicht das Thema der kosmischen Kräfte, wie Paulus dies tut, sondern sie beschreibt eine Situation, in der

---

[12] Der Psalm wurde von Erhard Gerstenberger als Glaubensbekenntnis und Vertrauenslied bezeichnet: „Psalms", Grand Rapids, 2001, S. 90.

Christus zur Rechten Gottes zur Herrlichkeit erhoben wird, obwohl seine Jüngerinnen und Jünger weiterhin irdischen Bedrohungen ausgesetzt sind. Seine Jüngerinnen und Jünger sollen überall auf der Welt Zeugnis für ihn ablegen, aber dieses Zeugnis wird immer im Angesicht von Anfeindungen, Kerker und Tod abgelegt. Die Verhaftungen der Apostel, das Martyrium des Stephanus und Paulus Gefangenschaft zeigen, dass die „Feinde" Christi nicht untätig sind, und doch führen ihre Versuche zur Unterdrückung der Botschaft des Evangeliums in Wirklichkeit dazu, dass sich diese Botschaft immer weiter verbreitet. Trotz der Verfolgung bringen Jesu Jüngerinnen und Jünger das Evangelium von Judäa nach Samaria und schliesslich nach Rom, wo Paul als Gefangener eintrifft. Die Botschaft von der Herrschaft Christi mag durch die weiterhin erfahrene Auflehnung widerlegt werden, aber Psalm 110 deutet diese Perspektive um. Christi Herrschaft ist nicht durch die Abwesenheit von Konflikten charakterisiert. Sie zeigt sich vielmehr durch den Heiligen Geist, der das christliche Zeugnis und die christliche Gemeinschaft inmitten des Konflikts unterstützt.

Diese Betrachtungsweise der Psalmen wird in dem Gebet weiterentwickelt, das die Jüngerinnen und Jünger Jesu im Angesicht von Feindseligkeiten sprechen (Apg 4,23-31). Das Szenario bezieht sich auf die Verhaftung des Petrus aufgrund seiner Predigten und seine darauf folgende Freilassung. Als Reaktion darauf findet sich die Gemeinschaft zum Gebet zusammen unter Berufung auf Psalm 2, den sie auf die Situation Jesu und auf ihren eigenen Kontext beziehen. Der Psalm spricht von Gottes gesalbtem König, zu dem Gott sagt: „Du bist mein Sohn, heute habe ich dich gezeugt" (Ps 2,7). Diese Aussage stellte einen Bezug zu Jesus her, der als Gottes Sohn und der „Gesalbte" oder Christus benannt wird.[13] Die ersten Verse berichten über die Völker, die sich wider den Herrn und seinen Gesalbten auflehnen: „Warum toben die Heiden und murren die Völker so vergeblich? Die Könige der Erde lehnen sich auf, und die Herren halten Rat miteinander wider den Herrn und seinen Gesalbten" (Ps 2,1-2). Nach der Beschreibung einer solch weit verbreiteten Feindseligkeit geht es in dem Psalm weiter mit der Bekräftigung, dass Gott diese Feinde niederwerfen wird und die Herrschaft des von Gott Gesalbten errichtet werden wird bis zum Ende der Welt (Ps 2,4-6.8-11).

Auf einer Ebene bezieht das Gebet in der Apostelgeschichte 4 den Psalm auf den Widerstand gegen Jesus, der zu seiner Kreuzigung führte. Wo sich

---

[13] Psalm 2,7 wird mit Bezug auf Jesus in der Apostelgeschichte 13,33; Hebr 1,5 zitiert. Die Worte „Du bist mein Sohn" und ähnliche Aussagen werden bei der Taufe Jesu benutzt (Mk 1,11; Lk 3,22; vg. Mt 3,17; Joh 1,34). Zur Bedeutung des Psalms 2 im Neuen Testament vgl. Sam Janse: „You are my Son. The Reception History of Psalm 2 in Early Judaism and the Early Church", Leuven, 2009.

der Psalm auf feindselige Könige und Herrscher bezieht, ging es darum, dass Jesus mit König Herodes und dem römischen Statthalter Pilatus zu tun hatte. Wenn der Psalm von zornigen Völkern spricht, zählten zu Jesu Gegnern sowohl die Heidinnen und Heiden als auch die Jüdinnen und Juden (Apg 4,27). Der Interpretationsrahmen entspricht dem der Predigt des Petrus. Das Gebet nimmt an, dass Jesu Widersacher für die Kreuzigung verantwortlich sind, und beharrt gleichzeitig darauf, dass Gott ihre Taten vorausgesehen und sie in seine Pläne eingeschlossen hat. Die Kreuzigung war keine Niederlage für Gott und kein Sieg für seine Widersacher. Vielmehr haben diejenigen, die Jesus gekreuzigt haben, das getan, was Gott erwartet hat. Ihre Taten entsprachen dem, was „Gottes Hand und Ratschluss zuvor bestimmt hatten, dass es geschehen solle", nämlich durch Jesu Auferstehung Leben aus dem Tod zu erschaffen (Apg 4,28). Gottes Wille ist letztlich das Heil für die Menschen (Apg 4,12), und durch die Opposition, die zur Kreuzigung führte, wurden Gottes Pläne ausgeführt.

Diese christologische Auslegung des Psalms 2 führt die Gemeinschaft in Jerusalem dazu, sie auf die Herausforderungen anzuwenden, mit denen sie in ihrem eigenen Kontext konfrontiert werden.[14] In der Vergangenheit erlebte Jesus starken Widerstand der Machthabenden und die Verhaftung vom Petrus und Johannes hat gezeigt, dass seine Jüngerinnen und Jünger auch nach der Auferstehung weiterhin Feindseligkeiten ausgesetzt waren. Der literarische Kontext verwendet Begriffe aus den Psalmen, um die Befragung der Apostel vor den jüdischen Führungspersonen zu beschreiben: Die „Oberen" des Volkes „versammelten sich" und verhörten sie, wie sie sich auch einst gegen Gottes Gesalbten versammelt hatten (Apg 4,5.26). Was der Gemeinschaft Vertrauen gibt, ist die Überzeugung, dass Gott nach wie vor am Werk ist. Da Gott seinen Plan durch den Widersand gegen Jesus ausführen konnte, können die Gläubigen dafür beten, dass Gott auch ihnen die Kraft geben möge, das Wort „mit allem Freimut" zu reden angesichts der Drohungen, die sie in ihren eigenen Kontexten erleben (Apg 4,29).

Wir können unsere Überlegungen auf die Auslegung des Psalms 2 in diesem Gebet konzentrieren, indem wir uns fragen, was dadurch über Gottes Wirken offenbart wird. Der Psalm beschreibt einen Gott, dessen gesalbter König in einem Kontext der Auflehnung regiert. Wenn Gott bereits „vorher entschieden" hat, so tätig zu sein, dann werden Gottes Absichten nicht trotz der Feindseligkeit der Menschen, sondern gerade durch sie verwirklicht. Der Psalm nimmt an, dass Feindseligkeiten gegen Gott der Kontext ist, in dem Gott wirkt, und erwähnt diese Auflehnung in seinem Eröffnungsvers. Aber der Psalm zeigt auch, dass Gott im Angesicht solcher Feindseligkeiten seine Pläne erfüllt, die schliesslich heilbringend sind. Dieses Verständnis

---

[14] Beverly Roberts Gaventa: „The Acts of the Apostles", Nashville, 2003, S. 98.

von Gott ist es, wonach der Psalm und die Leidensgeschichte gemeinsam den Gläubigen Mut geben, die in der Zeit nach Jesu Auferstehung und Himmelfahrt Anfeindungen ausgesetzt sind. In lutherischer Sprache ist dies eine Lesart, die eine Theologie des Kreuzes widerspiegelt, in der sich Gottes Rettungsmacht durch die Wirklichkeit von Konflikt und Leid offenbart.[15]

Die Psalmen im Johannesevangelium

Das Johannesevangelium ist mit der Apostelgeschichte insofern vergleichbar, als es die Psalmen im Lichte des Todes und der Auferstehung Jesu interpretiert. Der Unterschied aber besteht darin, dass das Evangelium seinen eigenen theologischen Rahmen hat. Bei Johannes liegt der Schwerpunkt auf dem paradoxalen Charakter der göttlichen Offenbarung. Im vierten Evangelium zeigt die Kreuzigung die Feindseligkeit der Welt gegenüber Gott genauso wie Gottes Liebe für die Welt. Wie die Apostelgeschichte zeigt sich auch im Evangelium die Auffassung, dass sich die menschliche Auflehnung gegen Gott in den Ereignissen offenbart, die in der Kreuzigung Jesu, dem Gottgesandten gipfeln. Aber Johannes ist auch der Meinung, dass Jesus sein Leben willentlich hingegeben hat, so dass sein Tod die höchste Form der aufopfernden Liebe für andere darstellt (Joh 15,13). Jesus sagt, dass er sein Leben lässt aus Gehorsam gegenüber seinem Vater (Joh 10,17-18). Indem Jesus sich kreuzigen lässt, zeigt er sein eigene Liebe zu Gott und Gottes Liebe für die Welt (Joh 3,14-16; 14,31).[16]

Johannes erkennt, dass diese Aspekte der Kreuzigung nicht selbstverständlich sind, weshalb das Evangelium sie durch die Erzählung der Taten Jesu und durch Zitate aus der Schrift offenbaren muss. Einer der wichtigsten Texte ist Psalm 69, der Gott um Hilfe in Zeiten grösster Not

---

[15] Vgl. Michael Parsons: „Luther, the Royal Psalms and the Suffering Church", in: *Evangelical Review of Theology Nr. 35/2011*, S. 242-254. Zu Luthers Sichtweise vgl. Thesen 19-20 der „Disputatio Heidelbergae habita. 1518", WA 1, S. 361-362. Vgl. ebenfalls Paul Althaus: „The Theology of Martin Luther", Philadelphia, 1966, S. 25-34. Eine Theologie des Kreuzes verneint nicht die Bedeutung der Auferstehung, besteht aber darauf, dass die Auferstehung im Lichte des Leids und des Todes gesehen werden müsse, die untrennbar damit verbunden sind. Vgl. Bernard Lohse: „Martin Luther's Theology: Its Historical and Systematic Development", Minneapolis, 1999, S. 39.

[16] Zur Bedeutung des Todes Jesu im Johannesevangelium vgl. Craig R. Koester: „The Word of Life: A Theology of the Gospel of John", Grand Rapids, 2008, S. 108-123; Jörg Frei: „Die ‚theologia crucifixi' des Johannesevangeliums", in: Andreas Dettwiler u. Jean Zumstein (Hg.): „Kreuzestheologie im Neuen Testament", Tübingen, 2002, S. 169-238.

anfleht. Der Psalm wird an mehreren Stellen als Kommentar zur Bedeutung des Todes Jesu verwendet, beginnend mit der Reinigung des Tempels in Kapitel 2. Dabei stehen die Taten Jesu im Mittelpunkt, der die Händler und die Opfertiere aus dem Tempel verjagt und die Tische der Geldwechsler umstösst. Die umstehenden Personen verstehen nicht, was Jesus getan hat, und bitten ihn um ein Wunder als Zeichen seiner göttlichen Autorität. Jesus antwortete und sprach zu ihnen: „Brecht diesen Tempel ab und in drei Tagen will ich ihn aufrichten" (Joh 2,19). Die Menge verstand nicht, was Jesus meinte, und erst nach Ostern „dachten seine Jünger daran", dass er diese Worte gesprochen hatte, und erkannten, dass Jesus davon gesprochen hatte, dass seine Widersacher den „Tempel" seines Leibes durch die Kreuzigung zerstören sollten und er danach wieder auferstehen werde (Joh 2,21-22).

Das Evangelium interpretiert Psalm 69 aus dieser Nach-Auferstehungs-Perspektive. Es war nach Ostern, als die Jünger „daran dachten", dass geschrieben stand: „Der Eifer um dein Haus wird mich fressen." (Joh 2,17).[17] Das Zitat stammt aus Psalm 69,10 und kommentiert die Geschichte Jesu auf zwei Ebenen. Erstens hebt das Zitat hervor, dass Jesu Taten im Tempel einer eifrigen Hingabe an Gott und dessen Heiligtum entspringen. Indem Jesus die Händler vertrieb, hat er sich nicht gegen Gott gestellt. Stattdessen führte er Gottes Wunsch aus, dass Gottes Haus nicht zu einem Kaufhaus gemacht werden solle (Joh 2,16).

Auf der zweiten Ebene zeigt der Psalm, dass die Reinigung des Tempels die Kreuzigung bereits andeutet. Um die Verbindung zum Kreuz zu verdeutlichen, ändert das Evangelium die im Psalm benutzte Zeit von der Vergangenheit zum Futur. Anstatt zu sagen, dass der Eifer um Gottes Haus Jesus „gefressen hat", heisst es im Evangelium, der Eifer „wird mich fressen", als seine Gegner versuchen, den Tempel seines Leibes zu zerstören.[18] Aus

---

[17] Zunächst könnte der Erzählfluss darauf hindeuten, dass die Jünger zu dem Zeitpunkt an Psalm 69,10 „dachten", als Jesus den Tempel reinigte. Es gibt aber gewichtige Gründe anzunehmen, dass hier Bezug auf Betrachtungen nach der Auferstehung genommen wird. Ein Grund ist, dass die Aussage „daran denken", die sich in Johannes 2,17 als Verweis auf das, was in Psalm 69 geschrieben steht, auch in Johannes 2,22 verwendet wird und an dieser Stelle deutlich wird, dass das Verstehen der Schrift und des Wortes, das Jesus gesagt hatte, erst nach der Auferstehung Jesu entstanden sind. In Johannes 12,16 wird klar, dass die Jünger erst nach und nicht vor der Auferstehung „an die Schrift dachten" und sie verstanden.

[18] Sowohl die hebräische als auch die griechische Fassung des Psalms verwenden die Vergangenheitsform des Verbs „fressen". Zu Johannes Adaption vgl. Maarten J. J. Menken: „Old Testament Quotations in the Fourth Gospel: Studies in Textual Form", Kampen, 1996, S. 37-45; Andreas Obermann: „Die christologische Erfüllung der Schrift im Johannesevangelium", *WUNT II/83*, Tübingen, 1996, S. 114-128; Daly-Denton, a. a. O. (Fussnote 9), S. 118-131.

dieser Perspektive unterstreicht der Psalm, dass Jesu Tod auf seine eifrige Hingabe an Gott zurückzuführen ist. Das Ergebnis ist, dass der gekreuzigte und auferstandene Jesus der „Tempel" oder der Mittelpunkt der Anbetung für die christliche Gemeinschaft ist. Wenn es der Tempel ist, in dem Gott auf einzigartige Weise anwesend ist und wo Opfer erbracht werden, dann ist es Jesus, der auf einzigartige Weise die Anwesenheit Gottes verkörpert und durch sein Opfer der Welt Sünde trägt (Joh 1,29; 10,30).[19]

Das nächste Mal, dass Psalm 69 zitiert wird, ist während Jesu Gespräch mit seinen Jüngern beim letzten Abendmahl. Bevor sein Leiden und Sterben beginnt, spricht Jesus über den Hass in der Welt, der sich jetzt gegen ihn richtet und sich auch in späteren Zeiten gegen seine Jünger richten wird (Joh 15,18-25). In diesem Kontext sagt er, dass die Welt das Wort erfülle, das in ihrem Gesetz geschrieben steht: „Sie hassen mich ohne Grund." Jesus scheint an Psalm 69,5 zu denken: „Die mich ohne Grund hassen, sind mehr, als ich Haare auf dem Haupte habe." Aber auch Psalm 35,19 verwendet eine ähnliche Formulierung, und das Thema des sinnlosen Hasses erscheint auch in anderen Psalmen (Ps 109,3; 119,161).[20] Das Evangelium greift zurück auf das Thema Hass, das in unterschiedlichen Psalmen auftaucht, um die Situation von Jesus und seinen Jüngern zu beschreiben.

Das Evangelium sagt, dass der Hass in der Welt erfüllen (*plēroun*) müsse, was in der Schrift geschrieben steht (Joh 15,25).[21] Bei Johannes hat „Erfüllung" mit der Offenbarung der gesamten Sinnfülle der Schrift zu tun. Die Idee ist nicht so sehr, dass Psalm 69,5 und ähnliche Stellen ein bestimmtes Ereignis voraussagten, das dann während Jesu Wirken stattfinden muss. Schliesslich gab es auch schon vor Jesus Zeit sinnlosen Hass und Jesus warnt davor, dass seine Jüngerinnen und Jünger diesen Hass auch nach seiner Auferstehung noch erleben werden. Stattdessen erfüllt

---

[19] Zum Bild des Tempels und dessen Bezug zum Tod Jesu vgl. Craig R. Koester: „Symbolism in the Fourth Gospel", Minneapolis, 2003, S. 86-89.

[20] Daly-Denton befasst sich mit dem Verweis auf Psalm 69 an dieser Stelle, a. a. O. (Fussnote 9), S. 201-208. Dass diese Stelle mehrere Psalmen ins Gedächtnis ruft, wird auch von anderen angemerkt. Vgl. Menken, a. a. O. (Fussnote 18), S. 139-145; Obermann, a. a. O. (Fussnote 18), S. 271-282; Bruce G. Schuchard: „Scripture within Scripture: The Interrelationship of Form and Function in the Explicit Old Testament Citations in the Gospel of John", *SBL Dissertation Series 133*, Atlanta, 1993, S. 119-123.

[21] In Johannes 15,25 sagt Jesus, dass seine Gegner das Wort erfüllten, das in ihrem „Gesetz" geschrieben steht, wobei der Begriff „Gesetz" in einem allgemeinen Sinn für die Schrift verwendet wird, zu der auch die Psalmen gehören. Zur offenbarenden Dimension des Begriffs „Erfüllung" bei Johannes vgl. Obermann, a. a. O. (Fussnote 18), S. 81-87. Er beschreibt die Verbindung mit Jesus als „voller" Gnade und Wahrheit, die Gott erkennen lasse (Joh 1,14-18).

Jesu Wirken den Psalm, indem er seine Sinnfülle offenbart. Jesus stellt seiner Aussage voran, dass seine Werke diesen Hass hervorgerufen hätten, und erinnert an die negativen Reaktionen auf seine Zeichen (Joh 15,24). Nachdem er einen Blindgeborenen wieder sehend gemacht hatte, zeigten seine Gegner ihre Blindheit gegenüber Gottes Absichten, indem sie ihn wegen der Heilung an einem Sabbat verurteilen (Joh 9,40-41). Nachdem er Lazarus von den Toten auferweckt hatte, betrachteten ihn seine Widersacher als Bedrohung und beschlossen, ihn zu töten (Joh 11,47-53). Im vierten Evangelium erfüllt die Art und Weise, wie Jesu Widersacher beschliessen, den Lebensspender zu töten, die Psalmen, indem umfassend gezeigt wird, was sinnloser Hass bedeutet.

Dieser Interpretationsansatz erkennt an, dass Psalm 69,5 und ähnliche Stellen vom Hass in einer Weise berichten können, die auf mehrere Situationen zutrifft. So wird der Psalm nicht auf einen Kommentar zu dem Widerstand beschränkt, der zu Jesus Kreuzigung führte. Der Ansatz fordert ebenfalls zu Überlegungen darüber heraus, wie der Psalm im Lichte seiner Verwendung durch Jesus im Johannesevangelium zu lesen sei. Für sich allein genommen ruft der Psalm einen Gott um Hilfe, der weit vom Geschehen entfernt zu sein scheint. Im Johannesevangelium aber wird Jesus von Gott mitten in das Geschehen gesandt und erfährt selbst den Hass, von dem im Psalm die Rede ist. Wenn Gott in Jesus präsent ist, so wie das Evangelium es behauptet, dann ist Gott in den Situationen präsent, in denen die Jüngerinnen und Jünger Jesu den im Psalm beschriebenen sinnlosen Hass erleben.

Die Benennung des Psalms 69 in Johannes Bericht über die Kreuzigung entspricht dem Ansatz, Jesu Leidensgeschichte im breiteren Kontext der menschlichen Erfahrung zu verorten. Zwar erzählen alle vier Evangelien, dass man Jesus Essig zu trinken gab, aber nur Johannes bringt diese Handlung explizit mit den Psalmen in Verbindung, indem er feststellt, dass so die Schrift erfüllt wird und so dem Leser die Verbindung zur Bibel bewusst gemacht wird.[22] Als der Tod naht, berichtet das Evangelium: „Danach, als Jesus wusste, dass schon alles vollbracht war, spricht er, damit die Schrift

---

[22] Die Worte „Mein Gott, mein Gott, warum hast du mich verlassen?" aus Psalm 22,1 werden ohne Einführung bei Matthäus 27,46 und Markus 15,34 zitiert; die Worte „In deine Hände befehle ich meinen Geist" aus Psalm 31,6 werden bei Lukas 23,46 zitiert. Zur Verwendung des Wortes „vollbracht" oder „vollendet" in Bezug auf die Schrift bei Johannes vgl. Obermann, a. a. O. (Fussnote 18), S. 87-89. Zur Bedeutung der expliziten Zitate des Johannes vgl. Marianne Meyer Thompson: „'They Bear Witness to Me': The Psalms in the Passion Narrative of the Gospel of John", in: J. Ross Wagner, C. Kavin Rowe u. A. Katherine Grieb (Hg.): „The Word Leaps the Gap: Essays on Scripture and Theology in Honor of Richard B. Hays", Grand Rapids/Cambridge, 2008, S. 267-283, insbes. S. 271-275.

erfüllt würde, ‚Mich dürstet'. Sie gaben ihm Essig. Als nun Jesus den Essig genommen hatte, sprach er: Es ist vollbracht!, und neigte das Haupt und verschied." (Joh 19,28-30) Zwar wird hier nicht direkt zitiert, aber das Evangelium erinnert hier an Psalm 69,22: „Sie geben mir Essig zu trinken für meinen Durst".

Die Verwendung des Wortes „vollendet" oder besser „vollbracht" (*teleioun*) für die Erfüllung der Schrift in diesem Kontext (Joh 19:28) veranlasst die Lesenden, den Psalm im Lichte dessen zu verstehen, was Jesus durch sein Wirken „vollendet" oder „vollbracht" (*telein*) hat (Joh 19,30). Das Johannesevangelium verwendet das Bild des „Durstes", um das Bedürfnis des Menschen nach Leben zu beschreiben, das Gott gibt. Das Evangelium nimmt an, dass das „Leben" eine physische Dimension hat, und dass der Mensch gewöhnliches Essen und Wasser braucht, um zu überleben. Aber es erkennt auch, dass „Leben" in seiner umfassendsten Bedeutung in einer vertrauensvollen Beziehung zu Gott gelebt wird. Menschen, die körperlich leben und sich doch von Gott entfremdet haben, haben nicht das „Leben" im umfassenden theologischen Sinn. Das menschliche Dürsten nach einem Leben mit Gott wird erfüllt, wenn der Mensch durch Jesu Worte und Taten sowie das Wirken des Heiligen Geistes zum Glauben gebracht wird. Im Johannesevangelium wird das wahre Leben das „ewige Leben" genannt, denn es beginnt in der Gegenwart und im Glauben und hat eine Zukunft über den Tod hinaus durch das Versprechen der Auferstehung.[23]

Jesus hat über das menschliche Dürsten nach Gott gesprochen, als er eine Frau aus Samaria neben einem Brunnen traf und anbot, ihr lebendiges Wasser zu geben. Er sprach zu ihr: „Wer von diesem Wasser trinkt, den wird wieder dürsten; wer aber von dem Wasser trinken wird, das ich ihm gebe, den wird in Ewigkeit nicht dürsten, sondern das Wasser, das ich ihm geben werde, das wird in ihm eine Quelle des Wassers werden, das in das ewige Leben quillt." (Joh 4,13-14) Später sprach er zu einer Schar von Gläubigen in Jerusalem „Wen da dürstet, der komme zu mir und trinke", denn er sprach „Wer an mich glaubt, wie die Schrift sagt, von dessen Leib werden Ströme lebendigen Wassers fliessen", wobei er dies von dem Geist sagt, den der gekreuzigte und auferstandene Christus gibt (Joh 7,37-39). Wenn Jesus am Ende seines Wirkens spricht „Mich dürstet", dann nimmt er die Position der durstigen Menschen ein, für die er gekommen ist. Er stillt den Durst anderer, indem er selbst Durst erleidet, um die Fülle der göttlichen Liebe zu vermitteln. Als er stirbt, kommt aus seiner Seite Wasser heraus als ein Zeichen des Lebens, das der gekreuzigte Christus spendet (Joh 19,34).

---

[23] Zu „Leben" im Johannesevangelium vgl. Koester, a. a. O. (Fussnote 16), S. 31-32, 44-47, 55-56, 179-82.

Die Beschreibung der Kreuzigungsszene und ihr Verweis auf Psalm 69 bezieht Jesu Durst darauf, dass er Essig trinkt. Im vierten Evangelium spielt Wein eine wichtige Rolle. Jesu Wirken begann in Kana, als er Wasser in besten Wein verwandelt. Es war ein Zeichen der Gunst Gottes und erinnert an diverse Stellen im Alten Testament über Gottes Segnungen (Am 9,13; Joel 3,18). In dieser gnädigen Weise offenbart dieses Zeichen Jesu „Herrlichkeit", ein Begriff für göttliche Macht und Präsenz (Joh 2,1-11). In Kana sagte Jesus zu seiner Mutter, dass seine „Stunde" noch nicht gekommen sei, womit er auf die Stunde seines Todes anspielt (Joh 2,4). Die Gabe des besten Weins zu Beginn seines Wirkens greift der Fülle der göttlichen Gnade vor, die am Ende durch seinen Tod kommt. Seine Gabe wird teuer bezahlt, wie sich an seiner letzten Geste zeigt: Er gibt anderen den besten Wein, während er selbst Essig trinkt. Auf diese Weise werden seine lebensspendende Pläne „vollbracht", wie der Psalm bezeugt (Joh 19,28-30).

Das Johannesevangelium verwendet Psalm 69, um eine Perspektive auf die Bedeutung von Jesu Tod zu bieten. Aber mit dem Thema Hermeneutik im Sinn könnten wir uns genauso gut in die andere Richtung bewegen und von Johannes Erzählung der Kreuzigung auf den Psalm selbst zurückblicken. Was bedeutet es, Psalm 69 angesichts des Kreuzes zu lesen? Für sich allein genommen ist der Psalm ein lebendiges Bild menschlichen Leidens und der göttlichen Erlösung. Er beginnt damit, dass Gott um Hilfe angefleht wird (Ps 69,1-29), und endet mit Dankesgebeten für die empfangene Erlösung (Ps 69,30-36). Die Verwendung des Psalms im Evangelium schmälert nicht seine Bedeutung, in dem Sinne, dass den Lesenden den Psalm so wahrnehmen sollen, dass er nur das Leiden Jesu und nicht das Leiden anderer beschreibt. Stattdessen ermutigt der Bezug zur Geschichte Jesu die Lesenden zu fragen, wie Gott durch das im ersten Teil des Psalms beschriebene Leiden und auch durch die im zweiten Teil beschriebene Freude präsent und aktiv ist.[24]

Die interpretative Sicht, die ich hier entwickle, entspricht einer lutherischen Theologie des Kreuzes. Diese Sicht hinterfragt die Vorstellung, dass Gottes unsichtbare Dinge vom menschlichen Auge klar erkannt werden. Stattdessen erkennt sie an, dass Gottes Gegenwart und Handlungen verborgen sind und in Kontexten offenbart werden, die das Gegenteil von Macht und Herrlichkeit zu sein scheinen, nämlich in der Schwäche und Schande der Kreuzigung Jesu.[25] Diese Sichtweise wendet sich gegen die Idee, dass

---

[24] Zu theologischen Überlegungen zur Lektüre von Psalm 69 im Lichte des Leiden Jesus und des menschlichen Leids im weiteren Sinn besonders in Ostafrika vgl. Anastasia Boniface-Malle: „Interpreting the Lament Psalms from the Tanzanian Context: Problems and Prospects", Doktorarbeit, Saint Paul, 2000, S. 122-126.

[25] Zur Theologie des Kreuzes vgl. Anmerkung 15 und die internationalen Studien in Anmerkung 30.

sich Gottes Hand in erster Linie in den Handlungen des Starken gegenüber dem Schwachen oder in den Mächtigen anstatt in den Machtlosen zeigt. Sie macht Gott nicht zum Urheber des Leidens, so als ob Leiden das wäre, was Gott wünscht. Sie bekräftigt aber, dass Gott seine Absichten durch die gesamte Geschichte Jesu durchgeführt hat – nicht nur in den von ihm bewirkten Wundern und seiner Auferstehung, sondern auch durch die Kreuzigung selbst. Dort offenbart sich Gottes Liebe in ihrer radikalsten Form, als Jesus am Kreuz „erhöht" wurde. (Joh 3,14-16).[26]

Vor dem Hintergrund dieser Dynamik wenden wir uns wieder Johannes Erzählung der Kreuzigung zu, in der es scheint, dass das Kreuz ein Sieg der Widersacher Jesu ist. Jesu Befragung endet damit, dass Pilatus ihn überantwortete, dass er gekreuzigt würde (Joh 19,16). Als nächstes führen die Soldaten Pilatus Entscheidung aus und lassen Jesus das Kreuz zur Hinrichtungsstätte tragen, um ihn zu demütigen (Joh 19,16b-17). Dann kreuzigen die Soldaten Jesus und führen so Pilatus Willen aus. Und Pilatus scheint seinen Willen durchzusetzen, als er eine Aufschrift auf das Kreuz setzte, auf der geschrieben stand, dass er den König der Juden kreuzige – eine Aufschrift, die er sich weigert zu entfernen, als die Hohepriester ihn dazu auffordern (Joh 19,19-22). Der Eindruck ist, dass Jesu Widersacher das Heft in der Hand halten. Dieser Eindruck setzt sich fort, als die Soldaten Jesu Kleider unter sich aufteilen. Sie „nehmen" von Jesus, was ihnen blieb, und „machen" damit, was ihnen beliebt, so dass jeder der Soldaten einen Teil bekommt (Joh 19,23).

Für die menschlichen Betrachtenden sieht es so aus, dass Jesu Widersacher die Oberhand haben. Ob dieser Eindruck nun richtig oder falsch ist, der Sieg scheint ihnen zu gehören. Wenn Gott mächtig ist, könnte man meinen, er sei auf ihrer Seite. Wenn Gott aber mit Jesus ist, dann entsteht der Eindruck, dass Gott besiegt wurde, denn Jesus wird getötet. Das Evangelium wendet sich aber gegen diese Sichtweise, indem es erklärt, dass die Soldaten die Schrift erfüllen: „Sie teilen meine Kleider unter sich und werfen das Los um mein Gewand." (Joh 19,24). Das Zitat stammt aus Psalm 22,19. Wie viele Stellen in der biblischen Poesie ist auch diese durch den Parallelismus gekennzeichnet. Die Hinweise des Psalms, dass die Kleider

---

[26] Das Verb „erhöhen" (*hypsoun*) ist insofern doppeldeutig, als es sowohl ein körperliches Aufrichten als auch eine Erhöhung im Sinne der Verherrlichung bedeuten kann. Das Johannesevangelium verwendet diesen Begriff, um beide Vorstellungen miteinander zu vereinen. Die Bedeutung des körperlichen Aufrichtens durch die Kreuzigung ergibt sich eindeutig aus dem Vergleich mit Moses, der in der Wüste die Schlange erhöht hat (Joh 3,14); mit Jesu Feinden, die ihn erhöhen (Joh 8,28); und durch Jesus selbst, um mit diesem anzuzeigen, welchen Todes er sterben wird (Joh 12,32-34). Und doch zeigt bei Johannes das Kreuz die Herrlichkeit der göttlichen Liebe und ist Teil seiner Rückkehr zu Gott.

Jesu aufgeteilt und das Los um sein Gewand geworfen wurde, wiederholen dieselbe grundlegende Idee auf zwei unterschiedlichen Weisen. Das Evangelium jedoch gibt jedem Vers die ihm zustehende Bedeutung, so dass die Handlungen der Soldaten genau dem Psalm entsprechen: Das Aufteilen der Kleider entspricht dem ersten Teil des Verses, und das Werfen des Loses um sein Gewand dem zweiten Teil.

Das Zitieren des Psalms richtet sich gegen den Eindruck, dass diese Szene allein durch das menschliche Handeln bestimmt wird. Wenn die Soldaten der Vorgabe in Psalm 22 folgen, dann lässt das darauf schliessen, dass ihre Handlungen im Licht der umfassenderen Pläne Gottes gesehen werden müssen. Die Exegetinnen und Exegeten interpretieren manchmal eine spezifischere Bedeutung in diese Szene hinein und argumentieren, dass Jesu ungenähtes Gewand auf seinen Status als Hohepriester hinweist, oder dass das Nichtzerreissen des Gewandes bedeutet, dass ihm sein Königreich nicht entrissen wird, wie dies den früheren Königen in Israel widerfahren ist.[27] Diese Versuche, einen solchen spezifischen Symbolismus in diese Stelle hineinzudeuten, wirken jedoch aufgesetzt. Hier reicht es anzumerken, dass das Zitieren von Psalm 22 darauf hindeutet, dass Gottes Pläne ausgeführt werden, selbst in einer Szene, in der sie verborgen zu sein scheinen.

An einer früheren Stelle des Evangeliums hat Jesus sein Obergewand „ausgezogen" bzw. wörtlich „abgelegt", um die Aufgaben eines Sklaven zu übernehme und seinen Jüngern die Füsse zu waschen (Joh 13,4). Diese Handlung offenbarte die Tiefe seiner Liebe zu ihnen, und durch das Ablegen seiner Kleidung sah er seine Kreuzigung voraus, mit der er sein Leben für andere in der grösstmöglichen Offenbarung göttlicher Liebe hingeben wird.[28] Als die Soldaten Jesu Kleidung unter dem Kreuz aufteilen, erscheinen ihre Handlungen von purem Eigennutz bestimmt – jeder möchte so viel an sich raffen, wie er bekommen kann. Aber die früheren Hinweise darauf, dass Jesus seine Kleider niederlegte, erinnern daran, dass Jesus andere Absichten verfolgte. Seine Taten zeigen, wie sehr er bereit ist, für andere zu geben. Und die Art und Weise, wie die Soldaten das tun, was

---

[27] Zu möglichen Interpretationen vgl. Margaret Daly-Denton, a. a. O. (Fussnote 9), S. 208-219. Weitere Vorbehalte vgl. Gail R. O'Day: „The Gospel of John", New Interpreter's Bible 9, Nashville, 1995, S. 831.

[28] Wenn Johannes berichtet, dass Jesus sein Obergewand ablegte und seine Kleider wieder anlegte, verwendet er unübliche griechische Verben, die wörtlich bedeuten, dass Jesus sein Gewand „niederlegte" und „wieder aufnahm" (Joh 13,4.12). Diese Verben erinnern daran, wie Jesus vorher davon sprach, sein Leben „zu lassen" und es „wieder zu nehmen". Vgl. O'Day, ebd. S. 722. Zum Waschen der Füsse als Ausdruck der göttlichen Liebe, die die Kreuzigung vorhersieht, vgl. Koester, a. a. O. (Fussnote 19), S. 127-134.

in dem Psalm angekündigt wurde, zeigt, dass ihre Taten letztlich Gottes höherem Erlösungsplan dienen.

Wenn wir uns fragen, welche Bedeutung es hat, Psalm 22 im Lichte der Passionsgeschichte des Johannes zu lesen, kommen wir zu einem Ergebnis, das unseren oben beschriebenen Erkenntnissen entspricht. Psalm 22 ist ein weiterer Klagepsalm, der mit den Worten beginnt: „Mein Gott, mein Gott, warum hast du mich verlassen?" Diese Klage ist eine ausführliche Schilderung des erlittenen Leids (Ps 22,1-21a) bis zum letzten Abschnitt des Psalm mit Dank für die Erlösung (Ps 22,21b-31). Im ersten Teil des Psalms scheint das Leiden zu bedeuten, dass Gott weit entfernt ist und dass seine Taten im zweiten Teil zu sehen sind, wenn der Psalmist von seinem Leiden erlöst ist. Das Johannesevangelium bezieht aber den ersten Teil des Psalms auf eine Art und Weise auf Jesus, die zeigt, dass Gottes Plan in einem Kontext umgesetzt wird, in dem das Leiden Wirklichkeit ist. Leiden bedeutet nicht, dass Gott abwesend ist. Gott ist selbst dann anwesend, und Gottes Wille – auf das Leben gerichtet – geschieht.

Das Ende der Passionsgeschichte des Johannes weist möglicherweise auf einen weiteren Psalm hin. Der Kontext besteht darin, dass die römischen Soldaten die Beine derjenigen brechen, die neben Jesus ans Kreuz geschlagen wurden, um so ihren Tod schneller herbeizuführen. Als sie feststellen, dass Jesus bereits tot ist, brechen sie seine Beine nicht, sondern bohren einen Speer in seine Seite (Joh 19,31-34). Danach zitiert Johannes zwei Stellen, die die Schrift erfüllen: „Ihr sollt ihm kein Bein zerbrechen" und „Sie werden den sehen, den sie durchbohrt haben" (Joh 19,36-37). Wir wollen uns hier mit dem ersten Zitat befassen, das vermutlich mehrere Bedeutungsebenen hat. Auf einer Ebene hat Jesus am Tag der Vorbereitung auf das jüdische Passahfest, zur Zeit der Opferung der Passahlämmer, sein Leben hingegeben. Es erscheint daher plausibel, dass das Evangelium darauf hinweist, dass kein Knochen der Passahlämmer zerbrochen werden soll (Ex 12,46; vgl. Num 9,12). Im vierten Evangelium stirbt Jesus als das Lamm Gottes, das der Welt Sünde trägt (Joh 1,29; 35).

Auf einer anderen Ebene erscheinen die gleichen Worte über die Gebeine in Psalm 34, der von Gottes Fürsorge für die Gerechten erzählt. Gott nimmt sich sogar der Gebeine der Gerechten an, „dass nicht eines zerbrochen wird" (Ps 34,20).[29] Wenn wir die Kreuzigung im Lichte des Psalms betrachten, dann zeigt sich, dass Jesus als Gerechter gestorben ist.

---

[29] Zur Verbindung des Passah-Textes mit dem des Psalms vgl. Menken, a. a. O. (Fussnote 18), S. 147-166. Der Zusammenhang mit Passah wird hervorgehoben von Obermann, a. a. O. (Fussnote 18), S. 298-310. Die Verbindung zu Psalm 34 wird hervorgehoben von Daly-Denton, a. a. O. (Fussnote 9), S. 229-240; Thompson, a. a. O. (Fussnote 22), S. 278-279.

Obwohl seine Widersacher ihn für schuldig erklärten und er deshalb den Tod verdiente, lässt sich aber aus der Tatsache, dass seine Gebeine nicht gebrochen wurden, auf seine Unschuld in Gottes Auge schliessen, wie es im Psalm heisst.

Wenn wir bei umgekehrter Betrachtungsweise den Psalm 34 im Licht der Kreuzigung lesen, stellen wir fest, dass dies ein vertieftes Verständnis hinzufügt. Für sich allein kann Psalm 34 den Eindruck vermitteln, dass Menschen, die auf Gott vertrauen, in Schwierigkeiten geraten können, dass sich aber alles immer zum Guten wendet, dass ihnen „aus allen Nöten geholfen wird", dass sie „keinen Mangel haben", und dass „sie frei sein werden von Schuld" (Ps 34,7.10.23). Die Kreuzigung zeigt aber, dass der Psalm nicht so ausgelegt werden kann, dass die Gerechten niemals Leid erfahren. Jesu Gebeine wurden nicht gebrochen, aber Jesus ist sehr wohl gestorben. Gott bewahrt den Menschen nicht immer vor Leid, aber er ist gegenwärtig im Leid und durch das Leid. Die Geschichte Jesu zeigt, dass Gottes Fürsorge nicht bedeutet, dem Sterben zu entgehen. Vielmehr führt sie ihn zur Erlösung durch Auferstehung.

SCHLUSSFOLGERUNG

Wir haben am Anfang daran erinnert, wie Luther die Psalmen auf den gekreuzigten und auferstandenen Christus und auf des Menschen Schmerz und Hoffnung bezogen hat. Seine Sicht wurde bestimmt durch die Verwendung der Psalmen im Neuen Testament, wo ähnliche Zusammenhänge hergestellt werden. In unseren Untersuchungen der Apostelgeschichte und des Johannesevangeliums haben wir uns damit befasst, wie diese Schriften uns eine Perspektive auf das eröffnet haben, was Gott in Jesus bewirkt hat, und wie sich dieses Wirken Gottes auf die Bedingungen des Menschseins im weiteren Sinn auswirkt. Wir haben ebenfalls gefragt, welche Bedeutung es haben könnte, die Psalmen in einem kanonischen Kontext zu lesen, der das Zeugnis des Neuen Testaments vom Tod und von der Auferstehung Jesus beinhaltet.

Wir können die Diskussion zusammenfassen, indem wir die von der Wissenschaft entwickelten Kategorien für das Studium der Psalmen verwenden. Zunächst sind einige der im Neuen Testament verwendeten Psalmen Gebete um Hilfe. Die Psalmen 22 und 69 folgen dem traditionellen Muster, zunächst die Wirklichkeit des Leidens zu beschreiben und danach Gott für seine Hilfe zu danken. Das Johannesevangelium bezieht Jesu Erfahrungen in signifikanter Weise besonders auf die Teile jener Psalmen, die sich mit dem Leid und nicht mit den Danksagungen befassen. Aus dieser Sicht steht Gott nicht über dem Kontext des Leidens, sondern wird durch Jesus ein Teil des Leids, wobei er selbst in diesem Leid wirkt, um seinen Plan für das Leben und das Heil zu vollenden.

Zum Zweiten ist Psalm 16 ein Gebet um Hilfe, das Vertrauen zu dem Gott zum Ausdruck bringt, dessen Fürsorge beständig dem Volk Gottes gilt. Damit ähnelt er dem Psalm 34, der ein Dankgebet ist und ebenfalls von Gottes Fürsorge spricht. Für sich allein genommen, können diese Psalmen den Eindruck vermitteln, dass Gottes Wirken in erster Linie darin sichtbar wird, wie Gott die Menschen vor dem Leid bewahrt. Das Problem liegt aber darin, dass die Erfahrungen dieser Sicht oft widersprechen, denn selbst gläubige Menschen leiden. Sieht man diese Psalmen jedoch im Lichte Jesu, können sie als Verheissung gelesen werden. Jesus ist dem Leiden nicht entgangen und auch seine Jünger werden dem nicht entgehen. Aber angesichts des Leidens können die Menschen darauf vertrauen, dass Gottes Pläne dem Leben und dem Wohlergehen zugewandt sind, und dies gipfelt in der Auferstehung von den Toten.

Zum Dritten feiern die königlichen Psalmen 2 und 110 die Inthronisierung und die Herrschaft von Gottes König. Die Verfasser des Neuen Testaments beziehen das Königtum auf Jesus, Gottes Gesalbten, so dass die Psalmen nicht als Lieder über leicht zu erringende Siege interpretiert werden können. Jesu Kreuzigung lenkt unsere Aufmerksamkeit auf die Bestandteile der Psalmen, die von Gottes Macht gegenüber der allgegenwärtigen Feindseligkeit erzählen. In Jesu erfährt der König selbst diesen Widerstand, und sein Sieg erwächst aus dem Tod. Die Urkirche erlebte die Fortsetzung der Geschichte Jesu in ihren eigenen Erfahrungen mit Ungerechtigkeit. Die Herrschaft von Gottes König entlässt die Jüngerinnen und Jünger Jesu nicht aus dem Konflikt, sondern fordert sie auf, Zeugnis abzulegen für seine Herrschaft in einem Kontext, in dem zerstörerische Kräfte am Werk sind, die gegen das Reich Gottes gerichtet sind. Die königlichen Psalmen feiern das Reich Gottes, das dem menschlichen Auge oft verborgen bleibt, aber als Verheissung gegeben wird, dass Gottes gerechte und lebensspendende Wege letztlich die Oberhand gewinnen.

Diese Betrachtungsweise der Psalmen entspricht einer lutherischen Theologie des Kreuzes, die Gottes Macht in Kontexten enthüllt, in denen sie scheinbar nicht vorhanden ist. Es ist eine Perspektive, die von Menschen in zahlreichen kulturellen Kontexten geteilt wird, von Afrika über Süd- und Ostasien bis hin nach Lateinamerika, Nordamerika und Europa.[30]

---

[30] Zu den Auswirkungen für Südasien vgl. Jhakmak Neeraj Ekka: „Christ as Sacrament and Example: Luther's Theology of the Cross and Its Relevance for South Asia", Minneapolis, 2007; A. J. V. Chandrakanthan: „Proclaiming Christ Crucified in a Broken World: An Asian Perspective", in: Mission Studies 17 (2000), S. 59-67. Für Afrika vgl. Simon S. Maimela: „The Suffering of Human Divisions and the

So können die Psalmen eine Bedeutung für die Mitglieder der weltweiten lutherischen Gemeinschaft haben, die sich Herausforderungen wie Armut und Ungerechtigkeit, Krankheiten und Konflikten, Säkularisierung und Gleichgültigkeit stellen müssen. Diese Herausforderungen manifestieren sich in unterschiedlichen kulturellen Kontexten auf unterschiedliche Weise, wobei die Realität des Leidens und das Bedürfnis nach Hoffnung allen gemein ist. Die Lektüre der Psalmen im Lichte des Zeugnisses im Neuen Testament für Jesu Tod und Auferstehung erlaubt ihre Auslegung als lebendige Lebensäusserungen in Beziehung zu Gott und anderen, wobei die Wirklichkeit des Leidens anerkannt wird, gleichzeitig aber bestätigt wird, dass Gott anwesend ist und seinen Heilsplan erfüllen wird.

Cross", in: Yacob Tesfai (Hg.): „The Scandal of a Crucified World: Perspectives on the Cross and Suffering", Maryknoll/NY, 1994, S. 36-47; Timothy Palmer: „Luther's Theology of the Cross, and Africa", in: Africa Journal of Evangelical Theology 24 (2005), S. 129-137; Claudia Nolte: „A Theology of the Cross for South Africa", in: Dialog 42 (2003), S. 50-61. Für Lateinamerika vgl. Paulo Suess: „The Gratuitousness of the Presence of Christ in the Broken World of Latin America", in: Mission Studies 17 (2000), S. 68-81. Für das ländliche Nordamerika vgl. Paul A. Baglyos: „Lament in the Liturgy of the Rural Church: An Appeal for Recovery", in: Currents in Theology and Mission 36 (2009), S. 253-263.

Die christologische Psalmenrezeption im Hebräerbrief

Anni Hentschel

Martin Luther las und verstand das Alte Testament aus der Perspektive des Neuen Testaments. Für Luther bildeten beide Teile der Bibel eine Einheit. Die Frage danach, „was Christum treibet", diente ihm als Schlüssel zum Verständnis und zur Auslegung beider Testamente. Der Psalter, Luther höchst vertraut durch das monastische Stundengebet, wurde für ihn zum zentralen Text, sowohl für den persönlichen Glauben als auch für die wissenschaftliche Auseinandersetzung mit der Bibel. Aufgrund der Form und des dialogischen Charakters der Psalmen werden sie bis heute immer wieder von jüdischen wie christlichen Glaubenden gebetet. Martin Luther betont:

> Daher kompts auch, das der Psalter aller heiligen büchlin ist, und ein ieglicher, inn welcherlei sachen er ist, Psalmen und wort drinnen findet, die sich auff seine sachen reimen, und ihm so eben sind, als weren sie alleine und seinen willen also gesetzt...[1]

Die Psalmen geben Erfahrungen weiter, daher findet man immer einen Psalm, der auf die eigene Situation passt. Glaubende können ihr eigenes Leben mit den Augen des Psalmisten oder der Psalmistin betrachten und ihr Leben mit seinen/ihren Worten vor Gott bringen. Auch das Leben Jesu lässt sich mithilfe der Psalmen betrachten und deuten. In seiner Vorrede zum Psalter (1531) schreibt Martin Luther:

> [Der Psalter] solt allein des halben theur und lieb sein, das von Christus sterben und auffersten, so klerlich verheisset, und sein reich und der gantzen Christenheit stand und wesen furbildet, das es wol mocht ein kleine Biblia heissen darinn alles

---

[1] Martin Luther: „Luthers Vorrede auf den Psalter", WA DB 10/1, S. 102, Zeile 23-26.

auffs schonest und kürtzest, so in der gantzen Biblia stehet, gefasset und zu einem feinen Enchiridion odder handbuch gemacht und bereitet ist.[2]

Die Frage, ob diese Art und Weise, die Psalmen zu lesen, eine legitime ist, wird in Publikationen zur Hermeneutik des Hebräerbriefs kontrovers diskutiert.[3] Im Blick auf Martin Luther und den Hebräerbrief widmet sich die Debatte zwei unterschiedlichen Aspekten. Zunächst geht es um die Frage, ob die christologische Rezeption des Alten Testaments die Heilige Schrift der Juden vereinnahmt, da Jesus aus jüdischer Sicht nicht als der angekündigte Messias verstanden wird. Zweitens wird diese christologische Auslegung hinterfragt, weil sie den historischen Sinn der Psalmen ausser Acht lässt. Neue hermeneutische Modelle können helfen, diese Fragen zu bearbeiten. Die Rezeptionsästhetik geht davon aus, dass der Sinn eines Textes im Verlauf des Lesens entsteht.[4] Textverständnis und -interpretation werden grundlegend vom Wirklichkeitsverständnis und den Interessen der Lesenden bestimmt. Der historische Sinn, häufig gleichgesetzt mit der Intention der Autorin/des Autors, kann folglich nicht als einzige und damit normative Textbedeutung betrachtet werden. Zudem können heute weder die Intention der Autorin/des Autors noch die Interpretation der/des ersten Lesenden eindeutig nachvollzogen werden. Ein Text hat also nicht einen einzigen wahren Sinn, sondern enthält ein Bedeutungspotenzial, das von unterschiedlichen Lesenden in Bezug zu ihrer Weltsicht unterschiedlich verstanden wird. Kurz gesagt, ein Text kann eine Vielzahl wahrer Deutungen haben.[5]

Der Autor des Hebräerbriefs versteht die Psalmen aus der Perspektive seines christlichen Glaubens und auf eine hermeneutisch reflektierte Weise.[6]

---

[2] Ebd., S. 98, Zeile 20-24.

[3] Einen kurzen Überblick bietet Angela Rascher: „Schriftauslegung und Christologie im Hebräerbrief", in: *BZNW 153*, Berlin, 2007, S. 35-37.

[4] Vgl. Gerhard Haefner: „Rezeptionsästhetik", in: Ansgar Nünning (Hg.): „Literaturwissenschaftliche Theorien, Modelle und Methoden. Eine Einführung", Trier, 2004, S. 107-118; Ralf Schneider: „Methoden rezeptionstheoretischer und kognitionswissenschaftlicher Ansätze", in: Vera Nünning/Ansgar Nünning (Hg.): „Methoden der literatur- und kulturwissenschaftlichen Textanalyse", Stuttgart, 2010, S. 71-90. Grundlegende Arbeit hierzu leistet Umberto Eco: „Lector in fabula. Die Mitarbeit der Interpretation in erzählenden Texten", München, 1987. Für eine theologische Bewertung vgl. Ulrich H. J. Körtner: „Einführung in die theologische Hermeneutik", Darmstadt, 2006, S. 82-84.102-105.

[5] Trotzdem lässt sich feststellen, ob ein Text missverstanden wurde. Die Rezeptionsästhetik impliziert nicht unbedingt, dass in Sachen Interpretation „erlaubt ist, was gefällt".

[6] Vgl. Harold W. Attridge: „The Epistle to the Hebrews. A Commentary on the Epistle to the Hebrews", Philadelphia, 1989, S. 23-25; Michael Theobald: „Vom Text zum ‚lebendigen Wort' (Hebr 4,12). Beobachtungen zur Schrifthermeneutik des Hebräerbriefs", in: Christof Landmesser, Hans-Joachim Eckstein und Her-

Er ist vertraut mit der Sprache und Weltsicht der Psalmen und verwendet sie, um die Geschichte von Jesus Christus zu verstehen. Gleichzeitig bestimmt sein Glaube an Jesus Christus als den Messias sein Verständnis der Psalmen, so dass die alten Worte eine neue Bedeutung erhalten. Der hermeneutische Ansatz des Hebräerbriefs belegt, was rezeptionsästhetische Theorien betonen: Texte bestimmen unsere Weltsicht, gleichzeitig bestimmt aber unsere Weltsicht, wie wir Texte deuten. Wenn jedoch ein Text eine Vielzahl von Bedeutungen haben kann, dann stellen sowohl die jüdische wie auch die christologische Interpretation der Psalmen mögliche wahre Auslegungen dar, die von der Perspektive der/des Lesenden abhängen. Die hermeneutische Konsequenz aus dieser Erkenntnis lautet, dass eine christologische Auslegung der Psalmen nicht impliziert, dass die jüdische Deutung obsolet wäre. Moderne, an der Rezeption orientierte hermeneutische Theorien gehen davon aus, dass die jüdische wie die christliche Lesart der Psalmen mögliche wahre Interpretationen desselben Textes bieten. Der Autor des Hebräerbriefs lässt zu, dass die Worte Gottes seine jüdischen wie nicht-jüdischen Leserinnen und Leser „heute" auf neue Weise ansprechen, ohne zu leugnen, dass diese Worte ursprünglich nur an das jüdische Volk adressiert waren.[7]

Der Hebräerbrief – wenn denn die Bezeichnung „Brief" überhaupt angemessen ist[8] – macht eine historische Interpretation, die den Autor und seine Intention in den Blick nimmt, schwer. Es gibt keine für einen Brief typische Einleitung mit Gruss und der Benennung von Autor/Autorin und Adressatinnen/Adressaten, allerdings einen für die Briefform typischen Schluss (Hebr 13,20-25). Der Autor des Hebräerbriefs bleibt unbekannt, genauso wie die Umstände, das genaue Datum sowie der Ort seiner Abfassung.[9] Der Verfasser legt offensichtlich Wert darauf, den Fokus nicht auf sich selbst, sondern auf die Stimme Gottes zu richten. Er integriert sich in die Gruppe der Zuhörenden, ist Teil des auf Gottes Wort hörenden „Wir".[10] Dass die Schriftworte als von Gott gesprochene Worte dargestellt

---

mann Lichtenberger (Hg.): „Jesus Christus als die Mitte der Schrift", in: *BZNW 86*, Berlin, 1997, S. 751-790. Noch ausführlicher bei Rascher, a. a. O. (Fussnote 3); Graham Hughes: „Hebrews and Hermeneutics. The Epistle to the Hebrews as a New Testament Example of Biblical Interpretation", Cambridge u. a., 1979.

[7] Der Hebräerbrief polemisiert nicht gegen Israel. Vgl. Martin Karrer: „Der Brief an die Hebräer", Bd. I, Kapitel 1,1-5,10, ÖTBNT 20.1, Gütersloh/Würzburg, 2002, S. 111-114; Martin Karrer, „Der Brief an die Hebräer", Bd. II, Kapitel 5,11-13,25, ÖTBNT 20.2, Gütersloh/Würzburg, 2008, S. 101-105.

[8] Vgl. die Ausführungen zum Genre des Hebräerbriefs bei Attridge, a. a. O. (Fussnote 6), S. 13-21.

[9] Vgl. dazu Karrer, a. a. O. (Fussnote 7), S. 30-33, der die Vorteile einer sich auf Textpragmatik und Rezeption konzentrierenden Hebräerbrief-Auslegung darstellt.

[10] Ebd., S. 43.

werden, verleiht ihnen höchste Autorität. „Heute" ist Gottes Stimme selbst aufs Neue zu hören. Für den Autor des Hebräerbriefs funktionieren die Psalmen wie eine Brille, durch die er Jesus Christus sieht. Der vorliegende Beitrag will den Interpretationsansatz des Hebräerbriefs auf der Grundlage seiner beiden ersten Kapitel analysieren. In Kapitel 1 und 2 wird das Wirklichkeitsverständnis des Briefes dargestellt, welche die Grundlage für die im Weiteren ausgeführten christologischen und paränetischen Gedanken des Autors bilden. Interessant ist hierbei die Frage, welches Verständnis er mithilfe der Psalmen vom Leben Jesu entwickelt, in vollem Bewusstsein dafür, dass die Dinge auch anders gesehen werden können. Man kann etwas „sehen" im Sinne von „wahrnehmen" und/oder „auffassen" oder „auslegen" (Hebr 3,9f.; vgl. auch Mk 4,12). Der Autor unterscheidet zwischen Sinneswahrnehmung und Interpretation und will die Lesenden schrittweise dazu führen, ihre Realität aus einer durch die Sprache und Weltsicht der Psalmen geprägten christologischen Perspektive zu betrachten.

Die gesellschaftliche und historische Situation der Adressatinnen/ Adressaten kann nur aus dem Text des Hebräerbriefs erschlossen werden, so dass die gezogenen Rückschlüsse daher hypothetisch bleiben.[11] Allerdings gibt es gute Gründe anzunehmen, dass die Adressatinnen und Adressaten – vermutlich jüdische und nicht-jüdische Christinnen und Christen – Gefahr laufen, in ihrem Glauben an Jesus Christus lau zu werden, möglicherweise aufgrund der ausbleibenden Wiederkunft Christi.[12] Ausserdem leiden sie unter sozialer Stigmatisierung und Verfolgung, wohl einschliesslich öffentlicher Verhöhnung und Haft (Hebr 10,32-34).[13] Dass die christliche Gemeinde einen Gekreuzigten als Gott anbetete, war für das jüdische wie griechische Umfeld ein *scandalon*. Der Bote Gottes, der in seinem Namen kommt und ihn repräsentiert, kann nicht durch eine Strafe zu Tode gebracht werden, die nur Kriminellen zuteil wird. Nach Deuteronomium 21,22f. gilt der jüdischen Tradition ein Gekreuzigter als verflucht und von Gott verlassen. Der Tod Jesu entkräftete also seinen Anspruch, im Namen Gottes zu sprechen. Ein Spottkruzifix, das 1857 in den Ruinen des kaiserlichen Palastes am Palatin in Rom entdeckt wurde, illustriert seinerseits, was Nicht-Juden und Nicht-Jüdinnen über den Tod

---

[11] Zu den Annahmen über die Angesprochenen vgl. Attridge, a. a. O. (Fussnote 6), S. 12f.; Karrer, a. a. O. (Fussnote 7), S. 98-101. Welches soziale Umfeld von Autor und Adressatinnen und Adressaten des Hebr denkbar ist, beschreibt Craig R. Koester: „Hebrews", in: *AB 36*, New York, 2001, S. 64-79.

[12] Karrer spricht gar von einer liminalen Theologie des Hebräerbriefs: Karrer, a. a. O. (Fussnote 7), S. 48-53. Die moderne literarische Analyse betont, dass wir lediglich über die „implizierten Leserinnen und Leser" etwas erfahren, die vom Text selbst geschaffen werden, vgl. insbesondere Wayne Booth: „The Rhetoric of Fiction", Chicago, 1961.

[13] Karrer, a. a. O. (Fussnote 7), S. 49.

Jesu dachten.[14] Es zeigt einen Gekreuzigten mit dem Kopf eines Esels oder Pferdes und einen Menschen, der vor dem Kreuz kniet. Eine Erläuterung in griechischer Sprache ist beigefügt: „Alexamenos betet seinen Gott an." Jene, die zuerst an Christus glaubten, mussten erklären, wie sich das menschliche Leben Jesu einschliesslich seines schändlichen Todes mit seiner Verkündigung des Reiches Gottes und ihrer Hoffnung, Jesus Christus werde in Ewigkeit mit Gott herrschen, vereinbaren liess. Hebr 2,8-9[15] behandelt dieses Problem:

> „...alles hast du unter seine Füsse getan." Wenn er ihm alles unter die Füsse getan hat, so hat er nichts ausgenommen, was ihm nicht untertan wäre. Jetzt aber sehen wir noch nicht, dass ihm alles untertan ist.9 Den aber, der „eine kleine Zeit niedriger gewesen ist als die Engel", Jesus, sehen wir durch das Leiden des Todes „gekrönt mit Preis und Ehre"; denn durch Gottes Gnade sollte er für alle den Tod schmecken.

Im Rückblick auf Leben und Tod Jesu „sehen" die Glaubenden sein Menschsein, nicht seine bereits angebrochene Erhöhung und Herrschaft, sie sehen ihn nicht zur Rechten Gottes sitzen[16], da dies für die menschlichen Sinne nicht wahrnehmbar ist (vgl. Hebr 11,26f.). Die Lebenssituation der Zuhörenden entspricht dieser doppelten Wahrnehmung Jesu: Sie sehen sich selbst nicht als Gefährtinnen und Gefährten einer himmlischen Berufung, einer Stellung, die Ehre und Ansehen beinhaltet, sondern erfahren Erniedrigung und gesellschaftliche Stigmatisierung (Hebr 13,13f.; vgl. Hebr 11,9; 12,1-3). Wie hilft der Autor den Zuhörenden wahrzunehmen, was sie mit ihren irdischen Augen noch nicht sehen können? Worauf möchte er ihre Aufmerksamkeit lenken?

DIE WELTSICHT DES HEBRÄERBRIEFS – DER SPRECHENDE GOTT (HEBR 1,1-4)

Die ersten Verse des Briefs beschreiben eine Weltsicht, die sich auf die Heilige Schrift des Judentums, insbesondere die Psalmen, sowie auf die

---

[14] Vgl. Fritz Rienecker und Gerhard Maier (Hg.): „Lexikon zur Bibel", Wuppertal, [6]2006, S. 943-945.

[15] In Anführungszeichen gesetzt sind Zitate aus dem Alten Testament. Zu den verschiedenen Formen der Bezugnahme vgl. Rascher, a. a. O. (Fussnote 3), S. 24-26.

[16] Die Bedeutung dieser Vorstellung für die Autorinnen und Autoren des Neuen Testaments und die frühen Christinnen und Christen insgesamt beschreibt sehr deutlich Martin Hengel: „Setze dich zu meiner Rechten!". Die Inthronisation Christi zur Rechten Gottes und Psalm 110.1, in: Martin Hengel/Marc Philonenko (Hg): Le Trône de Dieu, Tübingen, 1993, 108-194.

zeitgenössische Philosophie stützt.[17] Sie setzt den Rahmen, in dem der Hebräerbrief seine Theologie entwickelt. Grundthema von Hebr 1,1-4 ist der sprechende Gott, ein Leitmotiv v. a. für die folgenden Kapitel (Hebr 1,1-5,10):

> Nachdem Gott vorzeiten vielfach und auf vielerlei Weise geredet hat zu den Vätern durch die Propheten, hat er in diesen letzten Tagen zu uns geredet durch den Sohn, den er eingesetzt hat zum Erben über alles, durch den er auch die Welt gemacht hat. Er ist der Abglanz seiner Herrlichkeit und das Ebenbild seines Wesens und trägt alle Dinge mit seinem kräftigen Wort und hat vollbracht die Reinigung von den Sünden und hat sich gesetzt zur Rechten der Majestät in der Höhe und ist so viel höher geworden als die Engel, wie der Name, den er ererbt hat, höher ist als ihr Name. (Hebr 1,1-4)

Zentrales Thema des griechischen Satzes ist der „sprechende Gott". Gott hat zu den Vätern gesprochen durch die Propheten[18], jetzt spricht er durch den Sohn. Gottes Rede wie auch das Leben des Sohnes haben einen zeitlichen und räumlichen Bezug. Christi zukünftige Inbesitznahme aller Dinge durch die Gnade Gottes wird noch vor seiner Rolle im Schöpfungswerk genannt (Hebr 1,1-2). Der Sohn wird beschrieben als das Strahlen[19] der Herrlichkeit Gottes[20] und als Abbild des Wesens Gottes, der das Universum schafft und erhält, der Gottes Wort vermittelt und Erlösung bewirkt. Der syntaktische und rhetorische Höhepunkt des Satzes ist die Aussage, dass der Sohn sich selbst zur Rechten Gottes gesetzt hat – hier steht inmitten von Partizipial-konstruktionen ein finites Verb (Hebr 1,3-4).[21] „Der Fokus liegt hier, wie üblicherweise im Hebräerbrief, nicht auf der Einsetzung Christi in seine

---

[17] Vgl. Attridge, a. a. O. (Fussnote 6), S. 28-31, der die Traditionen darstellt, an denen der Hebräerbrief teilhat, insbesondere die Parallelen zum hellenistischen Judentum, wie es Philo vertritt. Zu den räumlichen und zeitlichen Kategorien des Hebräerbriefs verglichen mit platonischen und apokalyptischen Vorstellungen siehe Koester, a. a. O. (Fussnote 11), S. 96-104.

[18] Karrer stellt fest, dass der Hebräerbrief sich an jüdische und nicht-jüdische Glaubende richtet. Es gibt keinen klaren Hinweis, dass die Parallele in Hebr 1,1f antithetisch gemeint ist. Gottes Rede, zunächst durch die Propheten und später durch den Sohn, enthält die gleiche Heilsbotschaft. Im Hebräerbrief legt der Autor mehrfach nahe, dass Gottes durch die Propheten ergangene Botschaft direkte, spezifische Relevanz für zeitgenössische Hörende des Wortes hat. Vgl. Karrer, a. a. O. (Fussnote 7), S. 111-113.

[19] Vgl. Attridge, a. a. O. (Fussnote 6), S. 42f, zur Bedeutung des griechischen ἀπαύγασμα.

[20] Herrlichkeit (δόξα) ist eine gängige Bezeichnung der göttlichen Wirklichkeit. Vgl. Attridge, ebd., S. 43f.

[21] Der Autor des Briefs entfaltet seine Christologie ohne jede direkte Bezugnahme auf die Auferstehung Christi. Stattdessen betont er einerseits den Sühnetod und andererseits seine Erhöhung zur Rechten Gottes; vgl. Hengel, a. a. O. (Fussnote 16), S. 135f.

Position, sondern auf der Tatsache seiner übergeordneten Stellung. Christus hat in der übernatürlichen Welt einen höheren Rang inne als jedes andere Mitglied jener Welt."[22] Hebr 1,4 verweist auf Christi Ehren- und Machtposition anhand eines ersten Verweises auf Psalm 110,1.[23] Unter den verschiedenen Charakteristika des Sohnes betont der Hebräerbrief die Tatsache, dass er zur Rechten Gottes sitzt. Diese Annahme bestätigt Hebr 8,1. Der Autor belegt, dass „die Hauptsache bei dem, wovon wir reden [ist]: Wir haben einen solchen Hohenpriester, der da sitzt zur Rechten des Thrones der Majestät im Himmel."[24] Der Sohn regiert in Ewigkeit mit Gott und seine Herrschaft ist mächtig. Er agiert als Mittler zwischen Himmel und Erde, redet Gottes Wort zu den Menschen und ermöglicht den Zugang zu Gottes Thron.

In Hebr 1,1-4 eröffnet der Autor eine weite Perspektive. Die Lesenden „sehen" die irdische *und* die himmlische Wirklichkeit, sie „sehen" Vergangenheit, Gegenwart und Zukunft. Gott wird charaktersiert als ein sprechender Gott, der im Medium der menschlichen Sprache redet, durch Menschen wie die Propheten und zuletzt durch den Sohn (Hebr 1,1-2). Im Verlauf des ganzen Textes demonstriert der Autor durchgehend, wie Gottes Stimme noch immer in der Gegenwart des Schreibens und Hörens des Hebräerbriefs zu hören ist. Das in den Heiligen Schriften aufgeschriebene Wort Gottes wird jetzt in der gegenwärtigen Situation der Angesprochenen neu gehört. Insbesondere in Hebr 1-2 interpretiert der Autor diese Worte nicht oder nur in geringem Mass. Offensichtlich ist er davon überzeugt, dass die in der Vergangenheit gesprochenen Worte Gottes auch in der gegenwärtigen Situation noch etwas zu sagen haben. Jener Gott, der durch die Propheten zu den Vätern geredet hat, ist der, der nun aufs Neue durch den Sohn redet (Hebr 1,1-4). Deshalb ist der Autor nicht am geschriebenen Wort interessiert, sondern an der neuen Bedeutung, die die Worte Gottes erhalten, wenn sie heute gesprochen und gehört werden. Gott macht sich in der gegenwärtigen Situation selbst verständlich, so dass sich Verstehen vollziehen kann (Hebr 1,1f.). Wie Luther ist sich der Autor des Hebräerbriefs der Tatsache bewusst, dass die Zuhörenden nicht durch vernunftbetonte Argumentation dazu bewegt werden können, sich an der christlichen Weltsicht auszurichten, sondern nur durch den Heiligen Geist, der das göttliche

---

[22] Attridge, a. a. O. (Fussnote 6), S. 47.

[23] Im Blick auf Psalm 110 (Ps 109 LXX) spricht Thiselton vom zentralen Referenzrahmen des Hebräerbriefs. Antony C. Thiselton: „Hermeneutics. An Introduction", Grand Rapids, 2009, S. 81. Er wird in Hebr 1,3; 10,12; 12,2 zitiert, dazu kommen weitere Anspielungen. Der Autor des Hebräerbriefs verwendete wahrscheinlich eine LXX-Fassung. Der Einfachheit halber ist hier die Zählung nach dem masoretischen Text zugrunde gelegt.

[24] Die Bezeichnung Gottes erinnert an Hebr 1,3. Der griechische Begriff μεγαλωσύνη für Gott erscheint im Neuen Testament nur in Hebr 1,3; 8,1 sowie Jud 1,25.

Wort den Herzen derer, die es hören, nahebringt (Hebr 6,3). Durch Zeichen und Wunder zeigt Gott die Wirksamkeit seiner Worte, selbst wenn sie durch menschliche Vermittlerinnen und Vermittler wie etwa christliche Predigerinnen und Prediger verkündet werden (Hebr 2,3f).

Überraschenderweise vermeidet der Autor die gängige Einleitungsformel „es steht geschrieben" (γέγραπται).[25] Obwohl er kein Interesse daran zeigt, wann und von wem etwas geschrieben wurde (vgl. Hebr 2,6), bedeutet das jedoch nicht, dass er die Herkunft und den ursprünglichen Kontext seiner Zitate nicht kennt (vgl. Hebr 9,20; 12,21). Vielmehr ist hier zu erkennen, wie er die Worte Gottes versteht. Gott redet bis heute mithilfe der Worte der Schrift. In diesem neuen Kontext erklären die Worte weiterhin Gottes Erlösungswillen, erhalten aber auch eine neue Bedeutung, da Gott jetzt durch den Sohn zu Hörerinnen und Hörern in einer anderen Situation redet. Gott steht also treu zu seinen Verheissungen, ohne an die Bedeutung, die seine Worte in der Vergangenheit gehabt haben mögen, gebunden zu sein (vgl. Hebr 3,7f.15; 4,7). Das Wort Gottes ist bedeutungsvoll, gerade weil diese Bedeutung nicht ein für alle Mal dieselbe ist und bleibt. Aufgrund dieser Erkenntnis kann der Autor des Hebräerbriefs Schriftworte – Worte, die vor Jesu Geburt geschrieben wurden – zitieren und mit ihnen Jesu Erlöserrolle beschreiben.

DER SOHN ALS SICHTBARER ABGLANZ DER HERRLICHKEIT GOTTES (HEBR 1,5-14)

Der Mittler des Redens Gottes in der Gegenwart, also „heute", ist der Sohn (Hebr 1,2.3f), der mehr ist als die Engel oder Propheten wie Mose (Hebr 2,2f.; 3,5f.), die ebenfalls Boten Gottes sind. Jesus ist nicht nur Vermittler der Offenbarung Gottes, er ist Mittler seiner Herrlichkeit (Hebr 1,3) und Inkarnation der göttlichen Realität, die die Macht hat, andere zu prägen.[26] Er sühnt unsere Sünden und führt am Ende alle Glaubenden zur Herrlichkeit (vgl. Hebr 2,10). Ja, der Sohn herrscht sogar mit Gott und steht dementsprechend weit über den Engeln.

Auf die sorgfältig gestaltete Einleitung folgen mehrere Psalmzitate, die als Gottes Worte an und über seinen Sohn vorgestellt werden (Hebr 1,5-14) und begründen, warum der Sohn über den Engeln steht. Zur Bestätigung des Titels „Sohn" zitiert Hebr 1,5 Gott mit den Worten von Psalm 2,7 und 2.Samuel 7,14. Im ursprünglichen Kontext gehören die beiden genannten Verse in den Zusammenhang des Königtums in Israel, die Metapher „Sohn" drückt eine

---

[25] Im Hebräerbrief kommt γράφειν nur einmal vor (Hebr 10,7). Zu den alttestamentlichen Zitaten und der besonderen Zitierweise im Hebräerbrief vgl. Theobald, a. a. O. (Fussnote 6), S. 755-765; Koester, a. a. O. (Fussnote 11), S. 116f.

[26] Genauer bei Karrer, a. a. O. (Fussnote 7), S. 120f.

enge Beziehung zwischen Gott und dem König von Israel aus.[27] Mit weiteren Schriftworten (Dtn 32,43; Ps 97,7; 104,4; 45,7f.; 102,26-28)[28], offenbart Gott die Rolle seines Sohnes: Gott sagt voraus, dass die Engel dem Sohn huldigen werden (Hebr 1,6), dass er ewig und gerecht herrschen und mit Freudenöl gesalbt sein wird (Hebr 1,8f.). Schliesslich bestätigt Gott die Darstellung Christi als Schöpfungsmittler, wie sie bereits im Exordium formuliert ist (Hebr 1,10; vgl. Hebr 1,3), sowie seine ewige Existenz. Gott spricht seinen Sohn mit den Titeln „Gott" und „Herr" an (Hebr 1,9f)! Die Textpassage endet mit einer rhetorischen Frage, die Psalm 110,1 zitiert (Hebr 1,13f; vgl. Hebr 1,5) und überlegt, ob Gott jemals zu einem Engel gesagt habe: „Setze dich zu meiner Rechten, bis ich deine Feinde zum Schemel deiner Füsse mache". Dass der Sohn den Auftrag Gottes angenommen hat, lesen wir bereits in Hebr 1,3. Gottes ausdrücklicher Befehl bevollmächtigt den Sohn, und zugleich erläutert das Zitat von Psalm 110,1 in Hebr 1,13 den Adressatinnen und Adressaten, dass der Sohn im Einklang mit dem Vater handelt.[29] Der Unterschied zwischen dem Sohn und den Engeln begründet sich aus Christi Stellung als Sohn (Hebr 1,5) und in seiner Erhöhung zu einzigartiger Gemeinschaft mit Gott (1,13f).

Die Engel sind ebenfalls Boten der Worte Gottes, übermitteln ihre Botschaften jedoch nur im Auftrag Gottes. Der griechische Begriff διακονία/diakonia ist zu verstehen als „einen Auftrag erfüllen, etwas ‚im Auftrag' erledigen" und kann deswegen als Antonym zu Herrschaft verwendet werden (vgl. Mk 10,42-45). Ein Herrscher kann Befehle erteilen, ein διάκονος muss Befehle ausführen, handelt im Namen einer anderen Person. Im Bezug zu den Angesprochenen kann ein διάκονος mit Autorität auftreten. Im vorliegenden Kontext besteht der Auftrag wohl darin, dass die Engel im Namen Gottes den Menschen sein Wort überbringen (vgl. Hebr 2,2).[30] Als Beauftragte Gottes sprechen sie im Namen Gottes zu den Glaubenden. Sie sprechen mit Vollmacht (vgl. Hebr 2,2), aber die Vollmacht ist ihnen übertragen.[31] In dieser Passage geht es nicht darum,

---

[27] Die Verkündigung Christi als Sohn spielt nicht an auf einen neu geschaffenen Status, sondern Gott verkündigt und offenbart den Lesenden des Hebräerbriefs diesen Status. Eine Diskussion dieses Auslegungsproblems bietet Attridge, a. a. O. (Fussnote 6), S. 54f.

[28] Vgl. dazu eine Übersicht über die alttestamentlichen Zitate im Hebräerbrief, die die ursprünglich Sprechenden und Lesenden sowie die Sprechenden und Lesenden im Hebräerbrief nennt, bei Theobald, a. a. O. (Fussnote 6), S. 754.

[29] Attridge a. a. O. (Fussnote 6), S. 153.

[30] In der Bedeutung „beauftragt, die Botschaft Gottes zu überbringen" wird διακονία beispielsweise in Röm 11,13; 12,7; 2.Kor 4,1; 5,18; 6,3; 1.Tim 1,12; Apg 1,17.25; 6,4; 20,24 verwendet. Vgl. Anni Hentschel: „Diakonia im Neuen Testament", *WUNT II/226*, Tübingen, 2007.

[31] Vgl. dazu die Auslegung von Hebr 2,2 bei Attridge: „Das von Engeln überbrachte Wort war ‚verbindlich' (βέβαιος), ein rechtssprachlicher Begriff, der impliziert,

dass die Engel im Dienst der Adressatinnen und Adressaten stehen, sondern, dass sie Gottes Boten sind.[32] Einerseits gibt es da die Engel als Beauftragte Gottes, andererseits hat der Sohn Anteil an Gottes Herrschaft. Ja, er ist selbst Herrscher und sitzt zur Rechten Gottes[33] Dass der Sohn über die Engel erhaben ist, kennzeichnet seinen Status als Sohn Gottes, mit dem Gott auf Augenhöhe kommuniziert, wie in Hebr 1 dargestellt wurde. Christus ist, wie die Engel, Mittler der Offenbarung, steht aber weit über ihnen.

Hebr 1 will die Überlegenheit des Sohnes als Mittler der Offenbarung Gottes gegenüber den Engeln demonstrieren. Der Autor begründet die Vollmacht des Sohnes und zeigt die enge Beziehung zwischen Vater und Sohn auf. Das Exordium (Hebr 1,1-4) beschreibt den sprechenden Gott sowie die herausgehobene Stellung Christi und zählt dessen unterschiedliche Funktionen als Mittler Gottes auf. Der himmlische Dialog (Hebr 1,5-14) illustriert den Status Christi als Sohn, mit dem Gott persönlich redet und in Ewigkeit regiert.[34] Christus „erhält so *die unmittelbarste Form der Gottes-gemeinschaft, die für einen Juden aufgrund eines alttestamentlichen Textes vorstellbar war.*"[35] Die Weltsicht, die der Autor des Hebräerbriefs im Exordium präsentiert (Hebr 1,1-4), wird bestätigt und belegt durch die Worte Gottes (Hebr 1,5-14). Die Zuhörerenden oder Lesenden des Hebräerbriefs werden zu Zeuginnen und Zeugen eines himmlischen Gesprächs, das Christus als den göttlichen Sohn Gottes, als Schöpfungs- und Erlösungsmittler, als ewigen Herrscher darstellt, der mit Preis und Ehre gekrönt ist. Er vermittelt zwischen Gott und den Menschen, überbringt Gottes Worte und sühnt die Schuld. Ohne Verwendung der Titel wird der Sohn so als Apostel Gottes,

---

dass an das Wort ernstzunehmende Verpflichtungen geknüpft sind. Die Folgen dieser ‚Verbindlichkeit' werden ausdrücklich genannt – ‚jede Übertretung und jeder Ungehorsam' (παράβασις καὶ παρακοή) werden bestraft". Vgl. Attridge, a. a. O. (Fussnote 6), S. 65.

[32] Aus diesem Grund sind Hebr 1,14 und Hebr 2,1-4 nicht nur oberflächlich mitei-nander verknüpft, vgl. Attridge, ebd., S. 63, sondern der Autor behandelt durch-gehend den Rang und die Autorität, über die seine – unterschiedlichen – Boten verfügen.

[33] Auf der Grundlage dieser Interpretation von διακονία ist der Vergleich zwischen Sohn und Engeln in Hebr 1,13f. keineswegs unangebracht; vgl. z. B. Attridge, ebd., S. 62, zu den Problemen bei der Auslegung von Hebr 1,13f. Der Autor des Hebräerbriefs verweist genau auf diesen Punkt – dass der Sohn souverän handeln kann, als höchster König zur Rechten Gottes, während die Engel nur ausführen, was Gott ihnen aufträgt.

[34] Manche Expertinnen und Experten nehmen an, der Hebräerbrief wolle eine angelologische Christologie korrigieren, dies bleibt jedoch eine Hypothese, vgl. Attridge, ebd., S. 51f.

[35] Hengel, a. a. O. (Fussnote 16), S. 132.

also als von Gott gesandter Bote, der das Evangelium verkündigt, und als Hohepriester dargestellt. (Hebr 3,1).[36]

Folgen für das Hören der Adressatinnen und Adressaten (Hebr 2,1-4)

Hebr 2,1-4 erläutert, was sich für die Adressatinnen und Adressaten des Briefes aus Hebr 1 ergibt. Das Thema des sprechenden Gottes wird weiter entwickelt, jetzt werden jedoch die Angesprochenen in den Blick genommen. Die Stelle, die auf rechtssprachliches Vokabular zurückgreift[37], betont die Notwendigkeit, das von verschiedenen Mittlerfiguren überbrachte Wort (vgl. Hebr 1,1-4) zu beachten. Die Botschaft der Engel wird für „rechtsgültig" erklärt; wenn die, die sie hören, ihr nicht gehorchen und Gottes Befehl zuwiderhandeln, erhalten sie „die gerechte Vergeltung" (Hebr 2,2). Missachten sie allerdings die Botschaft des Sohnes, müssen sie das eschatologische Urteil fürchten. Das vom Sohn überbrachte Wort wird als „grosses Heil" beschrieben (Hebr 2,3). Die Verkündigung des Heilsworts geschieht zunächst durch den Sohn. Danach werden aus den ersten, die es hören, Zeuginnen und Zeugen, die das Wort weitergeben. Der Hebräerbrief autorisiert die Botschaft dieser ersten – jetzt als apostolisch bezeichneten – Persönlichkeiten nicht, indem er sich auf die apostolische Tradition und ihre Stellung als Augenzeuginnen und -zeugen oder Apostelinnen und Apostel beruft. Gott ist es, der ihr Zeugnis bestätigt (Hebr 2,4). Er wirkt „Zeichen, Wunder und mancherlei mächtige Taten", die die von Menschen weitergegebene Botschaft untermauern. Nur das Wort des Sohnes benötigt

---

[36] Christus wird im Hebräerbrief dreimal als Mittler eines neuen, besseren Bundes bezeichnet (Hebr 8,6; 9,15; 12,24). Er wird als Inhaber der beiden wichtigsten Ämter des Judentums und des im Entstehen begriffenen Christentums dargestellt – des Hohepriesters, der zwischen Gott und seinem Volk vermittelt, sowie des Apostels, der das Evangelium verkündigt. Auch bei Platon gibt es zwei religiöse Ämter, Priester/Priesterin und Exeget/Exegetin. Letztere/r ist verantwortlich für die immer neue Auslegung heiliger Schriften, vgl. Platon: Leges 759b-759e. In: Platon: Politikos 290c, werden Priesterinnen und Priester als Mittlerinnen und Mittler zwischen Göttern und Menschen dargestellt. Sie bringen im Namen der Menschen den Göttern Opfergaben dar und bitten für sie um Hilfe.

[37] Zur in Hebr 2,1-4 verwendeten Rechtsterminologie vgl. Koester, a. a. O. (Fussnote 11), S. 206-209. Er verweist auf die jüdische Tradition, wonach Engel am Sinai als Mittler fungierten und in Gottes Namen das Gesetz überbrachten, vgl. Koester, ebd., S. 205. Vor dem Hintergrund dieser Tradition liest sich Hebr 2,1-4 als Mahnung, die Missachtung der Botschaft Christi sei schwerwiegender als der Ungehorsam gegenüber dem Gesetz.

kein göttliches Echtheitszeugnis, denn die Herrlichkeit der Position und Herrschaft des Sohnes ist der sichtbare Abglanz der Herrlichkeit Gottes (vgl. Hebr 1,3). Der Sohn selbst ist das menschgewordene Wort Gottes, sichtbares Ebenbild der Existenz Gottes (Hebr 1,2-4).

„Eine kleine Zeit" hat Jesus Anteil an der menschlichen Existenz (Hebr 2,5-18)

Im Anschluss zitiert der Autor Psalm 8,5-7 und konzentriert sich damit nun auf das irdische Leben Jesu (Hebr 2,5-18). Im ursprünglichen Kontext beschreibt Psalm 8 die uneingeschränkte Würde des Menschen und seinen Auftrag zu herrschen.[38] Der Hebräerbrief betrachtet mithilfe des Psalms bewusst den menschgewordenen Jesus und beschreibt – und interpretiert – seinen für „eine kleine Zeit"[39] niedrigen Status[40] (Hebr 2,5-9).

(5) Denn nicht den Engeln hat er untertan gemacht die zukünftige Welt, von der wir reden. (6) Es bezeugt aber einer an einer Stelle und spricht: „Was ist der Mensch, dass du seiner gedenkst, und des Menschen Sohn, dass du auf ihn achtest? (7) Du hast ihn eine kleine Zeit niedriger sein lassen als die Engel; mit Preis und Ehre hast du ihn gekrönt; (8) alles hast du unter seine Füsse getan." Wenn er ihm alles unter die Füsse getan hat, so hat er nichts ausgenommen, was ihm nicht untertan wäre. Jetzt aber sehen wir noch nicht, dass ihm alles untertan ist. (9) Den aber, der „eine kleine Zeit niedriger gewesen ist als die Engel", Jesus, sehen wir durch das Leiden des Todes „gekrönt mit Preis und Ehre"; denn durch Gottes Gnade sollte er für alle den Tod schmecken.

Überraschenderweise spielt dieses Zitat – mit dem Jesu menschliche Existenz beschrieben wird – ebenfalls auf die Ehre und Macht des Sohnes an. Es endet mit dem Verweis, dass Gott alles unter seine Füsse getan hat. Es knüpft damit an Hebr 1,3.13 an und nimmt Psalm 110,1 auf. Dieser Psalm zieht sich wie ein roter Faden durch den gesamten Hebräerbrief und findet

---

[38] Vgl. Hans-Joachim Kraus: „Psalmen. 1. Teilband: Psalmen 1-59", *BKAT XV/1*, 6. Auflage mit Nachträgen zur Literatur, Neukirchen-Vluyn, 1989, S. 212f. Hier spricht Kraus vom Wunder menschlicher Existenz und von der Würde aller Menschen, die von Gott, ihrem Schöpfer, mit Ehre und Herrlichkeit gekrönt sind.

[39] Zu den Unterschieden zwischen der hebräischen und griechischen Fassung des Psalms und der Auslegung des griechischen Begriffs βραχύ vgl. Koester, a. a. O. (Fussnote 11), S. 214-217.

[40] Der Autor spricht nicht von Erniedrigung (κενόω κ.τ.λ.), wie dies etwas in Phil 2,7 der Fall ist, sondern verwendet das griechische Wort ἐλαττόω, was so viel bedeutet wie „einen Verlust erleiden", vgl. Karrer, a. a. O. (Fussnote 7), S. 171f.; Koester, a. a. O. (Fussnote 11), S. 216.

sich sogar an Stellen, wo es um die menschliche Existenz Jesu geht. Dass dem Autor die Herrschaft des Sohnes wichtig ist, wird besonders an der Art und Weise deutlich, wie er das Zitat eingebettet hat. In Hebr 2,5 erklärt er, Gott habe die zukünftige Welt nicht den Engeln untertan gemacht. Ohne explizit zu sagen, dass sie dem Sohn untertan ist, geht der Autor von letzterem aus. In Hebr 1 wurden die Herrlichkeit und Herrschermacht des Sohnes im Vergleich zur Rolle der Engel ausführlich illustriert, die Angesprochenen sind nun über die Rolle des Sohnes genau im Bilde. Am Ende des Zitats verweist der Autor nochmals auf die Herrschaft des Sohnes (Hebr 2,8b), indem er die letzte Aussage des Zitats paraphrasiert und durch die Bekräftigung, Gott habe dem Sohn wirklich alles – ohne Ausnahme – untertan gemacht, erläutert. Diese Herrschaft jedoch, so räumt er ein, ist weder für die Angesprochenen noch für ihn selbst sichtbar. Man sieht nur die – im Vergleich zu den Engeln – niedrigere Position des Sohnes, der hier erstmals beim Namen genannt wird – Jesus.

Die niedrigere Position Christi im Vergleich zu den Engeln bezieht sich wahrscheinlich nicht nur auf Jesu Tod, sondern auf die Inkarnation insgesamt. In der LXX wurde der zitierte Psalm anthropologisch auf die Würde und Ehre des Menschen hin gedeutet.[41] Wahrscheinlich legt der Autor des Hebräerbriefs seiner Lesart des Psalms und durch den Psalm seinem Verständnis des Lebens Jesu dieselbe Perspektive zugrunde. Eine kleine Zeit liess Gott Jesus niedriger sein als die Engel – er wurde ein Mensch aus Fleisch und Blut, nahm also Anteil an der menschlichen Existenz, so wie sie ist. Doch Gott krönte ihn auch mit Preis und Ehre, wie er den Menschen im Allgemeinen ehrt (vgl. Ps 8). Sowohl in Hebr 2,6f. als auch in Hebr 2,14.17 hebt der Autor besonders die Tatsache hervor, dass Jesus am Menschsein Anteil hatte und deshalb die Schwäche und Verletzlichkeit des Menschen bis hin zu Leiden und Tod erfuhr.[42] Er nimmt ganz offensichtlich die Inkarnation Christi ernst, aber er hat, auf der Grundlage der Anthropologie von Psalm 8, wohl ein positives Menschenbild. Der einzige Unterschied zwischen Jesus und anderen Menschen liegt darin, dass er der inkarnierte Sohn ist. Jesus rückte im Rang zwar unter die Engel, aber er ist dennoch ein geachteter Mensch. Die für die Zuhörenden sichtbare menschliche Existenz Jesu erklärt, dass sie einen wesensverwandten hilfreichen Mittler haben, der menschliches Leid und menschliche Schwächen versteht (Hebr 2,17; 4,15f). Dies deutet darauf hin, dass bereits die Inkarnation an sich eine

---

[41] Vgl. Karrer, a. a. O. (Fussnote 7), S. 169, der diesem Gedanken vertieft nachgeht.

[42] Das Wort „Kreuz" findet sich nur einmal, in Hebr 12,2. Der Hebräerbrief spricht von der Inkarnation und selbst vom Erlösungstod des Sohnes, ohne explizit auf das Kreuz oder auch nur die schändliche Todesart zu verweisen.

positive Wirkung auf die Beziehung zwischen Jesus als göttlichem Mittler und den Menschen hatte, die er zu Gott führen wird.

Der Autor des Hebräerbriefs bleibt aber hier nicht stehen, sondern führt seine Argumentation weiter. Weil er den Tod erlitten hat, wurde Jesus von Gott mit Preis und Ehre gekrönt. Das heisst, selbst das Leiden und der Tod, die Jesus erfahren musste, sind – im Unterschied zu griechischen und römischen Vorstellungen von Ehre und Schande – nicht entehrend: Gott selbst hat ihn mit Preis und Ehre gekrönt.[43] Als weiteres Argument fügt der Autor hinzu, dass Jesu Tod aufgrund der Gnade Gottes heilbringend sei: Jesus erfuhr (oder genauer „schmeckte") die Bitternis des Todes stellvertretend für alle.[44] Ohne Gott hätte der schändliche Tod Jesu seinen Status als Sohn und Mittler Gottes als falsch entlarvt, aber mit Gott – aufgrund der Gnade Gottes – ist selbst dieser Tod von Ansehen und Ehre umfangen (vgl. Hebr 2,7).[45] Das Ziel der Inkarnation Jesu ist, dass der „Pionier des Heils" viele Brüder und Schwestern in die Herrlichkeit führt (Hebr 2,10), d. h. Gott hat ihn für diese Aufgabe zugerüstet, indem er ihn durch Leiden vollendete[46]. Jesus hatte umfassenden Anteil an der Lebenssituation der Brüder und Schwestern, die er erlösen will. So kann sein Status als Gottes Sohn sogar denen, die ihm nachfolgen, Ehre verleihen. Der Briefautor erklärt, dass Jesus als Vermittler der Heiligung und die geheiligten Glaubenden ein und denselben Ursprung haben (Hebr 2,11).[47] Jesus und die, die an ihn glauben, werden als Geschwister betrachtet (Hebr 2,10-12), daher ist die wahrscheinlichste Interpretation der Aussage, dass sie „von einem kommen", diejenige, Jesus und die Glaubenden hätten denselben Vater. Damit verweist der Autor darauf, dass sich Christus nicht schäme, sie Brüder und Schwestern zu nennen und zu seiner Familie zu zählen. In der griechisch-römischen Welt gehörten Verwandtschafts- und Freundschaftsbeziehungen zu den Faktoren, die Einfluss auf Status und Ansehen der einzelnen Person hatten. Wenn Jesus sie Brüder und Schwestern nennt, stellt er sich mit den Glaubenden auf dieselbe Ebene. Hier geht es offensichtlich um eine Frage von Ehre und Schande. Die Konsequenz, die der

---

[43] Vgl. Karrer, ebd., S. 172.

[44] Vgl. das Ergebnis dieser Teilhabe nach Hebr 6,4.

[45] Vgl. Karrer, ebd.

[46] Zur Rede von der „Vollendung" vgl. den Exkurs in Attridge, a. a. O. (Fussnote 6), S. 83-87.

[47] In Hebr 2,17 wird Jesus erstmals als Hohepriester bezeichnet. Sein priesterliches Amt, das insbesondere in Hebr 4,14-10,23 beschrieben wird, steht hier im Zusammenhang mit seiner menschlichen Existenz. Weil er die menschliche Schwachheit und die menschlichen Versuchungen geschmeckt hat und daher kennt, kann er ein mitfühlender Hohepriester sein. (Hebr 2,17; 4,15)

Text darstellt, besteht darin, dass die Glaubenden einen höheren Status erlangen, weil sie als Kinder Gottes gelten.

> Indem der Verfasser die verwandtschaftliche Beziehung zu Christus betont, bestätigt er den Zuhörenden ihre Ehre als Christinnen und Christen, denn in mediterranen Gesellschaften des ersten Jahrhunderts brachte „der Aufstieg eines Verwandten väterlicherseits Vorteile für alle Angehörigen."[48]

Jesus, der diejenigen, die an ihn glauben, zur eschatologischen Herrlichkeit des Reiches Gottes führen will, ermöglicht ihnen schon jetzt die Teilhabe an seinem Status als Kinder Gottes.

Die Idee wird in Hebr 3,1 ausgeführt, wo der Autor die Zuhörenden anspricht als „ihr heiligen Brüder [und Schwestern], die ihr teilhabt an der himmlischen Berufung". In Hebr 3,14 formuliert er sogar: „wir haben an Christus Anteil bekommen". Jesus schmeckte als einer, der Anteil an der menschlichen Existenz hatte, den bitteren Tod (Hebr 2,9.14), jene, die ihm nachfolgten, schmeckten im Gegenzug die himmlische Gabe und erhielten auch Anteil am Heiligen Geist (Hebr 6,4). Die Inkarnation Jesu – so die Argumentation des Briefautors – erlaubt es seinen Jüngerinnen und Jüngern, Gott näher zu kommen, Kinder Gottes zu werden und Anteil zu haben an Gottes Herrlichkeit (Hebr 2,9-3,1).

Nur da Jesus nach wie vor einen höheren Status innehat als diejenigen, die ihm nachfolgen, ist verständlich, dass der Autor des Hebräerbriefs betont, Jesus schäme sich nicht, sie seine Brüder und Schwestern zu nennen (Hebr 2,11): Das Verb

> ἐπαισχύνεται drückt kein inneres Empfinden aus, sondern ein öffentliches Bekenntnis, Gottes Zeugnis im Namen der Vorläuferinnen und Vorläufer im Glauben. Dieses Bekenntnis durch Gott, das der/dem Glaubenden Ehre verleiht, beantwortet sein/ihr Bekenntnis, dass er/sie Gast und Fremdling auf Erden ist.[49]

Das Wort ἐπαισχύνεται steht im Neuen Testament oft dort, wo die an Christus Glaubenden aufgefordert werden, sich seiner Person und Botschaft nicht zu schämen. Wenn sie bereit sind, ihren Glauben an Jesus öffentlich zu verkündigen, wird Gott sie im Himmel ehren (z. B. Mk 8,38; Lk 9,26; Röm 1,16; 2.Tim 1,8.12). Im Hebräerbrief wird das Verb ein weiteres Mal gebraucht, hier mit Bezug auf Gott (Hebr 11,16): „Darum schämt sich Gott

---

[48] David Arthur DeSilva: „Despising Shame. Honor Discourse and Community Maintenance in the Epistle to the Hebrews", SBL Dissertations Nr. 152, Atlanta, 1995, S. 291.

[49] Ebd., S. 293f.

ihrer nicht, ihr Gott zu heissen". Der neue Status der Zuhörenden, die Jesus in seine und ihre himmlische Heimat nachfolgen, wird vom Sohn und von Gott bestätigt, die sich dieses Verwandtschaftsverhältnisses nicht schämen. Da nun die Zuhörenden Kinder Gottes sind, sind sie auch Jesu Brüder und Schwestern, und er hat keinen Grund, sich der Bekanntmachung dieser verwandtschaftlichen Beziehung zu schämen. Der Autor des Hebräerbriefs lässt Jesus selbst (Hebr 2,12-13) mit Schriftworten (Ps 22,23; Jes 8,17f) sprechen:

> „Ich will deinen Namen verkündigen meinen Brüdern [und Schwestern] und mitten in der Gemeinde dir lobsingen." Und wiederum: „Ich will mein Vertrauen auf ihn setzen"; und wiederum: „Siehe, hier bin ich und die Kinder, die mir Gott gegeben hat."

Mit den Worten von Psalm 22,23, beschreibt sich Jesus als Mittler des Wortes Gottes (vgl. Hebr 1,2) und – im gleichen Vertrauen auf Gott wie der Psalmist, ein Mensch in Not, der sein Gebet um Hilfe mit einem Lobpreis schliesst – preist er Gott öffentlich in der Versammlung. Psalm 22 besteht aus zwei Teilen.[50] Das Bittgebet in Psalm 22,1-22a formuliert ein Glaubender in tiefster Not. Er leidet unter Krankheit und Bedrängnis, er wird verspottet und fühlt sich von Gott verlassen. Psalm 22,22b bringt den Wendepunkt: Der Psalmist sagt zu Gott: „du hast mich erhört!" (vgl. Hebr 5,7).[51] Der folgende Vers ist das Zitat, das sich in Hebr 2,12b findet. Die Tatsache, dass der Psalmist von Gott erhört und aus Bedrängnis und Todesgefahr gerettet wurde, ist offensichtlich der Grund dafür, dass er nun den Namen Gottes in der Gemeinde verkündigt und Gott Loblieder singt. Der zweite Teil von Psalm 22 (Ps 22,23-32) enthält ein Danklied, das Gott, der hört, hilft und herrscht, vor Israel und allen Völkern lobpreist. Dieser Psalm wird in den Passionserzählungen des Neuen Testaments wiederholt zitiert.[52] Jesus wird so beschrieben als ein Glaubender, der Gott vertraut wie der Psalmist, auch wenn der Tod über ihn kommt (vgl. wörtlich Hebr 2,9f.14f). Jesus musste Leid und Tod durchleben, schmeckte ihre Angst und Not, hörte aber offensichtlich nie auf, Gott zu vertrauen, der ihn errettete (vgl. Hebr 2,9; 5,7f; Ps 22,20-22.25). Gott rettete Jesus nicht vor dem Tod, sondern rettete ihn durch Leiden und Tod hindurch. So kann Jesus Gott lobpreisen und verkündigt ihn seinen Brüdern und Schwestern wie der Psalmist, mit denselben Worten, die dieser im zweiten Teil von Psalm 22 gebraucht. Wie Hebr 12,3 und insbesondere

---

[50] Vgl. Kraus, a. a. O. (Fussnote 38), S. 320-334.

[51] Je nachdem, ob die modernen Übersetzungen eher der LXX oder dem Masoretentext folgen, findet sich diese explizite Vertrauenszusage in Ps 22,22 oder auch nicht.

[52] Ps 22,2 in Mt 27,46; Mk 15,34; Ps 22,19 in Joh 19,24; vgl. Mt 27,35; Mk 15,24; Lk 23,34; vgl. Koester, a. a. O. (Fussnote 11), S. 230.

Hebr 13,6 annehmen, macht Jesus das, was die Zuhörenden selbst machen sollten. Aber es ist nicht das Durchhalten und die Treue der Glaubenden, die ihnen das Tor zum Himmel öffnen werden, vielmehr wird sie Jesus selbst zur himmlischen Herrlichkeit führen (Hebr 12,2). Den Angesprochenen wird gesagt, sie sollen in ungeteilter Aufmerksamkeit zu ihm als dem „Anfänger und Vollender des Glaubens" aufsehen.

Wie wird Jesus aber zu diesem Anfänger und Vollender des Glaubens? In Hebr 2,14–18 wird dies unter erneuter Bezugnahme auf die Tatsache erklärt, dass Jesus und seine Jüngerinnen und Jünger Geschwister sind, die in gleicher Weise teilhaben an Fleisch und Blut. Nach den griechisch-römischen und jüdischen Vorstellungen von Ehre und Schande ist es schändlich, einen Menschen, der wie ein Verbrecher am Kreuz gestorben ist, als Angehörigen zu betrachten. Aber der Hebräerbrief spricht diesen schändlichen Aspekt der Art des Todes Jesu nicht an.[53] Der Briefautor hat bereits festgestellt, dass aufgrund des göttlichen Willens der Tod Jesu selbst mit Ehre und Ansehen gekrönt sei. Jesus besiegte sogar die Angst vor dem Tod und errang – durch seinen Tod – einen Sieg über den, der Gewalt über den Tod hatte (Hebr 2,9.14). Damit befreite Jesus die, die ihm nachfolgen, aus der Sklaverei der lebenslangen Furcht vor dem Tod.[54] Die Zuhörenden erlangen also durch Jesu siegreichen Tod im übertragenen Sinn einen neuen, höheren Status, sie sind von einem Unterdrücker befreit. Im Hebräerbrief wird Jesu hoher Status durch die Art seines Todes nicht beschädigt. Der Briefautor beschreibt ihn – trotz der Kreuzigung – als „Anfänger und Vollender des Glaubens, der, obwohl er hätte Freude haben können, das Kreuz erduldete und die Schande gering achtete und sich gesetzt hat zur Rechten des Thrones Gottes" (Hebr 12,2f).[55] Jesu Tod stellt weder seinen hohen Status als Sohn Gottes noch seine Herrschaft infrage.

---

[53] Die Interpretation des Paulus, der den Erlösungstod durch die Kreuzigung und insbesondere das Kreuz selbst in den Mittelpunkt stellt, deutet die heilbringende Wirkung des Todes Jesu auf andere Weise. Vgl. 1.Korinther 2, wo Paulus gerade die Schändlichkeit des Todes Jesu herausstreicht.

[54] Hier wird die erlösende Wirkung von Jesu Tod nicht als Freiheit von der Sünde beschrieben, vielmehr bietet der Hebräerbrief eine eher anthropologische Interpretation an, die gut in die allgemeine Stossrichtung der Textstelle passt.

[55] Entsprechend nennt der Autor als Grund für diesen Tod nicht den Heilsplan Gottes, sondern die Feindschaft der Sünderinnen und Sünder (Hebr 12,3).

FOLGEN FÜR DIE WAHRNEHMUNG DER ZUHÖRENDEN (HEBR 3,1.10.14-16; 12,2)

Durch die Brille von Psalm 8,57 zeigt der Autor des Hebräerbriefs den Angesprochenen die unsichtbare Herrlichkeit und Herrschaft des menschgewordenen Jesus einerseits und andererseits die sichtbare Inkarnation, in der Jesus seine Solidarität mit den Menschen demonstriert. Sowohl die Psalmworte als auch ihre Einbettung und Deutung in Hebr 2,5.9-18 schaffen eine Art Band zwischen Menschsein und Göttlichkeit. Selbst das schändlichste Ereignis im Leben Jesu als Mensch, sein Tod, wird als Sieg betrachtet, der die Macht des Todes und des Bösen zerstört hat und die Ehre und Gnade zeigt, die Gott ihm geschenkt hat.[56] Durch die Brille der Psalmen präsentieren die beiden ersten Kapitel des Hebräerbriefs eine Christologie, die Jesu menschliche Existenz, einschliesslich seines Leidens und seines Todes, ernstnimmt und gleichzeitig an seinem Status als Sohn und Herrscher festhält. Die Angesprochenen brauchen sich dieses Mittlers Gottes nicht zu schämen, weil sogar sein – aus menschlicher Sicht schändliches – Leiden und Sterben aus dem Blickwinkel der Psalmen Zeichen seines glorreichen Auftrags ist, den er im Namen Gottes erfüllt.

Auf der Grundlage dieser Argumentation[57] ermahnt der Autor seine Zuhörenden, bewusst auf Jesus zu schauen und in ihm den Apostel und Hohepriester zu erkennen (Hebr 3,1). Das griechische Verb κατανοέω kann sowohl eine intensive Sinneswahrnehmung als auch das intellektuelle Verstehen bezeichnen. Die Angesprochenen haben die von Gott und Jesus gesprochenen Worte gehört, was sie nun dazu befähigt – durch die Brille der Psalmen und der von Gott gesprochenen Worte – nicht nur den Menschen

---

[56] Attridge, a. a. O. (Fussnote 6), S. 79-83, listet unterschiedliche Modelle zur Erklärung von Hebr 2,10-18 auf. Er legt Gemeinsamkeiten mit einem hellenistischen Heldenmythos dar. „Die Umsetzung und Umdeutung des grundlegenden mythischen Schemas finden sich bereits in klassischen Quellen. Platons bekanntes Höhlengleichnis stellt möglicherweise eine frühe metaphorische Umsetzung dar. Zyniker und Stoiker machten aus Herakles einen philosophischen Helden und entdeckten in seinem tragischen Ende den wahren Sieg über den Tod, der durch den Mythos seines Hinabsteigens in die Unterwelt lediglich symbolisiert wurde. Ein deutliches Beispiel für diese Entwicklung findet sich in den Tragödien Senecas, wo der Held durch sein Leiden verherrlicht wird und durch das Vorbild seiner stoischen Akzeptanz des Todes andere von der Furcht vor dem Tod befreit", Attridge, ebd., S. 79f. Es ist nicht unwahrscheinlich, dass der philosophisch und rhetorisch gebildete Autor des Hebräerbriefs auf diese Traditionen zurückgreift, um seinem jüdischen und griechisch-römischen Publikum die Bedeutung des Todes Jesu darzulegen.

[57] Vgl. das griechische ὅθεν, das den neuen Abschnitt einleitet.

Jesus zu sehen, sondern auch den Apostel und Hohepriester Gottes, der Gottes Worte vermittelt und Sünden sühnt (Hebr 1,3). Die Gemeinde wird angesprochen als „ihr heiligen Brüder [und Schwestern], die ihr teilhabt an der himmlischen Berufung" (Hebr 3,1), sie soll „das Vertrauen und den Ruhm der Hoffnung festhalten" (Hebr 3,6). Im Haus Christi haben die Angesprochenen offensichtlich einen hohen Status. Sie können sich selbst als geachtete Menschen verstehen, die befähigt sind, öffentlich zu reden. Παρρησία bezeichnet eine souveräne Selbstsicherheit, die durch mutiges Reden zum Ausdruck kommt.[58] In Hebr 4,14-16, fasst der Autor die Wirkung der Mittlerfunktion Christi zusammen, wie sie in Hebr 1-4 beschrieben wird, und begründet damit, dass die Zuhörenden vertrauensvoll vor den Thron Gottes treten können.[59]

> Weil wir denn einen grossen Hohenpriester haben, Jesus, den Sohn Gottes, der die Himmel durchschritten hat, so lasst uns festhalten an dem Bekenntnis. Denn wir haben nicht einen Hohenpriester, der nicht könnte mit leiden mit unserer Schwachheit, sondern der versucht worden ist in allem wie wir, doch ohne Sünde. Darum lasst uns hinzutreten mit Zuversicht zu dem Thron der Gnade, damit wir Barmherzigkeit empfangen und Gnade finden zu der Zeit, wenn wir Hilfe nötig haben. (Hebr 4,14-16)

Sehen und Hören gehören zusammen. Im Hören der Worte Gottes können die Zuhörenden die göttliche Realität sehen, die den Menschen Jesus umgibt. Durch die Brille der Psalmen sehen sie, dass Jesus schon jetzt zur Rechten Gottes sitzt, und sie sehen die Herrlichkeit, die sogar seine Existenz als Mensch und seinen Tod umfängt (Hebr 2,8f).

JESUS, DER BETENDE UND FÜRBITTENDE HOHEPRIESTER

Der vorliegende Beitrag liest und versteht Hebr 1-2 aus der Perspektive, die der Autor selbst in Hebr 1,1-4 vorstellt, durch die Brille der Psalmen, die in diesen Kapiteln zitiert werden. Es ergibt sich eine Christologie, die Jesus primär als den mit Herrlichkeit gekrönten Sohn Gottes sieht, der zur

---

[58] Vgl. Attridge, ebd., S. 111f.

[59] Interessanterweise stellt der Hebräerbrief diesen Versen die Ankündigung des Endgerichts durch Gott gegenüber, vor dem die Lesenden zuletzt Rechenschaft ablegen müssen. Vgl. Knut Backhaus: „Zwei harte Knoten. Todes- und Gerichtsangst im Hebräerbrief", in: Knut Backhaus: „Der sprechende Gott", *WUNT 240*, Tübingen, 2009, S. 131-151. Backhaus untersucht hier v.a. rhetorische Strategien und die pragmatische Wirkung von Gerichtsankündigungen.

Rechten Gottes sitzt und Anteil an seiner ewigen Herrschaft hat. Trotzdem nimmt der Autor des Hebräerbriefs Jesu menschliche Existenz ernst, einschliesslich seines Leidens und Todes. Die Inkarnation interpretiert er jedoch nicht als völlige Preisgabe der Ehre oder als schändliche Erniedrigung. Nur eine kleine Zeit nimmt Jesus einen niedrigeren Rang ein als die Engel (Hebr 2,7) und weder seine menschliche Existenz noch sein Leiden und Sterben sind ehrlos, wie Ps 8 sichtbar macht (Hebr 2,7b.9).

Eine zweite Passage im Hebr beschreibt jedoch ebenfalls Jesu menschliche Existenz: Hebr 5,7-8. Sie scheint der vorgeschlagenen Deutung im Sinne einer Christologie, die den hohen Status Jesu als Sohn Gottes in den Mittelpunkt stellt, zu widersprechen. Hebr 4,14-16 fasst die in Hebr 1-4 entwickelten Gedanken zusammen und bereitet das Thema „Jesus als der Hohepriester" (Hebr 5,1-10,18) vor. Hebr 5,1-10 vergleicht das irdische Amt des Hohepriesters (Hebr 5,1-4) mit dem Amt Jesu als Priester „nach der Ordnung Melchisedeks" (Hebr 5,5-10). Das Motiv Christi als Hohepriester finden wir bereits in Hebr 2,17. Vergleichbar mit der Argumentation in Hebr 1-2 zeigt der Autor in Hebr 5,1-10 die priesterliche Rolle Christi durch die Brille der Psalmen auf. Er schreibt (Hebr 5,5-10):

> So hat auch Christus sich nicht selbst die Ehre beigelegt, Hohepriester zu werden, sondern der, der zu ihm gesagt hat: „Du bist mein Sohn, heute habe ich dich gezeugt." Wie er auch an anderer Stelle spricht „Du bist ein Priester in Ewigkeit nach der Ordnung Melchisedeks." Und er hat in den Tagen seines irdischen Lebens Bitten und Flehen mit lautem Schreien und mit Tränen dem dargebracht, der ihn vom Tod erretten konnte; und er ist auch erhört worden, weil er Gott in Ehren hielt. So hat er, obwohl er Gottes Sohn war, doch an dem, was er litt, Gehorsam gelernt. Und als er vollendet war, ist er für alle, die ihm gehorsam sind, der Urheber des ewigen Heils geworden, genannt von Gott ein Hohepriester nach der Ordnung Melchisedeks.

Irdische Hohepriester wie auch der himmlische Priester werden in ihr Amt berufen (Hebr 5,4-5). Der irdische Hohepriester empfängt Ehre (τιμή)[60] aufgrund seines ehrenhaften Amtes, die Ehre des Sohnes kommt von seinem Vater (δοξάζω): ihm wird durch die von Gott gesprochenen Psalmenworte (Ps 2,7; 110,4) Ehre verliehen. Die Textstelle spielt deutlich auf Hebr 1 an, wo Christus von dem „sprechenden Gott" als Sohn und König eingesetzt wird (Ps 2,7; Ps 110,1), während er hier als Sohn und Priester eingesetzt wird. Ähnlich wie in Hebr 1 hören und „sehen" die Angesprochenen durch die Brille der Psalmen ein himmlisches Szenario, das ihnen den hohen Status Christi als Sohn und Hohepriester plastisch vor Augen stellt. Die

---

[60] Dieser griechische Begriff bezeichnet in der Regel ein Amt; vgl. Attridge, a. a. O. (Fussnote 6), S. 145.

Perspektive wechselt jedoch abrupt und zeigt nun deutlich das Menschsein Jesu. Er wird dargestellt als jemand, der emotional betet: Jesus bringt[61] seine „Bitten und Flehen mit lautem Schreien und mit Tränen" dar (Hebr 5,7-9). Auf den Inhalt seiner Gebete wird nicht eingegangen, er ist für den Autor offensichtlich nicht von Belang.[62] Worum geht es in dieser Szene, die Jesus zeigt, wie er an den schmerzlichsten Erfahrungen menschlichen Lebens teilhat? Hier kann vielleicht der Blickwinkel der Psalmen weiterhelfen. Die Sprache, mit der der betende Jesus beschrieben wird, verweist auf ein traditionell jüdisches Ideal des Betens einer gerechten Person, das sich in hellenistisch-jüdischen Quellen häufig findet und auf der Sprache des Psalters basiert.[63] Annäherungsweise könnte man sagen, Jesus wird hier als Psalmbeter portraitiert.[64]

Nach der Überzeugung der Psalmen hat Gott die Macht, Menschen vor dem Tod zu retten (vgl. Hebr 2,9; Ps 22). Tod kann hier in einem engeren Sinn als vom (nahen) Tod bedroht oder in einem weiteren Sinn als im Reich des Todes lebend verstanden werden. Die zweite Deutung wäre eine Beschreibung der Situation des Menschseins, wie sie sich in Hebr 2,14f findet. Zwei Aspekte sind im Zusammenhang mit Jesu Status als Hohepriester und Sohn besonders interessant, der während seines irdischen Lebens (vgl. Hebr 5,7; 2,14f) Leid und Todesangst erträgt. Erstens illustriert Hebr 5,5-10 erneut, dass Leiden und Sterben durchaus mit Jesu hoher Stellung vereinbar sind. Er erleidet diese Erfahrungen, die grundlegend zur menschlichen Existenz gehören, und er erweist darin sein Vertrauen auf Gott. Wie der Psalmist in Psalm 22 fleht er aus der Tiefe des Leids zu Gott und wird erhört. Zum Menschsein des Sohnes gehören auch reales Leiden und realer Tod, aber er vertraut fest auf Gott. Leid und Tod sind nicht unvereinbar mit seinem Status als Hohepriester, sondern er wird auf diesem Weg zur Vollendung

---

[61] Das hier verwendete Verb προσφέρω hat gewöhnlich eine kultische Bedeutung und bezeichnet das Darbringen von Opfern, vgl. Hebr 5,1.3. Dass es hier im Zusammenhang mit dem Gebet Jesu steht, spielt auf die Vorstellung an, dass die Gebete Opfergaben sind, die er vor Gott bringt. Diese Parallelen sollten allerdings nicht zu hoch bewertet werden. Vgl. die detaillierte Darstellung bei Attridge, ebd., S. 149.

[62] Es existieren unterschiedliche Thesen dazu, worum Jesus betete und auf welche Weise ihn Gott erhörte. Das Hauptproblem, das eine angenommene Bezugnahme auf Gethsemane aufwirft, besteht in der Tatsache, dass Jesus nicht vor dem Tod bewahrt wurde. Vgl. Karrer, a. a. O. (Fussnote 7), S. 274f.

[63] Attridge, a. a. O. (Fussnote 6), 148f. Attridge zitiert verschiedene Dokumente als Beleg, u. a. Philo, der Moses als den idealen Fürsprecher bezeichnet; Attridge, ebd., S. 149-151. Vgl. ausserdem Backhaus: „Gott als Psalmist", in: Backhaus, a. a. O. (Fussnote 59), S. 101-129, hier S. 122f.

[64] Vgl. Backhaus, ebd., S. 139.

geführt und zu einem für die Aufgabe geeigneten Hohepriester gemacht, der mitleidet mit denen, die ihm nachfolgen (Hebr 2,17f; 4,15). Zweitens, ist, obwohl „der Hebräerbrief an dieser Stelle keine auffordernde Sprache benutzt, ist die Sorge um die Adressatinnen und Adressaten erkennbar".[65] Jesus wird hier als Vorbild für die Bewältigung von Leid und der Angst vor dem Tod dargestellt.

ZUSAMMENFASSUNG

Durch die Brille der Psalmen wird den Angesprochenen des Hebräerbriefs sowohl die unsichtbare Herrlichkeit des Sohnes als auch sein sichtbares Leben als Mensch vor Augen gestellt. Der Briefautor konzentriert sich insbesondere auf den hohen Status des Sohnes, der für das menschliche Auge nicht erkennbar ist. Der Sohn ist der ewige König, der zur Rechten Gottes sitzt, und der mitfühlende Hohepriester, der es den Zuhörenden ermöglicht, sich dem Thron Gottes zu nähern (Hebr 2,17f; 4,16). Die Psalmen als heute neu gesprochene Worte Gottes helfen den Zuhörenden, nicht nur Jesu menschliche Existenz wahrzunehmen, sondern auch seine ewige Herrlichkeit, seine Herrschaft und seine Fürsprache als Hohepriester. Selbst Leiden und Sterben haben keinen negativen Einfluss auf seinen Status. Hieraus ergeben sich auch Konsequenzen für die Selbstwahrnehmung der Glaubenden. Mose empfand Furcht vor dem Berg Zion (Hebr 12,20f), aber die Angesprochenen können selbstbewusst und zuversichtlich sein, denn sie sind eingeladen zu einer festlichen Versammlung in der Stadt des lebendigen Gottes (Hebr 12,22f; vgl. Hebr 4,12-16). „Die Ehre der Glaubenden gründet darin, dass Gott seine Gemeinschaft mit ihnen erklärt, wodurch er ihnen einen Anteil an der göttlichen Ehre übereignet und sich verpflichtet, ihre Ehre als Erweiterung seiner eigenen Würde zu wahren" (Hebr 4,9; 11,16).[66]

Darüber hinaus bietet Jesus ein Vorbild für die Bewältigung von Leid. Obwohl die Glaubenden, weil sie einen Gekreuzigten anbeten, gesellschaftlich stigmatisiert werden, sehen sie Jesus jetzt mit geistlichen Augen: sie erkennen, dass sein Menschsein und sein Tod Sinn haben und mit seinem Status vereinbar sind. Auf diese Weise vermittelt Jesus denen, die ihm nachfolgen, einen hohen Status und Heil. Ausserdem wissen sie, dass sie Geschwister Jesu und Kinder Gottes sind. Sie erkennen, dass Jesus nicht vor dem Tod bewahrt wurde, dass Gott ihn vielmehr bewahrte, indem er ihn durch Leiden und Tod zur Herrlichkeit führte. Wenn sie also selbst leiden müssen, können sie fest darauf vertrauen, dass Gott sie durch das Leid zu seiner Herrlichkeit führen

---

[65] Attridge, a. a. O. (Fussnote 6), S. 153.
[66] Vgl. DeSilva, a. a. O. (Fussnote 48), S. 293.

wird. Schliesslich werden die Angesprochenen, indem sie die Worte Gottes hören und die Ehre des Sohnes sehen, der Gott auch in den Tagen seines irdischen Lebens zuversichtlich vertraute (Hebr 2,5-18; 5,5-10), selbst zu Psalmistinnen und Psalmisten. Sie erkennen nun, dass Gottes Erlösungsmacht noch in der Realität von Leiden und Tod am Werk ist. Zuversichtlich, ja trotzig, können sie mit den Worten von Psalm 118,6 beten : „Der Herr ist mit mir, darum fürchte ich mich nicht; was können mir Menschen tun?" oder mit den Worten von Hebr 13,6: „So können auch wir getrost sagen: „Der Herr ist mein Helfer, ich will mich nicht fürchten; was kann mir ein Mensch tun?"

Der Autor des Hebräerbriefs ist überzeugt, dass Gott zu den Glaubenden der Gegenwart mit denselben Worten redet, mit denen er einst zu den Vätern gesprochen hat. Er ist sich der Tatsache bewusst, dass die alten Worte Gottes einen neuen Sinn annehmen, wenn sie in einer neuen Situation gesprochen und gehört werden. Der Hebräerbrief bezieht die Psalmen auf Jesus und deutet sein Leben und seine Bedeutung im Licht ihrer Worte. Sein Autor hat jedoch kein Interesse daran, die Schrift auf das Zeugnis von Jesus Christus zu beschränken, und er polemisiert auch nicht gegen Israel. Die christologische Auslegung des Hebräerbriefs bedeutet nicht, dass das traditionelle jüdische Psalmenverständnis überholt wäre. So geht der Autor des Hebräerbriefs davon aus und ist darüber erfreut, dass die Worte Gottes je nach der spezifischen Situation jener, die sie lesen und hören, unterschiedliche Bedeutungen haben können. Geht man von der These aus, dass alle Texte, einschliesslich der Worte Gottes, in unterschiedlichen Situationen unterschiedliche Sinninhalte haben können, kann dies die Interpretinnen und Interpreten der biblischen Texte von dem fruchtlosen Bemühen befreien, die einzig angemessene Auslegung finden zu wollen. Wenn wir diese wichtige hermeneutische Erkenntnis in einen Zusammenhang mit Martin Luthers Psalmenverständnis bringen, so können wir an einer christologischen Psalmenauslegung festhalten, ohne den Psalmen ihre vorherigen Kontexte in der Geschichte Israels und ihre bleibende Gültigkeit für die Angehörigen des jüdischen Glaubens abzusprechen. Die hermeneutische Erkenntnis, dass ein Text eine Vielfalt wahrer Deutungen haben kann, kann uns entlasten von der Suche nach der einzig wahren Auslegung und deren Verteidigung. Selbst die moderne, weltweite lutherische Kirchengemeinschaft kann die Psalmen in unterschiedlichen Kontexten lesen und die daraus resultierende Pluralität der Interpretationen im Vertrauen darauf wertschätzen, dass Gott zu den Glaubenden der Gegenwart mit denselben Worten, die in der Heiligen Schrift einmal aufgeschrieben wurden, auf unterschiedliche Weisen spricht.

V. LUTHERS PSALMENAUSLEGUNG AUS ZEITGENÖSSISCHER PERSPEKTIVE

LUTHER UND DIE PSALMEN: WIE AUS GESCHICHTEN DIE BIBELGESCHICHTE WIRD

Vítor Westhelle

EINLEITUNG

Zu meiner Arbeit für den Lutherischen Weltbund (LWB) gehörten stets eigenartige aber zugleich faszinierende Aufträge, zumindest was meinen Fachbereich angeht. Auch dieser Auftrag ist nicht anders. Das mir zugeteilte Thema lautete: „Luther und die Psalmen: Wie aus Geschichten Geschichten werden." Um jedoch etwas Kontextuelles und Relevantes vorlegen zu können, muss ich den Untertitel leicht ändern, entweder in „Wie aus der Bibelgeschichte Geschichten werden" oder noch interessanter in „Wie aus Geschichten die Bibelgeschichte wird". Diese Frage beschäftigt die lutherische Gemeinschaft bereits seit Längerem. Sie wurde schon Anfang der 1960er Jahre von Jens Erik Skydsgaard im Zusammenhang mit den ökumenischen Herausforderungen behandelt, vor denen der LWB damals stand.[1] Seitdem ist das Thema wesentlich komplizierter geworden, da sich die Anzahl der Geschichten vervielfacht hat. Der lutherische Glaube bewegt sich *en masse* von seinem Urgestein in geschmeidigere Gefilde in der ganzen Welt. Und natürlich sammeln sich die Geschichten in Berichten und Konsultationen über das Luthertum an, wo jetzt über dessen Zukunft gemutmasst wird. Wie Geschichten die Bibelgeschichte erzählen, war somit das Thema schlechthin für eine Gemeinschaft, die durch glückliche Fügung niemals sesshaft und deren Identität niemals in Stein gemeisselt wurde, trotz unzähliger Versuche, einen ausreichend grossen Stein für

---

[1] Vgl. Jens Holger Schjørring, Prasanna Kumari und Normal Hjelm (Hg.): „Vom Weltbund zur Gemeinschaft. Geschichte des Luthersichen Weltbundes 1947-1997", Hannover, 1997, S. 220-250.

eine solche Inschrift zu hauen. Meine nachfolgenden Überlegungen mögen in Fragen der Lehre zum Teil recht fachspezifisch anmuten, doch geht es mir im Wesentlichen darum aufzuzeigen, wie Geschichten mit der Bibelgeschichte verbunden sind.

DER PSALTER

Am 24. April 1530, dem Tag nachdem Luther im Coburger Schloss eingetroffen war, um sich dem nach Augsburg einberufenen Reichstag zu nähern, wo Melanchthon die Glaubensbekenntnisse der Reformation vortragen sollte, schrieb Luther an seinen Freund und Mit-Reformator: „Endlich sind wir auf unserem Sinai angekommen, mein lieber Philipp, aber wir werden einen Zion aus diesem Sinai machen und drei Hütten bauen, eine für den Psalter, eine für die Propheten und eine für Äsop."[2]

Dass Luther den altertümlichen Fabeldichter Äsop als den Autor der besten Literatur nach der Bibel hielt und ihn sogar ins Deutsche übersetzt und veröffentlicht hat, ist kein Geheimnis.[3] Es ist jedoch verwunderlich, dass er mit diesem nichtchristlichen Geschichtenerzähler aus dem alten Griechenland religiöse Bilder (Sinai, Zion, Hütte, Psalter, Propheten) verbindet, weshalb insbesondere sorgfältig geprüft werden sollte, was hinter den drei Hütten steckt. Eine Hütte ist das Zuhause dessen, was für uns am Wertvollsten und Göttlichsten ist, der Raum tief in unserem Inneren, in dem das Herz wohnt und die Seele ruht. Eine Hütte ist das Gehäuse für die Präsenz, d. h. eine Repräsentanz für etwas, das nicht repräsentiert werden kann. Demnach ist die Hütte des Psalters der Ort, wo die Seele und das Herz des Psalmisten verwahrt sind; gleiches gilt für die Propheten und Äsop! Wir wissen um Luthers Hochachtung für den Psalter, den er eine „kleine Bibel" nannte.[4] Ebenso waren die harten Worte der Propheten in seinen Augen notwendig, um den Götzendienst zu zügeln und das Kommen Christi anzukündigen. Aber warum ausgerechnet Äsop? Zudem nicht dafür, wer er war oder was er getan hat, sondern für das, was und wie er es gesagt hat. Das ist meiner Ansicht nach der Grund für den Verweis auf Äsop, der wahrheitsgetreu vom menschlichen Dasein sprach, ohne dass wir von seinen vollbrachten oder unterlassenen Handlungen abgelenkt werden.

---

[2] „Pervenimus tandem in nostrum Sinai, carissime Philippe, sed faciamos Sion ex ista Sinai edificabumusque tria tabernacula, Psalterium unum, Prophetis unum, et Aesop unum.", WA Br 5, S. 285, 3-6.

[3] Carl P. E. Springer: „Luther's Aesop", Kirksville, 2011.

[4] Kurt Aland (Hg.): „Luther Deutsch. Die Werke Martin Luthers in neuer Auswahl für die Gegenwart", Bd. 5, Stuttgart/Göttingen, 1963, S. 33.

In seiner Vorrede auf den Psalter (von 1524 und in der überarbeiteten endgültigen Ausgabe von 1545) entfacht Luther eine interessante Polemik gegen die volkstümlichen Legenden über die Heiligen und deren Werke: „Dass andere Bücher wohl viel Aufhebens um Werke und Heilige machen, aber gar wenig von ihren Worten sagen." Der Psalter hingegen nennt nicht nur die Werke der Heiligen,

> sondern auch ihre Worte, wie sie mit Gott geredet und gebetet haben und noch reden und beten [...] dass er uns nicht schlichte, gewöhnliche Rede der Heiligen wiedergibt, sondern die allerbesten, die sie mit grossem Ernst in den allertreff-lichsten Sachen mit Gott selber geredet haben, womit er uns nicht allein ihre Worte über ihre Werke, sondern auch ihr Herz und den wahren Schatz ihrer Seelen vor Augen führt.[5]

Laut Luthers Lobrede gibt es keine feineren Worte der Freude und keine jämmerlicheren Worte der Traurigkeit, die „wie in den Tod, ja wie in die Hölle" zeigen, als im Psalter.[6]

Aus dieser Sicht lässt sich die Hütte für Äsop dadurch erklären, dass er nicht durch Heiligkeit berühmt wurde, aber mit seinen Geschichten und Fabeln aus der Tiefe seines Herzens über das menschliche Dasein sprach. Das zählte für Luther als aufrichtiges Gebet! Und zwar nicht trotz der Tat-sache, dass er kein Heiliger (und übrigens auch kein Jude oder Christ) war, sondern wahrscheinlich eher gerade weil er kein (!) „Heiliger" war. Doch für Luther sprach er ebenso wie die Psalmisten und die Propheten aus dem Grunde seines Herzens. Dabei ist keine Täuschung möglich. Luther ging es bei der Übersetzung eines Psalms nicht darum, dessen ursprüngliche Bedeutung zu vermitteln oder ihm einen Sinn zu geben, sondern darum, das Innerste des Herzens zum Ausdruck zu bringen. Mit anderen Worten sollte dank der Übersetzung das Herz mit dem Kopf sprechen können!

VOM ÜBERSETZEN

Georg Wilhelm Friedrich Hegel wusste diese ungeheure Leistung nur allzu gut zu schätzen, als er sagte: „Den deutschen Christen das Buch ihres Glaubens in ihre Muttersprache übersetzt zu haben, ist eine der grössten Revolutionen, die geschehen konnte. Erst in der Muttersprache ausgesprochen ist etwas mein Eigentum".[7] Auch wenn Luther das italie-

---

[5] Ebd., S. 33-34.
[6] Ebd., S. 35.
[7] Georg Wilhelm Friedrich Hegel: „Werke 20", Frankfurt, 1971, S. 16-17.

nische Wortspiel *traduttore/tradittore* – das den Übersetzer zum Verräter macht – nicht kannte, so kannte er zweifelsohne das griechische Verb *paradidomi*, das „übergeben" im Sinne von verraten aber auch eine Tradition weitergeben bedeutet (vgl. Mk 14,10 und 1.Kor 11,23, wo für Judas Verrat und das Weitergeben durch Paulus der von Jesus beim Abendmahl gesprochenen Worte das gleiche Verb verwendet wird). Und dies geht unvermeidlich in beide Richtungen: Der Übersetzer wird zum Verräter und der Verräter wird Übersetzer. Luther plädierte für Letzteres, als er seine Entscheidung verteidigte, in Römer 3,28 in dem Passus „durch den Glauben gerecht wird" das Wörtchen „allein" einzufügen, das in Paulus Original nicht enthalten ist.[8]

Die Übersetzung sagt also, wie es ist, wenn sie die Sehnsüchte des Herzens ausdrückt, und genau das hat Luther im Psalter gefunden. Walter Benjamin, der Luther für einen namhaften Übersetzer hielt, machte einen beachtenswerten Unterschied zwischen dem Übersetzen „als eine Form" und der Übersetzbarkeit, die „gewissen Werken wesentlich sein" muss. Und er fügte einen Punkt an, dem Luther sicher zustimmen würde:

> So dürfte von einem unvergesslichen Leben oder Augenblick gesprochen werden, auch wenn alle Menschen sie vergessen hätten. Wenn nämlich deren Wesen es forderte, nicht vergessen zu werden, so würde jenes Prädikat nichts Falsches, sondern nur eine Forderung, der Menschen nicht entsprechen, und zugleich auch wohl den Verweis auf einen Bereich enthalten, in dem ihr entsprochen wäre: auf ein Gedenken Gottes.[9]

Benjamin veranlasst uns darüber nachzudenken, ob die Übersetzbarkeit als Aufgabe, die es zu erledigen gilt, nicht ebenso wenig an uns liegt, wie wir die Sehnsucht bezwingen können, dem Herzen eine Ausdrucksmöglichkeit zu verschaffen.

Die Sprache ist der „Spiegel der Seele", sagte Luther in Anlehnung an eine gängige Redewendung. Doch sie ist mehr und zugleich weniger als das. Sie ist mehr, weil sie durch den Übergang in einen anderen semantischen Raum die Begegnung mit dem Anderssein möglich macht, so dass der übersetzte Text im neuen semantischen Kontext mehr aussagt, als eine wörtliche Übersetzung. Aber sie ist auch weniger, weil die Sprache das „Gefängnis" des Herzens ist, indem sie die Grenzen unserer Welt absteckt. Um seine Übersetzung der Psalmen zu verteidigen, schreibt Luther, „...dass nicht der Sinn den Worten, sondern die Worte dem Sinn dienen und folgen

---

[8] Aland, a. a. O. (Fussnote 4), S. 89.
[9] Walter Benjamin: „Illuminations", New York, 1968, S. 70. (Deutsch unter **www. textlog.de/benjamin-aufgabe-uebersetzers.html)**

sollen"[10]. Das ist in der Tat eine höchst fragwürdige Aussage, vor allem im Lichte nicht reproduzierbarer Umstände. Wie kann ich zum Beispiel eine Bedeutung in Worte meines Kontextes fassen, wenn dieser nicht mit dem Kontext des Originalautors identisch ist? Wie und wann ist eine wörtliche Übersetzung vorzuziehen und wann verlangt die Bedeutung nach Wörtern, die semantisch von den Begriffen im Original abweichen? Mehrere Jahrhunderte bevor dies von Schleiermacher über Dilthey bis hin zu Gadamer und Ricœur als eine der zentralen Fragen der Hermeneutik behandelt wurde, setzte sich der Reformator bereits mit dieser Problematik auseinander.[11]

Zur Verteidigung seiner Übersetzung des Psalters geht Luther in beide Richtungen: An manchen Stellen wagt er eine freiere Übersetzung, um vom Volk besser verstanden zu werden,[12] an anderer Stelle zieht er die wörtliche Übersetzung vor, selbst wenn die Bedeutung dadurch unscharf wird.[13] Ist dies willkürlich, wie es *prima facie* erscheint? Er liefert einen Hinweis, was für ihn ausschlaggebend ist: „Wo es etwa auf eine Stelle ankommt, habe ichs nach den Buchstaben behalten, und bin nicht so frei davon ausgegangen."[14] Hier drängt sich natürlich die Frage auf: Woher weiss man, ob man es mit einer Stelle zu tun hat, auf die es „ankommt"? Die beste Antwort auf diese Frage dürfte wohl im innersten Herzen von Luthers Theologie selbst zu finden sein, also der Christologie in seiner Dreifaltigkeitslehre. In seinem Kommentar zu seiner Übersetzung von Genesis 1 schreibt er: „Hier hielt ich es für notwendig, den Grundsatz zu wiederholen, den ich bereits weiter oben mehrfach erwähnt habe, nämlich dass man sich an die Ausdrucksweise des Heiligen Geistes erst gewöhnen muss"[15]. Später verteidigt er die Fachsprache verschiedener akademischer Disziplinen, räumt diesen aber nicht das Recht auf eine eigenständige theologische Hermeneutik ein: „... der Heilige Geist hat auch seine eigene Sprache und Ausdrucksweise, nämlich dass Gott durch seine Worte alle Dinge geschaffen und in der Welt gewirkt hat, und alle seine Werke einige

---

[10] Aland, a. a. O. (Fussnote 4), S. 178.

[11] Vgl. Hans-Peter Grosshans: „‚Verstehst du auch, was du liest?' (Apg. 8,30) Lutherische Hermeneutik im Überblick" in: Kenneth Mtata (Hg.): „‚Du hast Worte des ewigen Lebens'. Transformative Auslegungen des Johannesevangeliums aus lutherischer Sicht", LWB-Dokumenation 57/2013, Leipzig, 2013, S. 27-53.

[12] Vgl. z. B. Aland, a. a. O. (Fussnote 4), S. 87: „Darum muss ich hier die Buchstaben fahren lassen und erforschen, wie der deutsche Mann das ausdrückt, welches der hebräische Mann mit ‚isch chamudoth' meint".

[13] Vgl. z. B. Aland, a. a. O. (Fussnote 4), S. 89: „Aber ich habe eher der deutschen Sprache Abbruch tun wollen, als von dem Wort weichen."

[14] Ebd.

[15] WA 42, S. 35, 30-31: „Sed hic rependum duxi praeceptum, quod supra aliquoties proposui quod scilicet etiam est ad phrasin Spiritus sancti."

Worte Gottes sind, die durch das ungeschaffene Wort Gottes geschaffen wurden."[16] Mit diesem Schlüssel lassen sich seine Entscheidungen erklären, vor allem bei seiner Übersetzung der dichterischen Sprache des Psalters, die selbst für jemanden, der das biblische Hebräisch völlig beherrscht, bekanntlich äusserst schwierig ist.

Der Austausch der Sprachen

Luther lieferte die Grundlagen für seine Übersetzungen in seinem christologischen Prinzip, speziell in seiner herausragenden Verteidigung der auf dem Konzil von Chalzedon (451) formulierten *Communicatio idiomatum*, dem Austausch der Eigenschaften, in seiner Schrift „Von den Konziliis und Kirchen. 1539".[17] Der Austausch der Eigenschaften oder noch wörtlicher der Austausch der „Idiome", d. h. der Austausch der Sprachen, wird zur Frage der Übersetzbarkeit des Wortes in Wörter. Wenn es das Wort von und mit Gott ist, dann muss es in der eigenen Sprache verständlich und fassbar gemacht werden. Für Luther eignet sich dafür nichts besser, als die eigene Sprache; oder, anders formuliert, nichts steht dem Herzen näher als die Volkssprache. Doch kann sich das Herz mit etwas vereint fühlen, das sich ausserhalb von ihm befindet, also mit ausgesprochenen oder geschriebenen Worten?

In den 1535 begonnenen Genesisvorlesungen verweist Luther als Erstes auf den Unterschied im Hebräischen zwischen *dabar* und *amar*.[18] Für Luther bezeichnet Ersteres (*dabar*) die immanente, gleich ewige, unteilbare Person des Dreieinigen Gottes, das Wort, während Letzteres (*amar*) ein Sprechakt ist, der durch seine Äusserung entsteht und durch sein Ausgesprochen werden zur Realität wird. Sein Argument ist trinitarisch und vor allem christologisch. Er hob diese Unterscheidung hervor, um die Angriffe der „novi Ariani" (Enthusiasten, Schwenkfeld?) abzuwehren, die angeblich die Meinung vertraten, ein Sprechakt sei das Werk des Subjektes, von dem er ausgesprochen und als Schöpfungswerk extern ablegt wird, weshalb das Wort nicht gleich ewig sein könne. Luther argumentiert, dass das Wort als eigenständige Persona in der Trinität nicht beschreibbar ist und nur durch das Wirken oder den Atem des Geistes als externes Wort, Fleisch, Materie,

---

[16] Ebd., S. 35, 37-40: „Ad hunc modum igitur videmus Spiritum sanctum sua habere linguam et phrasin, nempe quod Deus dicendo creavit omnia et per verbum operatus est, et omni eius sunt verba quaedam Dei per verbum operatus est, et omnia eius opera sunt verba quaedam Dei, per verbum increatum creata."

[17] WA 50, S. 488ff.

[18] WA 42, S. 13, 19-23

als sicht-, hör- und spürbare Tatsache zum Ausdruck kommt.[19] Das ist es, was wir betrachten können, das Wort als externe Realität, die jedoch vom Vater über das Wort durch den Geist kommt und zu der sichtbaren Realität wird, die wir beobachten können. Und diese Externalität, diese mit den Sinnen erfahrbare Realität, die wir Welt, Materie oder Fleisch nennen, ist in ihrem vergänglichen und zerbrechlichen Ausdruck nichts weniger als der Schleier, die Hülle oder Maske der göttlichen Realität selbst. Das und nichts anderes ist für uns sichtbar. Denn keiner kann leben, der den nackten Gott (*deus nudus*) sieht (2.Mose 33,20), doch der Fleischgewordene, der vom Herzen Gottes kommt, wird für uns zu Sprache, zu einem Text, der aus dem Stoff dieser Welt gewoben ist – zu Textur.

Das allerdings ist die Krux an der Sache. Luthers Auslegung von Chalzedon (451) Ende des Jahres 1539 ist der Versuch, alles zu sagen, was er mit seiner Christologie meinte: Das Wort Gottes ist Fleisch geworden und wurde somit in menschliche Worte übersetzt. Und diese Worte sind alles, was wir haben, angesichts des zerbrechlichen menschlichen Daseins, an dem Gott beschlossen hat teilzuhaben, oder in den Worten des Paulus, die Luther so sehr liebte: Gott wurde zur Sünde. Gott wurde zur Sprache der menschlichen Unfähigkeit ein wahres Wort, ein Wort aus dem Herzen auszusprechen und zu dem zu stehen, was Gott offenbart hat.

In seiner Vorrede auf den Psalter zieht der Reformator einen aufschlussreichen Vergleich zwischen den Psalmen und den Heiligenlegenden. Wie Luther zu seinem Verständnis von Sprache, von *Idioma*, gekommen war, muss erklärt werden, um zu verstehen, was er mit seiner Kritik am „Leben der Heiligen" und all den fabelhaften Erzählungen über ihre Wunder und Werke meinte. Die den Heiligen zugeschriebenen Wunder und Werke waren zweifelsohne schön und hatten ihren Wert. Doch sie waren Fälschungen, und zwar im folgenden Sinne: Das Werk, die z. B. durch ein Wunder geschaffene objektive Realität, ist in der Tat ein Ausdruck des Wortes, doch das Produkt, das geschaffene Werk, war eine äusserliche Realität, die keine Verbindung zum Herzen mehr hatte. Für den Reformator sind Werke stumm und bestehen nur als Abgötter fort. Luther war der historisch-kritischen Methode und dem Entmythologisierungsprogramm weit voraus, kam jedoch hinsichtlich dessen, was in den biblischen Erzählungen wirklich zählt, zu ähnlichen Schlüssen wie Lessing mit seiner Aussage, die zum Mantra aller späteren

---

[19] Es ist nicht abwegig zu behaupten, dass Wittgenstein sich in seinem „Tractatus" in einem modernen philosophischen Rahmen mit demselben Problem auseinandersetzte wie Luther, nämlich unter welchen Voraussetzungen sich die Welt benennen lässt. Beide, Wittgenstein und Luther, kommen zu einem erstaunlich ähnlichen Schluss.

Exegetinnen und Exegeten werden sollte: „Zufällige Geschichtswahrheiten können der Beweis von notwendigen Vernunftswahrheiten nie werden".[20]

DER CHRISTOLOGISCHE KERN

Luther schuldet seine Psalmenauslegung dem christologischen Prinzip, mit dem er arbeitete. Für einen Verfechter des wörtlichen Sinns, der die allegorische (ebenso wie die tropologische und die anagogische) Auslegung ausdrücklich ablehnte, ist es überraschend, wie viel Christus er im Psalter zu finden vermag. Beim Psalter ist Luther durch und durch allegorisch, besser gesagt, seine Exegese ist höchst metonymisch; er verwendet einen wörtlichen Verweis als Verweis auf Christus, indem er die der beschriebenen Situation und Christus gemeinsamen Gedanken assoziiert. Seine Verteidigung steht und fällt mit dem zugrunde liegenden christologischen Prinzip und mit dem, was es beim Lesen der hebräischen Schrift metonymisch evoziert. Als der Reformator behauptete, seine Auslegung der Bibel werde vom „Buchstaben" und nicht vom Geist bestimmt, dachte er das lateinische Wort für Buchstabe, *littera*, welches der äussere Ausdruck des *verbum*, des Wortes, ist. Ausschlaggebend für Luthers Übersetzung war seine Christologie, sein Verständnis der zweiten Person in der Trinität.

Anders jedoch als etwa „Origenes, Hieronymus und viel hoher Leute mehr"[21] las Luther die hebräische Bibel nicht nur mit Blick auf Christus, sondern vor allem als Ankündigung der Gegenwart Christi und vorweggenommene Lobpreisung dessen, was Christus vollbrachte und vollbringt![22] Dies lässt sich nur dadurch erklären und rechtfertigen, dass die *communicatio* als wahrer Austausch zwischen dem Göttlichen und dem Menschlichen wirkt, und zwar nicht nur im historischen Jesus und nicht einmal im Sakrament, sondern überall und jederzeit, vor, während und nach den ersten Jahrzehnten unserer Zeitrechnung. Das ist es nämlich, was Luther über die drei Weisen des Daseins Christi in seinem Bekenntnis von 1528 sagt, ein Text, den der Reformator als die irreversible Erklärung seines Glaubens betrachtete[23]. Die erste Weise ist der historische Christus, die zweite ist seine verheissene

---

[20] Gotthold Ephraim Lessing: „Über den Beweis des Geistes und der Kraft 1777", in: H. G. Göpfert (Hg.): „Werke", Band VIII, München, 1976, S. 12.

[21] Aland, a. a. O. (Fussnote 4), S. 9.

[22] Vgl. z. B. seine Interpretation von Psalm 68,7: „Gott, als du vor deinem Volk herzogst, als du einhergingst in der Wüste". Luther paraphrasiert: „O Christe, zu der zeitt, da du fur dem Israelischenn volck aussgiengist von Aegypten, welchs nur ein figur war deiner aufferstehung, durch wilch du aller erst recht auss Aegipten disser welt deinem volck furgangen bist zum vatter" usw., WA 8, S. 9.

[23] WA 26, S. 241ff, hier: S. 449-509.

Gegenwart wie im Sakrament, aber die dritte ist ausschlaggebend, um zu verstehen, wie Luther die Psalmen als die Geschichte Christi und der Christenheit auslegt. Gemäss dieser „dritten Weise" kann Christus

> sein in und bei den Kreaturen... Denn du musst dies wesen Christi, so er mit Gott eine Person ist, gar weit weit ausser den Kreaturen setzen, so weit als Gott draussen ist, wiederrumb so tieff und nahe inn alle Kreatur setzen, als Gott drinnen ist, Denn er ist ein unzertrennete Person mit Gotte.[24]

Dasselbe betont Luther an mehreren Stellen in seinem Bekenntnis (und wird in der Konkordienformel ausgiebig zitiert).[25] Traditionell formuliert wird laut Luther die immanente Trinität von der ökonomischen zertrampelt, zumindest seit der Erschaffung der Welt durch das Wort.

Dass Luther das Geistige bei seiner Auslegung des Psalters ablehnt, bedeutet folgendes: Es ist nicht so, dass die Psalmen möglicherweise etwas andeuten, was noch nicht geschehen ist, sondern sie bezeugen das, was zu jederzeit und überall stets verwirklicht wird und sich in seiner Ganzheit in Jesus Christus offenbart. Die Geschichte vom irdischen Leben des Messias ändert nichts an Gott und der Welt und wie sie sich zueinander verhalten, doch liefert sie den hermeneutischen Schlüssel zur Auslegung der gesamten Heiligen Schrift und zur Auslegung alles Geschriebenen, weil es das offenbart, was im Herzensinnersten heilig ist. Aus diesem Grund soll auch für Äsop eine Hütte gebaut werden.

Allerdings gibt es keine Rechtfertigung durch die Sprache allein. Die Sprache spannt nur den Raum auf, den das Herz bewohnt und der diesem ein Profil und eine Maske verleiht, mit denen es freuden- oder jammervoll seine Geheimnisse und Sehnsüchte offenbart und aufgreift und zugleich das Mysterium verschleiert und verbirgt. Sprache ist der irdene Stoff, mit dem die Gläubigen die Gegenwart des Wortes enthüllen und verhüllen. Luther hat dies gut formuliert: „Der Heilige Geist hat seine eigene Grammatik; die Grammatik gilt in jeder Hinsicht, aber wenn die Sache grösser ist, als dass sie nach grammatischen und philosophischen Regeln verstanden werden könnte, muss man sie lassen"[26]. Das bedeutet: Neue Bedeutungen und Realitäten werden durch die Sprache und ihre Heteroglossie nicht nur formuliert sondern erzeugt, und zwar selbst dann, wenn sie grammatikalisch falsch ist.

---

[24] WA 26, S. 336.
[25] Vgl. Formula Concordiae, Solida Declaratio VII und VIII.
[26] WA 39/II, S. 104 (Original auf Latein)

HEILIG ODER SELIG?

Luthers Lob für den Psalter war derart überschwänglich, gerade weil es darin nicht um Taten sondern nur um „leere" Worte geht, so leer wie das Herz sein muss, um das Wort empfangen zu können. Das ist die notwendige Voraussetzung, damit Gott sich entäussern und im Herzen wohnen kann. Dies ist das Motiv der *Kenosis* in Philipper 2 aus menschlicher Sicht, wonach reine Empfänglichkeit, *Vita passiva*, die Voraussetzung für göttliche Entäusserung ist, so dass das Wort diesen freien Raum, den Raum des Herzens, den Grund der Seele bewohnen und zu Wörtern werden kann. Und genau das liest er auch im Magnificat, diesem anderen Psalm, der nicht im Psalter steht, wo er den Menschen mit den drei unterschiedlichen Gebäuden von Moses Tabernakel vergleicht (und dabei die trichotomistische Anthropologie verwendet: Leib, Seele und Geist), unter denen der Geist das Allerheiligste ist. Darin ist „Gottes Wohnung im finsteren Glauben ohn Licht."[27]

Luthers „Bekenntnis zum Abendmahl, 1528" schliesst mit einer bemerkenswerten Unterscheidung zwischen *heilig* und *selig* im Zusammenhang mit seiner Diskussion über die drei von Gott errichteten Orden (*ecclesia*, *oeconomia* und *politia*):

> Denn es ist gar viel ein anders heilig und selig sein. Selig werden wir allein durch Christum, Heilig aber beide durch solchen glauben und auch durch solche Göttliche stiffte und orden. Es mügen auch gottlose wol viel heiliges dinges haben, sind aber drumb nicht selig drinn.[28]

Entscheidend in diesem Passus ist, dass man in den äusseren weltlichen Orden Heiligkeit erreichen kann, ohne den Grund des Herzens zu verwirklichen (eine häufige Metapher bei Luther, mit der er auf die geistige Dimension verweist, durch die der Glaube entfacht wird). Man kann heilig sein, indem man den von Gott gewollten „Schöpfungsordnungen" entspricht. Selig hingegen ist nur, wer aus Glauben weiss, dass diese Sphären der Verheissung, was immer sie auch werden mögen, nur der äussere Ausdruck, die Inkarnation, die Materialisierung des Wortes durch Worte sind, durch die Materie entsteht. Die Substanz ist für Luther substantiell. Seine apokalyptischen Neigungen brachten ihn nie dazu, die Welt zu verachten. Sie ist heilig, weil der Allerheiligste in ihr wohnt. Sie ist das Heilige, so weltlich sie auch ist und sein muss. Selig sind die, die wissen und glauben, dass sie mit dem ewigen Wort durch den Geist geschaffen wurde.

---

[27] WA 7, S. 551.
[28] WA 26, S. 505.

In seiner Genesisvorlesung liefert Luther eine bemerkenswerte Verteidigung einer Sekte, die wegen Anthropomorphismus verurteilt wurde.[29] Sein Argument als Beleg dafür, dass „guten Menschen Unrecht getan wurde [...] weil sie sagten, Gott habe Augen, mit denen er die Armen sieht, und Ohren, mit denen er die Betenden hört" entspringt aus nichts anderem als diesem Materialismus. Nur weil Gott durch das Wort Substanz geworden ist, sagt Gott im Geiste: „Siehe! Unter dieser Umhüllung nimmst du mich gewiss wahr".[30] Wer diese materiellen und sichtbaren Zeichen nicht erkennt, „wird Gott niemals erkennen".[31]

Im „postmodernen" Jargon würde man sagen: Es gibt keine Meta-Erzählung, weil „Die Geschichte" unaussprechlich ist, doch gibt es immer Geschichten, die von dem der Welt innewohnenden Wort kommen. Wenn diese unerzählbare Geschichte aus Glauben empfangen und „erkannt" werden kann, dann besitzt Luther tatsächlich einen gnostischen Zug. Wenn jedoch das Wort Schöpfung wurde, Materie, die zerfällt und stirbt, dann schuldet Luther dies der biblischen apokalyptischen Auferstehungshoffnung, dass Materie sich erneuert. Beide Tendenzen, die gnostische und die apokalyptische, hat Luther in erster Linie von Paulus geerbt. Dadurch konnte er den Psalter als Geschichten deuten, die vom Grunde des Herzens kommen und keiner äusseren historischen Belege bedürfen, um über das Wesentliche im Leben zu sprechen. Dasselbe fand er auch in den Fabeln Äsops, von dem wir nicht wissen, ob er ein Heiliger war, doch zu den Seligen gehörte er bestimmt.

> Ein Astrologe ging jeden Abend ins Freie, um die Sterne zu beobachten. Und als er sich einmal in die Gegend vor der Stadt begab und ganz damit beschäftigt war, zum Himmel hinauf zu schauen, fiel er aus Versehen in einen Brunnen. Als er dann jammerte und um Hilfe rief, hörte ein Spaziergänger sein Geschrei. Er ging hin und erfuhr, was passiert war. Darauf sagte er zu ihm: „Lieber Mann, versuchst du, die Erscheinungen am Himmel zu durchschauen und siehst die Dinge auf der Erde nicht?" – Äsop, Fabeln

---

[29] WA 42, S. 12.

[30] WA 42, S. 12, 15-17. „Injuria igitur bonis hominibus facta est .... quod dicerent Deun habere oculos, quibus aspiciat egenos, habere aures, quibus audiat orantes etc". WA 42, S. 12, 22-23: „Ecce sub hoc involucro me certo apprehendes".

[31] WA 42, S. 13, 6-7: „...is Deum nunquam apprehendet".

Die Psalmen und Luthers Umkehr des Lobpreises: Kulturkritik als Ermittlung von Doxologie

Brian Brock

Als Bürgerinnen und Bürger des modernen Zeitalters werden unsere Lebensweisen tiefgreifend mitgeprägt durch die arbeitersparenden Hilfsmittel und die medizinische Versorgung, die unsere tägliche Lebenspraxis erfüllen. Wir denken auch wie moderne Menschen, was bedeutet, dass wir – auch wir Theologinnen und Theologen – teilhaben am Zeitalter der Kritik. Wenn wir eine lebendige Beziehung zu den Psalmen wiedergewinnen wollen, werden wir, wie ich meine, darüber nachdenken müssen, was es bedeutet zu sagen, dass wir „moderne Theologinnen und Theologen" sind. Dies wird bedeuten zu fragen, wie die Rationalität des modernen Projekts sich zur Rationalität des Glaubens verhält. Wenn man diese Frage stellt, dann fragt man nach dem Ort und der Funktion der Kritik, die im Kern der modernen Rationalität liegt. Wir müssen fragen: Was ist Kritik – theologisch verstanden? Eine Erkundung dieser Frage wird uns erlauben, mit einem frischen Blick zu den Psalmen zurückzukehren als einem Forum, in dem wir lernen können, neu und auf eine kritische und ethisch produktive Weise auf unsere Welt zu antworten, jedoch ohne der Gewohnheit der modernen rationalen Kritik zu verfallen, die Heilige Schrift und die christliche Lesetradition aufzulösen.

Kurz gesagt, die Neuzeit (modernity) ist die Zeit der westlichen Geschichte, in der das alte christliche apokalyptische Verständnis menschlicher Ereignisse und Geschichte als der Bewegung der zwei Städte, über die Gott richtet und herrscht, durch eine Vorstellung von Geschichte als Fortschritt ersetzt wurde, Fortschritt heraus aus Aberglauben und Irrationalität und so in eine Welt, die im Forum einer reinen und unvoreingenommenen Vernunft gerechtfertigt und ausgerichtet ist. „Unser Zeitalter", schreibt Kant im Manifest der modernen Rationalität, der *Kritik der reinen Vernunft*, ist das eigentliche Zeitalter der **Kritik,** der sich alles unterwerfen muss. Religion durch ihre **Heiligkeit,** und **Gesetzgebung** durch ihre Majestät, wollen sich gemeiniglich derselben entziehen. Aber alsdenn erregen sie gerechten Verdacht wider sich, und können auf unverstellte Achtung nicht Anspruch machen, die die Vernunft nur demjenigen bewilligt, was ihre freie und öffentliche Prüfung hat aushalten können.[1]

Kritische Vernunft muss „alles bezweifeln" (Descartes), um sich von den Fesseln der Vergangenheit zu befreien und das auszusieben und abzulegen, was sie als Abfall ansieht gegenüber dem, was sie als wertvoll betrachtet. In dieser neuen kritischen Welt werden Geschichte und Tradition nicht als etwas betrachtet, von dem man erwartet, dass es einen verändert, sondern als ein Hindernis, das beseitigt werden muss, oder als einen Steinbruch, aus dem man nützliche Bausteine gewinnen kann.

Die Auswirkungen dieser modernen Kritik auf die Umgestaltung des christlichen Denkens zeigten sich am deutlichsten in dem viel diskutierten Aufschwung der biblischen Kritik im neunzehnten Jahrhundert, die damit begann, in der Bibel das festzustellen, was von bleibendem Wert ist. Dieser kritische Zugang wurde im zwanzigsten Jahrhundert auf höchst einflussreiche Weise auf die christliche Ethik angewandt von Ernst Troeltsch in seiner *Soziallehre der christlichen Kirchen,* die sich darum bemühte herauszufinden, welche moralischen Wahrheiten aus einer christlichen Tradition als reif für eine Entgiftung gewonnen werden könnten. In diesem Beitrag werde ich von der Annahme ausgehen, dass solche Bemühungen, hoch genug anzusetzen, damit die Vernunft eine objektive „Gottschau-Perspektive"[2] bekommt, nicht nur dem selbsterhöhten Streben der Erbauer des Turms von Babylon verdächtig ähnlich ist, sondern die Psalmen für heute irrelevant macht als eine Sammlung von Texten, die auf so viele Weisen als historisch eigenartige und

---

[1] Immanuel Kant: „Kritik der reinen Vernunft", 1781, Vorrede.

[2] „Der freie Intellekt wird so sehen wie Gott sehen könnte, ohne ein *hier* und *jetzt,* ohne Hoffnungen und Ängste, ohne die Fesseln überlieferter Glaubensweisen und traditioneller Vorurteile, ruhig, leidenschaftslos, mit dem einzigen und ausschliesslichen Bemühen um Erkenntnis – Erkenntnis als unpersönlich, als rein kontemplativ, wie ein Mensch sie erreichen kann. Von daher wird auch der freie Intellekt mehr das abstrakte und universelle Wissen schätzen, in die die Zwischenfälle der privaten Geschichte nicht hineingelangen, als das durch die Sinne gewonnene Wissen, und als solches muss das Wissen abhängig sein von einem exklusiven und persönlichen Standpunkt und einem Leib, dessen Sinnesorgane genausoviel verzerren wie sie offenbaren." Bertrand Russell: „Prisons", 1911, unvollständiges Manuskript, in: Andrew Brink, Margaret Moran and Richard A. Rempel (Hg.): „Contemplation and Action. The Collected Papers of Bertrand Russell", Bd. 12, London, 1993, S. 106.

ethisch ambivalente Dokumente gekennzeichnet sind, die sehr hohe Hürden aufstellen für jedes Projekt, die in ihnen vielleicht enthaltenen „rational überprüften" Wahrheitskörner festzustellen oder herauszudestillieren.[3]

Soviel zu dem kurzen Überblick über das, was ich nicht behandeln werde. Was ich versuchen werde, wird ähnlich kontraintuitiv sein, indem ich voraussetzen werde, dass die moderne Beschreibung kritischer Rationalität sich auch darauf auswirkte, wie wir Sprache in unserem Alltagsleben verstehen. Die destillierenden Prozesse der Rationalität der Aufklärung[4], die ihren Höhepunkt erreichten in der anglophonen analytischen Philosophie, nähern sich der Sprache hauptsächlich als einem Medium zur Vermittlung von Information und erst in zweiter Linie als affektive Verfassung. Damit vererbten sie den modernen Menschen des Westens ein versachlichtes Verständnis der Sprache. Hier führen uns die Beobachtungen eines zeitgenössischen Anthropologen auf den Weg, ein sehr viel aufregenderes Verständnis des Psalters zu entdecken.

> Könnten wir nicht [...] vorschlagen, dass Musik und Sprache als getrennte symbolische Register Produkte einer Bewegung analytischer *Dekomposition* dessen sind, was einmal ein untrennbares expressives Ganzes war, nämlich Gesang?[5]

Auf der Grundlage dieser Beobachtungen über die Art und Weise, wie menschliche Gemeinschaften Sprache benutzen, stellt Tim Ingold die moderne Tendenz in Frage, Sprache so zu verstehen, dass es ihr wesentlich um „Information" und „Text" geht, losgelöst von ihrem faktischen Gebrauch in menschlichen Gemeinschaften. Jedes Wort, so protestiert er, ist in Wirklichkeit „eine komprimierte und kompakte Geschichte"[6] von menschlichen Interaktionen mit der materiellen Welt und zwischen den Menschen. Weil die Art und Weise, wie wir, wenn wir sprechen, Worte

---

[3] Mein Bericht über die Rolle der Kritik bei der Definition von moderner Rationalität bezieht sich auf Oswald Bayer: „Zeitgenosse im Widerspruch: Johann Georg Hamann als Radikaler Aufklärer", 1988, Kap. 7-8.

[4] Während ich die in der Festlegung der Aufklärung enthaltenen Probleme bejahe, möchte ich auch bekräftigen, dass eine sehr viel tiefer reichende historische Problematik zu erforschen wäre, die auf die Veränderungen der christlichen Theologie hinweist, zu denen es während der Kolonialzeit kam, wie es Willie Jennings vorschlägt, wobei die christliche Theologie lernen musste, sich so zu positionieren , als ob menschliche Körper austauschbare Grössen waren, die nicht tief geprägt waren durch ihre Verwurzelung an einem Ort und in einem sozialen Gefüge." Willie James Jennings: „The Christian Imagination: Theology and the Origins of Race", New Haven, 2010.

[5] Tim Ingold: „The Perception of the Environment", London, 2000, S. 408.

[6] Ebd., S. 409.

modulieren, sich darauf auswirkt, wie diese gehört werden, sollten wir die affektiven und tonalen Aspekte der Kommunikation für wesentlicher für die Kommunikation halten, als unsere modernen Darstellungen der Sprache es zulassen. „Kurz gesagt" sagt Ingold abschiessend,

> ob ich spreche, fluche, schreie, weine oder singe, ich tue es mit Gefühl, aber Gefühl – wie es die taktile Metapher besagt – ist eine Weise der aktiven und respondierenden Beteiligung in der Welt, es ist keine passive, innerliche Reaktion des Organismus auf äusserliche Störung.[7]

Weil die moderne Rationalität das Schreiben für die paradigmatische Form der Kommunikation hält, reden wir so als ob der Ton der Stimme im Wesentlichen ein irrelevanter Teil der Kommunikation sei, als ob Musik etwas sei, das wir beliebig hinzufügen können, wenn wir die Worte verschönern wollen, und dass es einer bestimmten Sparte des Schreibens überlassen bleibt, die expressiven und ästhetischen Verluste zu übernehmen, die mit diesem Handeln verbunden sind – Poesie.

Dieser Handel verdunkelt den unauslöschlich affektiven Aspekt unserer Beziehung zur Welt, das Kaleidoskop von Attraktion und Abweisung und Ambivalenz, die wir von den Dingen empfinden, die unseren Sinneshorizont durchqueren. Die Wirklichkeit, auf die wir bei den Dingen und Personen vor uns ständig mit Anziehung oder Abweisung, Widerstand oder offener Aufnahme reagieren, lässt uns denken, dass Hoffnung und Angst auch in das einfachste Gewebe unserer alltäglichen Existenz und moralischen Überlegung eingewoben sind. Wie Friedrich Nietzsche auf so einflussreiche Weise feststellte, prägt diese affektive Beziehung zur Welt unsere grundlegende Einbettung in Angst, Glauben und Hoffnung auf drastische Art die Weise, wie unser moralisches Denken vor sich geht (rückblickend könnten wir auch sagen, eine Erkenntnis von Augustin, für den Liebe der Grundmotor der Wahrnehmung war). Wenn wir einer Wirklichkeit, die uns ängstigt, begegnen, werden unsere moralischen Überlegungen stark hineingesteuert in die Suche nach moralischen Gründen zur Rechtfertigung unseres Interesses an selbstschützenden Schritten, während wenn wir der gleichen Situation mit Glauben und Hoffnung begegnen, wird das, was wir rational als eine gute Handlung erklären, bemerkenswert andere Konturen annehmen. Indem es das affektive Leben des Menschen in den „privaten" oder „anekdotischen" Bereich verweist statt in den Bereich des Universalen und Wahren, verdunkelt das moderne Denken diese entscheidenden Überlegungen.

Dies alles legt nahe, dass das Ausleben unseres Glaubens inmitten unserer Welt nur in Konflikt geraten kann mit vielen Lebensweisen in der Welt

---

[7] Ebd., S. 411.

ohne jegliche Hoffnung, den trinitarischen Gott in ihr und durch sie zu hören. Antworten auf die Welt, die erfahren wird als voller Bedrohungen, die kontrolliert werden müssen oder Gewinne anbieten, die bei denen landen, die sie erhaschen, werden einen ganz anderen Tenor haben als Leben, die als Antwort auf einen Schöpfergott gelebt werden, der aus Liebe eine Welt hervorgebracht hat, in der Gott selbst tief einbezogen worden ist.[8] Für die Theologie in der Neuzeit würde ich vorschlagen, dass wir wieder lernen müssen, Gott als einen zu hören, dessen Rede, die Rede, die diese Welt schuf, mit affektivem Engagement angefüllt ist. Das heisst, über Gott den Poeten zu lernen, der unmittelbar durch das Gewebe der Welt und der Geschichte der Menschen in einer Weise spricht, die von Menschen gehört werden kann und auf die mit engagierter Liebe affektiv geantwortet werden kann.[9] Im Folgenden werde ich erklären warum, wenn wir diesen Ansatzpunkt ernstnehmen, eine neue kritische Beziehung zur Welt durch den Psalter eröffnet wird. Man beachte, dass ich den Begriff „Psalter" verwendet habe, womit ich auf einen vorgetragenen Text hinweise und die Bezeichnung „Psalmen" für die kanonische Sammlung der 150 Psalmen vorbehalte. Ich werde nicht danach schauen, wie die im Text der Psalmen übermittelte „Information" für Christinnen und Christen heute relevant ist, sondern zu verstehen versuchen, wie das „Vortragen des Psalters" als Teil des Gottesdienstes im gelebten Leben unser Verständnis dessen informieren kann, was es bedeutet, in der Welt von heute zu leben.[10] Indem ich diesem Gedankengang folge, wird es hoffentlich klar werden, warum ich glaube, dass Theologinnen und Theologen auch heute noch modern sein können, wenn sie den Wert der geistigen Kritik bei der Entdeckung der Wahrheit sehen. Aber ich werde auch darauf hinweisen, wie wertvoll es für die moderne Theologie ist, einen Weg zu finden, Gottes Kritik unsere Prozesse der Selbstkritik ge-

---

[8] „Wie hat Gott, der Heilige Geist, sich erniedrigt, als er ein Historiker geringsten, höchst verachteten, völlig unbedeutenden Ereignisse auf Erden wurde, um den Menschen in ihrer eigenen Sprache, ihrer eigenen Geschichte ihre eigenen Wege, die Ratschläge und die Geheimnisse und Wege der Gottheit zu offenbaren?" Hamann zitiert in Bayer, a. a. O. (Fussnote 3), S. 55.

[9] Bayer, a. a. O. (Fussnote 3), S. 97-102.

[10] Wenngleich ich es in diesem Beitrag nicht behandeln werde, entwickelt Luther auch eine Darstellung von Antidoxologie, die den Inhalt der Psalmen direkter interpretiert. So liest er beispielsweise Psalm 2,3 als eine wörtliche Beschreibung des „Lieds der Gottlosen" (30): „Der Teufel wird niemals aufhören diesen Vers zu singen durch die Münder von Herrschern und Königen, durch unfromme Doktoren, ja selbst durch dein eigenes Gewissen: „Lasset uns zerreissen ihre Bande und von uns werfen ihre Stricke." Martin Luther: „Psalm 2" (1532), in: LW 12,18, WA 40, 139-312. Anm. d. Übers.: Der Verfasser zitiert Luther nach der amerikanischen Luther-Ausgabe „Luther's Works", American Edition, 55 Bände, St. Louis/Philadelphia, 1955-1986. Hier werden, wo möglich, die entsprechenden Stellen in der Weimarer Ausgabe zitiert und angegeben.

stalten und neu formen zu lassen, und welche zentrale Rolle der Psalter in dieser Weise der Kritik spielen kann.

Die Tradition theologisieren

In diesem Beitrag wird mein Hauptgesprächspartner Martin Luther sein und ganz spezifisch sein Lesen der Psalmen. Ich möchte sagen, dass weil Luthers Ethik nicht auf Vorschrift sondern auf Wahrnehmung und Zuwendung ausgerichtet ist, seine Lesart der Psalmen sein Verständnis von moralischer Transformation in besonderer Weise aufzeigt. Ich würde meinen, dass sein Zugang ihm erlaubt, eine Umkehr der Wahrnehmung zu vertiefen und theologisch zu bereichern, die im ethischen Denken der früheren theologischen Tradition eine wichtige Rolle spielte. Bevor ich seine eigene Auffassung darlege, werden ein paar Schnappschüsse davon, wie dieses Thema in der seiner Zeit vorausgehenden Tradition behandelt wurde, seinen eigenen Beitrag deutlicher machen.

Man beachte diesen Abschnitt aus Gregor von Nazians „Oration 14", in der er seiner gläubigen Zuhörerschaft zu zeigen versucht, warum sie lernen sollten, Aussätzige anders anzusehen. Die in dieser Oration beschriebene Umkehr der Wahrnehmung war historisch wichtig, um die alte Sensibilität zu überwinden, dass Gesundheitsfürsorge nur denen vorbehalten war, von denen man annehmen konnte, dass ihre Heilung zum Wohl der *polis* war und das notwendig war für ihren Aufbau der Pflegeeinrichtungen, die die direkten Vorgänger unserer modernen Krankenhäuser waren.

> Es hat Fälle gegeben wo Menschen einem Mörder erlaubt haben, bei ihnen zu wohnen, und wo sie nicht nur das Dach, sondern auch ihren Tisch mit einem Ehebrecher oder einer Ehebrecherin geteilt haben, wo sie einen eines Sakrilegs Schuldigen als Lebensbegleiter gewählt haben und feierliche Abkommen mit denjenigen geschlossen haben, die ihnen Schaden antun wollten. Aber im Fall dieser Person [des Aussätzigen] wird Leiden mehr als irgendeine Verletzung als kriminelle Anklage wiedergegeben. So ist Verbrechen vorteilhafter geworden als Krankheit, und wir akzeptieren Unmenschlichkeit als angemessenes Verhalten für eine freie Gesellschaft, während wir auf Mitleid als etwas Beschämendes herabblicken.[11]

Später sollte Augustin eine phänomenologisch reichere und theologisch stärker entwickelte Darstellung dieser Umkehrung der Wahrnehmung vorlegen, die seine Hörer auffordert, eine eschatologische Vision zu suchen, die nicht auf Oberflächen sieht, sondern auf das Herz.[12]

---

[11] Gregor von Nazianz: „Theologische Reden. (Orationes theologicae)", übers. von Hermann-Josef Sieben, Freiburg, 1996, Oration 14.

[12] Ingold hält das, was Augustin beschreibt, für einen entscheidenden Aspekt

Für unsere Untersuchung ist es relevant, dass die Erkenntnis aus einem Psalm ihm dieses Thema nahebringt:

[...] jetzt glauben wir, nicht schauen wir; der Lohn für diesen Glauben wird sein, dass wir schauen, was wir glauben. [...] ein seufzender Liebhaber sagt in den Psalmen: „Eines hab' ich vom Herrn begehrt, das will ich suchen" (Psalm 27,4). [...] Was ist das, was er sucht? „Dass ich wohne, sagt er, im Hause des Herrn alle Tage meines Lebens." Und denke dir, du wohnest wirklich im Haus des Herrn worin wird dort deine Freude bestehen: „Dass ich betrachte, sagt er, die Wonne des Herrn". Meine Brüder [...] Was ersehnt ihr, frag ich euch? Kann es mit Augen gesehen werden, kann es berührt werden? Ist es eine Schönheit, welche die Augen ergötzt? Sind nicht die Märtyrer in hohem Grade geliebt worden, und wenn wir ihrer gedenken, brennen wir nicht vor Liebe? Was lieben wir an ihnen, Brüder? Die von den vielen Tieren zerfleischten Glieder? Was ist hässlicher, wenn du die Augen des Fleisches fragst? was schöner, wenn du die Augen des Herzens fragst? Was hältst du von einem sehr schönen Jüngling, der ein Dieb ist? Was entsetzen sich deine Augen? Entsetzen sich etwa die Augen des Fleisches? Wenn du sie fragst, nichts ist schöner gebaut, nichts regelmässiger als jener Leib; das Ebenmass der Glieder und der Schmelz der Farbe reizt die Augen; und doch, wenn du hörst, dass er ein Dieb ist, bebst du im Geiste vor dem Menschen zurück. Du siehst anderseits einen gebückten Greis, der sich auf einen Stock stützt, sich kaum bewegen kann, von Runzeln überall durchfurcht ist; was siehst du da, was das Auge erfreuen könnte? Du hörst aber, dass er gerecht ist; du liebst ihn, du schätzest ihn hoch. [13]

An anderer Stelle erklärt Augustin, dass die Menschen, weil sie nach dem Bilde Gottes gemacht sind, nicht nur fähig sind, diese Umwandlung der Wahrnehmung vorzunehmen, die er den „erleuchteten Geist" nennt, sondern dass diese Umwandlung konstitutiv für den Prozess der Heiligung ist.[14] Man beachte jedoch, dass er Nazianz folgt, indem er die umkehrende Kraft

---

vieler Formen menschlicher Wahrnehmung, die Unterscheidung „zwischen zwei Arten – oder Ebenen – der Vision: auf der einen Seite die gewöhnliche Sicht präexistierender Dinge, die sich daraus ergibt, dass man sich in der Umgebung bewegt und in dem von seinen äusseren Oberflächen reflektierten umgebenden Licht Strukturen erkennt; auf der anderen Seite die offenbarende Sichterfahrung in jenen Augenblicken, wenn die Welt sich dem Betrachter öffnet ...," a. a. O. (Fussnote 5), S. 278.

[13] Aug., in Joh. tract., 7.20-21; Aurelius Augustinus: „Vorträge über das Evangelium des Johannes", übersetzt und mit einer Einleitung versehen von Thomas Specht, Kösel, Kempten/München, 1913, S. 48f.

[14] Aug., Gend. ad litt., III.20.30; Aurelius Augustinus: „Über den Wortlaut der Genesis". Zum ersten Mal in deutscher Sprache von Carl Johann Perl, Bd. I, Paderborn, 1961, S. 91f., hier: S. 101.

der Wahrnehmung so darstellt, dass sie durch eine Form der moralischen Wahrnehmung vor sich geht. Er spielt unsere Anziehung und Ablehnung auf körperliche Schönheit aus gegen die manchmal sehr unterschiedlich konfigurierte Ablehnung, die wir gegenüber moralischer Hässlichkeit oder unserer Anziehung durch entwickelte Tugenden empfinden könnten. Obwohl Augustin im allgemeinen davon ausgeht, dass menschliche Liebe unsere Wahrnehmungen aller Dinge gestaltet,[15] führt er nicht ausführlich aus, wie die moralische Wahrnehmung, die über die oberflächliche Schönheit oder Hässlichkeit einzelner Menschen hinausgeht, in Verbindung steht mit der menschlichen Wahrnehmung aller Aspekte der Schöpfung. Diese umfassendere Theologie der Umkehrung der Wahrnehmung finden wir bei Luther. Seine Behandlung der Evangeliumsperikope vom Blindgeborenen ist ein klassischer Text zu diesem Thema, und darin achtet er besonders darauf, sein Verständnis der menschlichen Wahrnehmung biblisch und mit Verweis auf vorhergehende theologische Autoritäten einzuordnen.

> ... warumb aber nu das alles es gesagt, und wo von es kömpt, sagt Augustinus, ist von der Ubertretung Ade, zu dem der teufel sagte: Ewer augen werdeen auffgethan werden, erkennen böses und gutes als wie Gott. O du böswicht, schalck und verräter! Sehet, er wil sie füren in die gestalt Gottes, darumb sagt er: Ewer augen werden sich öffnen, das ist, sie werden blind werden. Vorhin waren ire augen zu, aber nach dem fall werden sie geöffnet. Hieraus folget, als da leret der kluge scharffe Schulmeister Origenes, das da seien zweierley augen des Menschen, sein eigen augen und Gottes augen. Nu sind unser beide augen innerlich und eusserlich augen Gottes. Ja, auch aller unser glieder, und alles was Gottes, und ist nichts unser, so sie von Gott regiret werden. Aber denn sind sie unser, wenn wir von Gott verlassen werden, das ist das auge, das uns scandalizirt und ergert, das wollen wir ausgraben, als Christus sagt, und von uns werffen. Davon kömpt es her, das wir lieber sehen was schön, seuberlich, wolgestalt, als ist gold, silber, lieber ein junge Grethe oder ein jungen Hausen, denn ein alt Weib oder ein Altenhausen. Und dies ist die Meusefalle, die unser sinne betrügt, als im Genesi geschrieben das ist, wir sind gantz blind worden, das wir den schein, wie izt gesagt, auch gut achten, und armut, ungestalt etc. für böse halten. Das hat der teufel uns gelert, des augen sind

---

[15] Die *locus classicus* Formulierung dieser Position stammt aus Aug., civ. 1,24; Aurelius Augustinus: „Der Gottesstaat", in deutscher Sprache von Carl Johann Perl, Bd. II., Paderborn 1979, S. 509f., hier: S. 511: „Etwa wenn gesagt wird: ‚Volk ist die durch gemeinsame einträchtige Schätzung der Dinge geeinte Vereinigung einer vernünftigen Menge, so kommt es bei der Beurteilung *Volk* durchaus sinnvoll, wie auch immer die Dinge sein mögen, die es, geeint in einträchtiger Gemeinschaft, schätzt; Voraussetzung ist nur, dass es sich nicht um die Vereinigung einer Menge von Tieren, sondern von vernünftigen Geschöpfen handelt. Jedenfalls wird ein Volk dann um so besser sein, je besser die Dinge sind, dies in Eintracht schätzt, und um so schlechter, je schlechter sie sind."

es auch. Aber Christus ist darumb komen, das er diese augen lere zu thun, und die blindheit, weg zu nehmen, auff das wir nicht unterscheid machen unter jung und alten, schön und grewlich etc., sondern es gelte gleich weise oder thor, klug oder Narr, Man oder Weib, und sey genug daran, das ein Mensch sey von unserm blut und fleisch, ein gemein leib unter allen. Und dazu gehört ein schöne, scharffe und wolgeübte vernunfft.[16]

Luther meint es ernst, wenn er sagt, dass eine solche Wahrnehmung Übung erfordert, weil wir nicht erkennen, was vor Gottes Augen erscheint, dass Schöpfung heiler als gebrochen und mehr „gut" als „böse" ist.

Doch regiert er also, das wir auch leiblich allzeit mehr seiner gnaden und wolthat sehen denn zorn und straffe. Denn wo eines kranck, blind, taub, gichtbrüchig, aussetzig ist, da sind dagegen hundert tausend gesund, und ob ein gelied am leib einen fei hat, so ist dagegen der gantz mensch, so noch leib und seel hat, eitel Gottes gute. [17]

Die Bedingung für unsere Wahrnehmung der Welt erfordert somit die Umkehr der „geöffneten Augen", zu denen es mit der Ursünde kommt, und hier führten die Philosophen der Aufklärung nur die alte und spätmittelalterliche Suche nach wahrer Erkenntnis weiter. Doch im Unterschied zu dem modernen Ansatz, diese wahre Wahrnehmung zu erreichen mit ihrem Versuch, die Kommunikation zu abstrahieren, um ihren Wesensgehalt zu finden, kommt die Erneuerung der Wahrnehmung bei Luther aus der Praxis. Diese Praxis bietet uns nicht Gottes „Sichtweise" in dem Sinne, dass sie uns alles von „oben" sehen lässt, sondern erlaubt uns einen Zugang zu Gottes Wahrnehmung der Welt und macht uns gleichzeitig empfindsam für eine Erfahrung des göttlichen Handelns, die für alle zugänglich ist. Für Luther ist das Abendmahl die primäre liturgische Form, in der die Güte aller Werke Gottes erlernt werden kann, der Punkt, an dem uns die Kraft Jesu Christi, unsere Augen und Ohren zu öffnen (Mk 7,34-35), verheissen ist. Diese Aussage wird weiter entwickelt durch einen Hinweis auf die Logik des Passahfestes. So wie Israel geboten wurde, sich an seine göttliche Befreiung vom zeitlichen Tod zu erinnern und dies zu tun, indem es die Erstlingsfrucht seiner Arbeit an Gott zurückgibt, so sollten Christinnen und Christen im Abendmahl

nachdencken, vleissig ansehen und betrachten, welche herrliche, liebliche werck das sind, das uns Christus von sunden, Tod und Teuffel erloset hat. Hie sollt man rechen, wie es umb uns stände, wo solche wunder uns nicht geschehen wären.[18]

---

[16] „Ein Predigt Doctoris Martini Luther, Mitwoch nach Letare Anno 1518. Johannis 9 vom Blindgeborenen", in: WA 1, S. 269-270.

[17] „Das XIV. und XV. Capitel S. Johannis durch D. Martin Luther gepredigt und ausgelegt", in: WA 45, S. 527.

[18] Martin Luther: „Der 111. Psalm ausgelegt. 1530", in: WA 31(1), S. 413.

Die Errettung Israels und der Kirche aus der sündhaften Verblendung menschlichen Aufbegehrens geht damit einher, dass sie darin unterrichtet werden, die Grösse der göttlichen Mitwirkung an der Ordnung von Kirche, Gesellschaft und Schöpfung wertzuschätzen. Die blosse Zugänglichkeit und Nähe dieser göttlichen Fürsorge verführt Menschen jedoch zur Selbstzufriedenheit. Genauso wie wir dazu neigen, im Blick auf Gottes Gnade in der Schöpfung und in der politischen Bewahrung ermüdet zu werden, werden wir auch im Blick auf das Abendmahl apathisch:

> Summa, ynn ewigkeit wird man sichs nicht gnug wundern und betrachten können. Und wir klötze und steine achtens eben, wenn wirs hören, als fiele ein fauler apffel vom baum, gehnemeulen dagegen: oh hastu nicht mehr gesehen das ein fauler apffel vom baum fellet.[19]

Es ist kein Zufall, dass Luther seine Aussage durch die Metapher der Fruchtbarkeit illustriert.[20] Die doxologische Wahrnehmung sieht und preist Gottes Vorsehung und Fürsorge für Fruchtbarkeit und neues Leben in all seinen Formen, insbesondere in der Feier des Gottesdienstes. Ihr Gegenteil, das ich Antidoxologie nenne, kann nicht erkennen, wie der Gottesdienst sich gestaltet hat, wenn Menschen sich zusammengefunden haben zu einer überzeitlichen Gemeinschaft des Lobpreises[21] für Gottes Fruchtbarkeit und Material und

---

[19] Ebd., S. 414.

[20] „Dann aber will er reden, nämlich wenn wir fast verzweifeln und dafürhalten, dass er immerdar schweigen werde. Aber was oder wie wird er reden? Hier muss man Acht haben auf die hebräische Weise zu reden. Denn wenn die Schrift sagt, dass Gott rede, so versteht sie ein Wort, welches eine Sache mit sich bringt (verbum reale), oder eine Handlung, nicht bloss einen Schall, wie unser Wort ist. Denn Gott hat nicht einen Mund noch Zunge, denn er ist ein Geist. Daher heisst das Gottes Mund und Zunge [Ps 33,9]: ‚So er spricht, so geschieht es‘, und wenn er redet, so erzittern die Berge, die Königreiche werden zerstört, ja der ganze Erdkreis erbebt. Das ist eine andere Rede als die unsrige. Wenn die Sonne aufgeht, wenn die Sonne untergeht, so redet Gott; wenn die Früchte wachsen, wenn die Menschen geboren werden, so redet Gott. Daher sind Gottes Worte nicht eine leere Luft, sondern überaus grosse und wunderbare Dinge, die wir mit Augen sehen und mit den Händen greifen. Denn da der Herr, wie Moses schreibt, sagte: Er werde die Sonne, es werde der Mond, die Erde bringe Bäume hervor usw., so geschah alsbald, was er sagte. Die Stimme hat niemand gehört, aber die Werke und Sachsen selbst sehen wir vor Augen und greifen sie mit den Händen." Dr. Joh. Georg Walch (Hg.): „Dr. Martin Luthers Sämmtliche Schriften", Band Fünf, S. 111-112; WA 40/2, S. 230.

[21] „David nennet aber seine Psalmen Israels Psalmen und wil sie nicht sein eigen oder allein den rhum davon haben. Sondern Israel sol sie bestettigen, und für die seinen urteilen und erkennen. Denn es ligt dran, das der hauffe Gottes, oder Gottes volck, ein wort oder lied anneme und für recht erkenne, weil der geist Gottes in solchem

erfahrene Fürsorge, und können statt dessen in jenem Bild der Fruchtbarkeit, der Frucht, nur Makel und die Banalität des „Faktischen" sehen, die keinerlei „Bedeutung" vermittelt. Es ist nicht zu weit hergeholt anzunehmen, dass diese Grundbewegung in der christlichen Tradition wiederkehrt, weil sie in der Schrift vorkommt, und der Apostel Paulus (der Luther so sehr beeinfusste) besonders von ihr angezogen zu sein scheint. Man nehme beispielsweise die Antwort und Zurückweisung von Paulus gegenüber den „Starken", die persönlichen Vorteil suchen und die er in 1.Korinther 10,31 geduldig lehrt, gegenüber dem Gewissen des Anderen besorgter zu sein: „Ob ihr nun esst oder trinkt oder was ihr auch tut, das tut alles zu Gottes Ehre." Diese Empfehlung widerspricht dem im vorhergehenden Vers wiedergegebenen korinthischen Spruch: „Wenn ich's mit Danksagung geniesse, was soll ich mich dann wegen etwas verlästern lassen, wofür ich danke?" In 1.Korinther 10,30 liegt der Akzent auf meinem Dank und implizit dadurch auf dessen Wirkung zur Rechtfertigung des Verhaltens, während der Schwerpunkt von 1.Korinther 10,31 auf der Herrlichkeit Gottes liegt. Es kann durchaus möglich sein, Dank zu sagen und damit andere zu verärgern, aber es ist unmöglich, Gott zu verherrlichen, indem man dies tut. Gott zu verherrlichen wird daher als Antithese zur Götzenverehrung dargestellt, was der Apostel in 1.Korinther 12,3 deutlich zum Ausdruck bringt: „Darum tue ich euch kund, dass niemand Jesus verflucht, der durch den Geist Gottes redet; und niemand kann Jesus den Herrn nennen ausser durch den heiligen Geist."[22]

---

volck sein mus, der in seinem volck will und sol geehret sein, Also reden wir Christen von unsern Psalmisten. Sanct Ambrosius hat viel schoener Hymnos Ecclesiae gemacht, heissen Kirchen gesang, darumb das sie die Kirche angenomen hat und braucht, als hette sie dieselben gemacht, und weren ihre lieder. Daher spricht man nicht, so singet Ambrosius, Gregorius, Prudentius, Sedulius, Sondern, so singet die Christliche Kirche. Denn es sind nu der Kirchen gesang, die Ambrosius, Sedulius, etc. mit der Kirchen singen, und die Kirche mit jnen, Und wenn sie sterben, so bleibt die Kirche, die jmer fort jre lieder singet. Also will David seine Psalmen Israels Psalmen, das ist, der Kirchen Psalmen heissen, welche den selben geist hat, der sie durch David gemacht hat, und die selben jmer fort singet, auch nach Davids tod. Er hat gefulet im Geist, das seine Psalmen fur und fur bleiben wuerden, so lange Israel oder Gottes volck bleiben wuerden, das ist, bis an der welt ende, wie denn bisher geschehen ist, und geschehen wird. Darumb sollens Israels Psalmen heissen." Abhandlung „Von den letzten Worten Davids" (1543) in WA 54, 34. Für eine ausführlicher entfaltete theologische Darstellung der Stellung der Psalmen in der Gemeinschaft der Heiligen vgl. Bernd Wannenwetsch: „Conversing with the Saints as they Converse with Scripture: In Conversation with Brian Brock's Singing the Ethos of God", in: *European Journal of Theology 18:2 (2009)*, S. 125-136.

[22] Im Römerbrief werden die Parameter der Antithese von 1.Korinther geklärt durch Verweis auf eine andere Reihe von theologischen Begriffen. Während Paulus hier in Verbindung mit dem Götzendienst von „nach dem Bösen trachten" und von dessen

Gott verherrlichen oder Götzen anbeten sind nicht Handlungsweisen, die von der Oberfläche her unmittelbar erkennbar sind, sondern Ausdrucksweisen, die eine grosse Bandbreite von Formen annehmen können. Diese Logik erklärt, warum für Paulus sowohl essen als auch nicht essen Beispiele für Verherrlichung Gottes oder für Götzendienst sein können. Dies sieht aus wie ein endlos verwirrender moralischer Spiegelsaal, doch darin bietet Paulus den Menschen in Korinth ein sehr klares Urteilskriterium: während sie verstehen müssen, wie wichtig es ist, bösem Verlangen zu widerstehen, müssen sie diesen gewollten, aktiven Widerstand unterscheiden von dem durch Gottes Treue gegebenen Ausgang als etwas, das sich in der eucharistischen Begegnung vereinigt. Paulus ist daran gelegen, die Aufmerksamkeit der Menschen in Korinth von dem Bestreben wegzubringen, ihre Freiheit und ihr Ansehen zu schützen, hin zu dem ganz anderen Streben auf solch eine Weise zu hoffen und zu lieben, dass die Welt anders wahrgenommen wird.

Es ist diese paulinische Wendung, die Luther anscheinend aufgreift und sie mit seiner eigenen doxologischen Hermeneutik verbindet. Man beachte, wie er die Prosastelle in 1.Korinther 15,55 („Tod, wo ist dein Sieg? Tod, wo ist dein Stachel?") zu einer Lobeshymne umgestaltet. Wenn wir diesen Vers lesen als eine Verheissung, die wir nicht nur glauben, sondern mit der wir leben können:

> Als denn wird recht angehen das frohliche rhumen und trotzen, das wir werden sagen und singen: Tod, wo ist nu dein Stachel, Helle, wo ist nu dein Sieg? ... [Christum] singet on unterlas dem tod und helle solch trotz liedlich: Lieber tod, du hast mich auch ein mal gecreutzigt und begraben [und giengest mit fussen uber mich, meinetest, du hettest nu gewonnen und mich gefressen,] Aber wo bistu nu? Trotz und henge dich mehr an mich, [Denn er ist schön ausgesoffen und gar verschlungen an seinem leibe, das nicht ein steublin mehr vom tode an im ist,] Auff das wir so an in glewben, auch solchs haben, wenn nu das stundlin komen wird, das wir sehen und fulen sollen, wie der tod und helle gar verschlungen und vertilget wird sein, Jetzt aner darauff warten und wissen, das es gewislich geschehen sol und bereit auff den Christum im glawben widder sund, tod und helle trotzen konnen.[23]

Gegenteil, der Verherrlichung Gottes, spricht, benutzt er in Römer 14,23 die Begriffe „Zweifel" und „Sünde" in ihrem Gegensatz zum „Glauben": „Wer aber dabei zweifelt und dennoch isst, der ist gerichtet, denn es kommt nicht aus dem Glauben. Was aber nicht aus dem Glauben kommt, das ist Sünde." Beide Formulierungen dieser Antithese werden bereichert, wenn wir feststellen, auf welche Weise Paulus das anwendet, was gewöhnlich als ganz unterschiedliche konzeptuelle Verpackungen betrachtet wird, um seinen durchgängigen theologischen und pastoralen Punkt darzulegen, dass Verherrlichung Gottes das Gegenteil von Götzendienst ist.

[23] Martin Luther: „Kommentar zu 1.Korinther 15 (1533)", in: WA 36, S. 483-696.

Bezeichnenderweise beendet Luther seine Kommentar/Predigtreihe über 1.Korinther 15 mit einer Lesung von Paulus, die in ein Lied überfliesst, und indem er dies tut, bricht er selbst in ein Lied aus.[24]

> Darauff gehöret nu das end vom lied, das S. Paulus singet: Gott sei lob und dank, der uns solchen sig geben hat, Das mögen wir auch singen und also stetts Oster fest halten [, das wir Gott loben und preisen fur solchen Sieg, welcher heisst nicht durch uns erstritten nach im kampf erobert (Denn er ist zu hoch und gros), sondern aus gnaden geschenkt du geben von Gott, der sich unsers jamers erbarmet, daraus uns niemand kund helffen und seinen Son gesand und inn den kampff lassen tretten, der hat diese feinde, sund, tod und helle nidder gelegt und den sieg behalten und uns gegeben, das wir konnen sagen, Es sei unser sieg und eben so viel, als were es durch uns selbs geschehen, Allein, das wirs also mit ernst annemen und Gott nicht lügen straffen, wie die, so sich vermessen, durch sich selbs ire sund und tod zu uberwinden, noch undankbar dafur erfunden werden wie die rohen, falschen Christen, sondern mit festem glauben im hertzen behalten und uns darinn stercken und imerdar solch danck predigt treiben und singen von solchem Sieg inn Christo [...] [25]

Unsere entscheidende Frage liegt jetzt klar vor uns: Warum kehrt Luther immer wieder zu diesem Bild des gesungenen Lobpreises zurück als einem wesentlichen Bestandteil der Umkehrung der menschlichen Wahrnehmung?

NEU BETRACHTETE HAMARTIOLOGIE: DAS NICHTIGE, CHTHONISCHE MÄCHTE UND ANTIDOXOLOGIE

Es gehört zu den kleinen Ironien der „Kirchlichen Dogmatik", dass Karl Barth in seiner Lehre von der Schöpfung die spektrale Nichtexistenz des Bösen hervorhob[26], während er in seiner unvollendeten Ethik der Versöhnung zu dem Thema zurückkehrte, um das Böse eine Entfremdung der geschaffenen Mächte zu nennen.[27] Nachdem er alles unternommen hat,

---

[24] Martin Luther: „Auslegung von Psalm 127 für die Christen in Riga", in: WA 15, S. 362-363.

[25] WA 36, S. 695-696.

[26] Karl Barth: „Gott und das Nichtige", in: „Die Kirchliche Dogmatik", Bd. III, Zürich, 1979, S. 3, § 50.

[27] „In dem gleichen plötzlichen oder allmählichen Ruck, in welchem sich der Mensch von Gott löst, revolutioniert er nämlich die ihm zugeordneten und untergeordneten Naturkräfte: zuerst die in ihm selbst schlummernden und dann erwachenden, dann auch die in dem ihn umgebenden Kosmos verborgenen, durch seinen Scharfblick und seine Kunst entdeckten und entfesselten ‚Erdgeister'. [...]

um das Böse als das Nichtige zu bekräftigen, empfindet Barth es später in Kontinuität mit der westlichen Tradition als notwendig, die biblische Vorstellung von den „chthonischen Mächten" (Gal 4,3) zu entwickeln, um die Vorgänge zu beschreiben, wie Menschen über ihre eigene Entfremdung von den Mächten der Schöpfung beherrscht werden, statt über diese zu herrschen (Gen 1,28). Spätere Debatten über die offenkundigen konzeptuellen Spannungen in seiner Darstellung legen nahe, dass seine Darlegung dieser Sache von einer weiteren Bearbeitung profitieren würde.

An dieser Stelle ist Luthers konkurrierende Darstellung der Antidoxologie konzeptuell erleuchtend. In seinen Schriften über die Psalmen beschreibt Luther häufig die Bosheit als nicht konformistische Performanz des Psalms, ein Abweichen von der augustinischen Hamartiologie des Verlustes. Für Luther besteht die Sünde aus konkreten, aber abwegigen Antworten auf Gottes Gaben, die aus einer ausgefüllten und personifizierten Antidoxologie bestehen. Er greift zurück auf die Worte seines Lieblingspsalms, um zu argumentieren, dass das Handeln und Reden der Heiligen den Herrn wahrhaft verherrlichen: „Die Rechte des Herrn behält den Sieg! Die Rechte des Herrn ist erhöht; die Rechte des Herrn behält den Sieg" (Psalm 118, 15-16) „Singen" bezeichnet somit die Art alles Redens, das in rechter Weise das christliche Ethos kennzeichnet. Luther sagt:

> Singen heis's ich aber hie nicht allein, das dönen odder laut schreien Sondern auch ein jegliche predigt odder offentlich bekentnis, dadurch fur der wellt frey gerhüret wrd, Gottes werck, rat, gnade, hülffe, trost, sie gund heil [...] Wie droben auch im 14. Vers „Der HERR ist meine macht, mein Psalm und mein heil." Denn Gott will von uns inn seinen wercken und wundern gelobt, gepreiset, geehert und bekand sein, wie denn auch der glaube thut, und nicht still schweigen. Er mus das sagen und leren, das er von Gott hellt und weis, Gott zu ehren und die menschen zu leren, wie der 116. Psalm (Vs 10) spricht. „Ich glaube, drumb rede ich." [28]

Denen, die von Gottes Werk erfasst sind, wird beigebracht, Gottes Wirken in allen Dingen zu preisen, während Glaube an menschliche Werke stets als Antidoxologie aufzudecken ist. Mit dem Begriff „Antidoxologie meine ich, Luthers Kerngedanken zu erfassen, dass weil alles Handeln aus einer gewissen Hoffnung und einem gewissen Glauben erwächst, alles Reden und alles

---

Aber [...] ihrem von ihm vorgesehenen Gesetz, eben ihrer von ihm freigegebenen Mächtigkeit findet er sich nun seinerseits unterworfen." Karl Barth: „Das christliche Leben", in: „Die Kirchliche Dogmatik", Bd. IV, S. 4. Fragmente aus dem Nachlass, Vorlesung 1959-1961 (GA II.7), hrsg. von Hans-Anton Drewes und Eberhard Jüngel, Zürich, 1974, S. 389f.

[28] Martin Luther: „Psalm 118", in: WA 31, S. 141.

Handeln immer Ausdruck von Lobpreis und Erwartung dessen sind, worauf man sich von irgendeiner Kraft verlassen kann. Luther sieht den Psalter als ein Elementarbuch, in dem dem christlichen Glauben das Preisen gelehrt wird und damit Antidoxologien und die Weisen, wie sie die lebendige Gegenwart von Gottes fassbarem und zugänglichen Heilshandeln verdunkeln, enthüllen.

Weil jede Doxologie den Glauben an ein spezifisches Heil zum Ausdruck bringt, lenkt eine doxologische Sozialkritik unsere Aufmerksamkeit auf die Orte, wo Menschen selbstschützende, selbstvertrauende und selbstauferlegte Grenzen festlegen. Es gehört zu der Aufgabe des Moraltheologen/ der Moraltheologin, die falschen Herren zu beschreiben, die man preist und die die Parameter unserer moralischen Überlegungen so tiefgreifend prägen. Die Analyse des Lobpreises, die hier dem Ansatz der Frankfurter philosophischen Schule entspricht, kommt zur Geltung angesichts der aufbrechenden sozialen Veränderungen, die die Form der Zuneigungen und Ängste offenlegen, die unsere gegenwärtigen Gesellschaften prägen. In Kants Darstellung der Kraft der Selbstkritik zur Überwindung der unsere Probleme verursachenden Illusionen begegnet sie diesen Umbrüchen nicht im Glauben, sondern mit Nachdenken über die falschen und entblössenden Hoffnungen und Befürchtungen, die unser Leben bestimmen und die offengelegt werden durch das Hereinbrechen der überfliessenden Güte Gottes.

LOBPREIS LERNEN: PSALM 118

Ein genauerer Blick auf Luthers Behandlung von Psalm 118 wird zeigen, wie nach seinem Verständnis die christliche Performanz des Psalters in die sündhaften und verblendenden Antidoxologien einbricht und diese aufdeckt.[29]

> 15. Man singt mit Freuden vom Sieg in den Hütten der Gerechten :
> Die Rechte des HERRN behält den Sieg!
> 16. Die Rechte des Herrn ist erhöht;
> die Rechte des HERRN behält den Sieg!
> 17. Ich werde nicht sterben, sondern leben
> und des HERRN Werke verkündigen.
> 18. Der HERR züchtigt mich schwer;
> aber er gibt mich dem Tode nicht preis.

Wie Luther sagt, versetzen uns diese Verse in die Lage, entweder uns selbst oder Gott zu preisen: es gibt keine Mittelstellung zwischen beiden. Der An-

---

[29] Dieser Abschnitt entwickelt meine Darlegung in „Singing the Ethos of God: On the Place of Christian Ethics in Scripture", Grand Rapids, 2007, S. 172-179.

spruch beruht auf dem, was wir einen proto-Wittgensteinschen Gedanken der „happy performance" nennen könnten, bei dem unser Verständnis der Funktion von Worten nicht von metaphysischen Realitäten ausgeht (wie Atomen, Idealformen oder Transzendentalien), noch von subjektiven Verfassungen des Bewusstseins (Vorgefühl, Empfindung, geistige Vorstellungen), sondern von Menschen in Beziehung, von Menschen, die elementare Lebensformen miteinander teilen.[30] In Übereinstimmung mit Wittgenstein und Ingold lese ich Luther im Sinne einer Verwendung von Sprache und ihrer Beziehung zum Existierenden, die sehr viel stärker in menschliches Leben (als soziales und affektives Handeln) und menschliche Benennung (als ein Handeln, das in einer materiellen Schöpfung geschieht) eingebettet ist. Dadurch, dass wir solche Beziehungen das weitergeben lassen, was wir von Worten erwarten, gehen wir über die moderne Annahme hinaus, dass Worte auf ihre (eine) „Bedeutung" zurückgeführt werden können ; sie „bedeuten" und „beziehen sich" im Kontext kommunikativer Beziehungen. Die Bedeutungen der Worte werden somit in Verwendung durch Gemeinschaften definiert. Wenn ich spreche, dann nehme ich Worte als Verpackung dieser kommunalen Bedeutung auf, um meine verschiedenen Beziehungen hin zu einem bestimmten Zweck neu zu formulieren. Nach diesem Verständnis lässt sich die Bedeutung der Psalmen nicht auf einen konzeptuellen „Inhalt" reduzieren, wenngleich sie sich auf Wirklichkeit beziehen. Ihre Hauptrolle besteht darin, performative Handlungen zu bewirken, die mit ihnen zusammenhängen und so als verdichtete Formen der Beziehungen funktionieren, aus denen sie zusammengefügt wurden. Als solche sind sie Sprachgefüge, die nach einem gestalteten Dialog ausgerichtet wurden und, wenn sie aufgenommen werden, in jenen selben Dialog zurückführen.[31] Die hier erörterten Psalmverse können somit so verstanden werden, dass sie uns die Beziehung mit Gott vermitteln, aus der sie geboren wurden, indem sie uns in eine ähnliche Beziehung führen.

Diese Verse, sagt Luther, lehren uns, uns auf Gott zu verlassen. Diejenigen, die sich auf menschliche Macht verlassen, wenden sie „unglücklich" an, das heisst auf eine Weise, die sich nicht darum bemüht, die von ihnen geforderte Form des Gemeinschaftslebens zu entdecken, anstatt sie kosmetisch auf Lebensweisen zu kleistern, die von Angst und Verlust oder dem

---

[30] Ludwig Wittgenstein: „Philosophische Untersuchungen", kritisch-genetische Edition, herausgegeben von Joachim Schulte, Frankfurt a. M., 2001, Nr. 241, S. 871. Für eine ausgezeichnete Erörterung dieses Gedankens und seiner Auswirkungen siehe Fergus Kerr: „Theology after Wittgenstein", Oxford, 1986, insbesondere S. 6976, und Oswald Bayer: „Promissio: Geschichte der reformatorischen Wende in Luthers Theologie", Göttingen, 1971.

[31] Ludwig Wittgenstein: „Philosophische Untersuchungen", kritisch-genetische Edition, herausgegeben von Joachim Schulte, Frankfurt a. M., 2001, Nr. 503-504, S. 943.

Verlangen nach Besitz getrieben werden. Wenn solche Menschen die Worte „Die Rechte des Herrn ist erhöht" aufgreifen, ergibt die entsprechende Kraft ihrer Worte und Taten die Bedeutung „Die Rechte des Menschen behält den Sieg; die Rechte der Fürsten ist erhöht."[32] An anderer Stelle sagt Luther ausdrücklich, dass zwei Arten von falschem Singen möglich sind. Eine Art des Singens baut auf dem Denken des Austausches auf. „Die ersten, die ihn nit ehr loben, er thu ihn denn wol, wie David sagt." Das gefährlichere falsche Singen ist jedoch das gerade umschriebene Anti-Lied, das Preisen der Selbstmaskierung als göttliches Preisen.[33]

Indem er Bösartigkeit als nicht angemessene Performanz der Psalmen definiert, hat Luther ein wichtiges kritisches Prinzip aufgestellt. Weil er Sünde als konkrete, aber abwegige Antworten auf Gottes Gaben versteht, ist sie nicht bloss ein Raub des Guten, sondern eine bewirkte und damit personifizierte Antidoxologie. Ein theologisches Urteil, dass ein Psalm in irgendeine spezifische Performanz verkehrt worden ist, beruht nach Luthers Darstellung auf einem komplexen semantischen Urteil. Diese Erkenntnis sollte die moderne Philosophie tiefgreifend prägen. „Luther hat einmal gesagt, die Theologie sei die Grammatik des Wortes ‚Gott'", war eine berühmte Aussage Wittgensteins, und er schrieb dazu weiter:

> Dies fasse ich so auf, dass eine Untersuchung dieses Wortes eine grammatische wäre. Es könnte z. B. sein, dass sich die Leute darüber streiten, wie viele Arme Gott hat, und dann würde sich womöglich einer in die Debatte einmischen, indem er bestreitet, dass von den Armen Gottes überhaupt gesprochen werden kann. Dies würde Licht werfen auf den Gebrauch des Wortes. Auch was als lächerlich oder ketzerisch gilt, lässt die Grammatik des Wortes erkennen."[34]

Wittgenstein hat Luthers Vorstellung aufgegriffen, dass die Schrift die Grammatik des göttlichen Lebens offenbart, wodurch Theologie zu einer gemeinschaftlichen Diskussion über die rechte Auslegung der Schrift gemacht wird. So verstanden erzwingen die Worte der Psalmen durch Rezitieren nicht automatisch gemeinschaftliche Übereinstimmung, sondern bieten einen Zugang und eine Erhaltung eines gemeinschaftlichen Glaubenslebens, das durch sie gestaltet wird.[35] Danach zu fragen, was

---

[32] Martin Luther: „Psalm 118", in: WA 31, S. 66-182 / hier: S. 140-149, vgl. Fussnote 37.

[33] Martin Luther: „Das Magnificat", in: WA 7, S. 554-555.

[34] Ludwig Wittgenstein: „Vorlesungen 1930-1935", übersetzt von Joachim Schulte, Frankfurt a. M., 1989, S. 187. An anderer Stelle: „Grammatik sagt, was für ein Objekt etwas ist." Wittgenstein, a. a. O. (Fussnote 31).

[35] Bedeutung liegt nicht in unserer inneren Verfassung, sondern in unseren gemeinschaftlichen Interaktionen, erklärt Wittgenstein. „Hat es Sinn zu fragen: ‚Woher weisst du,

eine gute Performanz des Psalters bedeutet, wird die Wechselbeziehung zwischen einer gewissen Form der deutlichen Artikulation und der Bildung des christlichen Ethos in den Blick nehmen. Glauben an menschliche Werke bringt Antidoxologie hervor und wird von dieser hervorgebracht: diejenigen, die von Gottes Werk erfasst sind, werden zu solchen gemacht, die gelehrt werden, Gott in allen Dingen zu preisen.

Damit der Lobpreis den gesungenen Worten entspricht, müssen wir den Inhalt des mit dem Ausdruck „die Rechte des HERRN" Gepriesenen definieren, fährt Luther fort. Christus selbst ist in höchster Weise „die Rechte", weil „der Stein, den die Bauleute verworfen haben, zum Eckstein geworden ist" (Ps 118,22).[36] Diese Zurückweisung des mächtigen Erlösungswerks Gottes durch die Welt wird am meisten sichtbar an dem Punkt, wenn Gottes Konflikt mit dem Tod am finalen Extrem angekommen ist: am Kreuz.

> Da nun die Welt hört, dass diese höchsten Gaben durch das Evangelium verworfen
> werden, und nur dieser König gepriesen werde, so wird sie nicht allein geärgert,
> sondern sie rüstet sich auch mit Waffen und bestrebt sich mit aller Macht, ihre

---

dass du das glaubst?' – und ist die Antwort: ‚Ich erkenne es durch Introspektion'? In manchen Fällen wird man so etwas sagen können, in den meisten nicht. Es hat Sinn zu fragen: ‚Liebe ich sie wirklich, mache ich mir das nicht nur vor?', und der Vorgang der Introspektion ist das Wachrufen von Erinnerungen; von Vorstellungen möglicher Situationen und der Gefühle, die man hätte, wenn..." Ludwig Wittgenstein: „Philosophische Untersuchungen", kritisch-genetische Edition, herausgegeben von Joachim Schulte, Frankfurt a. M., Nr. 587, S. 964. Der Einfluss dieses Gedankengangs hat in beide Richtungen weitere Kreise gezogen, wie dieser höchst einflussreiche Abschnitt aus George Lindbecks „The Nature of Christian Doctrine: Religion and Theology in a Postliberal Age" (Philadelphia, 1984, S. 64) zeigt: „Für einen Christen sind ‚Gott ist drei in einem' oder ‚Christus ist Herr' nur als Teil eines Zusammenwirkens von Sprechen, Denken, Fühlen und Handeln wahr. Sie sind falsch, wenn ihre Verwendung in einem gegebenen Fall nicht dem entspricht, was die Gesamtgestalt über Gottes Sein und Willen aussagt. So ist zum Beispiel der Schlachtruf der Kreuzritter *Christus est dominus'* falsch, wenn er dazu benutzt wird, dem Ungläubigen den Schädel zu zerschlagen (wenngleich dieselben Worte in anderen Kontexten eine wahre Aussage sein können). Wenn er so verwendet wird, widerspricht er dem christlichen Verständnis des Herrseins, das beispielsweise leidendes Dienen verkörpert."

[36] Martin Luther: „Psalm 118", in: WA 31, S. 145-146. Einige Neutestamentlerinnen und Neutestamentler stimmen überein, indem sie zeigen, wie verschiedene Anhaltspunkte im Text darauf hinweisen, dass die Verfasser des Neuen Testaments diese Stelle so verstanden haben, dass sie von Jesus spricht (vgl. Apg 4,11). Einer der offenkundigsten Anhaltspunkte ist, dass die idiomatische griechische Konstruktion von Vers 51 des Magnifikats (Lk 1: „Er übt Gewalt mit seinem Arm und zerstreut, die hoffärtig sind in ihres Herzens Sinn") eindeutig auf die hebräische Formulierung von Psalm 118,15 zurückgeht. Vgl. John Nolland: „Word Biblical Commentary, Luke 1:9-20", Bd. 35a, Dallas, 1989, S. 71.

Gaben vor dieser Schmach zu retten. Das gibt den Anlass zu den bittersten Kämpfen, dass die Welt und dieser König mit feindlichen Herzen auf einander stossen, doch indem es ein solches Ende nimmt, wie der 118. Psalm, V. 22, weissagt: „Der Stein, den die Bauleute verworfen haben, ist zum Eckstein geworden."[37]

Die gute oder schlechte Performanz dieser Psalmverse wird letztlich definiert durch Verweis auf den Konflikt des Kreuzes, wo die tiefe Grammatik von Gottes Erlösung der Menschen enthüllt wird. Wenn Christinnen und Christen sagen, dass die Rechte des Herrn erhöht ist, sagt Luther abschliessend, können sie damit nur meinen, das Christus, in dem sie ihre eigenen Verdienste und ewigen Lohn finden, erhöht ist. Die Vernetzung von Lobpreis und Umkehr der Wahrnehmung fängt an sichtbar zu werden, wenn Luther die sprachliche Formulierung von „die Rechte des Herrn" durch den Psalmisten christologisch interpretiert. Auf 1.Korinther 15,55-57 und Jesaja 9,4 zurückgreifend kommt er zu dem Schluss, dass Gottes Macht zuerst Christus ist und dass aus der Fülle der Verdienste und Belohnungen Christi denen, die an seinem Leben teilhaben, Wohltaten zufliessen.[38]

Wenn man Luther zusammen mit Wittgenstein liest, zeigt sich, dass in der christlichen Theologie der Sinn der Verse 15-18 von Psalm 118 in sich

---

[37] Dr. Joh. Georg Walch (Hg.): „Dr. Martin Luthers Sämmtliche Schriften", Band Fünf, S. 148; WA 40/2, S. 271.

[38] „Wer aber lust hat dazu, mag diese drey stück zihen auff die drey werck Christi, das er uns vom gesetz, sünde, tod, erlöset hat, wie Isaie 9 und Paulus 1. Cor. 13, dieselbigen drey erzelen. Aber, wie ich gesagt habe, da ligt die kunst an, das man wisse wie diese wort allzu mal eitel geist sind und mit dem glauben mussen gehort gesungen und verstanden werden. Sonst wer mit der vernunfft, den leiblichen augen nach, hie will das maul offen haben und gaffen, der wird sich ergern und das widder spiel an den gerechten und heiligen sehen." Martin Luther: „Psalm 118", in: WA 31, S. 145-146, vgl. auch WA 31, S. 140-149. Dies war für Luther ein bemerkenswert stabiler hermeneutischer Schlüssel für die Psalmen, was er in seinen frühsten Vorlesungen über die Psalmen in den Jahren 1513-1515 zum Ausdruck brachte. „Die Rechte ist Christus, der Sohn Gottes, wie es Psalm 118,16 sagt: ‚Die Rechte des Herrn behält den Sieg', denn der Sohn Gottes ist die Stärke, Kraft und Weisheit Gottes, 1.Kor. 1,24,30. Zweitens ist die Rechte Gottes die Gnade der Gerechtigkeit oder das Werk Gottes. So sagt der gesegnete Augustin mit Recht zur Erklärung, dass die Rechte Gottes Versöhnung und Gunst bedeutet, nach Psalm 45,5: ‚so wird deine rechte Hand Wunder vollbringen'. Die linke Hand ist jedoch Gottes Herrschaft oder frei gegebene Gnade, die allen gemeinsam ist. Drittens ist die rechte Hand die Belohnung der Herrlichkeit in der Zukunft, wie Mt 25,33-34 es sagt: ‚und wird die Schafe zu seiner Rechten stellen, die Böcke zur Linken, und dann wird er sagen, etc.' Daher ist die Rechte erstens Christus, zweitens ist sie der Verdienst der Christen und drittens ihre Belohnung", Martin Luther: „Scholae: Psalmus LXXVI [LXXVII]", WA 3, S. 530f (Original auf Latein).

zusammenfällt, wenn sie von ihrer frohen Performanz als Lieder vom Sieg Christi losgelöst werden. Gleichzeitig wird der zwischenmenschliche Verweis auf die frohe Performanz fest in die vertikal ausgerichtete Erfahrung der von ihnen beschriebenen göttlichen Erlösung hineingesetzt. Luther bemerkt richtig, dass die Psalmisten die Genesis ihres Lobpreises als die Erfahrung der Rettung erklären.[39] Die Grundlage ihrer Hoffnung auf das, was in der Zukunft geschehen wird, sind daher die Erfahrungen von Rettung, die hinter ihnen liegen, und ihre Wahrnehmung von Geschehnissen, die bereits in Sicht sind, und nicht, wie in moderner Rationalität, eine Ableitung aus dem, was in der Vergangenheit geschehen ist, um vorauszusagen, was in der Zukunft geschehen wird.[40] Deshalb liest Luther 1.Petrus 2,9 weder als eine Vorschrift noch als ein Gebot, sondern als eine Beschreibung der Umkehr als der Erfahrung der Rettung vom Tod: „dass ihr verkündigen sollt die Wohltaten dessen, der euch berufen hat von der Finsternis zu seinem wunderbaren Licht." Diese Beschreibung der Erfahrung Gottes ist auch eine Einladung, „Denn Gott tut diese Wunder, die für jedermann im Roten Meer vorgebildet sind".[41]

Es ist daher nicht zufällig, dass die Form der Psalmen – Dichtung – mit deren Inhalt, dem Lobpreis, verbunden ist. Die poetische Form (mit ihrer inhärenten Verknüpfung mit der Musik) bringt über den Text eine Unmittelbarkeit vor Gott zum Ausdruck, die ursprünglich nicht kritisch ist und so durch kritische Distanz zerstört wird. Dies ist dem Verständnis von Dichtkunst ähnlich, für das Paul Ricœur sehr bekannt ist. „Es ist meine tiefste Überzeugung, dass allein die poetische Sprache unsere Teilhabe an oder Zugehörigkeit zu einer Ordnung der Dinge wiederherstellt, die unserer Fähigkeit zuvorkommt, uns Dingen zu widersetzen, die als einem Subjekt entgegengesetzte Objekte verstanden werden."[42] Dieser Punkt lässt sich

---

[39] Luther schreibt: „Psalm 51,13, 14, 15: ‚Ich will die Übertreter deine Wege lehren,... dass meine Zunge deine Gerechtigkeit rühme'. In Psalm 40 folgt auf ‚Er zog mich aus der grausigen Grube, etc. (Vers 2): ‚Ich verkündige Gerechtigkeit' (Vers 10), und wiederum ‚Herr mein Gott, gross sind deine Wunder und deine Gedanken.' Psalm 66,16: ‚Kommt her, höret zu, alle, die ihr Gott fürchtet; ich will erzählen, was er an mir getan hat.' Psalm 46,9: ‚Kommt her und schauet die Werke des Herrn.' Psalm 118, 17: ‚Ich werde nicht sterben, sondern leben und des Herrn Werke verkündigen.' Psalm 107,2: ‚So sollen sagen, die erlöst sind durch den Herrn, etc.' Psalm 9,2, 5: ‚... und erzähle alle deine Wunder. ...Denn du führst mein Recht und meine Sache.'" Martin Luther: „Scholae: Psalmus LXXVI [LXXVII]", WA 3, S. 530f (Original auf Latein).

[40] Tim Ingold: „Dreaming of Dragons: On the Imagination of Real Life", in: *Journal of the Royal Anthropological Institute*, Vol. 19, 2013, S. 734-752.

[41] Martin Luther: „Scholae: Psalmus LXXVI [LXXVII]", WA 3, S. 530f (Original auf Latein).

[42] Paul Ricœur: „Toward a Hermeneutic of the Idea of Revelation", in: Lewis S. Mudge (Hg.): „Esssays on Biblical Interpretation", Philadelphia, 1980, S. 101.

auch verdeutlichen durch die Frage, warum Bonhoeffer am Ende seines Lebens Gedichte schrieb. Erst in den letzten Stadien seiner Haft, als der Tod unmittelbar bevorstand, griff Bonhoeffer diese Form auf. Eberhard Bethge sagt zu Recht, dass nur Gedichte die Kombination von Intimität und Anstand erreichen konnten, die von dieser Beziehung und den ihr auferlegten schrecklichen Anforderungen verlangt wird.[43] Luthers Vorstellung ist, dass Gott, der die schöne Ordnung, die materielle Schöpfung in Liebe geschaffen und gesprochen hat, den Menschen Gedichte an die Hand gegeben hat, die ein intimes Reden mit ihm in dunklen und eingeschlossenen Räumen wie auf den grünen Weiden dieses Lebens ermöglichen.

Die architektonische Rolle, die Luther der Metapher des „Singens" zuweist, macht somit die kritische Beziehung des Gläubigen zur heiligen Schrift komplexer und situiert sie neu, indem sie eine theologisch entworfene kritische Beziehung zur Sprache als solcher herstellt. Wenn Gott ein redender Gott ist, dann sind wir immer dabei, von Gott zu lernen, worum es in unserer Grammatik geht. Sprache ist nicht einfach *da*, sondern wir lernen, was sie bedeutet und somit was sie ist, indem wir in der Form des Gebetes hören. Sprache ist der Ort, den der Gott, der durch Sprechen geschaffen hat, gegeben hat, um ihn zu nutzen, uns zu fordern. In Gebet und Lobpreis nehmen wir Gottes Worte auf, um unsere Sprache und unser Leben göttlicher Umgestaltung auszusetzen. So ist das Gebet die dialogische Beziehung mit Gott, in der die Neugestaltung menschlichen Lebens ihren Anfang nimmt und gestärkt wird.[44]

Weil der theologische Ort des Gebets und des Lobpreises mit der betenden Gemeinschaft vor Gott ist, wird ein Miteinander geschaffen durch eine vielgestaltige Praxis, die wir beschreiben können (wie Luther selbst es nicht ausdrücklich tut) als den erlösenden Prozess. In Luthers abschliessender Analyse besteht die Hauptfunktion dieser Verse darin, Zugang zu bieten zu einem eschatologisch offenen und daher dynamischen Zustand des Schreitens mit Gott. Luther nennt diesen Zustand des Offenseins die „Kunst, sich selbst zu verleugnen". „Wir haben dran zu lernen weil wir leben, sowol als alle heiligen fur uns, neben uns, und nach uns thun mussen." „Denn was wil der teufel machen" gegenüber einem solchen Glauben, „wo er so eine ledige Seele findet? die yhm widder auff sunde noch heiligkeit antworten wil?"[45]

---

[43] Dietrich Bonhoeffer: „Widerstand und Ergebung. Briefe und Aufzeichnungen aus der Haft", herausgegeben von Christian Gremmels, Eberhard Bethge und Renate Bethge, *DBW* Bd. 8, Gütersloh, 1998, S. 582.

[44] Gerhard Sauter: „Reden von Gott im Gebet", in: Gerhard Caspar (Hg.): „Gott nennen: Phänomenologische Zugänge", Freiburg im Breisgau, 1981, S. 219-242.

[45] Martin Luther: „Psalm 118", in: WA 31, S. 150-151.

Wenn wir eine von Luthers anderen metaphorischen Konstruktionen benutzen, könnten wir sagen, dass im Lobpreis das „Auge des Teufels" in uns durch die Augen Christi ersetzt wird und dadurch eine Umkehrung der Wahrnehmung bewirkt wird. Luther versteht diese Kunst, sich selbst durch eine aktive und verbale Beziehung zur Schrift, zu Gott und zu anderen zu verleugnen als die Weise, in der wir den durch die Rechte Gottes errungenen Sieg Christi ergreifen. Luther sagt über Psalm 118,17:

> Darumb lasst uns mercken hie ynn diesem vers ein meister stück, wie gewaltiglich er den Tod aus den augen schlegt, und wil nichts wissen vom sterben noch von sunden. Widderumb, das lebe so fest für sich bildet und wil nichts denn vom leben wissen. Wer aber den tod nich siht, der lebt ewiglich, wie Christus spricht Joh 8, Wer mein wort hellt, der wird den tod nimer mehr sehen. Also senckt er sich gar yns leben, das der tod ym leben verschlungen wird und gantz verschwindet. Das macht das er an der rechten hand Gottes hengt mit festem glauben. Also haben alle heiligen, diesen vers gesungen und mussen yhn vollend bis ans ende singen.[46]

Über Gottes Macht zu singen ist also die wahre geschöpfliche Antwort auf die Erfahrung von Gottes Erlösung und somit die Erlösung selbst – die irdische Form des ewigen Lebens. Dies bedeutet, um den Psalter überhaupt vorzutragen, müssen wir mit dem Eingeständnis beginnen, dass wir nicht auf das Beten vorbereitet sind. Der Glaube muss zum Gebet Christi fliehen und Christus durch ihn beten zu lassen, wenn er sich an Gott klammert, da Gott selbst sich in den Gehalt der Gebete der Kirche hineingegeben hat. Wir können und müssen uns auf das Beten vorbereiten, indem wir lernen, wie zu beginnen, aber dieses Beginnen geschieht nicht mittels einer Methode, sondern mit diesem besonderen Anklammern beim Vortragen.[47] Wir lernen die Grammatik des Lebens mit Gott, indem wir diese Gedichte vor Gott auf unsere Lippen nehmen; wir lernen diese Sprache, indem wir sie benutzen.[48]

---

[46] WA 31, S. 153-154.

[47] „Denn gleichwie wir der Psalmen Davids und der Schriften der Propheten gebrauchen als Exempel, wiewohl wir nicht David noch die Propheten sind; weil wir aber mit ihnen dieselben und gemeinsamen Güter haben, dass heisst, dasselbe Wort, denselben Geist, denselben Glauben, dieselbe Seligkeit; weil wir aber dieselben Gefahren und Trübsale um des Wortes Gottes willen erdulden, so nehmen wir auch mit Recht ihre Worte und Reden für uns in Anspruch, indem wir loben und singen, wie sie gelobt und gesunden haben." Dr. Joh. Georg Walch (Hg.): „Dr. Martin Luthers Sämmtliche Schriften", Band Fünf, S. 1582; WA 31/2, S. 587.

[48] Dieser Punkt wird auf wunderbare und einfache Weise dadurch erläutert, wie Luther seinem Barbier erklärt, wie man betet. Martin Luther: „Eine einfältige Weise zu beten", in: WA 38, S. 358-375.

Wenn man sich mit Luthers Exegese der Psalmen beschäftigt, zeigt sich, dass für ihn der Glaube die zentrale Kategorie des christlichen Lebens ist, das berühmte *sola fide,* das Hoffnung, Liebe und alles menschliche Handeln orientiert. Weil Glaube Vertrauen auf Gottes Wort und Verheissung ist, ist sein konstituierendes Element die Anerkennung Christi als Herr, die axiomatische Aussage des christlichen Lobpreises, die allein Nicht-Juden/Nicht-Jüdinnen Zugang zu den Psalmen erlaubt. Für die Zusammenfassung der gerade umschriebenen dicht gefügten Gruppe konzeptioneller Verbindungen bietet Luther eine Gleichung: „Glaube an [Gottes] Verheissung ist nichts anderes als Gebet."[49] Das Gespräch als Gebet umfasst die ganze Lebensweise von Christinnen und Christen (einschliesslich ihrer moralischen Überlegungen) und gibt damit eine anerkennende Antwort auf Gottes Handeln. Glaube ist die Wirkung von Gottes Wort und Verheissung im Herzen, indem es dieses fest und gewiss macht und es durch die Neugestaltung menschlicher Wahrnehmung leitet. Diese Gewissheit und Wahrnehmung wird in höchst aktiver Weise verstanden.

> Er feret heraus [, redet und prediget von solcher verheissung und gnade Gottes, das ander Leute auch dazu komen, und derteilhafftig werden, Ja fur grosser freude] fehet er an, tichtet schoene susse Psalmen, singet liebliche lustige Lieder, damit zu gleich Gotte froelich zu loeben und zu dancken, Und auch die menschen nuetzlich zu reitzen und zu leren.[50]

Das Verhalten, das aus diesem Bekenntnis entspringt, kann keine festgelegte Gewohnheit oder ein *habitus* sein, sondern wird, weil es auf einem Gespräch beruht, immer ein „Geist, der fällt und aufsteigt" sein.[51] Wir könnten zusammenfassend sagen, dass das viel verleumdete *sola fide* bedeutet: „lasst all euer Denken und Handeln durchzogen sein von der Wahrheit, dass der gekreuzigte und auferstandene Christus immer noch am Werk und immer noch der Herr der ganzen Schöpfung ist."

---

[49] Oswald Bayer: „Luther as an Interpreter of Holy Scripture", in: Donald K. McKim (Hg.): „The Cambridge Companion to Martin Luther", Cambridge, 2003, S. 77.

[50] Martin Luther: „Abhandlung über die letzten Worte Davids", in: WA 54, S. 33.

[51] Martin Luther: „Vorlesungen über Jesaja, Kapitel 1-39", in: WA 31/2, S. 238: „Non es habitus aliquis in animo certus, sed est animus fluctuans, succumbens, crescens,..." Luther macht diese Bemerkung, als er Hesekiels Gebet untersucht, um herauszufinden, was es über Gebet zu allen Zeiten und an allen Orten offenbart.

SCHLUSSFOLGERUNG

Ohne zu meinen, dass der Psalter der übrigen Schrift irgendwie überlegen sei, tun wir gut daran festzustellen, welche zentrale Bedeutung er durch die Zeiten hindurch im Glauben und im gefeierten Gottesdienst für Christinnen und Christen gehabt hat[52] und dass er ausdrücklich in einer Form geschrieben wurde, die darauf ausgerichtet ist, in der gläubigen Gemeinschaft vorgetragen zu werden.[53] Ich habe vorgeschlagen, dass wir dadurch, dass wir lernen, ihn als „Psalter" und nicht einfach als „Buch der Psalmen" zu verstehen, eine neue Einsicht in eine biblische Tradition bekommen, die innerhalb des biblischen Kanons insofern einzigartig ist, als sie sich ganz und gar dem Bemühen widmet, uns zu lehren, was es für den Glauben bedeutet, gesprächsförmig zu sein. Ausserdem habe ich die Meinung vertreten, dass die methodologische Verortung der (modernen) christlichen Ethik entschieden verlagert wird, wenn wir danach fragen, was es für moderne Menschen bedeutet, die Psalmen vorzutragen. Statt eine weitere Disziplin unter der Hauptdisziplin Hermeneutik oder Fundamentaltheologie zu sein, wird dies neu definiert als Nachdenken über die Tätigkeit des Lobpreises und darüber wie unser Leben damit zusammenhängt durch ein Hinterfragen des Phänomens der menschlichen Wahrnehmung. Den Psalter mit der Gemeinschaft der Heiligen vorzutragen, lenkt den Glauben in ein Leben der Erkundung der göttlichen Fülle hinein und offenbart so auf kritische Weise unsere konkreten Verwicklungen in eine Welt, die ihre eigene Herrlichkeit preist und für etwas kämpft, worin sie rare Ressourcen sieht, die durch menschliche Bemühungen sichergestellt werden sollen.

Wenn wir den Lobpreis als den Grund allen menschlichen Handelns verstehen, das auf die Welt antwortet als aus der Hand des guten Schöpfers und Erlösers kommend, dann bieten Analyse von Hoffnung und Vertrauen der christlichen Theologie ein analytisches Werkzeug mit breiter Reichweite, indem es sowohl die gefühlsmässigen Schichten der Erfahrung, die die Ausrichtung unserer ethischen Fragen bestimmen, offenlegt als auch uns hilft, uns kritisch mit der Frage zu beschäftigen, wie diese zutreffender formuliert werden könnten. Um mit einigen Beispielen zu enden: Statt in der Medizin danach zu fragen, wie man Nutzer der Gesundheitsfürsorge bedienen sollte oder uns selbst davor schützen sollte, durch die Kosten der Gesundheitsfürsorge bankrott zu gehen (entweder als Einzelperso-

---

[52] Siehe William Holladay: „The Psalms Through Three Thousand Years: Prayerbook of a Cloud of Witnesses", Minneapolis, 1996; und Rowland Prothero: „The Psalms in Human Life", London, 1909.

[53] Günter Bader: „Psalterium affectum palestra: Prolegomena zu einer Theologie des Psalters", Tübingen, 1996.

nen oder kollektiv), könnten wir fragen, was notwendig sein könnte zur Schaffung der Bedingungen fürs Heilen. An Stelle von Diskussionen über landwirtschaftliche Ethik und politische Massnahmen zur „Sicherung unserer Nahrungsmittelversorgung" könnten wir fragen, was es konkret bedeutet, unser tägliches Brot zu bekommen. In der Wirtschaftsethik könnte die Frage, wie mit „personellen Ressourcen" oder „Risiko" umgegangen werden sollte oder wie wir uns gegenüber finanziellen Zusammenbrüchen schützen sollten, neu ausgerichtet werden, indem wir untersuchen, was es bedeuten könnte, unsere Arbeit aus dem Wunsch heraus zu verstehen, Gottes Fürsorge für die Menschen und die Schöpfung zu empfangen und weiterzugeben. Diese wenigen Beispiele zeigen, wie viel Kraft die kritische Neuformulierung genau der Fragen hat, die wir in dem ethischen Diskurs stellen, den die Analyse des Lobpreises der modernen Theologie bietet.

ZUR THEOLOGIE DES WORTES IN DEN „OPERATIONES IN PSALMOS" (1519-1521)

Ľubomír Batka

Die von Luther in den „Operationes in Psalmos" (1519-1521) entfaltete Theologie beschreibt einen kommunikativen Prozess des Handelns Gottes durch das Wort auf der Grundlage einer trinitarischen Struktur: als Handeln Gottes des Vaters, des Sohnes und des Heiligen Geistes im Namen der Menschen, das sich verwirklicht durch die Macht des Wortes.

Luthers zweite Psalmenvorlesung[1] bietet eine eingehende Exegese der ersten 22 Psalmen. Ursprünglich hatte Luther beabsichtigt, alle Psalmen auszulegen, aufgrund der sich überstürzenden Ereignisse um den Wormser Reichstag (1521)[2] sowie angesichts der wachsenden Zahl und des zunehmenden Umfangs der Vorlesungen blieb die Arbeit aber unvollendet. Trotzdem bleibt sie ein monumentales Meisterwerk; hätte Luther seinen Kommentar aller 150 Psalmen vollendet, hätten die Vorlesungen einen beispiellosen Umfang erreicht. Das Werk kann als eine der zentralen reformatorischen Arbeiten Luthers gelten. Er selbst beschreibt seine Exegese als etwas Neues: Er kritisiert die scholastische Theologie und bekennt, er habe sich über sie hinaus entwickelt.[3] Dies bestätigt die autobiographische Erläuterung im ersten Band der Wittenberger Ausgabe seiner lateinischen Werke von 1545:

> Unterdessen war ich in diesem Jahre von neuem daran gegangen, den Psalter auszulegen, indem ich darauf vertraute, dass ich geübter wäre, nachdem ich über die Briefe Sankt Pauli an die Römer, an die Galater, und den an die Hebräer, an der Universität gelehrt hatte. Ich hatte natürlich mit einer ausserordentlichen Begierde

---

[1] Eine Datierung der Entwicklung der Operationes bietet WA 5, S. 3-5 sowie, aus jüngerer Zeit, AWA 1, S. 108-113.

[2] WA 54, S. 186, 21-24.

[3] WA 5, S. 22, 18-21.

danach getrachtet, den Paulus im Briefe an die Römer zu verstehen, aber es hatte mir dabei nicht etwa das kalte Blut, …, im Wege gestanden, sondern das einige Wort, welches Kap. 1,17 steht: „Die Gerechtigkeit Gottes wird in demselben offenbart." Ich hasste nämlich dieses Wort: „die Gerechtigkeit Gottes", weil ich durch den Brauch und die Gewohnheit aller Lehrer so unterwiesen war, dass ich es in philosophischer Weise verstehen müsste, von der formalen oder aktiven Gerechtigkeit, nach welcher Gott gerecht ist und die Sünder und die Ungerechten bestraft.[4]

Luther beschreibt in der Folge, wie verschiedene Schriftstellen sein Gerechtigkeitsverständnis bestätigen. In den Jahren 1519 bis 1521 setzt er sich eingehend mit Fragen der Autorität der Schrift, ihrer Klarheit und ihres alleinigen Genügens auseinander. Die Suche nach der rechten Bedeutung der Psalmen innerhalb jener der ganzen Bibel ist in dieser Phase verwoben mit Luthers theologischen Überlegungen. Sie ist verknüpft mit der wachsenden Klarheit der Beziehung zwischen Schrift und Wort Gottes.

Der vorliegende Beitrag will Luthers Psalmenhermeneutik auf der Grundlage der Trinitätslehre analysieren.[5] Zwar spekuliert er in den Operationes nicht über die Trinität und trinitarische Begriffe, differenziert aber durchaus zwischen dem Wirken Gottes als Gottvater, als Sohn und als Heiliger Geist. Dieses trinitarische Schema[6] zeigt sich in Luthers Anmerkung zu Psalm 9,8: „In der Heiligen Schrift muss man mehr Acht geben auf die Verben als auf die Substantive, damit man den Geist verstehen kann"[7]. Luther erfasst damit nicht nur die wesentlichen Züge der

---

[4] WA 54, S. 185, 12-20.

[5] Luthers trinitarische Theologie wird in mehreren Schriften thematisiert. Eine Übersicht über die wichtigsten bietet Hans-Martin Barth: „Die Theologie Martin Luthers", Gütersloh, 2009, S. 217, Fussnote 81. Pekka Kärkkäinen analysiert seinerseits Luthers trinitarische Theologie in den Operationes: Pekka Kärkkäinen: „Luthers trinitarische Theologie des Heiligen Geistes", Mainz, 2005, S. 115-118. Vgl. Dennis Bielfeldt: „Luther's Late Trinitarian Disputations", in: Denis Bielfeldt, Mickey Mattox und Paul Hinlicky: „The Substance of the Faith. Luther's Doctrinal Theology for Today", Minneapolis, 2008, S. 59-130.

[6] Die meisten Arbeiten zu den Operationes interessieren sich entweder für Luthers Kreuzestheologie, mit einer Bandbreite christologischer Überlegungen – etwa Hubert Blaumeiser: „Martin Luthers Kreuzestheologie", Paderborn, 1995; Florian Schneider: „Christus praedicatus et creditus. Die reformatorische Christologie Luthers in den ‚Operationes in Psalmos' (1519-1521)", Neukirchen-Vluyn, 2004; Horst Beintker: „Die Überwindung der Anfechtung bei Luther", Berlin, 1954 – oder für die Luthersche Hermeneutik, so Siegfried Raeder: „Grammatica Theologica. Studien zu Luthers Operationes in Psalmos", Tübingen, 1977; Johannes Hilburg: „Luther und das Wort Gottes in seiner Exegese und Theologie", Marburg, 1948. Im Blick auf die Methodik spielte der trinitarische Aspekt hier keine grosse Rolle.

[7] *WA* 5, S. 298, 11-13 (Original auf Latein).

hebräischen Sprache[8], er demonstriert auch sein progressives theologisches Denken über Gott. Die Theologie spricht zuerst und vor allem von Gottes Handeln, nicht seinen Eigenschaften.[9]

Luthers Theologie des Wortes in den Operationes kann einen Beitrag zur modernen lutherischen Hermeneutik leisten, weil sie einen substanziell theologischen Ansatz liefert und ein zentrales Charakteristikum lutherischer Theologie repräsentiert. Sie bietet einen einheitlichen Ansatz zum Umgang mit dem Psalter, jenseits des in ihm enthaltenen breiten Spektrums an theologischem und spirituellem Gedankengut.

DER VATER SPRICHT ZUR SCHÖPFUNG

Wenn Gott spricht, geschieht etwas! Die lebendige poetische Sprache des Psalters bringt das Wirken des Schöpfers in einer grossen Bandbreite von Bereichen zum Ausdruck (etwa, Ps 9,8). Gottes Sprechen und Gottes Schöpfertun sind nicht etwa zwei verschiedene Modi göttlichen Wirkens, vielmehr handelt es sich um ein und denselben. Das Wort benötigt keine materielle Grundlage, mit der es Dinge erschafft, deswegen geschieht jegliche Schöpfung (wie auch Neuschöpfung) ex nihilo.[10]

Die Operationes gehen davon aus, dass die ganze Schöpfung (nicht nur der Mensch) in der Lage ist, Gottes Wort zu hören und darauf zu reagieren. In seiner Widmung der ersten Ausgabe der Operationes an Kurfürst Johann Friedrich entwickelte Luther diesen Ausgangspunkt auf hamartiologischer Grundlage: „Denn es ist richtig, wenn man glaubt, dass alles dem Worte Gottes Ehre erweist, durch welches es geschaffen wurde, ausser dem Menschen und dem Teufel, die durch ihre Undankbarkeit taub geworden sind."[11] Luther bezieht sich hier auf die Übertretung des ersten Gebotes. Ab 1517 lehrte er, dass die Sünde des Unglaubens, die aus einem

---

[8] Raeder, a. a. O. (Fussnote 6), S. 30.

[9] H. Blaumeiser unterstreicht diese Perspektive und erhebt kritischen Einspruch gegen das ansonsten beeindruckende Werk W. v. Loewenichs, „Luthers theologia crucis", aus dem Jahr 1929. Unter dem Einfluss der dialektischen Theologie, so Blaumeiser, sei Loewenich vor allem an der Frage der Transzendenz Gottes interessiert gewesen. Blaumeiser, a. a. O. (Fussnote 6), S. 29.

[10] WA 5, S. 544, 8-11. Johannes Schwanke zeigt die fundamentale Bedeutung des Begriffs ex nihilo in der Lutherschen Theologie auf: „Creatio ex nihilo [...] ist für Luther immerwährendes Handeln: [...] Die Formel creatio ex nihilo ist damit keine periphere Bestimmung göttlichen Handelns, sondern Grundmatrix seines Umgangs mit Mensch und Welt." Johannes Schwanke: „Creatio ex nihilo", Tübingen, 2004, S. 5 und S. 74f.

[11] WA 5, S. 20, 7-8 (Original auf Latein).

verdorbenen Herzen[12] hervorgeht, in der Abkehr von Gott (*aversio a deo*)
besteht sowie darin, das Selbst allein in den Mittelpunkt der Aufmerksamkeit zu rücken (*conversio ad seipsum*). In dieser Phase verbindet sich die
Vorstellung vom Unglauben mit der Kritik an der Selbstgerechtigkeit des
Menschen und seinem Vertrauen auf gute Werke als verwerfliche Form
„irreligiöser Religion".[13]

Der Unglaube als Erbsünde im universalen, totalen und radikalen
Sinn wird am handgreiflichsten beschrieben mit dem biblischen Bild der
„Wurzelsünde" (*peccatum radicale*). Zu Psalm 1,3 schreibt Luther in den
Operationes in einem Abschnitt über die antipelagianische Lehre Augustins:
„Aber ich glaube, dass gleich gut, oder sogar viel besser der ganze Mensch
ein Baum genannt wird, wobei der Wille die Wurzel ist, die Zweige die
Glieder und Kräfte."[14] Bezüglich Matthäus 7,17 und Matthäus 12,33 lesen
wir in Luthers Darlegungen zur Sünde, die im Menschenherz wurzelt, dass
die Erbsünde verborgen bleibt unter der Oberfläche äusserer Taten – wie
die Wurzel (*radix*) eines Baumes.[15]

Wahre Erfüllung findet das Leben in der Liebe, die nicht allein sich
selbst dient. Die Schöpfung hört das Wort Gottes und dient dem Gebot
der Liebe. Im Gegensatz dazu richten Menschen und der Teufel, weil sie
nicht auf das Wort Gottes hören, alles auf sich selbst aus[16] und werden
so zu Lügnerinnen und Lügnern. In den Operationes zitiert Luther keine
Psalmenstelle öfter als Psalm 116,11 (*omnis homo mendax*, vgl. Röm 3,4).
Damit verknüpft er unwiderruflich Sünde und Lüge. Umgekehrt spricht
Luther im Blick auf Psalm 4,4 von der Wahrheit im Zusammenhang mit
dem Glauben und dem Wort Gottes. „Alle menschlichen geistlichen Regungen sind eitel und alle ihre Ratschläge und Bemühungen sind Lügen,

---

[12] *WA* 5, S. 28, 9-14. Vgl. auch *WA* 5, S. 103, 16-20; *WA* 5, S. 218, 33-36; *WA* 5, S. 398, 29-30.

[13] *WA* 5, S. 135, 31-37. Vgl. *WA* 5, S. 139, 15-19. Der Götzendienst ist ein prägnan-
tes Beispiel der *aversio a deo* - Verlust des Vertrauens, des vollen Verlangens
(*frui*) nach und der Liebe (*delectio*) zu Gott; *conversio* zu den geschaffenen
Dingen, was nicht nur Unglauben und Misstrauen gegen Gott, sondern auch
Hass und Missachtung Gottes zur Folge hat. *WA* 5, S. 103, 34-37.

[14] *WA* 5, S. 37, 19-21 (Original auf Latein).

[15] *WA* 5, S. 422, 34-36. Ist Unglaube gleich der Erbsünde und ist diese wiederum
die Wurzel aller anderen Sünden, dann kann man die Erbsünde als *peccatum
radicale* bezeichnen. Der Begriff ist in Luthers theologischem Vokabular recht
häufig, auch wenn er in den Operationes nicht erscheint. Zur Terminologie vgl.
Gerhard Ebeling: „Lutherstudien III", Tübingen, 1985, S. 77-80. Vgl. Ľubomír
Batka: „Peccatum radicale: Eine Studie zu Luthers Erbsündenverständnis in
Psalm 51", Frankfurt am Main, 2007.

[16] *WA* 5, S. 190, 35-37. Vgl. *WA* 5, S. 38, 14-15; *WA* 5, S. 139, 33-34; *WA* 5, S. 370,
24-25; *WA* 5, S. 411, 37-40; *WA* 5, S. 437, 12-15.

weil sie ohne den Glauben an Gott sind. Aber wenn sie ohne den Glauben sind, dann sind sie auch gegen das Wort Gottes und deshalb auch ohne Wahrheit."[17] Luthers Logik lässt sich wie folgt formulieren: Das Wort Gottes steht zwischen dem Glauben und der Wahrheit. Das Wort ist wahrhaftig, weil es von Gott kommt. Wer nicht an Gott glaubt, hat Gottes Wort nicht und missachtet deshalb die göttliche Wahrheit. Wahrheit kann man nicht besitzen, aber der Mensch kann an ihr teilhaben durch den Glauben an Gott, denn der Glaube vereint den Menschen mit dem wahrhaftigen Wort Gottes. Man könnte argumentieren, dass das Wort Gottes zuerst kommt: wer ohne das Wort Gottes ist, ist ohne den Glauben und folglich ohne Gott und die Wahrheit. In den Operationes versteht Luther den Glauben allerdings als *affectum* gegenüber Gott, aus dem die rechte Beziehung zum Wort Gottes erwächst: das Wort ist nicht Gottes Werkzeug, um Glauben zu schaffen, der mit Gott vereint. Vielmehr ist die Reihenfolge umgekehrt: Glauben vereint mit Gott und mit dem Wort Gottes. Nur wenn der Mensch an Gott glaubt, kann er die Wahrheit erlangen und damit dem Bösen, in dem er gefangen ist, entrinnen.

Anders gesagt, wird ein Mensch nur dann zum guten Baum, wenn Gott, der himmlische Gärtner, ihn von Adam weg in Christus hinein verpflanzt.[18] Das Bild vom Baum und vom Garten verbindet den Garten Eden mit dem Garten Gethsemane und dem Garten, in dem sich das Grab Christi befand. In der Person Christi vereint Gott für immer Himmel und Erde.

DER SOHN OFFENBART GOTTVATER ALS VATER

Auf die hamartiologischen Thesen Luthers folgt eine Diskussion Gottes, des Sohnes. Jesus Christus offenbart nicht den ansonsten verborgenen Gott. Da die Menschen taub sind für das Wort Gottes, hören sie es nicht und wissen daher nicht, „was Gott tut, was er will und was er denkt"[19]. Im Sohn ergehen neue und verständliche Worte über Gott an die Menschen. Die zweite Person der Trinität (logos tou theou) wurde Mensch, damit die Menschen Gott neu reden hören und Gottvater als Vater erkennen können.

Luthers christozentrische Exegese der Psalmen gehört zusammen mit seiner christologischen Lehre von den zwei Naturen in der einen Person Jesu Christi. Der Aspekt der Einheit lässt sich analog übertragen auf die Debatte, wie das Wort Gottes seine Göttlichkeit in Einheit mit den gespro- ·

---

[17] *WA* 5, S. 107, 18-21 (Original auf Latein). Vgl. Blaumeiser, a. a. O. (Fussnote 6), 138, Fussnote 23.
[18] *WA* 5, S. 37, 25-27; Adam-Christus-Typologie: *WA* 5, S. 314, 19-22.
[19] *WA* 5, S. 107, 35-39 (Original auf Latein).

chenen menschlichen Worten offenbart. Die Macht des Wortes Gottes in der Person Christi ist eins mit der Schwäche des leiblichen Wortes, diese Einheit ist ungetrennt, unteilbar, unwandelbar und unvermischt, ebenso wie die Naturen innerhalb der Person Christi. Die Tatsache, dass die Worte Christi eine Macht haben, die menschlichen Worten nicht zu Eigen ist, ergibt sich aus der christologischen Lehre von der Person Christi.

Luthers Erklärung zu den Psalmen 2, 8, 9, 14, 16, 19, 21 und 22 in den Operationes (wie auch in den Dictata) geht von der These aus, dass diese Psalmen Prophezeiungen über Christus enthalten.[20] Gerade hier entwickelt Luther seine christologische Lehre zu allen Aspekten des Lebens Christi – Inkarnation, Leiden, Sterben, Auferstehung, Abstieg zur Hölle, Himmelfahrt und Herrschaft. Alles ist nach Luther in den ersten 22 Psalmen begriffen.[21]

Erkennbar ist zudem, dass die gesamte christologische Lehre in einen trinitarischen Rahmen göttlicher Kommunikation eingebettet ist, in der der Vater mit göttlicher Autorität zuallererst dem Sohn seine göttliche Sohnschaft verkündet. Umgekehrt offenbart der Sohn den Willen des Vaters, so dass die Menschen das Wort des Vaters durch den Sohn hören, und nicht etwa der Sohn von sich selbst spricht.[22] Christus dient nicht sich selbst – er dient dem Vater und den Menschen, die der Erlösung bedürfen. Auf diese Weise wird dem Vater Preis und Ehre dargebracht.[23]

Zur menschlichen Natur Christi ist festzustellen, dass er wahrer, reiner Mensch ist. Daher erlitt er sämtliche menschlichen Versuchungen und Ängste.[24] In einer rhetorisch bemerkenswerten Passage zu Psalm 5,4 beschreibt Luther die tragische Situation des Menschen, der nicht Mensch sein, sondern Gott werden wollte. Menschen können das jedoch nicht aus sich selbst heraus, sie müssen dazu in Christus sein:

> Denn Christus hat durch seine zweifache Natur beides erreicht: Durch das Reich seines Menschseins - ... - welches im Glauben tätig ist, macht er uns ähnlich mit sich und kreuzigt uns. Hier macht er aus uns, den unseligen und stolzen Göttern, wahre Menschen, das heisst, elende Leute und Sünder. Denn, weil wir in Adam hinaufgestiegen sind, dass wir Gott gleich sein wollten, ist er hinuntergekommen, ist uns

---

[20] Carl Axel Aurelius: „Verborgene Kirche", Hannover, 1983, S. 62. Eine christologische Sichtweise dieser Psalmen ergibt sich aus ihrer Verwendung in neutestamentlichen Schriften. Luthers Sicht wird zusammengefasst in: Hilburg, a. a. O. (Fussnote 6), S. 89: „Fast jeder Psalm wird christologisch gedeutet, und zwar ist dies dann der Literalsinn."

[21] *WA* 5, S. 54, 1-3; *WA* 5, S. 75, 14-38; *WA* 5, S. 90, 3-4; Ps 16,10f.; Ps 21,11 und Ps 18,10; *WA* 5, S. 58, 36-42.

[22] *WA* 5, S. 60, 8-10.

[23] *WA* 5, S. 60, 35-37.

[24] *WA* 5, S. 387, 24-29.

gleich geworden, um uns zur Selbsterkenntnis zu bringen. Dies geschieht durch das Geheimnis der Inkarnation. Es ist das Reich des Glaubens, in welchem das Kreuz Christi regiert, die Gottheit, nach der die Menschen in pervertierter Weise getrachtet haben, niederwirft und das Menschsein und die verachtete Schwachheit des Fleisches, welche in pervertierter Weise verlassen worden ist, wieder an ihre Stelle setzt. Aber im Reich der Gottheit und der Herrlichkeit wird er uns ähnlich machen seinem erhöhten Leibe, damit wir ihm gleich werden. Nicht mehr Sünder, schwach, oder solche, die geführt oder regiert werden sollten, sondern Könige und Söhne Gottes, wie die Engel. ... Wer Christus als Menschen hat, zu dem bringt Christus Gott mit.[25]

Dieser Text formuliert das Wesentliche der Theologie des Kreuzes[26], das vor allem das Kreuz Jesu Christi meint, zweitens das Wort vom Kreuz in der Funktion des Gesetzes und drittens das Leiden der Christinnen und Christen, die ihr eigenes Kreuz tragen. Die theologia crucis stützt sich auf eine klassische Christologie, ohne die sie auch keinen Sinn ergibt. Es geht um den Prozess der Rückkehr der von Gott ab- und sich selbst zugewandten Person zurück zu Gott, nicht um einen schlichten Akt der Bekehrung. Der Prozess vollzieht sich durch das Paradox des Kreuzes - Weil am Kreuz einer starb, der wahrer Mensch und wahrer Gott war. Ein wahrer Gott wurde wahrer Mensch, auch wenn er seiner Umgebung weder als Gott noch als der Ehre werter Mensch erschien. Die Inkarnation verbarg, was wahr ist, so dass der Mensch von seiner Natur her – als „falscher Gott" und „verkrümmter Mensch" – das am Kreuz vollbrachte Erlösungswerk nicht erkennt. Das richtige Verständnis des Geschehens wird erst möglich durch das Hören auf Gottes Wort. Der „erniedrigte Gott" am Kreuz erscheint der „stolzen Menschheit" nicht als wahres „Werkzeug, das aufrichtet und segnet", sondern als „Werkzeug wahren Mangels und des Todes". Umgekehrt verlassen sich die Gläubigen nicht auf das für die Augen Sichtbare, sondern vertrauen auf das verkündete Wort Gottes. So wird Christus „Modell, nicht Beispiel, denn an ihm wurde sichtbar, wie Gott an der Menschheit arbeitet."[27]

---

[25] *WA* 5, S. 128, 36-129 (Original auf Latein).

[26] *WA* 5, S. 176, 32-33: *„Crux sola est nostra theologia."* Dies wird sich im Zusammenhang mit der Heidelberger Disputation (1518) zeigen, wo Luther die Unterscheidung zwischen *theologia gloriae* und *theologia crucis* einführt bzw. genauer zwischen Theologinnen/Theologen der Herrlichkeit und Theologinnen/Theologen des Kreuzes unterscheidet: *„Theologus gloriae dicit malum bonum et bonum malum, Theologus crucis dicit id quod res est."* [21. These], *WA* 1, S. 354, 21-22. Erstmals erscheint der Begriff *theologia crucis* in der Vorlesung über den Hebräerbrief (1517/18). Vgl. auch *WA* 5, S. 300, 1 sowie eine Analyse von Blaumeiser, a. a. O. (Fussnote 6), S. 91-109.

[27] Lewis Spitz: „Luther and Humanism", in: Marilyn Harran: „Luther and Learning", Selingsgrove, 1995, S. 69-94, hier S. 75.

Christus als wahres Wort Gottes spricht am klarsten zum Menschen und schafft damit das Reich der Erlösung. Und umgekehrt: Sein Tun spricht zum Menschen, so dass er glaubt.

Der 22., von Luther am höchsten wertgeschätzte Psalm, spricht primär vom Leiden des Menschen Jesus, nicht des Gottessohnes.[28] Dieses Leiden ist dreifacher Art: Es ist körperlich und geistlich, vorrangig aber ist das Leiden an der totalen Verlassenheit am Kreuz. Paradoxerweise wurde das Kreuz, trotz allen entsetzlichen Leidens, zum Ort der „Erneuerung aller Dinge"[29]. Es ist der Weg zu Licht, Weisheit, Wahrheit, Gerechtigkeit, Güte, Stärke, Freude, Ehre, Seligkeit und allem Guten. All dies geschieht *sub contraria*: in Tod, Dunkelheit, Torheit, Lüge, Sünde, Schwachheit, Verzweiflung, Schande, Beunruhigung, Verdammung und allem Bösen.[30] Ohne den Glauben ist ein Mensch nicht in der Lage, die tiefere Bedeutung dieser Ereignisse zu verstehen, und bleibt auf der Ebene des törichten Scheins und falscher Schlussfolgerungen.[31] Die wahre Bedeutung des Kreuzereignisses kann vom Menschen von seiner Natur her nicht erkannt werden. Die Augenzeuginnen und Augenzeugen sahen nichts als einen „verwesenden Wurm" ohne jegliche Hoffnung.[32] Der Glaube scheint also das „hermeneutische Instrument" zu sein, um den rechten Sinn zu erschliessen.

Luther richtet seinen Blick nicht auf die Grösse des Schmerzes, sondern auf die Intensität seiner Erfahrung. Paul Althaus schreibt dazu: „Luthers Kreuzes-Lehre überbietet alle frühere Theologie durch den Ernst, mit dem er Christus die totale Gottverlassenheit und die Hölle erleiden lässt. [...] Der unser Heiland sein will, muss unsere eigene Hölle erlitten haben."[33] So leidet Christus in Gethsemane mehr als am Kreuz unter dem Gewicht des Richterspruchs Gottes. Er erfährt die Last des Urteils und leidet nicht nur den einfachen Tod des Individuums, sondern den Tod eines wahrhaft geistlichen Menschen.[34] In der Person Jesu Christi vereinen sich die wah-

---

[28] *WA* 5, S. 607, 11-12. Marc Lienhard: „Martin Luthers christologisches Zeugnis", in: Helmar Junghans: „Leben und Werk Martin Luthers", Göttingen, 1983, S. 77-92, hier S. 89.

[29] *WA* 5, S. 600, 25 (Original auf Latein).

[30] *WA* 5, S. 602, 16-19

[31] *WA* 5, S. 108, 11-13

[32] *WA* 5, S. 614, 16-24

[33] Paul Althaus: „Die Theologie Martin Luthers", Gütersloh, 1962, S. 183. Erich Vogelsang befindet, dass eine solch starke Betonung des geistlichen Leidens Christi bei den Kirchenvätern und scholastischen Theologen nicht zu finden, ja noch nicht einmal unter den Mystikerinnen und Mystikern. Erich Vogelsang: „Der Angefochtene Glaube bei Luther", Berlin, 1932, S. 52-74.

[34] *WA* 5, S. 603, 34

re Erkenntnis des Sohnes Gottes und die schlichte Wahrnehmung eines reinen, wahren Menschen.

Alles, was Jesus am Kreuz blieb, war sein Glaube. Der Glaube als eigenständige Kategorie im Sinne des Vertrauens auf Gott, den Vater, ist das eigentliche Fundament der Sündelosigkeit Christi. Daher ist es generell richtig, dass Christus nichts als Glauben erwartet.[35] Nur der Glaube führt zur göttlichen Herrlichkeit. „Christus erkennen heisst, das Kreuz erkennen und Gott erkennen unter dem gekreuzigten Fleisch."[36]

Ebenso wie Christus in seinem Leib nichtig erscheint, scheinen auf den ersten Blick auch seine Worte schwach. Unter den menschlichen Worten verbirgt sich jedoch der Sohn Gottes. Im Glauben erfährt der Mensch, dass „das Wort Christi Wort des Heils und des Friedens, Wort des Lebens und der Gnade"[37] ist. Zum Ende von Psalm 22 beschreibt Luther auf beeindruckende Weise, was Christus den Glaubenden offenbart:

> Denn wie die Gestalt des leidenden Christus war in den Augen der Menschen, so siehst du aus in den Augen Gottes, und was die Menschen Christus antun, das tun dir deine Sünden und die Teufel an, nur dass du sie dann, wenn du leidest, nicht fühlst. Vielmehr, du hast Gefallen daran, wie ein Wahnsinniger, der in seinem Unglück lacht. Christus, der weise ist, leidet darüber Schmerzen [...] So bist denn du dieser elende, verlassene Mensch, ein Wurm und kein Mensch, ein Spott der Leute und Verachtung des Volkes, verlacht von allen, die dich sehen, zur Verzweiflung gebracht, verworfen, verdammt, umgeben von Stieren und Ochsen, übergeben in das Maul des brüllenden und reissenden Löwen, ausgeschüttet wie Wasser, einer, dem alle seine Glieder zertrennt sind, das Herz zerschmolzen, vertrocknet wie eine Scherbe, Zunge am Gaumen klebend, gelegt in des Todes Staub, von Hunden und einer Horde von Bösen bedrängt, mit durchbohrten Händen und Füssen, einer, dem man die Rippen zählen kann, dem letztlich alle seine Kleidung genommen wurde und geteilt wurde durch das Los, damit er ewig vergessen und aus dem Gedächtnis aller Menschen getilgt wird. Dies alles [...] was in der Seele die Sünde wirkt, zeigt dir, der du es nicht weisst, Christus in seiner Gestalt.[38]

Diese eindringlichen Worte zeigen die Bedeutung dessen auf, was der Person Christi am Kreuz widerfuhr und was gleichzeitig im Herzen jeder

---

[35] *WA* 5, S. 32, 15-16.
[36] *WA* 5, S. 108, 9 (Original auf Latein).
[37] *WA* 5, S. 63, 29-30 (Original auf Latein).
[38] *WA* 5, S. 638, 19-34 (Original auf Latein). Nach Luther hat jedes Ding zwei Seiten – die für den Menschen sichtbare „Aussenseite", und die „Innenseite", die „von Gott her auf ‚Zukunft' hin offen ist, sich aber nur dem erschliesst, der die Dinge ‚im Geist' betrachtet". Blaumeiser, a. a. O. (Fussnote 6), S. 466.

und jedes Glaubenden geschieht. Christus steigt so tief in die Hölle hinab, wie die sündhafte Menschheit gefallen ist.

Bei Psalm 8,5 denkt Luther über die Etymologie der Wörter *adam* und *enosch* nach. Gestützt auf Eusebius wählt er die Bedeutung „derjenige, der vergisst", in dem Sinn, dass der Mensch in seiner Seele gottvergessen und folglich auch selbstvergessen ist: „Gott ist nicht mehr Vater, noch Liebe, sondern nur ein Richter, Feind, erschrecklich, wie er Adam erschienen ist, als er im Paradies vor dem Angesicht Gottes floh."[39] In einer christologischen Auslegung von Psalm 8,5 argumentiert Luther, die Erniedrigung Jesu bedeute, dass er tatsächlich ein *enosch* wurde – ein Armer, Verzweifelter *coram deo et seipso* – denn er wurde wie die sündigen Menschen, die in Schmerz und grosser Bedrängnis sind, da er den Zorn des Vaters auf sich gezogen hatte.

Aus der soteriologischen Implikation in Vers 5 ergibt sich, dass Gott den *enosch* nicht vergisst und für den Menschen sorgt. Das heisst, man wird zunächst zum *enosch* und zum Menschenkind, gemäss der eigenen wahren Natur. So wird man „Christus ähnlich", der zuerst dem Menschen ähnlich wurde.[40] Als „wahrer Mensch" wird Christus zum „wahren Sünder", damit er in der Tiefe seiner menschlichen Sündhaftigkeit und in der Weite der göttlichen Gerechtigkeit die Sünden der ganzen Welt auf sich nehmen und alle Menschen erlösen kann. In seiner Exegese von Psalm 22 interessiert sich Luther weniger für die Frage, *warum* Jesus leiden musste, als für die Tatsache, *dass* er so viel erlitt. Zum Ende der Passage über Psalm 22,1-3 berührt Luther den soteriologischen Gedanken vom seligen Tausch, der sich aus dem Wunder der reichen Gnade Gottes ergibt: „Durch einen wunderbaren Wechsel [sind] unsere Sünden nicht mehr unsere, sondern Christi Sünden [...], und die Gerechtigkeit Christi nicht Christi, sondern unsere Gerechtigkeit"[41]. Diese Vereinigung gleicht der Einheit von „Braut und Bräutigam, die ein Fleisch werden".[42]

Mit seiner Auslegung von Psalm 22 in den Operationes formuliert Luther keine Lehre zur Rechtfertigung, dies scheint zu diesem Zeitpunkt noch nicht einmal sein vorrangiges theologisches Problem zu sein. Zutreffender wäre es, bezüglich der Operationes von einer „Lehre vom Heil"[43] zu spre-

---

[39] *WA* 5, S. 269, 32-35 (Original auf Latein).

[40] *WA* 5, S. 272, 12-16

[41] *WA* 5, S. 608, 7-8; *WA* 5, S. 543, 28-29 (Original auf Latein).

[42] *WA* 5, S. 608, 16-22 (Original auf Latein).

[43] Carl Axel Aurelius stimmt im Blick auf Luthers Exegese von Psalm 5,9 mit Siegfried Raeder darin überein, dass das Konzept „Gerechtigkeit" im Alten Testament in Gemeinschaft gelebte Beziehungen meint. Daher kann Rechtfertigung „schwerlich als Grundidee eines theoretischen Systems verstanden werden. Der Begriff hat einen sehr viel breiteren Kontext und betrifft die gesamte Existenz des Menschen, insbesondere auch hinsichtlich der Frage des Leidens und der Verlassenheit." Carl Axel Aurelius: „Luther on the Psalter", in: *LQ 2/2000*, S. 193-205, hier S. 197.

chen. Luthers Sichtweise liesse sich umschreiben als echte Veränderung in der Selbstwahrnehmung und Akzeptanz einer neuen Identität durch eine neue Sicht auf die Gemeinschaft mit der Person Christi. Dies ist möglich durch die performative Kraft der Verheissung des Evangeliums und gründet in dem kommunikativen Charakter der Beziehung Gottes zum Menschen und des Menschen zu Gott.[44] Die Lehre vom „seligen Tausch" stützt sich, wie die Theologie des Kreuzes, auf die Christologie. Wie in der Verkündigung Christi vereinen seine Worte mit Gott, dem Vater, dieses Wort aber ist nicht der Vater. Christus ist eins mit dem Vater, bleibt aber Sohn. Sein Evangelium beinhaltet sowohl den sprechenden Sohn Gottes als auch den Gottessohn, der aus menschlichem Mund spricht. Diese Realität veränderte sich allerdings mit der Himmelfahrt Christi. Heute begegnen uns ausschliesslich Worte über Gott, die von anderen Menschen gesprochen werden. Wir begegnen dem Sohn Gottes nicht unmittelbar. So wird das Wirken des Heiligen Geistes notwendig, damit dem verkündeten Evangelium die Kraft zuteilwird, das Menschenherz zu berühren.

Der Heilige Geist inspiriert

Es überrascht nicht, dass das „Reden" des Heiligen Geistes dem des Vaters und des Sohnes ähnelt, sowohl im Sinne seiner Autorität als auch der Verborgenheit dieser Autorität.

In seiner Auslegung von Psalm 5, die die theologisch wertvollste zu sein scheint, wendet Luther seine Aufmerksamkeit der Gemeinschaft des Sohnes, des Geistes und des Menschen zu, die um das Wort entsteht. Jegliches Reden wird nur vor diesem Ausgangspunkt möglich: „Deshalb hat Christus den Aposteln und der Kirche seinen Heiligen Geist gegeben, so dass nur er alleine in uns spricht und nicht wir selbst."[45] Es gehört zum Wesen der Rede des Geistes, dass er nicht von sich selbst spricht, sondern von Christus. Der Heilige Geist ist der Geist Christi (1.Kor 12,3), niemand kann ohne ihn von Jesus sprechen. Umgekehrt ist es unmöglich, ohne Christus vom Geist zu sprechen. Ist der Vater im Sohn offenbart, so wird der Sohn durch den Heiligen Geist bekannt gemacht. Der Geist wiederum ist nirgends klarer zu erkennen denn in den Worten, die er verfasste und die Jesus sprach. Heute kommt Jesus Christus durch das menschliche Wort zu den Menschen, das, vom Heiligen Geist bevollmächtigt, machtvoll und wirksam wird.

---

[44] Notger Slenczka: „Allein durch Glaube?", in: Christoph Bultmann: „Luther und das monastische Erbe", Tübingen, 2007, S. 291-315, hier S. 311f.
[45] *WA* 5, S. 132, 9-10 (Original auf Latein).

In den Operationes lehrt Luther voller Überzeugung, dass der Heilige Geist Urheber der Schrift ist. Luthers Hauptinteresse richtete sich darauf, den Sinn der Schrift zu verstehen, nicht etwa, über sie zu theoretisieren. In der Bibel spricht der Geist in einer Sprache, die die Menschen hören können. Als göttlicher Geist hat er die Macht, menschliche Herzen zu öffnen: „Die Psalmen wurden vom Geist zum Trost in der Verzweiflung geschrieben."[46] Nach Luther wurden die Psalmen also nicht von Menschen geschrieben, um etwa den Geist spürbar zu machen. Das heisst nicht, dass Luther in seinen Aussagen zum Psalter den Beitrag der Menschen missachtet. Vielmehr will er dessen Macht unterstreichen, zu trösten, zur Antwort gegenüber und zur Rede über Gott zu befähigen sowie Haltungen und Verhalten in der Kraft des Geistes dem Wort Gottes gemäss zu verändern.

Das rechte Schriftverständnis entsteht von einer einigenden Warte aus, die Luther den „Sinn der Schrift" nennt. Das heisst jedoch nicht, dass jeder Teil der Bibel gleichermassen verständlich ist, sondern vielmehr, dass die Schrift insgesamt einen einzigen, einfachen, konstanten Sinn enthält.[47] Dass die Schrift – und der Psalter – inspiriert sind, bedeutet, dass sie alles enthalten, was der Mensch zum Heil braucht. Inspiriert sein muss jedoch nicht nur das Wort der Schreibenden, sondern auch das Verständnis der Lesenden. Das Textverständnis ist ebenso kostbar wir jene Inspiration. Die Tatsache also, dass die beiden Pole – Wort und Verständnis – Jahrhunderte trennen können, ist kein negativer, sondern ein positiver Faktor, der den Psalmen für Leserinnen und Leser aller Zeiten Relevanz verleiht.

Aus dem einfachen Schriftsinn als eigenständiger hermeneutischer Entscheidung ergibt sich die Diskussion über die Einheit der Schrift, sie ermöglicht den klassischen hermeneutischen Ansatz im Umgang mit der Bibel, also die Selbstauslegung der Schrift. In Luthers Auseinandersetzung mit Emser und Eck über die „Klarheit" bzw. „Dunkelheit" der Schrift formuliert er deutlich diesen Schwerpunkt. Grundlegend stellte sich dabei die Frage, wer die Autorität zur Auslegung des Schrifttextes hat, d. h. ob eine einzige, verbindliche Auslegung des Sinns der Psalmen durch die Kirche erforderlich ist oder nicht.[48] Luther wusste, dass er verdächtigt

---

[46] *WA* 5, S. 102, 21-22 (Original auf Latein).

[47] *WA* 5, S. 280, 35-36

[48] Eine herausragende Arbeit zur Entwicklung der Haltung Luthers gegenüber der höchsten Autorität der Kirche insbesondere in den Jahren 1518-21 bietet Christopher Spehr. Zur Lehre von der Autorität der Schrift stellt Spehr auf der Grundlage von Luthers „Resolutiones" (1519) fest: „Weil sich für Luther jetzt die Heilige Schrift als höchste Autorität und Wahrheit gegenüber allen anderen kirchlichen Institutionen herauskristallisierte, konnten die auf dem Konstanzer Konzil verdammten Artikel von Hus, da sie von Luther als schriftgemäss und somit als ‚wahr' erkannt waren, nicht mehr ketzerisch sein." Christopher Spehr: „Luther und das Konzil", Tübingen, 2010, S. 173f.

wurde, sich über die Autorität der ganzen Kirche stellen zu wollen. Ohne Frage unterstützt die hermeneutische Figur des *scriptura sui interpres* aber ausschliesslich die Autorität der Schrift, nicht etwa Luthers eigene Autorität.[49] Während seiner Arbeit an den Operationes schrieb Luther 1520:

> Ich will nicht, dass sie denken, ich sei gelehrter als andere. Aber ich will, dass allein die Schrift (solam scripturam) herrscht. Ich will nicht, dass die Schrift durch mein oder jemand anderes Verständnis (spiritum) interpretiert wird. Ich will, dass sie durch sich selbst und in ihrem eigenen Sinn (spiritu) interpretiert wird.[50]

Ebenso wie die Anschauung Christi nicht notwendigerweise dazu führt, Christus zu verstehen, führt das schlichte Lesen eines biblischen Texts nicht automatisch dazu, dass der Sinn der Schrift verstanden wird. Das Wirken des Heiligen Geistes und der Glaube sind notwendige Vorbedingung für das Verstehen.[51] Der Sinn der Schrift wird offenbart durch den Heiligen Geist. Der Geist wiederum schuf den Text durch schreibende Menschen und wirkte Glauben bei den Lesenden. Der/die Geistbegabte hat den Glauben, der Glaube wiederum führt dazu, dass die Schrift verstanden wird. An keiner Stelle in den Operationes spricht Luther über eine tiefere spirituelle Verstehensweise, die den Glauben überträfe.

Der Sinn der Schrift, so Luther in den Operationes, liegt im Zeugnis von Christus (*was Christum treibet*). Das heisst nicht, dass alle biblischen Texte gleichermassen von Christus handeln. Vielmehr wird hier eine Glaubensaussage zum Inhalt getroffen, ein Grundsatz formuliert für „die Auslegung, nicht die Auswahl"[52] Der allegorische, tropologische und anagogische Sinn nach der mittelalterlichen exegetischen Methode war für Luther folglich nicht mehr erforderlich. Eine christologische Psalmenexegese macht einen solchen Ansatz optional, er ist nicht mehr unerlässlich. Friedrich Beisser bezeichnet diese Haltung als „fromme Naivität"[53], die die Schrift zur letztgültigen Autorität in der geistlichen Welt macht.

Sehr interessant ist in diesem Zusammenhang Luthers Exegese von Psalm 9,4. Wo es um den Sieg über die Feinde geht, wendet Luther seine Aufmerksamkeit der Funktion (*officium*) des Wortes zu, „durch welches der Wille Gottes, seine Barmherzigkeit, sein Gericht etc. offenbart wird."[54] Offenbarung bedeutet dabei nicht einfach förmliche Information, sondern

---

[49] Friedrich Beisser: „Claritas Scripturae bei Martin Luther", Göttingen, 1966, S. 169.

[50] *WA* 7, S. 98, 40-99, 2 (Original auf Latein)

[51] *WA* 5, S. 108, 30

[52] Hans Kramm: „The Theology of Martin Luther", London, 1947, S. 115.

[53] Beisser, a. a. O. (Fussnote 49), S. 181.

[54] *WA* 5, S. 290, 21-22 (Original auf Latein)

Wortgeschehen; Gott siegt *solo verbo*, nicht durch Gewalt. Die Wirksamkeit des Wortes[55] ist doppelter Art: Es erlöst und es ist der einzige Schutz, der das Überleben der Kirche in der Welt gewährleistet. Luther ist es wichtiger, von Gottes Wirken zu sprechen als von den Eigenschaften des göttlichen Wesens. Ebenso ist es wichtiger und bedeutsamer für Luther, über die praktische Anwendung der Schrift nachzudenken als über ihr Wesen.

Insbesondere vertrat Luther diese Auffassung im Blick auf Predigt, Gebet und Betrachtung. Alle drei manifestieren eine „lebendige Stimme" (*viva vox*). Luther war der festen Überzeugung, dass „die Stimme die Seele des Wortes" (*vox sit anima verbi*) und der Schrift ist. „Denn das Amt des Neuen Testamentes ist nicht in steinerne oder tote Tafeln gefasst, sondern in den Schall der lebendigen Stimme."[56] So sollte die Kirche ihre Anstrengungen darauf richten, mehr gute Predigerinnen und Prediger anstatt guter Autorinnen und Autoren zu haben.[57]

Wer verkündigt, muss zunächst das Wort empfangen, erst dann kann der *minister verbi divini* dem Herrn seinen Mund leihen. Sie ist nur „Instrument, nicht Urheberin" des Wortes[58]; sie verwendet grammatikalische und linguistische Instrumente und vergleicht unterschiedliche Schriftstellen, um den rechten Sinn eines Textes herauszuarbeiten. Dabei gibt es vielfältige Möglichkeiten zu experimentieren, aber nur das Rechte soll behalten werden.[59] Wie bereits festgestellt, sehen menschliche Augen in Christus am Kreuz nur den verfluchten, schwachen Menschen. Gleichermassen hört man aus derselben Haltung in einer Predigt nur die schwache menschliche Stimme, die schwache Worte spricht. In und durch diese Worte aber vollbringt der Heilige Geist das Werk der Erlösung in der Welt. Das Kreuz Christi und die menschliche Verkündigung sind Instrumente Gottes, die in der Welt am Werk sind. Wichtig ist also, dass das Kreuz Christi beim Dienst am Wort (*officium verbi*, Röm 1,1-3) im Mittelpunkt steht, denn dies hat der Herr geboten. Zugleich handelt es sich um die Predigt über Christus, Gott und den Menschen[60], daher kann in einer solchen Verkündigung die Kraft des Heiligen Geistes wirken.

Der Glaube ist gänzlich abhängig von Gottes Macht und er wird dem Menschen als heilsame Gabe Gottes zuteil.[61] Die Glaubenden sind neue

---

[55] *WA 5*, S. 290, 25-27

[56] *WA 5*, S. 537, 17-18 (Original auf Latein).

[57] *WA 5*, S. 537, 22-23; *WA 5*, S. 537, 10-12; *WA 5*, S. 547, 3-4

[58] *WA 5*, S. 257, 17-258, 2. Johannes Hilburg, a. a. O. (Fussnote 6), S. 111.

[59] *WA 5*, S. 281, 10-13

[60] *WA 5*, S. 63, 22-26

[61] *WA 5*, S. 425, 18. Nicht nur der Glaube selbst, sondern auch das Festbleiben in ihm und das Bewahren der Reinheit von Verkündigung und Lehre sind abhängig von der Kraft Gottes. *WA 5*, S. 382, 28-29.

Kreatur (*novae creaturae*) und Werk der göttlichen Hände (*opera manuum dei*).[62] In Bezug auf Psalm 1 verwendet Luther ein Bild von einem Baum, das auch in unseren Konte passt: zum Glauben zu kommen, bedeutet, dass der „göttliche Bauer und Gärtner, Gottvater" einen Menschen „von Adam weg in Christus hinein" verpflanzt. So erlangt dieser die Liebe für das Wort Gottes.[63] Schöpfung und Neuschöpfung unterscheiden sich vom Grundsatz her nicht, denn beide vollziehen sich *ex nihilo*[64], das heisst, „ohne Verdienst", aber auch „aus dem Nichts", denn am Kreuz wurde der sündige Mensch zu Nichts und kann nur auf diesem Weg zu Gott umkehren.[65]

Der Unglaube als die zentrale Sünde macht Gott zum Lügner.[66] Ebenso gilt umgekehrt:

> Wer ihm glaubt, der hält ihn für wahrhaftig, und schreibt ihm die Wahrheit zu. Wer auf ihn hofft, der glaubt, dass er mächtig und weise und gut ist, da er von ihm Hilfe und Heil erlangen kann. Dadurch schreibt man ihm die Macht zu, dass er helfen kann, die Weisheit, das er weiss, wie er helfen kann, und die Güte, weil er helfen will. Das aber ist, dass er wahrhaftig Gott ist, und dass man ihn wahrhaftig für Gott hält.[67]

Glaube ist keine neutrale Haltung, denn Gottes Wirken auf die eigene Person bezogen zu verstehen – „für mich" (pro me) – gehört zum Wesen des Glaubens.[68] In den Operationes findet sich im Zusammenhang mit Psalm 14,1 eine umfangreiche Erläuterung zum Glauben. Eine persönliche Ebene des Glaubens wird beschrieben als festes Vertrauen auf Gottes Huld gegenüber einer sündhaften Person, die Reue zeigt: „Es kann aber auf keine Weise Glaube sein, wenn er nicht eine lebendige und unzweifelhafte Meinung ist, durch welche der Mensch ganz sicher weiss, dass er Gott gefällt, dass er in allen Dingen einen gnädigen Gott hat, der ihm alles vergibt ... , der ihm zugeneigt ist im Guten und vergibt im Bösen."[69]

---

[62] *WA 5*, S. 543, 35-38

[63] *WA 5*, S. 37, 25-27

[64] *WA 5*, S. 544, 9-10. Vgl. *WA 5*, S. 162, 29-32

[65] *WA 5*, S. 168, 3-4; *WA 5*, S. 176, 27-29

[66] *WA 5*, S. 104, 16-17

[67] *WA 5*, S. 104, 5-10; *WA 5*, S. 459, 34-36 (Original auf Latein). In seiner Exegese von Psalm 8,3 spricht Luther nicht nur über den Glauben, sondern auch über Hoffnung und Liebe: *WA 5*, S. 253, 3-9.

[68] *WA 5*, S. 49, 14-15

[69] *WA 5*, S. 395, 12-16; *WA 5*, S. 444, 35-37; *WA 5*, S. 543, 16-22 (Original auf Latein). Luthers im Zusammenhang mit Psalm 11 dargelegtes Glaubensverständnis ist lesenswert. Vgl. Beintker, a. a. O. (Fussnote 6), S. 162.

DIE GLAUBENDEN ANTWORTEN

In den Operationes lehrt Luther, wer sündigt sei taub für das Wort Gottes. Das heisst aber nicht, dass er oder sie auch stumm ist. Im Glauben öffnet der Heilige Geist die Ohren für das Wort Gottes. Glauben und Unglauben können jedoch beide artikuliert, in Wort und Lehre ausgedrückt werden. Im vorhergehenden Abschnitt wurde behandelt, wie das in der Schrift festgehaltene Wort Gottes in Form von Predigten anzuwenden ist. Nun soll es darum gehen, wie Glaubende in Form von Gebet, Meditation und Lehre antworten.

Auch Christinnen und Christen ohne philologische Kenntnisse sind gegenüber den Theologinnen und Theologen nicht im Nachteil. Sie können ebenfalls das Wort anwenden und nach seinem Sinn suchen. Luther spricht bei diesem aktiven Umgang mit dem Wort, den alle Christinnen und Christen pflegen können, von „meditieren". Damit meint er keine nach innen gerichtete Betrachtung, vielmehr geht es um: „reden, besprechen und mit Worten behandeln, wie im Ps 37,30 gesagt wird"[70]. Die herausragendste Gabe und Fähigkeit des Menschen ist das Sprechen. Luther übernahm Augustins Übersetzung des Verbs „sinnen über" in Psalm 1,2 als *garrire* (zwitschern), wie es die Vögel tun. Die Meditation kommt dem Gebet nahe und ist nicht weniger wichtig als die Predigt. Sie bedeutet das aktive, kontinuierliche, hörbare Nachdenken über die Bedeutung eines Texts und ähnelt in dieser Form dem Gebet.[71]

Im Blick auf Psalm 3 lehrt Luther in den Operationes, dass die Psalmen nicht nur das Wort Gottes (*verbum dei*) sind, sondern auch „Lied und Lehre" (*canticum et eruditionem*), „ganz besondere Weissagungen offenbart durch den Heiligen Geist durch einen ganz besonderen Propheten"[72]. Die Psalmen vermitteln universale geistliche Lehren, denken wir etwa an Psalm 1,1. Richard Bucher erläutert, der Begriff *doctrina* sei im Mittelalter kaum gebräuchlich gewesen. Gängiger war *articulus fidei*, im Gegensatz dazu stand die Häresie.[73] Im Sinne Luthers sollte jede Lehre auf der Schrift fussen – das Wort Gottes ist zeitlos und universal, daher sollte jede Lehre aus der Bibel erwachsen. Der Heilige Geist macht keine Fehler und die

---

[70] WA 5, S. 34, 3-4; WA 5, S. 49, 7-8; WA 5, S. 318, 28-30; WA 5, S. 179, 34-37 (Original auf Latein). Gerhard Ebeling: „Ja, Luther dehnt die Wortbedeutung von ‚Gebet' auf den gesamten meditativen Umgang mit dem Worte Gottes überhaupt aus." Gerhard Ebeling: „Beten als Wahrnehmen der Wirklichkeit des Menschen, wie Luther es lehrte und lebte", in: Helmar Junghans: „Lutherjahrbuch" Bd. 66, Göttingen, 1999, S. 151-166, hier S. 165.

[71] WA 5, S. 34, 4-8

[72] WA 5, S. 76, 13-16 (Original auf Latein).

[73] Richard Bucher: „The Ecumenical Luther", St. Louis, 2003, S. 21.

Schrift fordert uns auf, ihm zu glauben (1.Thess 5,21). „Lehre" kann nur genannt werden, was den Menschen zum Christen macht, der wichtigste Glaubensartikel ist das Evangelium von Jesus Christus.

Es besteht eine enge Beziehung zwischen Wort Gottes und reiner Lehre. Die Lehre gründet im Wort Gottes und ist die Frucht des Glaubens. Umgekehrt hilft der Glaube dem Menschen, dem Wort Gottes zu vertrauen und es zu verstehen. Wie Friedrich Beisser betont, ist *claritas scripturae* die notwendige Voraussetzung für *puritas doctrinae*.[74] Das heisst nicht, dass es ausreicht, wenn die Lehre formal korrekt ist. Vielmehr geht es darum, dass sie den einfachen Schriftsinn widerspiegelt (Lehre als Teil des Lebens der Glaubenden). Die Wahrung der reinen Lehre begründet das apostolische Fundament der Kirche, ihre Einheit, Heiligkeit und Katholizität.

Oswald Bayer betont: „Wo das Wort Gottes ist, da ist Kirche. Alles was Luther sonst noch zu Kirche zu sagen hat ..., ist nichts anderes als eine Entfaltung dieses Grundsatzes."[75] Das Wort bleibt, man hat nur die Wahl, sich von ihm abzuwenden oder ihm treu zu bleiben.

Integraler Bestandteil der Sicht Luthers auf die Psalmen ist die Vorstellung, dass geistliche Anfechtungen unvermeidlich sind. Sie werden verursacht von Menschen, der Welt, dem Fleisch, Dämonen[76], d. h. Feinden Gottes, denn diese wollen das Wort Gottes vernichten. Zwar argumentiert Horst Beintker, Gott sei als Urheber der Anfechtungen zu verstehen[77], jedoch dürfen Luthers Aussage, dass „allen falschen Anfechtungen die Lüge zugrunde liegt" oder „Gott selbst hat das alles getan"[78], und ähnliche Passagen nicht ignoriert werden. Ziel des Feindes ist der Verlust des Glaubens an Gott. Geistliche Anfechtungen gehören in die Dimension des Glaubens. Die Reinheit des Wortes und der Lehre beruht nicht auf dem, was das Auge auf den ersten Blick erkennen kann. Paradoxerweise ist sie verborgen in der Erfahrung der Anfechtung (*tentatio*). Der sündhafte Mensch wird durch das Kreuz gedemütigt, so dass neues Leben möglich wird. Auf die Entfaltung neuen Lebens aber folgt ein Kreuz und mit ihm droht der Verlust des Glaubens. Karl-Heinz zur Mühlen stellt klar, dass es Luther nicht um eine „Leidensdialektik der Frömmigkeit", sondern um die „Kreuzesnachfolge des Christen" gehe.[79] *Tentationes* treten auf, wo

---

[74] Beisser, a. a. O. (Fussnote 49), S. 175, vgl. S. 173-180.

[75] Oswald Bayer: „Martin Luthers Theologie", Tübingen, 2003, S. 233.

[76] *WA 5*, S. 385, 33-34

[77] Beintker, a. a. O. (Fussnote 6), S. 104. Vgl. Aurelius, a. a. O. (Fussnote 20), S. 93.

[78] *WA 5*, S. 387, 9-11 (Original auf Latein).

[79] Karl-Heinz zur Mühlen: „Das Kreuz Jesu Christi und die Kreuzesnachfolge des Christen bei Martin Luther", in: Athina Lexutt und Volkmar Ortmann: „Reformatorische Prägungen", Göttingen, 2011, S. 124.

Glaube ist, sie bedeuten nicht den Sieg böser Mächte, sondern stellen eine Dimension dar, in der der *peccator* verlieren und der *iustus* sich erheben kann. Nötig ist das Gebet um Rettung vor der Ursache der Anfechtung – also der Sünde – nicht um ein Ende der Anfechtung. Luthers Ziel ist nicht ein Ende der Anfechtung, sondern die Beseitigung des Unglaubens.

Der wahre Sitz im Leben der Operationes ist die Vorlesung im Hörsaal: Luther sieht nicht jene, die viel wissen und viel lehren, sondern jene, die gelehrt sind in den Angelegenheiten Gottes, als Theologinnen und Theologen[80]. Luther lehrt uns, das Kreuz christologisch zu betrachten, was möglich wird durch das Wort Gottes. Zwischen *vita activa* und *vita contemplativa* gibt es einen dritten weg, die *vita passiva*. Damit ist nicht Passivität gemeint, sondern der Beginn des aufmerksamen Hörens auf das verkündigte Wort Gottes.

ZUSAMMENFASSUNG

Nach Luthers Auffassung ist der Heilige Geist Autor der Psalmen. Das geschriebene wie das gelesene Psalmwort braucht seine Inspiration. Zwischen der Niederlegung des Psalms und dem Moment, da er neu verstanden wird, kann Zeit verstreichen, der Psalter ist also in jedem Zeitalter relevant.

In den Operationes in Psalmos konzentriert sich Luther auf den kommunikativen Prozess des Handelns Gottes durch das Wort in der Welt, im Menschen und in der Kirche. Eine Analyse des Lutherschen Denkens in dieser bedeutenden Exegese des Psalters ergibt eine Theologie des Wortes, die sich um ein trinitarisches Konzept vom Handeln aller drei Personen der Trinität entwickelt. Die Modi des Wirkens Gottes lassen sich beschreiben als Gottvater, der spricht, Gott Sohn, der in seinen Worten Gott als den Vater offenbart, und Heiliger Geist, der das Wort der Inspiration wirkt.

Das relationale Verständnis, wonach der Mensch seinem Wesen nach in Beziehung zum dreieinigen Gott steht, entfaltet eine bedeutende hamartiologische Wirkung auf die Theologie Luthers. Sünde kann verstanden werden als Zurückweisung des Wortes, als Unglauben und „geistliche Taubheit" gegenüber dem Wort Gottes. Trotzdem schweigt der taube, sündhafte Mensch nicht. Auch der Unglaube formuliert seine Lehre und lehrt Andere seine Sichtweise. Aus der Tatsache, dass bei der Hamartiologie der handelnde Gott, nicht das unpersönliche Gesetz, im Mittelpunkt steht, ergibt sich, dass das eigentliche Wesen der Sünde nicht in negativen Handlungen sondern im „Herzen" des Menschen zu suchen ist, der dem dreieinen Gott nicht vertraut. Ab 1517 lehrte Luther unmissverständlich,

---

[80] *WA 5*, S. 26, 18-20

dass die fundamentale Sünde darin besteht, das erste Gebot zu brechen, und sich ergibt aus einem pervertierten Denken über Gott und seine Worte und Taten. Letztlich lässt sich Sünde beschreiben als Mangel an Vertrauen auf Gott, den Vater, den Sohn und den Heiligen Geist.

Der erneuerte Mensch wird befreit von der geistlichen „Taubheit durch die Gnade Gottes". In den Operationes liegt der Schwerpunkt auf einer komplexen „Lehre vom Heil", nicht allein auf der „Lehre von der Rechtfertigung". Der Psalter verkündigt und lehrt mit seinen Bildern und Gedanken auf umfassende Weise, was Erlösung bedeutet. Der Glaube an Christus verleiht dem Menschen die Macht zu hören, was er zuvor nicht hören konnte. Er lehrt ihn, was er nicht wusste, befähigt ihn zu sagen, was er nicht sagen konnte, und tröstet ihn in geistlicher Anfechtung. Luther sprach von der *iustitia passiva*, lehrte aber keine Passivität, aus der sich eine Prädestination ableiten liesse, sondern einen Prozess des Hörens, in dem das Wort *mere passive* durch das Ohr des Menschen eingeht und sein Herz berührt. Dies geschieht im Glauben, der aus dem Evangelium Christi erwächst.

Nach Luthers Auffassung gibt es keine geistliche Weisheit ohne das Wort Gottes. Ein solches Wort schafft Glauben, es ist mehr als reine Information über Jesus. Ebenso kommuniziert es Christus auch nicht auf ontologische Weise. Das Wort gibt dem Menschen Glauben, nicht Christus selbst. Der Heilige Geist verwirklicht die Gerechtigkeit Christi und andere geistliche Segnungen – auf der Grundlage der Verkündigung des Evangeliums. Generell kommt das Wort Gottes von aussen, ist grundsätzlich *extra nos*. Der im Glauben an Christus erneuerte Wille führt nicht direkt zum Himmel, sondern – typisch für die Theologie des Kreuzes – zum Tod Christi am Kreuz. Wenn Luther schreibt „das Kreuz allein ist unsere Theologie", will er damit sagen, dass die Psalmenexegese, die Suche nach dem einfachen Sinn der Schrift und der theologischen „Lehre" untrennbar verbunden sind mit der Erfahrung des Kreuzes: *sola autem experientia facit theologum*.[81] Luther meint kein Gefühl, keine emotionale Erfahrung. Eine stark christozentrisch geprägte Psalmenauslegung wird verknüpft mit klarer Christologie. Christus ist kein Beispiel, dem man folgen sollte, er ist Modell – Medium, durch das Gott in der Welt wirkt. Die Psalmen sind inspirierte Worte. Göttliches Handeln im Medium des Wortes, in Predigten, Meditation und Gebet wie auch in der Lehre der Kirche mag ganz vergeblich scheinen. In den Operationes aber lehrt Luther, dass der Glaube den Menschen eins macht mit dem Wort. Die Suche nach dem Sinn der Worte der Psalmen ist Suche nach der Wahrheit.

---

[81] *WATR* 1, S. 16, 13 (Nr. 46). Eine Analyse des Begriffs *experientia* im Sinne der Erfahrung von Tod, Glaube und Heil bietet Hans Christian Knuth: „Zur Auslegungsgeschichte von Psalm 6", Tübingen, 1971, S. 223f.

VI. Kontextuelle Herangehensweisen an die Psalmen

'Ādām sein: Eine kontextuelle Lektüre der Psalmen heute

Madipoane Masenya (ngwan'a Mphahlele)

Einleitung

Es fällt mir äusserst schwer mich zu erinnern, wann ich zuletzt in meinem kirchlichen Kontext eine Predigt über einen Text aus dem Psalter gehört oder selbst eine Predigt oder eine Bibelarbeit zu den Psalmen vorbereitet habe. Dennoch ist meine Gottesdienstgemeinschaft durchaus mit den Psalmen vertraut, denn sie gehören sowohl zum „kirchlichen" Leben als auch zum Alltag der Gläubigen. In unseren Kirchen ist es nicht unüblich, manche Psalmen oder daraus abgeleitete Texte zu „hören", wenn sie als Lied und/oder vom Chor gesungen werden. Das Lied *„Ke na le Modisa, ke tla be ke hloka eng"*, wörtlich „Der Herr ist mein Hirte, was brauche ich (mehr)" kommt mir dabei als erstes in den Sinn. In schmerzvollen Zeiten, beispielsweise wenn die Gemeinschaft über den Verlust eines geliebten Menschen trauert, wird den Hinterbliebenen mit den Worten von Psalm 23 in Form (betender) Lieder Trost gespendet und die Fürsorge Gottes beteuert. In solchen Situationen schöpfen die Gläubigen ihre Gebete aus dem Fundus des Psalters, der vielleicht mehr als jedes andere Buch der christlichen Schriften durch die Adern vieler afrikanischer Christinnen und Christen fliesst, in deren Leben die Bibel eine zentrale Rolle spielt. Es überrascht also nicht, dass die Psalmen/Musik bereits während der Sklaverei eng mit dem Leben der Menschen afrikanischer Abstammung verbunden waren.

An dieser Stelle sind die von Murrell zitierten Worte von Southern angebracht:

> Die Bücher waren alle durchaus akzeptabel, doch allen voran ermöglichten es ihnen [d. h. den Sklavinnen und Sklaven] die Psalmen und Loblieder, sich ihrer

besonderen Vorliebe für die Psalmodie hinzugeben. Es kam vor, dass manche die ganze Nacht in meiner Küche verbrachten und manchmal, wenn ich um zwei oder drei Uhr morgens erwachte, strömte ein Fluss heiliger Harmonien in mein Zimmer und trug meinen Geist mit fort in den Himmel [...] Die Schwarzen haben mehr als jede andere Menschengattung, die ich je gekannt habe, ein Ohr für Musik und eine Art extatische Begeisterung für die Psalmodie; keine anderen Bücher werden früher gelernt und bereiten ihnen mehr Freude, als jene, die in diesem himmlischen Teil des Heiligen Gottesdienstes verwendet werden.[1]

Tuesday D. Adamo, ein Philologe der hebräischen Bibel aus Nigeria, veranschaulicht die Verwurzelung des Psalters in der afrikanischen Christenheit:

Die einheimischen afrikanischen Christinnen und Christen haben in der Religion der Missionare fieberhaft nach diesem verborgenen Schatz gesucht, der sich ihnen nicht offenbarte. Sie suchten in der Bibel, indem sie ihre eigenen kulturellen Interpretationsmittel verwendeten. Indem sie zur Auslegung der Bibel die kulturelle Hermeneutik der Joruba verwendeten, stellten sie fest, dass die Bibel, insbesondere das Buch der Psalmen, eine geheime Kraft besaß (und besitzt), wenn der Text zur richtigen Zeit, am richtigen Ort mit einer bestimmten Anzahl Wiederholungen gelesen und rezitiert wird.[2]

Die Gläubigen vertrauen darauf, dass die mächtigen Worte eines Psalms beispielsweise besondere heilende Kräfte entfalten, zu Wohlstand verhelfen oder Schutz bieten. Bis zu einem gewissen Grad rechtfertigt Adamo die Verwendung dieser Hermeneutik, indem er sich auf die Beispiele Jesu und auf einige Propheten des Alten Testaments beruft.[3]

Um Heilung, Schutz und Erfolg in ihrem Leben herbeizuführen, setzten sie mächtige Worte, Gebete, Berührung, Wasser und materielle Mittel ein.[4]

---

[1] Samuel Murrell: „Psalms", in: Huge Page (Hg.): „The Africana Bible: Reading Israel's Scriptures from Africa and the African Diaspora", Minneapolis, 2010, S. 220-229, hier S. 221.

[2] Tuesday D. Adamo: „The Use of Psalms in African Indigenous Churches in Nigeria", in Gerald O. West/Musa W. Dube (Hg.): „The Bible in Africa: Transactions, Trajectories, and Trends", Leiden/Boston/Köln, 2001, S. 337-349, hier S. 339.

[3] Tuesday D. Adamo: „Psalms", in: Daniel Patte (Hg.): „Global Bible Commentary", Nashville, 2004, S. 151-162, hier S. 161.

[4] Luthers Auslegung von Psalm 8 als Weissagung auf Jesus Christus würde für Adamo vielleicht mehr Sinn ergeben. Vgl. G. Sujin Pak: „Luther, Bucer and Calvin on Psalms 8 and 16: Confessional Formation and the Question of Jewish Exegesis", unter: **www.ingentaconnect.com/content/brill/nakg/2005/00000085/F0040001/art00010?crawler=true**. Pak stellt in Luthers Auslegung von Psalm 8 und 16 vier Gemeinsamkeiten fest: Erstens liest Luther jeden Vers der vorange-

Kein Wunder also, dass Adamo an anderer Stelle von den Aussenstehenden dieses afrikanischen Sachverhalts das Recht für die afrikanische Christenheit fordert, sich entsprechend den Erfahrungen der afrikanischen Völker gestalten zu dürfen.[5]

So gesehen wäre der auf Psalmtexten beruhende Song des Gospelsängers Benjamin Dube sicher angebrachter als der Versuch, Psalm 8 nicht als Lied und/oder Gebet sondern mit Blick auf seinen besonderen Fokus auf das Menschsein einer erneuten Lektüre zu unterziehen.[6] Da aber die Wissenschaft scheinbar mehr Zeit mit Nachdenken, Lesen, Schreiben und dem Zuhören von Vorträgen verbringt als mit dem Anhören oder Singen von Liedern, möchte ich im Folgenden einige Gedanken zu einer kontextuellen Lektüre von Psalm 8 formulieren. Dem eigentlichen Thema, was „'ādām sein" gemäss Psalm 8 bedeutet, sollte jedoch ein kurzer Exkurs über die Definition des Menschen im afrikanischen Südafrika vorausgeschickt werden.

IM AFRIKANISCHEN SÜDAFRIKA EIN MENSCH SEIN

Ich wurde in einen bereits damals und heute noch komplexen Kontext hineingeboren. Ein durch und durch von Ungerechtigkeiten geprägtes

---

henden Psalmen als Weissagung auf das Leben, den Tod, die Auferstehung und die Himmelfahrt Christi. Zweitens verwendet Luther beide Psalmen für bestimmte Lehren, insbesondere die Lehre von der Trinität, den zwei Naturen und dem Wesen des Reiches Christi. Drittens kommt in allen Auslegungen Luthers die Person Davids kein einziges Mal vor. Viertens ist in der Psalmenexegese Luthers durchweg anti-jüdische Rhetorik festzustellen. Letzteres ergibt im Lichte einer Auslegung Sinn, wonach die Psalmen etwas über den Tod Jesu ankündigen und dieser immer mit den Juden verbunden war. G. Sujin Pak: „Luther, Bucer, and Calvin on Psalms 8 and 16: Confessional Formation and the Question of Jewish Exegesis", in: Wim Janse u. Barbara Pitkin (Hg.): „The Formation of Clerical and Confessional Identities in Early Modern Europe", Leiden, 2006, S. 169-186.

[5] In seinem Plädoyer für das, was er „afrozentrische Interpretationsmethoden" nennt, erklärt er: „Da westliche Interpretationsmethoden nicht die einzigen legitimen und universellen Methoden sind und da sämtliche Interpretationen (einschliesslich westlicher Interpretationen) kontextuell sind, sollten afrikanische Bibelwissenschaftlerinnen und -wissenschaftler die Legitimität dieser Art afrikanischer Interpretation anerkennen und sie einschliesslich möglicher Änderungen fördern." Adamo, a. a. O. (Fussnote 3), S. 161-162. Vgl. Tuesday D. Adamo: „Psalms", in: Hugh Page (Hg.): „The Africana Bible: Reading Israel's Scriptures from Africa and the African Diaspora", Minneapolis, 2010, S. 230-236.

[6] Ich persönlich fühle mich mehr zuhause, wenn ich mir den Song von Benjamin Dube anhöre, als wenn ich einer Vorlesung über die Psalmen beiwohne (Benjamin Dube, CD, Song mit dem Titel „How Excellent is your Name...").

Umfeld führt zwangsläufig zu gespaltenen Persönlichkeiten. Aufgewachsen bin ich in einer patriarchalischen afrikanischen Kultur und obwohl die Apartheidkultur ebenso patriarchalisch war, konnte man das als Kind nicht unmittelbar spüren.

Das Wort *motho* in (der Bantusprache) Nord-Sotho/Pedi bedeutet Mensch und bezeichnet alle Menschen ungeachtet ihrer geographischen Herkunft (Stadt/Land), ihres Geschlechts, der Gesellschaftsschicht, ihres Alters usw. Das Word kann ebenfalls für „Freundlichkeit"/„Güte" verwendet werden, weshalb der Ausdruck *ke motho*, wörtlich „er/sie ist ein Mensch" nicht selten zu hören ist, wenn jemand für seine Freundlichkeit/Güte gelobt wird. Das Gegenteil *ntwe ga se motho*, wörtlich „dieses Ding ist kein Mensch", hört man in einem feindseligen Kontext, wo der verabscheuungswürdige Gegenstand – ein Mensch – sich unmenschlich verhält. In diesem Falle wird das persönliche Fürwort *m/o* durch das Fürwort *se* ersetzt, das sich auf eine Sache bezieht. In direktem Gegensatz zur Perspektive des Psalmisten in Psalm 8,7 wird der Mensch auf die Stufe eines Tieres herabgesetzt. Nach afrikanischer Weltanschauung zeigt eine solche Herabstufung nicht nur, dass Tiere einen niedrigeren Status haben, sondern auch wie sehr manche von ihnen verachtet werden. Interessanterweise wird der Ausdruck *motho wa Kgobe*, wörtlich „ein Mensch, der *Kgobe* (der Götter) angehört", als Euphemismus für eine schwangere Frau verwendet.

Die Kategorie „Geschlecht" hatte eindeutig einen Einfluss darauf, wer in einer Gemeinschaft als echter Mensch galt. In biblischen patriarchalischen Kulturen war ein Junge mehr Wert als ein Mädchen. Auch wenn das Mädchen nicht als nicht-menschlich eingestuft wurde, kämen (moderne) politisch aufgeklärte Beobachterinnen und Beobachter angesichts der Art, wie es aufgrund seines Geschlechts behandelt wurde, zum Schluss, dass offenbar ein männliches Kind als menschlicher galt als ein weibliches. Eine solche Geringschätzung beeinflusst die Art und Weise, wie ein Kind behandelt wird. Bei der Planung für die Ausbildung hatte der Junge den Vorrang vor dem Mädchen.[7] Es ist also nicht überraschend, dass in der Vergangenheit,

---

[7] Solche geschlechtsspezifischen finanziellen Vorkehrungen für die Ausbildung beruhten auf der Annahme, dass ein Mädchen früher oder später einmal heiraten würde. In der traditionellen afrikanischen Gemeinschaft hingegen wird davon ausgegangen, dass jeder Mensch ungeachtet seines/ihres Geschlechts einmal heiraten wird. Ich verstehe das so, dass ein Mensch also erst durch die heterosexuelle Ehe ganz menschlich wird. Um als vollkommener Mensch betrachtet zu werden, muss man heiraten. Diese Hochachtung der Ehe im afrikanischen Kontext bringt Mercy Amba Oduyouye wie folgt auf den Punkt: „In den Sprichwörtern über die Ehe heisst es, dass eine Ehefrau lediglich den Ehestand des Mannes und dessen Fähigkeit zum Ehemann widerspiegelt... Die Gesellschaft verlangt, dass die Frau verheiratet bleibt, weil sie ausserhalb der Ehe keine Würde hat." Mercy

als die Geburt von Zwillingen in manchen afrikanischen Kontexten noch als Tabu galt, eher der weibliche als der männliche Zwilling getötet wurde. Auf nationaler Ebene hatte die Apartheidpolitik eine andere Definition vom (genormten) Menschsein: ein weisser Mann. Während der Apartheid galten Personen afrikanischer Abstammung im Vergleich zu ihren im gleichen Kontext lebenden (weissen, indischen oder farbigen) Mitmenschen als am wenigsten menschlich. Das negative Vermächtnis derart problematischer Definitionen des Menschseins ist bis zum heutigen Tag zu spüren. Hatte Steve Bantu Biko möglicherweise mit seiner Meinung Recht, die Weissen hätten den Geist der Schwarzen vergiftet? Nach Biko ist das für schwarze Südafrikanerinnen und Südafrikaner charakteristische geringe Selbstwertgefühl hauptsächlich auf den Schaden zurückzuführen, den die Weissen in den Köpfen der Schwarzen angerichtet haben.[8] Könnte es sein, dass der Selbsthass, der uns eingetrichtert wurde, sich nun in den Grausamkeiten äussert, von denen der gegenwärtige südafrikanische Kontext geprägt ist?

PSALM 8 IM KONTEXT DER ÜBRIGEN PSALMEN

Psalm 8 wirkt zwar auf den ersten Blick wie ein Loblied/eine Hymne, entpuppt sich jedoch bei genauerem Hinsehen eher als eine Reflexion. Zahlreiche Psalmforschende bestätigen die Verbindung zwischen Psalm 8 und Genesis 1.[9] In der Bekundung von JHWHs Herrlichkeit (Ps 8,2.10), im Lob, das dem Namen Gottes gebührt (8,1.10) und im Zelebrieren des Schöpfungswerks Gottes (Ps 8,2-9) zeigt Psalm 8 Gemeinsamkeiten mit

---

A. Oduyoye: „Daughters of Anowa: African Women and Patriarchy", Orbis, 1995, S. 68. Auch John Mbiti stellt die Bedeutung der Ehe im afrikanischen Kontext in den Vordergrund: „Wer stirbt, ohne sich verheiratet und Kinder bekommen zu haben, ist gänzlich von der menschlichen Gesellschaft losgelöst und isoliert. Er/ sie ist ein Ausgestossener/eine Ausgestossene, der/die alle Menschheitsbande durchschnitten hat. Ein jeder und eine jede muss deshalb heiraten und Kinder hervorbringen. Darin liegt die grösste Hoffnung und Erwartung, die der oder die Einzelne sich selber und die Gemeinschaft dem/der Einzelnen bieten kann". John S. Mbiti: „Afrikanische Religion und Weltanschauung", Berlin, 1974, S. 169.

[8] Vgl. Madipoane Masenya (ngwan'a Mphahlele): „An African-Conscious Female's Reading of Steve Biko", in: Cornel du Toit (Hg.): „The Legacy of Stephen Bantu Biko: Theological Challenges", Pretoria, 2008, S. 114-155.

[9] Walter Brueggemann: „Spirituality of the Psalms", Minneapolis, 2002; Dow W. Edgerton: „Asking about Who We Are", in: *Theology Today*, Bd. 50, Nr. 4/1994, S. 557-566; Hans H. Spoer: „The Reconstruction of Psalm viii", in: *Journal of Biblical Literature*, Bd. 22, Nr. 1/1903, S. 75-84, unter **www.jstor.org/stable/3268937**.

anderen Psalmen (vgl. Ps 19,1-7; 24; 33; 104; 145). Mit Psalm 103,14-16 teilt er den Blick auf die Endlichkeit des Menschen.

'ENÔŠ/KIND DES 'ĀDĀM – INHALT DER BETRACHTUNG DES PSALMISTEN

Charakteristisch für den Menschen ist sein innovatives Verhalten wie etwa „Hinterfragen, Experimentieren, Beobachten, Assoziieren und Vernetzen".[10] Dieses Verhalten muss mit grenzenloser Neugier und Risikobereitschaft einhergehen. Auch der Psalmist, dessen Reflexion vor beinahe zweieinhalb Jahrtausenden in Psalm 8 festgehalten wurde, scheint vom *Homo sapiens* fasziniert gewesen zu sein. In seinem Nachsinnen über den Begriff *'enôš*, Kind des *'ādām*/Menschen[11], konnte der Psalmist angesichts der anderen grossartigen Werke im Haushalt Gottes wie Himmel, Mond und Sterne nicht umhin sich zu fragen:

> was ist der Mensch, dass du seiner gedenkst, und des Menschen Kind, dass du dich seiner annimmst? Du hast ihn wenig niedriger gemacht als Gott, mit Ehre und Herrlichkeit hast du ihn gekrönt. Du hast ihn zum Herrn gemacht über deiner Hände Werk, alles hast du unter seine Füsse getan (Ps 8,5-7).

Es ist sicher nicht falsch anzunehmen, dass Säuglinge (vgl. Ps 8,3) auch in der Nord-Sotho/Pedi-Kultur grundsätzlich als Menschen oder vielleicht als im-Werden-begriffene-Menschen gelten. Daher wird im Nord-Sotho/Pedi für Babys ein anderes Wort verwendet, nämlich *lesea/ngwana*. Im vorange-

---

[10] **http://humanitiesplus.byu.edu/2011/08/humanities-and-innovation.html**

[11] Das hebräische Wort *'enôš*, das vor allem in den poetischen Abschnitten der hebräischen Bibel vorkommt, steht für „Männer"/„männliche Menschen" oder für den Gattungsbegriff „Mensch". Es kann auch den einzelnen Mann bezeichnen, wie in *ben-'enôš*, wörtlich Sohn von *'enôš*. Vgl. William L. Holladay: „A Concise Hebrew and Aramaic Lexicon of the Old Testament", Leiden, 1972, S. 22. Es ist wichtig darauf hinzuweisen, dass das Wort *'enôš* auch mit „Schwäche", „Erbärmlichkeit" und „Sterblichkeit" konnotiert ist, die aus der Sünde resultieren. Rudolph E Honsey: „Exegesis of Psalm 8:3-6 (4-7 in Hebrew)", unter: **www.wlsessays. net/files/HonseyPsalm.pdf**, S. 8. In Psalm 8,5 scheint der Singular gemeint zu sein, da er zusammen mit *ben-'ādām*, wörtlich des Mannes Sohn, in einem Synonympaar auftritt. Dem Textfluss in Psalm 8 entsprechend übersetze ich das Wort mit Mensch. Da Psalm 8 offensichtlich auf Genesis 1,26-27 verweist und der Psalmist von *ben-'ādām* spricht, ziehe ich es vor, in der vorliegenden Abhandlung den Begriff *'ādām* als geschlechtsneutrale Bezeichnung für den Menschen zu verstehen. Vgl. auch James L. Mays: „What Is A Human Being? Reflections on Psalm 8", in: *Theology Today*, Bd. 50, 1994, S. 511-520, hier S. 511.

henden Vers, der übrigens häufig als Fremdkörper empfunden wird, fragt der Psalmist nach dem Status von *'ādām* „ausserhalb" des unmittelbaren Kontextes der „Säuglinge", was in die gleiche Richtung deuten könnte. Laut Pitkin verstanden die meisten prä-modernen Exegetinnen und Exegeten (vgl. auch Martin Luther in dieser Kategorie) die Kinder im vorangehenden Vers symbolisch als einfache Gläubige, als jene, für die der christliche Glaube neu ist, oder sogar als Jüngerinnen und Jünger. Dazu meint Luther:

> 2. *Kinder und Säuglinge* sind nicht im buchstäblichen Sinne zu verstehen, *sondern sind durch ihre Einfalt und Unschuld ein leibliches Bild der Glaubenseinfalt* [1.Petr 2,2]. Das sind die Kinder, die den Herrn in Mt 21,15 lobpreisen und die Jesus meint, als er diesen Vers gegen die Schriftgelehrten anführt. Es waren keine Kinder und Säuglinge im eigentlichen Sinne, denn sie konnten sprechen und laufen. Aber im mystischen Sinne sind sie all die Demütigen, die das Prahlen nicht kennen, denn im Geist (also im geistigen Willen) sind sie „Kinder" und „Säuglinge" (also zart und sanftmütig) wie der Herr selbst, der sagt: „Ich bin sanftmütig und von Herzen demütig" (Mt 11,29), also ein „Säugling" ohne die scharfen Zähne des Zorns und ein „Kind" ohne den Lärm des Prahlens.[12]

Die Auslegung Pitkins ergibt meines Erachtens vor allem dann Sinn, wenn wir nicht nur das uneingeschränkte Menschsein von Kindern und Säuglingen bekräftigen wollen, sondern auch glauben, dass für Gott nichts zu schwierig ist. Ihrer Ansicht nach, „...besteht das Problem traditioneller und moderner Lektüren von Ps 8,1-2 darin, dass sie Kinder implizit als Prolegomena zum Menschsein betrachten".[13] In den Versen vor der Reflexion des Psalmisten über den Menschen wurde also vielleicht absichtlich auf „junge Kinder" oder „kleine saugende Menschen" verwiesen. Möglicherweise stellt Vers 3 eine synthetische Parallele zu den nachfolgenden Versen dar. Ebenso wie Gott durch *masea* (Säuglinge) – hilflose, abhänge, winzige Menschen – „militärische" Wunder vollbringen kann, wird *'enôš* durch Gott von seinem demütigen schwachen Status auf den Rang Gottes emporgehoben. Das Alter eines Menschen scheint im göttlichen Plan keinerlei Rolle gespielt zu haben. Dazu fällt mir ein Sprichwort in Nord-Sotho/ Pedi ein: *la hlogotšhweu le ka rutwa ke la hlogontsho maano*, wörtlich „der Weissköpfige kann auch von der Weisheit des Schwarzköpfigen profitieren". Auch Kinder haben den Älteren Wertvolles zu bieten. Auf den ersten Blick scheint der Gott in der Schilderung des Psalmisten mit dem Status quo nicht zufrieden gewesen zu sein, weshalb in seinem Nachsinnen auf die grossen Gegensätze verwiesen wird. So wie sich Gott kleinster Menschen

---

[12] Martin Luther: „Psalmus VIII", WA 3, S. 81 (Original auf Latein).
[13] Barbara Pitkin: „Psalm 8:1-2", in: „Interpretation", Bd. 55, 2001, S. 177-180.

bedienen kann, um den Feind und den Rachgierigen zu vernichten, so kann Er einen relativ kleinen *'ādām* auf die göttliche Ebene emporheben.[14] Nach Psalm 8 gehören alle Menschen ungeachtet ihres Alters, Geschlechts, ihrer ethnischen Zugehörigkeit, Gesellschaftsschicht oder geographischen Herkunft in die Kategorie dieser göttlichen Geschöpfe. Insofern ergibt auch die Aussage von Anderson Sinn, wonach sich die Lobpreisung JHWHs durch den Psalmisten theologisch nicht auf die Geschichte Israels beschränken lässt. Vielmehr beinhaltet sie eine die gesamte Menschheit und den ganzen Kosmos umfassende Universalität: „Wie wir gesehen haben, ist der Glaube Israels in einer menschlichen Situation verwurzelt, an der alle Menschen beteiligt sind. Der Mensch ist ein historisches Geschöpf, das sich an die Vergangenheit erinnert, zukunftsgerichtet lebt und in der Gegenwart zu verantwortungsbewusstem Entscheiden und Handeln aufgerufen ist."[15] Wie bereits zu Pak erwähnt wurde, legt Luther den Psalm christologisch aus. Für ihn verkörpert dieser Mensch die Weissagung auf die Menschwerdung (Erniedrigung) und die Erhöhung Christi (vgl. das Gedicht Paulus in Phil 2,5-11). Er argumentiert:

> Hier scheint der Verfasser seine Redensart zu verändern und von Christus, der einen [menschlichen] Natur, zu einer anderen überzugehen, welche dennoch ein und dasselbe ist. [So wird es in der Heiligen Schrift oder in Vorausahnungen oft getan, dass erst vom Menschgewordenen statt vom herabgestiegenen Sohn Gottes gesprochen wird.] *Als die Engel*, namentlich durch die Menschwerdung. Er „entäusserte sich selbst usw." (Phil 2,7). Und dann wechselt er wieder zum Anderen, nämlich zu Seiner Herrlichkeit, *Glorie*, etc.[16]

---

[14] Vgl. Walter Brueggemann: „Spirituality of the Psalms", Minneapolis, 2001. Für Brueggemann spiegelt Psalm 8 die Meinungen der Mächtigen wider. „Gottes Werke der Schöpfung und der Bewahrung bieten theologische und gesellschaftliche Gewissheiten, und diese Realität wird in diesen Psalmen liturgisch widergespiegelt und geschaffen. Diese Psalmen spiegeln somit die Werte einer mächtigen Gesellschaftsschicht wider und dienen dieser zum Zweck der Dominierung. Für die Dominierten hingegen mögen diese Psalmen Hoffnung oder sogar eschatologische Erwartungen ausdrücken". Christo J. S. Lombaard: „Four Recent Books on Spirituality and the Psalms: Some Contextualizing, Analytical and Evaluative remarks", in: „Verbum Et Ecclesia", *JRG 27 (3)*, 2006, S. 909-929, hier S. 914-915. Da Psalm 8 meiner Ansicht nach das Menschsein aller Menschen – und nicht nur der mächtigen Gesellschaftsschicht – bekräftigt, scheint er zumindest auf den ersten Blick den weniger Mächtigen nicht erst im *Eschaton* sondern bereits im Hier und Jetzt Hoffnung zu spenden.

[15] Bernhard W. Anderson: „Out of the Depths: The Psalms Speak for Us Today", Philadelphia, 1974, S. 115-116.

[16] Martin Luther, „Psalmus VIII", WA 3, 81 (Original auf Latein).

Luthers Interpretation mag zwar im Kontext seiner Zeit Sinn ergeben, doch finden sich unter den modernen Leserinnen und Lesern vermutlich nur jene in einer solchen Lektüre wieder, die dem christlichen Glauben angehören. Beschränkt man sich bei der Interpretation von „Kind des *'ādām*" auf Christus, so übersieht man meines Erachtens den Entstehungskontext der Psalmen, der mit grosser Wahrscheinlichkeit in die nachexilische Zeit fällt, wo das jüdische Verständnis von Gottes Rettung und Fürsorge für die Menschen weniger eingeschränkt war als in der Zeit vor dem Exil. Eine Auslegung, welche das Wort *'ādām* als den normalen Menschen ungeachtet seines Alters, Geschlechts, seiner ethnischen Zugehörigkeit, Gesellschaftsschicht oder geographischen Herkunft versteht, erscheint mir sinnvoller (vgl. vor allem die enge Verbindung zwischen Ps 8 und 1.Mose 1).

Für mich ergibt das Nachsinnen des oder der Betenden über die Werke der Hände Gottes am Nachthimmel in einem ländlichen Rahmen durchaus Sinn und weckt Erinnerungen in mir wach. Ich bin in einem Dorf auf dem Land aufgewachsen, umgeben von Bergen und einem plätschernden Fluss, an den sich die Südseite unseres Hofs anschmiegte, und bin mir daher über die enge Bindung zwischen (afrikanischem) Mensch und Natur sehr bewusst. Der Sternenhimmel in der Meditation des Psalmisten ist also vollkommen nachvollziehbar. In einer Gegend, wo es im Sommer sehr heiss ist, übernachtete ich mit meiner direkten Familie des Öfteren im *lapa* (Hof). Dort genossen wir die kühle Nachtluft, den Anblick des Mondes und der Sterne und waren uns der Mutter Erde sehr deutlich bewusst, während wir in den Schlaf sanken. Uns Frauen und Mädchen war die Erde stärker präsent als den Jungen und Männern.[17] Angesichts unserer Wechselbeziehung und Verbundenheit mit der Natur wirkt das Kind von *'ādām* inmitten der übrigen grossartigen Werke in Gottes Schöpfung fast wie ein kleiner Grashüpfer.[18] Allerdings, so der Psalmist, ist *'ādām* ein verblüffendes Geschöpf. So klein er/sie auch zu sein scheint, wurde *'ādām* zum Bilde Gottes geschaffen (vgl. Gen 1,26-27).

---

[17] Ein Beispiel für die weibliche Verbindung mit der Natur ist das Wort für Mond in Nord-Sotho/Pedi: *ngwedi/kgwedi*. Dasselbe Wort wird im Ausdruck *go ya kgweding(ngweding)* verwendet, wörtlich zum Mond gehen, mit dem der Menstruationszyklus gemeint ist.

[18] Obwohl die Psalmisten ihre Stellung zu Gott zelebrieren (vgl. wenig niedriger als Elohim/Gott/Götter), sehen sie neben Seinen anderen grossartigen Schöpfungswerken wie Grashüpfer aus. „Daher", so Mays … „spricht der Psalmist von der Menschheit und nennt dabei ihre Kleinheit und Sterblichkeit, ihre Macht und Absicht, die Welt zu kontrollieren, sowie ihr Abhängigkeitsgefühl und Schicksal", unter **www.pphf.hu/biblikum/cikkek/Theology%20Today%20 -%20Mays.htm**, S. 511-520.

Der Dichter wirft einen Blick zurück auf 1.Mose 1, wo der Mensch zum Bilde Gottes geschaffen wurde. In unserem Abschnitt geht es nicht, wie Duhm meint, um die äussere Erscheinung des Menschen, denn genau das ist es, was den Dichter in seinen Überlegungen zum Zweifeln bringt, nämlich ob der Mensch es sozusagen in irgendeiner Weise mit der Lobpreisung der durch Gottes Macht in den Himmeln entstandenen grossartigen Werke aufnehmen könnte; der Dichter meint vielmehr den Menschen, das denkende und intelligente Wesen. Kraft seiner geistigen Überlegenheit steht er [sic] über allem anderen, direkt neben der Gottheit, und herrscht über die ganze belebte Welt (V. 7-9), wodurch er in viel höherem Sinne Seine [sic] Herrlichkeit widerspiegelt, zu dessen Bild er [sic] geschaffen wurde.[19]

So unbedeutend *'ādām* angesichts der grossartigen Werke in JHWHs Schöpfung auch erscheinen mag, so ist er/sie doch der Augapfel seines/ihres Schöpfers (vgl. Ps 8,5).

Wie der Psalmdichter sagt, äussert sich die Krönung des Menschen zur Majestät in den *'ādām* verliehenen Herrschaftsbefugnissen über die anderen Mitglieder in Gottes Haushalt: Schafe, Rinder, die wilden Tiere, die Vögel unter dem Himmel und die Fische im Meer (Ps 8,7-9; vgl. auch 1.Mose 1,28). Laut Limburg gehört *'ādām*, wie er/sie in Psalm 8 dargestellt wird, zum Königsgeschlecht. Königliche Hoheit bringt aber auch Verantwortung mit sich. Limburg schreibt:

> Der König hat sich in besonderem Masse der Armen und Elenden, der Geringen und Machtlosen anzunehmen (Ps 72,12-14). Als König trägt man die Verantwortung, für die ärmsten und schwächsten derjenigen zu sorgen, über die man herrscht. Übertragen auf die Sorge in Psalm 8 bedeutet dies, dass die Menschen, die hier als königlich bezeichnet werden, für die Erde und die Schöpfung sorgen müssen. Sie werden aufgefordert, verantwortungsbewusste Herrscherinnen und Herrscher zu sein. Derselbe Gedanke wird auch auf der ersten Seite der Bibel in 1.Mose 1,26-28 formuliert. In Zeiten der ökologischen Krise ist Psalm 8 ein Aufruf an die Menschheit, wie verantwortliche Herrscherinnen und Herrscher zu handeln und für den anfälligen blauen Planeten zu sorgen, den wir unser Zuhause nennen.[20]

Das Kind des *'ādām* muss es dem Schöpfergott gleichtun, der über Gottes Geschöpfe herrscht und sich dennoch ihrer annimmt (Ps 8,4). Die Herrschaft über die übrigen Mitglieder in Gottes Haushalt muss auf fürsorgliche Weise ausgeübt werden. Wenn Menschen über andere herrschen, sollten sie sich daran erinnern, dass der Gottkönig sie zwar damit beauftragt hat, sich die Natur untertan zu machen und kreativ und innovativ zu handeln,

---

[19] Spoer, a. a. O. (Fussnote 9).
[20] James Limburg: „Psalms", Louisville, 2000, S. 26.

dies jedoch nicht aus Tyrannei und Habgier sondern im Sinne der Haushalterschaft Gottes zu geschehen hat. Angesichts der ökologischen Krise, die uns ins Gesicht starrt und sich am schlimmsten auf die Menschen am Rande unserer Gemeinschaften und in den am wenigsten privilegierten Teilen der Erde auswirkt, können wir Umweltfragen nicht länger als ein Thema betrachten, das nur die Wohlhabenden etwas angeht, aber die Armen am härtesten trifft.

SCHLUSSFOLGERUNG

Die erneute Lektüre von Psalm 8 und seiner Schilderung von *'ādām* könnte einem marginalisierten Leser, dem sein Menschsein von jenen abgesprochen wurde und nach wie vor wird (vgl. die Schilderung weiter oben des afrikanischen Südafrikas), die sich für menschlicher halten, zu mehr Selbstbewusstsein verhelfen. Psalm 8 vermittelt die Vorstellung, dass alle Menschen gleich sind, d. h. es gibt ein einziges, gleichartiges und gleichwertiges Geschöpf namens *'enôš* oder *'ādām*. Ein Wesen, das über alle anderen Mitgeschöpfe in Gottes Schöpfung grosse Macht hat und dem Göttlichen sehr nahe steht – nur wenig niedriger als *'elōhîm*! Im wahren Leben ist das jedoch nicht der Fall. Selbst zur Entstehungszeit der Psalmen[21] gab es kein homogenes Verständnis des Menschseins. Auch wenn die Israelitinnen und Israeliten und Jüdinnen und Juden in der Zeit des Exils und danach Nicht-Jüdinnen und Nicht-Juden gegenüber scheinbar aufgeschlossener waren (vgl. Texte mit universellen Neigungen wie z. B. Psalm 8), scheinen die materiellen Bedingungen im nachexilischen Juda beispielsweise die Mitglieder der Gola-Gemeinschaft zu der Behauptung bewogen zu haben, sie seien die wahren Menschen. Vor dem Hintergrund von Zwist und Ungerechtigkeit in Juda wird argumentiert, dass jüdische Männer (vgl. die Mitglieder der Gola-Gemeinschaft) die u. a. auf ethnische Reinheit bedacht waren, mit Frauen Mühe hatten, die selbst die Kontrolle über ihre Sexualität zu übernehmen wagten. So meint Camp z. B. in ihrer Analyse der fremden Frau in Sprüchen 7, dass dort nicht von einer gesellschaftlichen Realität verführerischer Frauen die Rede ist, sondern vielmehr von einer psychosozialen Realität von Männern, die zahlreichen

---

[21] Laut Goldingay, „... ist der Psalter in seiner gegenwärtigen Form ungefähr während der zweiten Tempelperiode, der persischen oder der frühen griechischen Ära entstanden. Er gehörte vermutlich von Anfang an zu den massgeblichen Ressourcen der jüdischen Gemeinschaft, weshalb er auch bereits während seiner Entstehungszeit kanonisch wurde". John Goldingay: „Psalms. Volume 1: Psalms1-41", Grand Rapids, 2006, S. 35.

Stressfaktoren wie internen politisch-religiösen Machtkämpfen, wirtschaftlicher Fremdherrschaft und dem Druck kultureller Assimilation ausgesetzt waren. All diese wurden auf das Symbol einer Frau projiziert, das der fremden Frau.[22]

Aufgrund mancher sprachlicher Elemente in Psalm 8 ergibt die (sexistische) Übersetzung des Wortes 'enôš durch Holladay[23] sogar für die heutigen Lesenden Sinn, wenn sie an der Oberfläche des Textes bleiben. Ist es dann verwunderlich, dass den mit dem Schöpfer verbundenen Menschen vor allem sein Vorrecht kennzeichnet, über andere zu verfügen? Die Sprache der Hoheit/Majestät macht nur für jene Sinn, die das Recht hatten, über andere Menschen zu herrschen. Diese Sprache wurde ganz natürlich auf die Lobpreisung der Gottheit projiziert. Eine derart männliche Darstellung der Gottheit trägt sicher nicht zur Bestätigung damaliger und heutiger Leserinnen des Psalms bei.

Der Aufruf zur Lobpreisung des Namens JHWH für JHWHs grossartige Werke (vgl. Ps 8,2.10) konnte im Grunde nur von jenen ausgeführt werden, die dazu berechtigt waren. Wir dürfen nicht vergessen, dass nicht alle männlichen Menschen das Vorrecht hatten, Könige und Priester zu sein. Selbst in einem patriarchalischen System waren also nicht alle gleich.

Vor diesem Hintergrund liesse sich argumentieren, dass Psalm 8, wird er mit den Augen der Marginalisierten gelesen, den Status quo in Frage stellt. Der Psalmist bestätigt: Alle Menschen, ungeachtet ihres Alters, ob sie zur Gola-Gemeinschaft gehörten und das Exil erlebt hatten oder nicht, ungeachtet ihrer Herkunft und ihres Geschlechts, sind gleichermassen Mensch, weil wir alle ein und denselben Ursprung und einen gemeinsamen Auftrag haben, nämlich uns um Mutter Erde zu kümmern. Mit diesem Verständnis können alle Menschen einschliesslich der Menschen afrikanischer Abstammung in die Lobpreisung der Herrlichkeit des Namens JHWHs einstimmen.

---

[22] Claudia V. Camp: „What is so Strange about the Strange Woman", in: Norman K. Gottwald, David Jobling, Peggy Lynne Day u. Gerald T. Sheppard: „The Bible and the Politics of Exegesis: Essays in Honor of Norman K. Gottwald on his Sixty-fifth Birthday", Cleveland, 1991, S. 29.

[23] Holladay, a. a. O. (Fussnote 11), S. 22.

Kriegswunden: Die Verwendung der Klagepsalmen in der Seelsorgearbeit mit Kriegsveteranen vor dem Hintergrund der Hermeneutik Martin Luthers

Andrea Bieler

Die Psalmen beschäftigten Martin Luther in verschiedenen Phasen seines Lebens. Während seiner akademischen Laufbahn an der Universität Wittenberg hielt er drei Vorlesungsreihen über die Psalmen,[1] er war ein genauer Übersetzer des Psalters und seine Auslegung zeugt von seinem Bemühen um eine tiefgehende hermeneutische Reflexion[2]. Luther verfasste aber auch Loblieder basierend auf der Lyrik der Psalmen, und er war fest davon überzeugt, dass die Psalmen nicht nur im Gottesdienst laut vorgelesen, sondern von der gesamten Gemeinde gesungen werden sollten. Nach Luthers Ansicht hatte das Lesen und Singen der Psalmen eine erbauende, tröstende und ermutigende Wirkung auf die Gottesdienstbesuchenden. Wir

---

[1] In seiner ersten Vorlesungsreihe über die Psalmen, „Dictata Super Psalterium", zwischen 1513 und 1515, behandelte Luther den gesamten Psalter. Die zweite Reihe (1518–1521), „Operationes in Psalmos", beinhaltete einen theologischen Kommentar der Psalmen 1 bis 22. Die dritte Vorlesungsreihe, die er zwischen 1532 und 1535 hielt, umfasste eine Auswahl einzelner Psalmen, darunter die Psalmen 2, 51, 45, 90 und 120 bis 134. Vgl. Andreas Mikoteit: „Theologie und Gebet bei Luther: Untersuchungen zur Psalmenvorlesung 1532-1535", Berlin und New York, 2004, S. 2-3.

[2] Zu Luthers Übersetzungsphilosophie, die Raum liess für relativ wörtliche Übersetzungen, aber auch für freiere Auslegungen zugunsten der Verständlichkeit für das gemeine Volk, siehe den Beitrag von Vítor Westhelle in dieser Ausgabe.

können davon ausgehen, dass seine Begeisterung für die Psalmen in seiner augustinischen Spiritualität wurzelte. Schon als Augustinermönch hatte er sich dem Psalter regelmässig liturgisch angenähert, sowohl während der Messe als auch im Stundengebet.[3]

Durch die Aufwertung des performativen Stellenwerts und der Praxis des Singens und Lesens der Psalmen erscheint Luther als Theologe mit einem unmittelbaren Interesse am Psalter als verwandelnde Kraft für innerlich aufgewühlte Menschen. In diesem Beitrag werde ich zunächst darlegen, wie wesentlich diese Erkenntnis für die lutherische Hermeneutik der Psalmen war, um mich danach mit der Gegenwart zu beschäftigen und zu erforschen, wie die Psalmen heute in der Seelsorgearbeit mit Kriegsveteranen in den USA eingesetzt werden. Zum Schluss werde ich erläutern, was für befreiende Vorstellungsräume die Psalmen für Menschen bieten, die mit Traumata zu kämpfen haben.

Martin Luther über die verwandelnde Kraft der Psalmen

In den einleitenden Bemerkungen zu seiner Psalterübersetzung empfiehlt Martin Luther, die Psalmen nicht bloss als historisches Erzeugnis zu lesen, sondern als Gebete, die den Gläubigen helfen, tiefer in die christliche Vorstellungswelt hineinzutreten.[4] Dies beinhaltet eine doppelte Dynamik: In seiner christologischen Lesung der Psalmen entdeckt Luther das Zeugnis vom Tod und der Auferstehung Christi. In diesem Sinne nennt er das Buch der Psalmen „eine kleine biblia", da es im Wesentlichen die Hauptaspekte der Heilsgeschichte enthält.[5] Gleichzeitig sind die Psalmen äusserst wichtig für die Gläubigen, weil sie vor Gott die menschliche Existenz schildern. Luther erklärt, die Psalmen erzählten nicht bloss Geschichten über die Heiligen, sondern zeigten Wege auf, über die Gläubige unmittelbar und direkt zu Gott sprechen. Diese Kommunikationsmöglichkeit unterscheidet den Menschen vom Rest der geschaffenen Welt.[6]

Worte, die in einer solchen Äusserung gesprochen werden, sind laut Luther nicht bloss an der Oberfläche des Gedächtnisses schwebende Wörter,

---

[3] Zu Luthers geistlichem Leben als Mönch und der Bedeutung der Psalmen im täglichen Gebet, vgl. Otto Scheel, „Martin Luther. Vom Katholizismus zur Reformation: Im Kloster", Bd. 2, Tübingen, 1930, S. 27-48.

[4] Vgl. Martin Luther: „Vorrede auff den Psalter", in: Hans Volz (Hg.): „Die gantze Heilige Schrift, Deudsch", Darmstadt, 1972, Bd. 1, S. 964-968.

[5] Vgl. „Vorrede", ebd., S. 964, 36.

[6] Vgl. ebd., S. 965, 2-19.

sondern sie lösen eine nach innen gerichtete Reise aus, die offenlegt, was im Herzen und im Schatz der Seele des Betenden verborgen ist. Das Herz kann Ort ungestümer Emotionen sein:

> Denn ein menschlich Hertz ist wie ein Schiff auff eim wilden Meer /welchs die Sturmwinde von den vier örtern der Welt treiben. Hie stösset her / furcht vnd sorge fur zukünfftigem Vnfall. Dort feret gremen her vnd traurigkeit /von gegenwertigem Vbel. Hie webt hoffnung vnd vermessenheit /von zukünfftigem Glück. Dort bleset her sicherheit vnd freude in gegenwertigen Gütern [...] Solch Sturmwinde aber leren mit Ernst redden und das hertz öffenen ynd den grund eraus schütten. ... Was ist aber das meiste im Psalter / denn solch ernstlich reden / in allerley solchen Sturmwinden?[7]

Die Beziehung zu Gott, die in den Psalmen zum Ausdruck gebracht wird, reicht von hoffnungsvoller Erlösung und dem Flehen um göttliche Aufmerksamkeit bis hin zu einem Ringen, das die Erfahrung göttlichen Zorns oder sogar von Gottes Abwesenheit zu bewältigen sucht. Diese Gebete sind hin- und hergerissen, richten sich mal hin zu Gott, mal gegen ihn.

Gerade die Psalmen zeugen von der Kommunikation mit Gott in einem solchen Sturm; sie befassen sich eingehend mit der Traurigkeit des Herzens, sie stossen bis in die Gefilde höchster Verzweiflung vor. Die Lobpsalmen führen zu einer Helligkeit, in der reine Freude zum Ausdruck kommen kann. Das Spannendste daran ist, dass sich in den Klagepsalmen Trauer und Hoffnung miteinander vermischen, die beiden scheinen miteinander in Verbindung zu treten, voneinander abzuhängen. Eine solche Fülle an Gefühlen kann anscheinend nur dann ihren Ausdruck finden, wenn die Verbindung zwischen Hoffnung und Verzweiflung nicht zerstört wurde.

Für Luther ist diese Reise nach innen nicht der einzige geistliche Weg, zu dem der Psalter inspiriert. Das Lesen und Singen der Psalmen stellt auch die Gemeinschaft wieder her. Wenn die Psalmen in diesem Sinne eingesetzt werden, rufen sie beim Einzelnen ein Gefühl der Zugehörigkeit hervor, da die Heiligen alle Facetten von Freude und Kummer, die darin geschildert werden, ebenfalls erlebt haben. Die Psalmen schaffen so einen Resonanzraum, in dem der Einzelne mit abertausenden von Gläubigen verbunden ist. Sie fördern ein Gefühl der Gleichzeitigkeit, sie lehren, gleich gesinnt zu sein wie diejenigen, die vor uns waren und diejenigen, die heute ähnlich leiden und ihre Freude ausdrücken.[8] Es handelt sich nicht nur um eine kognitive Erkenntnis, sondern um eine tiefgreifende Tröstung.

---

[7] Vgl. ebd., S. 966, 1-121.
[8] Vgl. ebd., S. 967, 22-26.

Martin Luther befasst sich demnach mit den Psalmen nicht primär als historische Dokumente, sondern als lebendige Texte, die zu einer Reise hinführen, die durch den Blick nach innen und die Wiederaufnahme in die Gemeinschaft zum Ausdruck des Selbst *coram deo* führt. Sein facettenreicher Ansatz zeigt das seelsorgerische Potenzial der Gebete auf. Seine Hermeneutik der Psalmen kann eine Inspiration für heutige Situationen sein, in denen Seelsorger versuchen, Menschen zu helfen, die mit Erfahrungen kämpfen, die ihr Leben zerstören.

In praktisch-theologischer Perspektive ist es von besonderem Interesse zu fragen, wie der Psalter in Gemeinschaften und in der Seelsorge verwendet wird und wurde; wenn Menschen gemeinsam oder alleine mit den Stürmen des Herzens ringen. Nicht nur in den lutherischen Gemeinden, sondern weltweit, beten Christinnen und Christen jeden Sonntagmorgen in öffentlichen Liturgien mit den Psalmen. Die Menschen verwenden die Psalmen aber auch in intimeren Seelsorgesituationen und im eigenen Gebet.

POSTTRAUMATISCHE BELASTUNGSSTÖRUNG (PTBS) UND MORALISCHE VERLETZUNG

Im Folgenden werde ich darlegen, wie die Arbeit mit den Klagepsalmen für Kriegsveteraninnen und -veteranen, die mit durch den Krieg verursachten, dauerhaften psychosomatischen Narben konfrontiert sind, einen imaginativen Raum eröffnet. Das aufgezeigte Beispiel bezieht sich auf die Seelsorgearbeit in US-amerikanischen Krankenhäusern mit Kriegsveteraninnen und -veteranen. Veteraninnen und Veteranen, die in den US-amerikanischen Streitkräften dienten, wurden darin geschult, nicht nur kämpfende Soldatinnen und Soldaten zu töten, sondern auch Zivilpersonen. Viele von ihnen töteten Frauen und Kinder, die sie als Feinde wahrnahmen. Diese Soldatinnen und Soldaten erlebten oftmals eine ständige Anspannung, weil ihr Leben bedroht war. Sie wurden Zeugen der Gewalt, die gegen sie und ihre Kameradinnen und Kameraden verübt wurde. Man schätzt zudem, dass rund 25 Prozent der Soldatinnen Opfer von sexuellen Übergriffen durch Mitkämpfer wurden. Im Leben dieser Veteraninnen und Veteranen ist die Grenze zwischen Täter- und Opfersein oft verschwommen. Solch höchst zweideutige Erlebnisse zu verarbeiten, stellt sowohl für die ehemaligen Soldatinnen und Soldaten selbst als auch für die Geistlichen eine Herausforderung dar.

Diejenigen, die aus den Kriegen im Irak und in Afghanistan zurückgekehrt sind, leiden oft unter PTBS. Seit 1990 sind mehr als 1,6 Millionen von PTBS betroffene Frauen und Männer behandelt worden. Mitgezählt werden dabei Veteraninnen und Veteranen aus dem Vietnamkrieg, dem

Golfkrieg und den militärischen Aktivitäten im Irak und in Afghanistan. Von PTBS betroffen sind Menschen, die lebensbedrohende Erfahrungen gemacht haben, in denen sie mit der Gefahr ernsthafter körperlicher Verletzung oder mit drohendem Tod für sich selbst oder das Leben anderer konfrontiert waren. Wer einem solch traumatischen Ereignis ausgesetzt ist, erlebt in der Folge manchmal „Flashbacks", darunter häufige, aufwühlende Träume, das unzusammenhängende Wiedererleben des oder der traumatischen Ereignisse oder eine intensive zerstörerische psychologische bzw. physiologische Reaktion auf jegliche Erinnerung. Das amerikanische Kriegsveteranenministerium (Department of Veteran Affairs) hat folgende Definition erarbeitet:

> Posttraumatische Belastungsstörung (PTBS) ist eine klinisch signifikante Erkrankung mit Symptomen, die länger als einen Monat andauern, nachdem der/die Betroffene ein traumatisches Ereignis erlebt hat, das ein grosses Leid ausgelöst oder zu einer bedeutenden Beeinträchtigung im sozialen oder beruflichen Umfeld, bzw. einem anderen wichtigen Funktionsbereich geführt hat. Patientinnen und Patienten mit PTBS können das Trauma oder die traumatischen Ereignisse immer wieder neu erleben. Sie vermeiden ständig Reize, die mit dem Trauma assoziiert werden, und ihre allgemeine Reaktionsfähigkeit ist abgestumpft (was vor dem Trauma nicht der Fall war), bzw. sie zeigen anhaltende Anzeichen erhöhter Erregung (was vor dem Trauma nicht der Fall war). Posttraumatische Belastungsstörung (PTBS) kann auch erst mit Verzögerung eintreten, d. h. das klinisch signifikante Auftreten von Symptomen (die grosses Leiden oder eine bedeutende Beeinträchtigung im sozialen, beruflichen oder einem anderen wichtigen Funktionsbereich auslösen) erfolgt frühestens sechs Monate nach dem traumatischen Erlebnis.[9]

Ein ernsthaftes Indiz und Symptom von PTBS sind hartnäckige Anzeichen erhöhter Erregung, die die Patientin/der Patient früher gewöhnlich nicht hatte, aber auch körperliche Reaktionen wie Schlaflosigkeit, unkontrollierte Wutausbrüche, Konzentrationsschwierigkeiten oder Hypervigilanz. Weitere Symptome sind Reizbarkeit und erhöhte Schreckhaftigkeit. Wenn solche Symptome länger als einen Monat anhalten und zu schweren Ängsten oder Beeinträchtigungen wesentlicher Lebensbereiche führen, wird eine akute Belastungsreaktion diagnostiziert.

Eine im Februar 2013 veröffentlichte umfassende Studie des Department of Veteran Affairs zum Thema Selbsttötung zeigte beunruhigende Zahlen: Pro Tag begehen durchschnittlich 22 ehemalige Soldatinnen und Soldaten Suizid

---

[9] Department of Veterans Affairs and Department of Defense: „Clinical Practice Guideline for Management of Post-Traumatic Stress Version 2.0", 2010, auf: **www. healthquality.va.gov/ptsd/cpg_PTSD-FULL-201011612.pdf**.

– das ist eine Person alle 65 Minuten. Die Veröffentlichung der Studie erfolgte nur wenige Tage nachdem die US-Armee zugegeben hatte, die Suizidrate habe im Jahr 2012 eine Rekordhöhe erreicht und unter den Soldatinnen und Soldaten im aktiven Dienst die Zahl der im Kampf Umgekommenen mit 349 Suiziden – nahezu einem pro Tag – überholt.[10] Die Behandlung von PTBS hat das Leiden zwar zweifellos verringert und vielen Dienstangehörigen, die aus dem Kampf zurückkehrten, ermöglicht, den Übergang ins zivile Leben zu meistern. Die Suizidrate bei den Veteraninnen und Veteranen unter 30 nimmt jedoch zu.[11]

Bei Problemen im Zusammenhang mit Traumata, darunter auch PTBS, werden verschiedene Psychotherapieformen angeraten. Die wissenschaftliche Untersuchung der Wirksamkeit einzelner Therapien kam zwar zu unterschiedlichen Schlüssen, ein allgemeiner Ausgangspunkt für Therapien ist jedoch die Annahme, dass es bei einer psychotherapeutischen Intervention wesentlich ist, die Voraussetzungen und die Gewährleistung von Sicherheit und Unterstützung zu fördern sowie eine gewisse Grundaufklärung über PTBS zu vermitteln. Am umstrittensten sind die so genannten Konfrontationstherapien, die eine erneute Exposition mit dem traumatischen Ereignis als wesentlicher Schritt des Heilungsprozesses zu erreichen suchen. Andere therapeutische Situationen wie die kognitive Verhaltenstherapie zielen darauf ab, die Gefühle und Handlungen eines traumatisierten Menschen zu verändern, indem die Denk- oder Verhaltensmuster (oder beide zusammen), die für negative Emotionen verantwortlich sind, verändert werden. Bei der kognitiven Verhaltenstherapie lernt man, Gedanken zu erkennen, die einen ängstigen oder aufwühlen, und sie anschliessend durch weniger erschütternde Gedanken zu ersetzen. Ziel dabei ist, die Angstsymptome – eine der Hauptursachen des Leidens – zu verringern.

Im Bewältigungsprozess scheint nicht nur die Psychotherapie äusserst wertvoll, sondern auch ein soziales Unterstützungsnetzwerk für die Betroffenen. Hier liegt die Verantwortung von Familien und Freunden, aber auch von Kirchengemeinden. Die Kirchen sind aufgerufen, Unterstützungsprogramme zu entwickeln, die umfassender auf die psychologische Schädigung, die wirtschaftliche Ausgrenzung und die gesellschaftliche Entfremdung, denen Kriegsveteraninnen und -veteranen ausgesetzt sind, eingehen. Zahlreiche Veteraninnen und Veterane kämpfen mit Langzeitarbeitslosigkeit, Obdachlosigkeit und der Beeinträchtigung ihrer Beziehungen und Familien. Das psychosomatische Traumaphänomen führt demnach konkret zu

---

[10] Vgl. Peter Cooney (Hg.): „U.S. military veteran suicides rise, one dies every 65 minutes", Reuters, 1. February 2013, **www.reuters.com/article/2013/02/02/ us-usa-veterans-suicide-idUSBRE9101E320130202**.

[11] Zu diesem Thema vgl. Penny Coleman: „Flashback. Posttraumatic Stress Disorder, Suicide, and the Lessons of War", Boston, 2006.

sozialen, politischen und kulturellen Problemen. Einige Veteraninnen und Veteranen erzählen, sie fühlten sich wie wandelnde Tote oder Gespenster in einer Gesellschaft, die sie nicht mehr unterstützt, oder die ein zwiespältiges Verhältnis zu in der Vergangenheit geführten Kriegen pflegt.

Ausserdem leiden zahlreiche Veteraninnen und Veteranen an moralischen Verletzungen, aufgrund einer Tätigkeit, zu der auch das mögliche Töten von Zivilpersonen gehörte. Im Dezember 2009 beschrieben Psychotherapeutinnen und -therapeuten des Department of Veteran Affairs erstmals eine Kriegswunde, die sie „moralische Verletzung" nannten. Das Ministerium definiert diese als äusserste Not, ausgelöst durch „das Ausführen, Nichtverhindern oder Beobachten von Handlungen, die gegen tief verwurzelte moralische Überzeugungen und Erwartungen verstossen"[12]. Das Ministerium ist der Ansicht, dass diese Verletzung bedeutend zu klinischer Depression, Sucht, aggressivem Verhalten und Suizid beiträgt und manchmal die Entstehung von PTBS auslösen oder intensivieren kann. Moralische Verletzung ist nicht dasselbe wie PTBS. Sie deutet auf einen besonderen moralischen Konflikt hin – zwischen der Absicht, Freiheit und Unabhängigkeit zu verteidigen, und der Erfahrung sinnlosen Tötens. Der Umgang mit moralischer Verletzung ist eine Aufgabe für die Politik, die Zivilgesellschaft, aber auch für die Kirchengemeinden. Sie obliegt nicht bloss der Verantwortung spezialisierter Therapeutinnen und Therapeuten und Beraterinnen und Berater. Die kirchlichen Führungsverantwortlichen sind aufgefordert, geistliche Führung sowie theologische und ethische Reflexion anzubieten. Moralische Verletzung kann nicht als rein persönliches Problem betrachtet werden, mit dem Soldatinnen und Soldaten nach ihrer Rückkehr zu kämpfen haben, sondern ist eine Herausforderung für eine Gesellschaft, die Kriegsführung als geeignetes aussenpolitisches Mittel betrachtet.

> Moralische Verletzung ist ein innerer Konflikt, entstanden durch die moralische Einschätzung, man habe Schaden zugefügt, durch ein Urteil, das auf einem Gefühl persönlichen Handelns basiert. Die Verletzung ergibt sich aufgrund einer Fähigkeit zur Empathie und zur Selbstbetrachtung. Diese Einschätzungen gelten nicht nur für aktives Handeln wie Töten, sondern auch für passives Verhalten, wenn jemand zum Beispiel einen Schaden nicht verhindern kann oder zusieht, wie ein enger Freund getötet wird. Moralische Verletzung kann auch beinhalten, dass man sich von Personen in Autoritätsposition verraten fühlt. Selbst wenn eine Handlung jemandes Leben rettete oder sich zum fraglichen Zeitpunkt richtig anfühlte, kann ein Veteran, eine Veteranin später Gewissensbisse oder Schuld verspüren, weil er/sie einen Schaden anrichten musste, der gegen seine/ihre inneren Werte

---

[12] Shira Maguen und Brett Litz: „Moral Injury in Veterans of War", in: *PTSD Research Quarterly, 23/1*, 2012, S. 1.

verstösst. Manchmal kann schon allein die Sicht oder das Anfassen menschlicher Überreste eine moralische Verletzung verursachen.[13]

Gefühle wie Scham, Kummer, Wertlosigkeit und Reue deuten auf Handlungen hin, die moralische Kernwerte verletzt haben. Sie sind Symptome der tiefgreifenden Krise, die eine moralische Verletzung auslöst.

Wer an einem Trauma leidet, stellt die Welt auf eine Art und Weise in Frage, die sich an den Ursachen oder am Sinn orientiert und oft ein Gefühl der kognitiven Dissonanz zu lösen sucht. Im Zusammenhang mit der Suche nach den Ursachen tauchen dabei oft Fragen auf wie: Warum ist dieses Ereignis geschehen? Wer ist schuld – ich? andere? Gott? Halfen meine Reaktionen anderen Menschen oder verletzten sie andere? Ist dieses Ereignis gerecht, richtig, fair? Der Versuch, den Sinn zu erkennen, kann hingegen zu folgenden Fragen führen: Kann ich den Menschen vertrauen? Bin ich noch sicher? Was sagt dies über mich aus? Kann ich meine Zukunft kontrollieren? Bin ich die Mühe wert? Was für Lehren habe ich gezogen? Was bedeutet dies für meine Zukunft? Kognitive Dissonanz hat mit der Frage zu tun, wie das Ereignis in meine frühere Weltsicht hineinpasst. Kann ich das Ereignis neben meine Grundannahmen stellen, ohne dass eine Spannung entsteht? Da ich das Trauma nicht ändern kann: Wie müssen sich meine Gedanken und Überzeugungen verändern?[14] Die Arbeit der Seelsorgerinnen und Seelsorger beschäftigt sich damit, das Sinnverständnis zu verändern. Diejenigen, die in Veteranenkrankenhäusern arbeiten und Kriegsveteraninnen und -veteranen auf ihrem Weg begleiten, arbeiten in diesem Tumult an Fragen und Unsicherheiten. Die Seelsorgerinnen und Seelsorger sind oftmals nicht therapeutisch geschult. Doch sie sind bestrebt, die therapeutischen Prozesse zu unterstützen, indem sie sich auf die aufbrechenden religiösen oder spirituellen Fragen konzentrieren.

SCHERBEN WIEDER ZUSAMMENFÜGEN: DIE ARBEIT MIT KLAGEPSALMEN

Das Seelsorgehandbuch (Spiritual Care Handbook) zu PTBS beschreibt verschiedene Ressourcen im Bereich der Seelsorge. Genannt werden das Gebet,

---

[13] Herman Keizer Jr.: „I'll be home for Christmas", auf: **http://worship.calvin.edu/resources/resource-library/i-ll-be-home-for-christmas**.

[14] Vgl. Kent Drescher: „Suggestions for Including Spirituality in Coping with Stress", auf: **http://uwf.edu/cap/HCWMS/materials/Drescher%20-%20Suggestions%20for%20Including%20Spirituality%20in%20Coping%20with%20Stress%20and%20Trauma.pdf**.

Heilungsrituale, die für den religiösen Hintergrund der/des Betroffenen geeignet sind, die Beichte, die Beschäftigung mit Schuld und Vergebung, geistliche autobiographische Arbeit, das Lesen der Heiligen Schrift, die Veränderung der Gottesbilder und schliesslich die Ermutigung, eine religiöse Gemeinschaft zu suchen.[15] All diese vielfältigen spirituellen Ansätze versuchen, die komplexen psychosomatischen Wunden zu lindern, unter denen Veteranen leiden. Die Arbeit muss dabei auf eine geistliche Präsenz der Seelsorgenden gegründet sein, die weder Angst auslöst noch verurteilt.

Im Folgenden werde ich mich auf zwei Beispiele konzentrieren, in denen Klagepsalmen auf unterschiedliche Art und Weise eingesetzt werden. Der Seelsorger Brian Kimball bietet Bibelbetrachtungen an, in denen er vorschlägt, Psalm 55 mit der Stimme eines Soldaten oder einer Soldatin zu lesen, der durch den Stress des Kampfeinsatzes beeinträchtigt worden ist. Dazu werden die mit Kampfhandlungen verbundenen Stressfaktoren und die Reaktionen auf den Stress der Kampfhandlung im Text herausgearbeitet:

Mit Kampfhandlungen verbundene Stressfaktoren:
Vers 3: (körperlich) ruhelos
Vers 4: (geistig) Bedrängnis
Vers 5: (geistig) Furcht
Vers 6: (geistig) Grauen
Vers 14: (geistlich) Lügen
Vers 16: (geistlich) Wut angesichts von Ungerechtigkeit

Reaktionen auf den Stress der Kampfhandlung:
Vers 3: (körperlich) ruhelos
Vers 6: (körperlich) Zittern
Vers 4: (geistig) abgelenkt
Vers 5: (emotional) Furcht
Vers 6: (emotional) überfallen
Verse 7 bis 9: (emotional) Wunsch, zu fliehen
Verse 2-3a: Anrufung Gottes
Verse 3b-9: die Bedrängnis des Psalmisten
Verse 10-12: Flehen um Verurteilung des Feindes
Verse 13-15: der falsche Freund
Vers 16: erneuter Aufruf zur Verurteilung

---

[15] Pfarrer Brian Hughes, BCC, und Pfarrer George Handzo, BCC: „Spiritual Care Handbook on PTSD/TBI. The Handbook on Best Practices for the Provision of Spiritual Care to Persons with Post Traumatic Stress Disorder and Traumatic Brain Injury", auf: **www.healthcarechaplaincy.org/userimages/Spiritual%20 Care%20PTSD%20Handbook1.pdf.**

Verse 17-20: Vertrauensbekräftigung
Verse 21-22: erneute Erwähnung des falschen Freundes
Verse 23-24: vertrauensvolles Hoffen auf Gott.[16]

Kimball fordert die Lesenden auf, in diesem Psalm einen Spiegel ihrer eigenen Verwundung zu sehen. Er motiviert sie dazu, Fragen zu beantworten, darunter:

> Sind Sie überrascht, dass David kampfbedingten Stress erlebte? Was für Hindernisse muss ein Veteran, eine Veteranin überwinden, um sich in Gottes Abhängigkeit begeben zu können wie David es getan hat? Wie kann Psalm 55 angesichts des heutigen Krieges auf diejenigen angewandt werden, die aus dem Krieg zurückkehren? Wie hat Gott Sie während Ihres Kampfeinsatzes gestützt?[17]

In Anlehnung an Martin Luther bedeutet dies: Diese Art der Psalmenauslegung kann den Veteraninnen und Veteranen vielleicht helfen, in den Worten von Psalm 55 einen Ausdruck ihrer eigenen Stürme des Herzens zu erkennen. In diesem Sinne wird eine Reise nach innen gefördert. Gleichzeitig kann eine solche Lesung Gemeinschaft vermitteln und das Bewusstsein stärken, nicht allein zu sein. Durch die beschriebene Arbeit mit den Klagepsalmen werden Veteraninnen und Veteranen ermutigt, ihre eigene Stimme zu finden und dem leidenschaftlichen Ringen mit Gott einen Raum zu geben. Seelsorgende sollten solche Ausdrucksformen des Glaubens fördern.

Das zweite Beispiel beschreibt die Arbeit einer Seelsorgerin in einem Krankenhaus des Kriegsveteranenministeriums im Mittleren Westen der USA. Die Seelsorgerin nutzt Klagetraditionen, um Menschen mit PTBS zu helfen, ihre traumatische Erfahrung zu verändern, und um ein Umfeld zu schaffen, indem die Veteranen ihre Beziehung zu Gott ausdrücken können.[18] Diese Praxis wurde auch von anderen Veteranenkrankenhäusern im Land übernommen. Das folgende Beispiel stützt sich nicht auf die konkreten Bilder von Klage und Hoffnung, die die Psalmen enthalten. Vielmehr wird die Struktur der Klagepsalmen gewählt, um einen Imaginationsraum zu schaffen. Ein Prozess des kreativen Schreibens wird gefördert, indem folgende Fragen und Aufgaben gestellt werden:

---

[16] Ebd., S. 75.

[17] Ebd., S. 75.

[18] Ich danke Wade Meyers, über den ich diese Arbeit anlässlich einer Schulung über Erinnerungspraxis an der Graduate Theological Union im Frühling 2010 kennengelernt habe. Er hat mir die Erlaubnis erteilt, dieses Beispiel hier zu nennen.

- Wie können Sie Gottes Aufmerksamkeit auf sich lenken?
- Was sind Ihre Klagen?
- Bringen Sie Vertrauen zum Ausdruck.
- Was wollen Sie erreichen?
- Drücken Sie die Gewissheit aus, dass Sie angehört worden sind.
- Drücken Sie Lobpreis aus.

Ein Veteran der Arbeitsgruppe verfasste folgenden Text dazu:

Lieber Gott, grosse Gaia, König der Könige, himmlischer Vater, Erlöser, he, du da oben, Herr unser Vater, Jesus Christus Jehovah, JHWH,

du hörst nicht zu!!! Warum ist das passiert? ... MIR passiert? Warum bin ich hier? Wo bist du? Wo warst du? Was habe ich falsch gemacht? Hörst du mir überhaupt zu / kümmert es dich überhaupt? Warum habe ich solange gebraucht, um herauszufinden, was mein Problem ist? Bist du überhaupt da? Warum lässt du mich leiden? Hey, warum nimmst du mich nicht einfach zu dir? Warum gibt es Krieg? Wann hört der Schmerz endlich auf? ... Wird er je aufhören? Bedeutet gar nichts.

Ich habe mir selbst in die Brust geschossen und bin verdammt nochmal immer noch da. Ich will dir nicht vertrauen, aber die Tatsache, dass ich hier bin, sagt etwas aus. Ich habe so vieles angestellt, das mich hätte umbringen sollen ... Wir haben dem Suizid ins Auge geschaut, viele von uns haben versucht, sich umzubringen, dennoch sind wir hier ...

Ich will Antworten ... geistige Gesundheit ... Frieden ... Gelassenheit. Ich will geliebt werden. Ich will schlafen – die ganze Nacht durch, ohne Albträume, ohne Schweissausbrüche, ohne aus dem Schlaf aufzuschrecken und nicht zu wissen, wo ich bin. Ich will lieben können ... vertrauen können ... in mir selbst Vergebung finden, zunächst für mich und dann für die anderen. Ich will „normal" sein. Ich will mich hinsetzen können, ohne dass mir jemand den Rücken decken muss. Ich will mich in einer Menschenmenge entspannen und Spass haben können. Ich will mich selbst verstehen und bei anderen Verständnis für mich finden. Ich will voranschreiten, im Leben weiterkommen ... meine Probleme bewältigen.

Wenn ich auf meine Gebete Antwort erhalte, weiss ich, dass ich erhört worden bin. Dass diese Gruppe existiert ... zeigt mir, dass wir dir wichtig sind. Ich höre immer wieder von den anderen so viele Regeln darüber, „wie ich beten soll". Ich will darauf vertrauen, dass du meine Gebete hörst ... egal, wie sie zu dir gelangen ... Ich will zu dir beten ... jederzeit ... überall.

Ich danke dir jeden Morgen dafür, dass du da bist ... Ich danke dir für einen weiteren Tag.... Amen.[19]

---

[19] Wade Meyers, Broschüre.

Diese Praxis des Klagens folgt in loser Form den Klagepsalmen, wie sie von Bibelforschern der hebräischen Texte wie Claus Westermann erkannt wurden. Westermann bestimmt folgende Merkmale: Ein Klagepsalm beginnt gewöhnlich mit einer Anrufung, einem dringenden Flehen um Gottes Aufmerksamkeit. Die Klage selbst ist oft dreiteilig: Die Klage gegen die Feinde bringt die erlebten Bedrohungen zum Ausdruck. Die Klage in der Ich-Form beschreibt das Leiden des Betenden, die Gott-Klage bringt Sorge über die göttliche Beteiligung am Leiden zum Ausdruck, oft in Form einer Beschwerde. Diesen Klagen stehen Sätze des Vertrauens gegenüber, der Erinnerung an Erfahrungen von Sicherheit und Unterstützung. All dies fliesst am Ende in einem dringenden Flehen um Rettung zusammen.[20]

Die Seelsorgerin nimmt eine bedeutende Änderung vor, sie passt die oben beschriebene Sequenz an. Ihre Aufgabenstellung enthält keine ausdrückliche Aufforderung, von der ursprünglichen Erfahrung zu erzählen, die zu den Klagen über den Feind gehören könnte. Es geht um Klagen in einem weiteren Sinne. Der Rahmen der Klage bietet eine Struktur, die Stabilität schafft. Sie beginnt mit einer Anrede Gottes und baut so eine Beziehung auf. Hier geht es nicht um einen freien Fall zurück in die Schreckenssituation, sondern darum, die eigene Wahrheit auszusprechen. Diese weist am Ende auf eine Zukunft hin, die ein Ausdruck des Vertrauens in Gott zu sein verspricht. Das Verfassen solcher Klagepsalmen könnte man als eine antizipatorische Übung bezeichnen. Sie ist vermutlich nicht völlig im Einklang mit dem gegenwärtigen emotionalen Zustand der Betroffenen, vertraut jedoch darauf, dass die Struktur der Klagepsalmen eine Chance bietet, sich selbst in eine Wirklichkeit hineinzusprechen, die noch nicht gänzlich realisiert ist.

Das aufgeführte Beispiel enthält in den Anrufungen eine breite Palette von Namen für die Wirklichkeit Gottes. Die meisten davon gehören zu einer metaphorischen Welt, die einen Gott skizziert, der allmächtig ist (König der Könige, himmlischer Vater). Dazwischen finden sich Namen, die in neopaganen Kreisen in den USA verwendet werden, wie Grosser Geist und Gaia.

Die erste Klage führt sofort zu einer Spannung im Hinblick auf Gottes Beteiligung an dieser Situation. Als unmittelbare Anrede fordert sie Gott in seiner Fähigkeit heraus, mitfühlend zu sein. Die gestellten Fragen ringen mit der Erfahrung göttlicher Abwesenheit: „Du hörst nicht zu? Wo bist du?" Gleichzeitig sehen die Fragen einen Gott, der solches Leiden verursacht. Das Paradoxon zwischen einerseits der Behauptung, Gott handle im Leiden, und andererseits der göttlichen Abwesenheit wird durch die Schaffung dieser Litanei von Fragen vertieft.

---

[20] Vgl. Claus Westermann: „Lob und Klage in den Psalmen", Göttingen, 1983.

Im nächsten Abschnitt findet ein gescheiterter Suizidversuch Erwähnung. Die Person, die die Klage verfasst, macht eine Anspielung auf die Situation, die viele Veteranen mit PTBS durchleben. Er/sie schafft sofort einen Kontrapunkt, der fast stur klingt, „Ich bin verdammt nochmal immer noch da", und später: „und doch sind wir hier ..." Der Ausdruck des Vertrauens, nach der diese Formulierung verlangt, findet sich nur zögerlich: „die Tatsache, dass ich hier bin, sagt etwas aus".

Durch die Beantwortung der Frage „Was willst du?" entsteht ein Gefühl des Vertrauens. Zunächst werden Aspekte umfassenden Wohlergehens erwähnt: geistige Gesundheit, Gelassenheit, Frieden und Liebe, die Fähigkeit zu lieben und von anderen geliebt zu werden, der Wunsch nach Vergebung und die Fähigkeit, anderen zu vergeben. Der Wunsch, zu leben, der dahintersteht, birgt intime, gesellschaftliche, religiöse, psychologische, aber auch physische Dimensionen. Er zeigt sich in der Sehnsucht, von den PTBS-Symptomen, wie Albträumen, Schweissausbrüchen und Schlaflosigkeit befreit zu werden. Phasen der Übererregung und der Gefühllosigkeit in Beziehungen werden ausgesprochen. All diese Dinge müssen beim Namen genannt werden, in einem Ringen, das durch die Übung des Klagens Gestalt gewinnt.

Die Gewissheit, dass der/die Betende erhört worden ist, wird erneut zögerlich, in Form eines Wunsches ausgedrückt: „Ich will auf dich vertrauen, ich will zu dir beten." Eine Aussage, die etwas wie unerschütterliches Vertrauen ausdrückt, bezieht sich auf die Selbsthilfegruppe: „Dass diese Gruppe existiert ... zeigt mir, dass wir dir wichtig sind." Der abschliessende Lobpreis bezieht sich auf die Erfahrung der göttlichen Präsenz im Hier und Jetzt: „Ich danke dir jeden Morgen dafür, dass du da bist."

Die Aufforderung, eine Klage zu formulieren, schafft eine Öffnung, um sich auf das Hier und Jetzt zu konzentrieren und die Schrecken der Vergangenheit nicht direkt in Erinnerung zu rufen. Es geht dabei nicht darum, zu versuchen, zu den ursprünglichen Wunden zurückzukehren, oder sich intensiv im Geiste den Flashbacks und den furchterregenden Scherben der Erinnerung zuzuwenden. Die Aufgabenstellung lädt dazu ein, sich aufmerksam dem Schreibprozess zu widmen, der auf die Zukunft ausgerichtet ist. Die gegenwärtigen Symptome werden dabei ernst genommen, ohne dass sie jedoch das letzte Wort haben müssen. Kreatives Schreiben vertraut darauf, dass in der geteilten Imagination eine heilende Kraft liegen kann.

Die Arbeit mit Klagepsalmen, wie sie oben beschrieben wurde, kann ein sinnvoller Aspekt der Seelsorge sein. Sie erschliesst die Dimension der eigenen Verletzungen, kann aber natürlich die moralischen Überschreitungen, die viele Veteranen quälen, nicht lösen. Die geistliche Arbeit zur Bewältigung zwiespältiger Erfahrungen in ihrer ganzen Tiefe muss auch die komplexen Dimensionen der Schuld behandeln. Begangene Grenzverletzungen oder Verstrickungen in unmoralisches und gewaltsames Verhalten im Kampf, die man nachträglich nicht rechtfertigen kann, zu bewältigen, sind Herausforderungen, denen seelsorgerische Begleitung Raum lassen muss. Karl Marlantes zum Beispiel beschreibt das Ringen mit der Erfahrung, einen anderen Menschen getötet zu haben.[21] Er erklärt, die Marine hätte ihn geschult, die Hemmung zu überwinden, einen anderen Menschen zu töten, doch niemand hätte ihn darauf vorbereitet, was danach geschähe, – geistlich, moralisch und emotional –, wenn das Gewissen sich zu Wort meldet. Der Vietnam-Veteran und Philosoph Camillo Bica fängt das Problem in einem Gedicht mit dem Titel „The Warrior's Dance" (Tai Chi Chuan, dt. der Tanz des Kriegers) ein, das er während seines Einsatzes in Vietnam verfasste:

> Ich fürchte, ich bin diesem Schrecken nicht mehr fremd
> Ich bin, ich bin, ich bin der Schrecken.
> Ich habe meine Menschlichkeit verloren.
> Und den Irrsinn des Krieges übernommen.
> Das Monster und ich, wir sind eins ...
> Das Blut von Unschuldigen befleckt für immer meine Seele.
> Die Verwandlung ist vollständig,
> Und ich kann nie mehr zurück.
> Mea culpa, mea culpa, mea maxima culpa.[22]

Diese Dimension der Reue kann durch die Arbeit mit Klagepsalmen nicht angesprochen werden. Um auf das Ausmass der Schuld und der Scham zu reagieren, sind unterschiedliche Interventionen gefragt. Dazu gehört möglicherweise, dass man die Schuldgefühle, die die Menschen mit sich herumtragen, genauer betrachtet und untersucht, wie damit einhergehend ein aggressives Verhalten gegen sich selbst und ein verletzendes Sinnverständnis auftreten –, um diese danach umzudeuten.

Mit diesen Worten will ich die Bedeutung der Arbeit mit den Psalmen nicht mindern. Sie helfen vielmehr, zwischen verschiedenen Dimensionen im Seelsorgeprozess zu unterscheiden.

---

[21] Vgl. Karl Marlantes: „Was es heisst, in den Krieg zu ziehen", Zürich 2013.

[22] Veröffentlicht in: Rita Nakashima Brock und Gabriella Lettini: „Soul Repair: Recovering from Moral Injury after War", Boston, 2012, S. 29-30.

PSALMEN ALS RESSOURCE IN DER SEELSORGE MIT TRAUMATISIERTEN MENSCHEN

Erstaunlicherweise stimmt die Grundstruktur der Klagepsalmen mit Einsichten aus kognitiven Therapien überein, die in der Absicht entstanden sind, ein Gleichgewicht zwischen dem Ausdruck schrecklicher Erfahrungen und dem Angebot hilfreicher Ressourcen zu schaffen, die den Elan zum Leben hin unterstützen. Ausschlaggebend ist dabei, dass die Person nicht von negativen Bildern und Gefühlen überschwemmt wird. Vielmehr soll die Fähigkeit gefördert werden, Kreativität und Resilienz zu entwickeln, damit trotz des Gräuels, den die Betroffenen erlebt haben, hoffnungsvolle Bilder und ein Gefühl für die Möglichkeiten, die die Zukunft bieten könnte, entstehen können.

Die deutsche Traumatherapeutin Luise Reddemann erachtet die Schaffung dieses Gleichgewichts als entscheidend. In ihrem Ansatz zur Traumatherapie schlägt sie eine Interventionssequenz vor, die ein Gefühl der inneren Stabilität fördert, ein Gefühl, im eigenen Körper zu Hause zu sein, damit man dem Schrecken ins Auge sehen und am Ende die eigene, persönliche Geschichte annehmen und integrieren kann.[23]

Während allen Phasen dieser Sequenz spielt das Erschliessen der Vorstellungskraft eine Schlüsselrolle. Laut Reddemann ist es wesentlich, den Therapieprozess einzuleiten, indem man sich auf die bereits im Patienten, in der Patientin existierenden Ressourcen für die Heilung konzentriert. Dazu wird zunächst eine Liste scheinbar gewöhnlicher Fähigkeiten erstellt, die einem ermöglichen, alltägliche Probleme zu lösen. Eine weitere Übung besteht darin, einen „Ressourcenkoffer" zu packen – sich eine Kiste oder einen Koffer vorzustellen, gefüllt mit allem, was sich in anderen schwierigen Situationen als hilfreich erwiesen hat: Erinnerungen und Fotos von Freunden, Musik, körperliche Tätigkeiten. Die Stärkung der ressourcenreichen Vorstellungskraft ist für den Therapieprozess entscheidend. Ich denke, dass Bilder aus den Psalmen, die Schönheit, Ehrfurcht, Sicherheit und Selbstliebe evozieren, ebenfalls ihren Platz in einem solchen imagi-

---

[23] Vgl. Luise Reddemann: „Imagination als heilsame Kraft: Zur Behandlung von Traumafolgen mit ressourceorientierten Verfahren", Stuttgart, 2001. Eine Besprechung der religiösen Aspekte der Arbeit von Reddemann findet sich bei Kristina Augst: „Auf dem Weg zu einer traumagerechten Theologie. Religiöse Aspekte in der Traumatherapie – Elemente heilsamer religiöser Praxis", Stuttgart, 2012, S. 89-118. Eine Integration der Arbeit von Reddemann in den Kontext der Seelsorge findet sich bei Hans-Martin Gutmann: „After Violence: Narratives of Grace in the Midst of Trauma", in: Andrea Bieler, Christian Bingel und Hans-Martin Gutmann (Hg.): „After Violence. Religion, Trauma, and Reconciliation", Leipzig, 2011, S. 138-148.

nären Ressourcenkoffer finden könnten. Die Psalmen erzählen reichlich von der Schönheit der Schöpfung und davon, wie wunderbar der Mensch geschaffen wurde.

Zusätzlich zur Übung mit dem Ressourcenkoffer schlägt Reddemann vor, mit der Vorstellung des inneren sicheren Ortes zu arbeiten. Es handelt sich um eine Übung der räumlichen Vorstellungskraft, in der der Patient/ die Patientin aufgefordert wird, sich einen Ort des Wohlbefindens und der Sicherheit vorzustellen. Der Patient/die Patientin entscheidet selbst, wer in diesem inneren sicheren Ort wohnen soll und wie der Ort aussehen soll.[24] Solche mentalen Bilder werden entwickelt, um ein Gegengewicht zu schaffen zu schreckenerregenden, auf einen eindringende und mit Traumaorten verbundene Erinnerungen, und diese einzuschränken. Interessant ist, dass zahlreiche Psalmen ebenfalls die räumliche Imagination inspirieren. Viele Psalmen skizzieren einen imaginären Raum der Rettung und der Zuflucht inmitten gewaltiger Bedrohungen. Der bereits erwähnte Psalm 55 formuliert die Stimme eines traumatisierten Ichs, das eine Möglichkeit findet, dem drohenden Tod in der Stadt, die nicht mehr sicher ist, zu entkommen, indem es das Bild der Taube entstehen lässt, die in die Wüste fliegt, als Ort der Rettung und der Ruhe, weg vom Sturmwind.[25] Die Wüste, die in der hebräischen Bibel ein äusserst zwiespältiger Ort ist, weil sie auf Gefahren und Erfahrungen des Kontrollverlusts verweist, wird hier als rettender Ort beschrieben. Sie ist ein alternativer Raum zur gewaltgeprägten Stadt, die keinen Schutz bietet (siehe Verse 11 ff.). Ein weiteres Beispiel ist Psalm 23, gelesen mit der Stimme eines Menschen, der Zuflucht und Schutz sucht. Der imaginative Raum, den Psalm 23 erahnen lässt, ist das finstere Tal (Vers 4), und daneben die die Seele erquickenden grünen Auen und das frische Wasser, als dem Ort, den Gott bereitstellt. In Psalm 27,4-5 wiederum werden der Tempel und das Zelt Adonais als Orte göttlicher Errettung geschildert. Viele Psalmen stützen sich auf diese Dynamik der Schaffung eines Zufluchtsortes, eines sicheren Ortes inmitten der Feinde.

Reddemann beschreibt ausserdem, wie man im therapeutischen Kontext den „inneren Beobachter" kennenlernt.[26] Oft erleben Menschen einen Durchbruch, wenn sie erkennen, dass sie nicht untrennbar mit ihren Gefühlen und Reaktionen verbunden sind, sondern über die Möglichkeit verfügen, sich zeitweilig von den Auswirkungen des Traumas zu lösen, indem sie sich selbst beobachten und mit den sie verfolgenden Bildern in einen inneren

---

[24] Vgl. Reddemann, ebd., S. 42-46.

[25] Für eine detaillierte Exegese vgl. Ulrike Bail: „Gegen das Schweigen klagen. Eine intertextuelle Studie zu den Klagepsalmen Ps 6 und Ps 55 und der Erzählung von der Vergewaltigung Tamars", Gütersloh, 1998, S. 160-213.

[26] Vgl. Reddemann, a. a. O. (Fussnote 23), S. 115-127.

Dialog treten. Diese Art des inneren Dialogs konfrontiert das Gefühl des Aufgesaugt-Werdens – Ich bin der Schrecken –, das Camillo Bica in seinem Gedicht beschreibt. Den inneren Beobachter sprechen zu lassen bedeutet, die Albträume immer wieder zu fragen: Was wollt ihr mich lehren?

Diese Übung kann von höchster Bedeutung sein, hilft sie doch, den Eindruck zu schaffen, dass man wieder etwas gegen die Erfahrung überwältigender Hilflosigkeit unternimmt, die einen überwältigen kann, wenn man unter PTBS leidet.

In den Psalmen findet sich häufig die klagende Stimme des inneren Ichs. Sie beschreibt die Gewalt, die die Person äusserlich umgibt und achtet auf die inneren Zustände, die schrecklichen Gefühle des Horrors und die Angst, überwältigt zu werden. Lesen wir dazu erneut Psalm 55,3 ff.:

> [...] wie ich so ruhelos klage und heule, da der Feind so schreit und der Gottlose mich bedrängt; denn sie wollen Unheil über mich bringen und sind mir heftig gram. Mein Herz ängstet sich in meinem Leibe, und Todesfurcht ist auf mich gefallen. Furcht und Zittern ist über mich gekommen, und Grauen hat mich überfallen.

Auf den ersten Blick mag der Eindruck entstehen, dieses Gebet zeige jemanden, der sich selbst verliert. Ruhelosigkeit, Verzweiflung, Verwirrung werden angesprochen. Die Person nimmt eine räumliche Perspektive von oben nach unten ein, und zwar durch die wiederholte Erwähnung der Worte „über mich". In Anlehnung an die Auslegung von Ulrike Bail denke ich, dass die Formulierung in der Ich-Form ein erster Schritt hin zur Handlungsfähigkeit darstellt. Diese Art des Klagens kann als ein Anerkennen der Gewalt und ihrer Auswirkungen verstanden werden, während gleichzeitig ihre Macht eingeschränkt wird. Ähnlich mag die Ich-Form auch als innerer Beobachter verstanden werden, als eine Stimme, die mit den greifbaren Erlebnissen in einen Dialog treten kann, ohne von ihnen überwältigt zu werden.

Wer die Psalmen auf diese Art und Weise liest, unterstützt möglicherweise Prozesse ressourcenreicher Imagination, die alternative Bilder eines stärkeren inneren Selbst nähren – des sicheren Orts, aber auch des inneren Beobachters. Diese Vorstellungen drücken den Glauben an einen Gott aus, der nicht losgelöst ist vom menschlichen Leiden, sondern der den Verletzlichsten Zuflucht bietet. Klagepsalmen können in diesem Unterfangen eine wirkungsvolle Ressource sein. Sie eröffnen Räume, in denen Kriegsveteranen und veteraninnen Bilder finden, um ihre eigenes inneres Chaos zum Ausdruck zu bringen und gleichzeitig eine Sprache der Hoffnung zu entwickeln, die auf Gottvertrauen und seelische Heilung ausgerichtet ist.

Luthers poetische Auslegung der Psalmen

Dorothea Erbele-Küster

Beim Lesen und Hören der Psalmenauslegungen Martin Luthers beeindrucken einen nicht nur die Psalmen selbst sondern in gleicher Weise auch seine poetischen Auslegungen dieser. Dies ist Reflex auf Luthers Wertschätzung des Singens und der Musik. Er betont das „Erleben" und dass die Psalmen die Sinne ansprechen (*movere affectus*).[1] Seine Interpretation von Psalm 23 möge als ein Beispiel dafür dienen, wie die Sinne an der Rezeption eines Psalms beteiligt sind: man ist berauscht von der Gnade und dem Wort Gottes.[2] Dieser Rausch versetzt die Lesenden in eine festliche Stimmung. Luthers lebhafte Schilderung, wie Gott die Festtafel vorbereitet, entspricht in seiner Theologie der Betonung der Gnade Gottes und dem segensreichen Wirken des Wortes Gottes. Gott lädt uns an seinen Tisch ein, so seine Auslegung von Psalm 23. In der Gotteserfahrung werden die sinnlichen Aspekte des Schmeckens von Gott und Gottes Wort hervorgehoben – geradezu wie das Schmecken köstlicher Speise.

Poetische und rhetorische Analyse begleiten Luthers kontextuelle Interpretationen. Er verwendet bekannte Bilder, um die Psalmen mit dem Kontext seiner Lesenden und Hörenden zu verbinden und gelegentlich auch um bestimmte Themen in polemischer Weise hervorzuheben. Zu solchen Themen gehören Frauen, Juden bzw. jüdische Gemeinschaften, und die Anhängerinnen und Anhänger des Papstes. Die implizite Warnung, die davon ausgeht für mein eigenes Interesse an Ästhetik und Rhetorik liegt darin, achtsam zu sein gegenüber dem Missbrauch poetischen Redens. Mein Argument, wie es in dem Wortspiel „Po/et(h)ik" („po/et(h)ics") zum

---

[1] Vgl. Martin Luthers Gebrauch von „movere affectus" in der Erörterung von Gerhard Hammer: „Historisch-Theologische Einleitung zu den Operationes in Psalmos", Köln/Wien, 1991, S. 390.

[2] Vgl. Luthers Interpretation von Psalm 23: WA 51, S. 267-295.

Ausdruck kommt, besagt jedoch, dass Ästhetik uns zur Ethik führen kann.[3] Es vermittelt den Gedanken, dass das Poetische wesensmässig ethisch ist. Po/et(h)ik ist jedoch nicht dazu gedacht, die Ethik[4], das Anliegen des Guten, durch Ästhetik/Poetik, das Anliegen des Schönen oder der Sinne, zu ersetzen, sondern die ethischen Momente innerhalb der Ästhetik herauszustellen.

Ich benutze Po/et(h)ik im breiten Sinne austauschbar mit Ästhetik in Anlehnung an das griechische Wort *aesthesis* (Wahrnehmung, Empfindung). Po/et(h)ik impliziert, dass (rechte) Wahrnehmung zu (rechtem) Urteil führt, also von der Ästhetik zur Ethik. Die Verbindung von dem Schönen und dem Guten findet in ähnlicher Weise Ausdruck in dem hebräischen Wort *tov*. Dies wird sichtbar in 1.Mose, wo Gott die geschaffenen Werke als gut und schön (tov) erklärt.

Im methodologischen Bereich kommt Po/et(h)ik auf verschiedenen Ebenen zum Tragen, angefangen mit der Ebene des Textes selbst, wenn ich diejenigen Psalmen, die die Schönheit (Gottes) zum Thema haben, betrachte. Zweitens werde ich die durch diese Texte ausgelösten ästhetischen Erfahrungen untersuchen, indem ich meine Argumentation auf deren poetische Struktur und Sprache aufbaue. Ich interessiere mich für die ästhetische Wechselbeziehung zwischen Text und Leser/Leserin (Lesern/Leserinnen).[5] Die Rezeptionsästhetik, die sich auf die ästhetischen und sinnlichen Erfahrungen des Lesens und Schreibens und nicht auf die poetische Qualität eines Textes als solchem konzentriert, liefert den theoretischen Rahmen. Daher geht dieser Artikel der Frage nach, wie Lesen ein ästhetischer und ethischer Prozess mit transformativer Kraft wird. Dies wird exemplarisch an Psalm 27 untersucht. Ich werde mein Hauptaugenmerk darauf richten, wie die (Wahrnehmung der) Schönheit Gottes den Sprechenden verwandelt, und wie dessen Verlangen, Gott zu sehen, die Verwirklichung der Gerechtigkeit impliziert. In einem zweiten Schritt werde ich einige allgemeine Bemerkungen dazu machen, wie Poietik unser Verständnis der Psalmen fördert.

---

[3] Vgl. Ruben Zimmermann: „The Etho-Poetic of the parable of the Good Samaritan (Lk 10,25-37). The ethics of seeing in a culture of looking the other way", in: *Verbum et ecclesia* 29 (1008), S. 269-292. Bernhard Greiner und Maria Moog-Grünewald (Hg.): „Etho-Poietik. Ethik und Ästhetik im Dialog: Erwartungen, Forderungen, Abgrenzungen", Bonn, 1998. Wolfgang Welsch: „Ästhetik, Ethische Implikationen und Konsequenzen der Ästhetik", in: Christoph Wulf, Dietmar Kamper und Ulrich Gumbrecht (Hg.): „Ethik der Ästhetik", Berlin, 1994, S. 3-22.

[4] Vgl. Martin Seel: „Ethisch-Ästhetische Studien", *stw 1249*, Frankfurt, 1996.

[5] Vgl. Dorothea Erbele-Küster: „Lesen als Akt des Betens. Eine Rezeptionsästhetik der Psalmen", *WMANT 87*, Neukirchen-Vluyn, 2001; Neuauflage durch Eugene/ Oregon, 2013.

Neulesung von Psalm 27 im Licht der Po/et(h)ik

Psalm 27[6]

Mit Bezug zu David

Ewiger, mein Licht und meine Befreiung, vor wem sollte ich mich fürchten?

Ewiger, Zufluchtsort meines Lebens, vor wem sollte mir bang sein?

Überwältigen mich Übeltäter, die mich zerfleischen wollen,

die mich bedrängen und anfeinden – sie straucheln, sie stürzen.

Selbst wenn ein Heer mich belagert, mein Herz fürchtet sich nicht;

selbst wenn eine Schlacht gegen mich entbrennt, ich bleibe voll Zuversicht.

Eines habe ich vom Ewigen erbeten, dieses eine begehre ich,

dass ich im Haus des Ewigen wohnen darf alle Tage meines Lebens,

um die Lieblichkeit Gottes zuschauen, um in seiner Vorhalle nachsinnen zu können.

Denn er birgt mich in seiner Hütte am Unheilstag.

Er wird mich verbergen in seinem schirmenden Zelt.

Hoch auf einen Felsen stellt er mich.

Ja nun – überrage ich, die mich anfeinden, mich einkreisen,

ich bringe in seinem Zelt Opfergaben des Jubels dar.

Ich werde Poesie dichten und musizieren dem Ewigen.

Höre, Ewige, meine Stimme, wenn ich rufe!

Erweise mir deine Barmherzigkeit! Antworte mir!

Zu dir spricht mein Herz: Sucht mein Angesicht!

Ich suche dein Angesicht, Ewiger.

Verbirg dein Angesicht nicht vor mir!

Weise den, der dir gehört, nicht ab im Zorn!

Du bist mir zur Hilfe gekommen.

Gib mich nicht auf, verlass mich nicht, Gott meine Befreiung.

Mein Vater und meine Mutter verlassen mich.

Aber der Ewige nimmt mich auf.

Weise mir deinen Weg, Ewiger.

Leite mich auf ebenem Pfad um willen von denjenigen, die mich verleumden.

Überlass mich nicht der Gier derer, die mir die Luft abschnüren,

denn lügnerische Zungen sind gegen mich aufgestanden und versprühen Gewalt.

Was wäre, wenn ich nicht die Gewissheit hätte,

die schöne Güte des Ewigen im Land der Lebenden zu sehen?

Richte dich aus auf den Ewigen, sei stark, fasse dir ein Herz,

richte dich aus auf den Ewigen!

---

[6] Alle Übersetzungen der Psalmen wurden von der Verfasserin erstellt. Ich möchte den Studierenden der Protestantischen Theologischen Fakultät in Brüssel danken für die Diskussionen über diesen Psalm während des Frühjahrssemesters 2013.

Psalm 27 beginnt mit einem verdichteten Nominalsatz, in dem die Ich-Stimme die enge Verbindung zwischen Gott und ihm/ihr selbst beschreibt:[7] „Ewiger, mein Licht und meine Befreiung" (Vers 1a). Im übrigen Psalm können wir verfolgen, wie das Licht, näher qualifiziert als Gottes Licht, die Wahrnehmung des Ich erhellt. Auf die Aussage in Vers 1a folgt eine Frage: Vor wem sollte ich mich fürchten? – wenngleich die Frage rhetorisch die Möglichkeit der Furcht andeutet. Dies baut im ersten Teil des Verses eine Art von Antithese auf – schwankend zwischen Vertrauen und Furcht. Das Wortspiel und die Alliteration zwischen den beiden hebräischen Worten *ori* (mein Licht) und *ira* (Furcht) halten beide zusammen.

Das allererste Wort des Gebets (Psalms) und auch das allerletzte ist der Name Gottes. Die vier hebräischen Konsonanten *jod he waw he* (das Tetragramm) bezeichnen den Namen Gottes in der hebräischen Bibel. Als Name ist es unübersetzbar. In unserer Übersetzung wird es umschrieben mit „Ewiger". Ein Eigenname ermöglicht Kommunikation und durch ihn lässt sich der Andere direkt anreden. Auf der Ebene der Struktur des Psalms umfasst der Name Gottes alles. Er hat eine inklusive Funktion. Während diese einleitende Ankündigung Gott direkt anspricht, indem Gottes unaussprechlicher Name ausgerufen wird, ermahnt sich das Ich am Ende des Psalms, dem Ewigen zu vertrauen. Über diese Ermahnung hinaus endet der Psalm damit, dass der Ich-Sprecher den alles umfassenden Namen Gottes anruft.

Der Sprecher beschreibt sodann Situationen des Unheils (Verse 2-3), wo er/sie bedrängt und umzingelt wird von Übeltuenden, aber sich dennoch sicher und zuversichtlich fühlt. Wenn von Heer und Belagerung die Rede ist, benutzt der Vers militärische Metaphern. Beim lauten Vorlesen des hebräischen Textes des Psalms unterstreicht der Klang die Stimmung: In diesem Vers werden ähnlich harte Konsonanten wiederholt: *chet teht he mem*.[8] Inmitten dieser lebensbedrohlichen Situation äussert die Ich-Stimme die Bitte (Vers 4):

Eines habe ich vom Ewigen erbeten,
    dieses eine begehre ich,
        dass ich im Haus des Ewigen wohnen darf alle Tage meines Lebens,
            um die Lieblichkeit Gottes zuschauen,
                um in seiner Vorhalle nachsinnen zu können.

---

[7] In der Ausgabe der deutschen Luther-Bibel („Die Bibel oder die Heilige Schrift des Alten und Neuen Testaments nach der Übersetzung Martin Luthers", Stuttgart, 1982), mit der ich aufgewachsen bin, stand der folgende Satz mit fettgedruckter Schrift: „Der HERR ist mein Licht und mein Heil; vor wem sollte ich mich fürchten? Der HERR ist meines Lebens Kraft; vor wem sollte mir grauen?"

[8] Günther Bader: „Psalterspiel: Skizze einer Theologie des Psalters", Tübingen, 2009, S. 230, spricht von „alliterierender Paronomasie".

Das Verb „schauen" (*hzh*) steht im Hebräischen in Verbindung mit der Präposition „auf" und betont so die Nähe zum Objekt. Diese Konstruktion bringt einen partizipatorischen Akt zum Ausdruck. Die Lieblichkeit Gottes steht parallel zur Vorhalle des Tempels und wird daher als Raum wahrgenommen. Der/die Sprechende ist von einem einzigen Verlangen besessen: der Lieblichkeit des Ewigen nachzusinnen (Vers 4).[9] Die hebräische Wurzel *noam* wird im Zusammenhang mit der körperlichen Schönheit benutzt (Hoheslied 1,16; 7,1; 2.Sam 23,1). In 2.Samuel 1,23.26, bringt es auch die Nähe und Lieblichkeit eines Freundes zum Ausdruck. Es wird parallel zu *tov* (gut und schön) gebraucht, womit der Name Gottes in Psalm 135,3 (vgl. Psalm 147,1) beschrieben wird.

In seiner Bibelübersetzung von 1545 ist Martin Luther zurückhaltend im Blick auf das visuelle und konkrete Bild Gottes. Durch seine Übersetzung „die schönen Gottesdienste des Herrn" wird der ästhetische Aspekt auf den von den Menschen geleisteten Dienst an Gott übertragen. Die hebräische Bibel spricht jedoch von der Lieblichkeit und Schönheit Gottes, und Luther umschreibt dies auch in seiner ersten Vorlesung über die Psalmen von 1513-1515 als „die Süsse und Freude im [sic!] Herrn"[10].

Der Blick des Ichs in Psalm 27 ist gefesselt von der Schönheit und dem Glanz des Ewigen. Das Ich erbittet mit ihrem/seinen Aufschrei um eine Begegnung von Angesicht zu Angesicht (Vers 8):

Zu dir spricht mein Herz:
Sucht mein Angesicht!
Ich suche dein Angesicht, Ewiger.

Das Ich enthüllt sich vor dem Angesicht Gottes. Es spricht weiter: „Verbirg dein Angesicht nicht vor mir!" (Vers 9a). Dies bringt das Verlangen nach einer Beziehung gegenseitiger Anerkennung zum Ausdruck: zu sehen (Vers 4, 8) und gesehen zu werden (Vers 9). Das Angesicht des/der Anderen spiegelt das eigene wider und das eigene Angesicht spiegelt das des/der Anderen wider. In diesem Sinne ist Gott Erleuchtung. Das Licht soll den Sprechenden auf einen rechten und ebenen Weg leiten (Vers 11).

---

[9] Die formkritische Literatur befasst sich mit diesem Ausdruck im Zusammenhang mit der Frage, ob dies als Hinweis auf einen kultischen „Sitz im Leben" zu verstehen ist. Wenn man den Psalm lediglich mit dem sogenannten Motiv des Hörens am Morgen (Morgenmotiv) bezeichnet, wird dadurch jedoch weder die ästhetische noch die körperliche Erfahrung Gottes durch das Ich hervorgehoben. Vgl. Frank-Lothar Hossfeld und Erich Zenger: „Die Psalmen. Psalm 1-50", *NEB. AT 29*, Würzburg, 1993, S. 172.

[10] WA 3, S. 147-150 (Original auf Latein).

Das Ich bittet um Weisung, d. h. um Ethos; sie/er will wissen, wie im Licht Gottes gelebt werden soll. Gottes erlösende Schönheit zu sehen und sich Übeltuenden zu widersetzen, gehen Hand in Hand. Die ästhetische Wahrnehmung kann die Zerbrechlichkeit des Lebens hervorheben. Wir könnten dies eine ästhetische Gerechtigkeit nennen, die eine Wahrnehmung des Unsichtbaren ermöglicht. Gegen Ende des Psalmes bringt das Ich zum zweiten Mal den Wunsch zum Ausdruck, Gott zu sehen (Vers 13).

Was wäre, wenn ich nicht die Gewissheit hätte, die schöne Güte des Ewigen im Land der Lebenden zu sehen?

Die zerbrechliche Hoffnung, die Gnade und Güte des Ewigen zu schmecken, wird in einer (verneinten) Frage ausgedrückt. Wie oben bereits erwähnt, verschmelzen im hebräischen Wort *tov* Güte und Schönheit. Es kann parallel zu *ifa* schön gebraucht werden (1.Sam 16,12). Als *tov* (gut und schön) bezeichnete Objekte sind anziehend.[11] Hier schliesst die Bezeichnung die ethische und die ästhetische Bedeutung der Gnade Gottes ein. Das Ich im Psalm findet Zuflucht in dieser Hoffnung und beendet das Gebet in dieser Stimmung (vgl. Ps 31,25). Im abschliessenden Vers versucht die Ich-Stimme, sich zu vergewissern mit den Ermutigungen am Anfang und am Ende des Verses: „Richte dich aus auf den Ewigen!" Auf formaler Ebene schafft die Wiederholung dieser Zeile eine Inklusion, die in der Mitte des Verses die Anrufung des eigenen Herzens hervorhebt. Sei standhaft, und dein Herz wird zeigen, dass es fest ist. Das Herz als Zentrum des Denkens und der Entscheidung wird zeigen, dass es standfest ist. Durch die Wiederholung bringt die Ermutigung („Richte dich aus auf den Ewigen") die Vergewisserung zum Ausdruck. Die poetische und rhetorische Struktur des Verses erzeugt Festigkeit – das Ich gründet sich auf in der Ausrichtung auf Gott hin.

Martin Luther erklärt diesen Vers auf zwei verschiedene Weisen. In Form einer Redaktionskritik *avant la lettre* wird er als sekundär beschrieben. Theologisch betrachtet wirkt er auf der poetischen und anthropologischen Ebene als eine Schlussfolgerung mit affirmativer Kraft: „Dieser Vers ist wie ein Kränzlein".[12]

Psalm 27 vibriert vom Anfang bis zum Ende von der Sehnsucht, an der Fülle der Güte und dem Glanz Gottes teilzuhaben. Die Augen des/der Sprechenden sind ermüdet von all dem Bösen, das sie sehen. Das Ich fühlt

---

[11] Vgl. I. Höver-Johag: „Tov", in: G. Johannes Botterweck und Helmut Ringgren (Hg.): „Theologisches Wörterbuch zum Alten Testament", Band III, Stuttgart, 1986, S. 315-339, hier: S. 318.

[12] In einer Predigt (WA 49, S. 269-270) nennt er den Vers zunächst eine „Glosse" und fügt dann hinzu, dass er eine runde Gestalt ergibt (Kränzlein). Vgl. Erwin Mühlhaupt (Hg.): „D. Martin Luthers Psalmenauslegungen, Psalm 26-90", Band 2, Göttingen, 1962, S. 17.

sich umringt von Menschen, die versuchen, es zu verschlingen und den Leib zu ergreifen. Und doch bekräftigt das Ich, dass es sich nicht fürchten würde, auch wenn ein Krieg gegen es entbrennt. Der Mensch wünscht sich, neu zu sehen, d. h. im Licht der Güte des Ewigen zu sehen. Das staunende Schauen wird erhellt durch Gottes Strahlkraft und Güte. Psalm 27 entfaltet, wie unsere Wahrnehmung sich verändert im Licht der Schönheit und Lieblichkeit, wenn seligmachende Lieblichkeit Licht über Gewalt strömen lässt. Als Kritik an ungerechten Situationen bringt die Ehrfurcht gebietende Schönheit Gottes die Weltordnung ins Wanken.

Diese Beziehung zwischen Ästhetik und Gerechtigkeit wird in gleicher Weise in Psalm 17 unterstrichen, der mit einer Reihe von Bitten beginnt:

> Höre Ewiger, o Gerechtigkeit, merk auf mein Schreien, vernimm mein Gebet.

„Gerechtigkeit" ist das dritte Wort des Verses und steht unverbunden in der Mitte der Bitte (Vers 1a). Die ersten Übersetzer stolperten darüber und versuchten, dieses Hervorbrechen der Gerechtigkeit abzumildern, indem sie es grammatikalisch direkt mit Gott verbanden. Das Thema des Strebens nach Gerechtigkeit durchdringt den Psalm, wobei Gerechtigkeit als ein relationaler Begriff verstanden wird: Gottes Gerechtigkeit erleuchtet die der Ich-Stimme (Vers 2.14). Der/die Ich-Sprechende bestätigt dies: „Deine Augen sehen, was recht ist" (Vers 2). Ausserdem wird die Körperlichkeit betont, indem Gerechtigkeit mit den eigenen ästhetischen Sinneserfahrungen verbunden wird (Vers 15):[13]

> Ich aber will schauen dein Antlitz in Gerechtigkeit,
> ich will satt werden, wenn ich erwache, an deinem Bilde.

Wenn die Sinne am Morgen erwachen, sättigt das Bild Gottes die Ich-Stimme. Sein/ihr ganzes menschliches Wesen wird berührt. Schliesslich wird der Körper durch das Schauen von Gottes Antlitz gesättigt. Während der/die Betende am Anfang des Psalms von Gott ein gerechtes Urteil erbittet (Verse 2 und 3), sagt er/sie am Ende des Psalms, dass er/sie jetzt auf Gerechtigkeit ausgerichtet ist (Vers 15a). Gerechtigkeit wird als eine relationale Grösse in der Einzigartigkeit des Geschehens verwirklicht. Mit dem von Kryszof Ziarek benutzten Begriff könnte man dies „po/et(h)ische Gerechtigkeit" nennen:[14] „Ganz anders als die gesetzlichen und ethischen

---

[13] Vgl. Erbele-Küster, a. a. O. (Fussnote 5), S. 187.

[14] Vgl. Krysztof Ziarek: „Poetic justice", in: Oren Ben-Dor (Hg.): „Law and Art. Justice, Ethics and Aesthetics", New York, 2011, S. 33-44, hier S. 43. Eine „Gerechtigkeit", die darauf hinweisen soll, dass weder Gesetz noch Ethik und ganz gewiss nicht imperiale Macht hier als bestimmende Perspektive dienen sollen", S. 34.

Vorstellungen von Gerechtigkeit ist diese ‚Gerechtigkeit' eminent poetisch, indem sie einen Massstab verlangt, der die Debatten über Gerechtigkeit verschiebt und entscheidend neu ausrichtet." Nach Psalm 27 und dem gerade ausgelegten Psalm 17 offenbart Po/et(h)ik sich im Handeln gegen diejenigen, die ungerechte und verräterische Taten ausüben.

GOTTES PO/ET(H)IK AFFIZIERT

In einem zweiten und abschliessenden Schritt sollen allgemeine Aspekte po/et(h)ischer und kontextueller Lesarten der Psalmen herausgearbeitet werden. Luthers Auslegungen der Psalmen dienen als Impuls für unsere Psalter-Hermeneutik aus einer lutherischen Perspektive.

Beim Lesen der Psalmen geht es entscheidend um die Rolle ästhetischer Wahrnehmung, somit um die Rolle der Ästhetik für die Ethik. Wie von Brian Brock dargelegt wurde, „ist Luthers Ethik nicht auf Vorschrift, sondern auf Wahrnehmung und Zuwendung ausgerichtet", was impliziert, dass die Art und Weise, wie er die Psalmen liest, seine Ethik erneuert.[15]

Gemäss der griechischen Philosophie haben ästhetische Erfahrungen eine dreifache Form: 1. *poiesis* bezieht sich auf den produktiven und kreativen Aspekt der ästhetischen Erfahrung; 2. *aisthesis* bezieht sich auf die rezeptive Erfahrung; während *catharsis* sich auf den transformativen und befreienden Aspekt bezieht (3.).[16] Dieses dreigeteilte Modell zeigt, dass eine dualistische Entgegensetzung von einem aktiven und einem passiven Teil beim Lesen der Psalmen eine irreführende Verkürzung ist. Alle diese Dimensionen gehören zum Kern der ästhetischen Erfahrung. Rezeption und Produktion sind miteinander verwoben.

In gleicher Weise beschreibt Psalm 40,4 im hebräischen Text (der in den meisten englischen Übersetzungen dem Vers 3 entspricht) diese wechselseitige Verbindung zwischen der Poetik Gottes und dem von uns erzeugten Werk: „Er [Gott] hat mir ein neues Lied in meinen Mund gegeben, zu loben unsern Gott." Dieses Lied geht von Gott aus und fliesst zu Gott zurück. In Situationen, in denen man verzweifelt ist und keine Worte findet, schenkt Gott neue Worte. Das Lied der Ich-Stimme ist Gottes Lied und umgekehrt, das Lied Gottes ist das Lied der Ich-Stimme. Gottes Schönheit bewegt den Sprecher/die Sprecherin. In dieser Wirkung liegt eine transformative

---

[15] Brian Brock in dieser Publikation. Vgl. auch Brian Brock: „Singing the Ethos of God: On the Place of Christian Ethics in Scripture: On the Place of Scripture in Christian Ethics", Grand Rapids, 2007.

[16] Vgl. Hans Robert Jauss: „Ästhetische Erfahrung und literarische Hermeneutik", München, 1977, S. 62f.

ethische Kraft. Die Poetik lässt den Verfasser/die Verfasserin und die Lesenden des Psalms poetisch singen. Wie wir in unserer Auslegung von Psalm 27 und anderen Psalmen gesehen haben, wirkt sich Gottes Poetik auf die Ich-Stimme und den Exegeten/die Exegetin aus. In gewissem Sinne fallen beide zusammen, wofür Martin Luther ein prominentes Beispiel ist.

LUTHERISCHE PO/ET(H)IK

Martin Luthers Sprache ist bildhaft, und er selbst wurde zum Poeten; in seinen Auslegungen der Psalmen verwendet er konkrete Bilder. Er ist ziemlich deutlich, geradezu drastisch in seinen Beschreibungen. Martin Luthers poetische Lektüre und Neuschreibungen der Psalmen dienen als ein Anreiz für unsere poetische Kreativität. Wenn Poesie (Poetik) uns im Inneren bewegt, dann kann das Lesen selbst ein Akt mit transformativer ethischer Kraft werden. Luther nennt dies einfach „das Wort", was dessen wirksame und gestaltende Kraft impliziert. In seiner Praxis waren Exegese und Umsetzung der Psalmen miteinander verbunden. Auslegung der Psalmen führt zum Singen und Neuverfassen der Psalmen und umgekehrt, wenn wir empfindsam für die poetische und ästhetische Struktur sind. Das Lesen der Psalmen im Lichte Luthers kann ein engagiertes Lesen und Aufführen der Psalmen genannt werden.

Der einleitende Psalm des Psalters (Psalm 1,3) benutzt ein onomatopoetisches Wort (hgh) für diese Tätigkeit des Studierens der Tora bzw. der Psalmen. Der Klang dieses hebräischen Wortes ist in der Kehle zu spüren und erinnert an ein „Verlangen in der Kehle" wie das Brüllen von Löwen (Jesaja 31,4) und das Gurren von Tauben (Jesaja 38,14). Das Studieren der Psalmen ist also kein Meditieren so wie es die lateinische Übersetzung meditari nahelegen könnte. Für den ehemaligen Mönch Luther ist es (nicht mehr) eine Übung, die im Schweigen von Mönchen hinter geschlossenen Türen vollzogen wird, sondern ein fröhliches Tun in der Öffentlichkeit: das Wort singen und sprechen.[17] In „Operationes in Psalmos" (1519-1521) unterstreicht Luther ebenfalls diese wunderbare Metapher, wenn er in Anspielung auf Augustins Auslegung im Sinne des lateinischen Wortes garrire, zwitschern und schnattern, das Wort eine Übung fröhlicher Vögel nennt.[18]

---

[17] Vgl. Luther in seiner Predigt „Die Lust am Gesetz", in: Erwin Mühlhaupt (Hg.): „D Martin Luthers Psalmenauslegungen, Psalm 1-25", Band 1, Göttingen, 1959, S. 20: „Es geht nicht nur ums Meditieren, man muss (mit dem Wort) umgehen, gern davon reden und singen." (WA 49; S. 223-232).

[18] Vgl. Gerhard Hammer und Manfred Biersack (Hg.): „D Martin Luther, Operationes in Psalmos, Teil II: Psalm 1-10", Archiv zur Weimarer Ausgabe, Bd. 2, Köln/

(LUTHERS) ÜBERSETZUNG ALS KONTEXTUALISIERUNG

Übersetzerinnen und Übersetzer bewegen sich zwischen Kulturen und Sprachen. Martin Luther verbrachte viel Zeit und Energie mit dieser Tätigkeit. Seine Übersetzungen der Psalmen und der Bibel als ganzer in die Volkssprache inspiriert uns heute noch. In seinem Nachwort in der revidierten Ausgabe des Psalters betont Luther seinen Wunsch, dem Deutschen, der Sprache, in die er die Psalmen übersetzte, näher zu sein. Sie sollten wie Lieder in der Muttersprache und in der Sprache des Kontextes klingen.[19] In der Tat, wie Georg Steiner es formuliert: „Der Übersetzer [die Übersetzerin] dringt ein, raubt und heimst ein."[20] Dieser Gedanke der Kontextualisierung kommt schon im Titel der Ausgabe von Martin Luthers übersetztem Psalter „Psalter Deutsch" zum Ausdruck.

Seine Übersetzungspraxis geht Hand in Hand mit dem kontextuellen Gebrauch des Psalters in der Reformationszeit. Die meisten Lieder der Reformation wurden zunächst als Flugblätter gedruckt und erfuhren so eine Verbreitung unter dem Volk.[21] Während in der reformierten Tradition seit der Zeit Calvins über die Jahrhunderte das gleiche Psalter-Gesangsbuch in Gebrauch gewesen ist, wurde in der lutherischen Tradition das Neuverfassen von Psalmen und das Komponieren neuer Psalmen beliebt. Das bekannte Kirchenlied „Ein feste Burg ist unser Gott" ist ein herausragendes Beispiel dafür.[22] In einem Brief an Georg Burkhardt (1523) stellte Luther die Frage, ob er wie Heman, Asaph oder Yedutun wäre, das heisst wie ein Mitglied der Psalmgilden, die Psalmen verfassten.[23] Alle diese Bemühungen, Lieder in der Volkssprache zu schaffen, führen zu einer Stärkung der Gemeinschaft. In diesem Sinne möchte ich die Notwendigkeit „neuer" Psalmen

---

Wien 1981, S. 42, Psalmum primum 1,2; siehe Lubomir Batkas Beitrag in dieser Publikation.

[19] Vgl. Luther: „Nachwort 1531", WA DB 10/1, S. 590, Zeile 45f. „wie man mit Dolmetschen neher und neher kompt" und vgl. „Summarien über die Psalmen und Ursachen des Dolmetschens", 1531/33, WA 38, S.9-21.

[20] George Steiner: „Nach Babel. Aspekte der Sprache und des Übersetzens", Frankfurt a. M., 1994, S. 314.

[21] Vgl. Inka Bach und Helmut Galle: „Deutsche Psalmdichtung vom 16. bis 20. Jahrhundert. Untersuchungen zur Geschichte einer lyrischen Gattung", *Quellen und Forschungen zur Sprach- und Kulturgeschichte der germanischen Völker 95*, Berlin/New York, 1989.

[22] Roger Wanke (in dieser Publikation) verwies auf das kontextuelle Lesen von Psalm 94 als ein Trost in Zeiten der Not und einer Nachkriegssituation im Jahr 1526. Als wir während der Konferenz in der Nähe der Wartburg untergebracht waren und zu Fuss eine Art Pilgerwanderung zur Burg hoch machten, konnten wir uns hineindenken in Luthers Neudichtung des Psalms.

[23] Vgl. WAB 3, S. 220.

und den Bedarf an Übersetzungen hervorheben, die den hermeneutischen Voraussetzungen der eigenen Gemeinschaft entsprechen. Lassen Sie mich zu der eingangs gestellten Frage nach den Kriterien gegen den Missbrauch von Psalmen zurückkehren. Diese können erhoben werden in der kontextuellen Verwurzelung des Psalms jeweils in Verbindung mit poetischer Gerechtigkeit. Psalm 17 und Psalm 27 verbinden die Schönheit Gottes mit der Gerechtigkeit Gottes. So machen uns die poetischen und ästhetischen Empfindungen beim Lesen der Psalmen die Schönheit des *Anderen* bewusst.

Autorinnen und Autoren

Batka, Dr. Ľubomír, Dekan, Fakultät für Evangelisch-Lutherische Theologie, Comenius-Universität Bratislava, Slowakei

Bieler, Prof. Dr. Andrea, Professorin für Praktische Theologie, Kirchliche Hochschule Wuppertal/Bethel, Deutschland

Brock, Dr. Brian, Wissenschaftlicher Mitarbeiter, Moral und Praktische Theologie, University of Aberdeen, Vereinigtes Königreich

Dicke, Prof. Dr. Klaus, Rektor und Professor für Politikwissenschaften und Ideengeschichte, Friedrich-Schiller-Universität Jena, Deutschland

Erbele-Küster, Dr. Dorothea, Wissenschaftliche Mitarbeiterin, Johannes Gutenberg Universität Mainz, Deutschland

Grosshans, Prof. Dr. Hans-Peter, Professor für Systematische und Ökumenische Theologie, Evangelisch-Theologische Fakultät, Westfälische Wilhelms-Universität Münster, Deutschland

Hausmann, Prof. Dr. Jutta, Vorsitzende, Fachbereich Altes Testament, Lutherisch-Theologische Universität, Budapest, Ungarn

Hentschel, Dr. Anni, Wissenschaftliche Mitarbeiterin, Fachgebiet Neues Testament und Geschichte der Alten Kirche, Goethe-Universität, Frankfurt a. M., Deutschland

Hossfeld, Prof. Dr. Frank-Lothar, Professor em. für Altes Testament, Katholisch-Theologische Fakultät, Rheinische Friedrich-Wilhelms-Universität Bonn, Deutschland

Junge, Pfr. Martin, Generalsekretär, Lutherischer Weltbund, Genf, Schweiz

Koester, Pfr. Dr. Craig R., The Asher O. and Carrie Nasby Professor für Neues Testament, Luther Seminary, Saint Paul, Minnesota, USA

Körting, Prof. Dr. Corinna, Professorin für Altes Testament und altorientalische Religionsgeschichte, Fachbereich Evangelische Theologie, Universität Hamburg, Deutschland

Masenya, Prof. Dr. Madipoane J., Professorin für Altes Testament, University of South Africa, Südafrika

Melanchthon, Dr. Monica Jyotsna, ausserordentliche Professorin für Altes Testament, University of Divinity, Melbourne, Australien

Mtata, Pfr. Dr. Kenneth, Referent für lutherische Theologie, Praxis und Ausbildung, Lutherischer Weltbund, Genf, Schweiz

Niebuhr, Prof. Dr. Karl-Wilhelm, Professor für Neues Testament, Theologische Fakultät, Friedrich-Schiller-Universität Jena, Deutschland

Nõmmik, Dr. Urmas, Dozent für Altes Testament und Semitistik, Theologische Fakultät, University Tartu, Estland

Rose, Prof. Dr. Miriam, Professorin für Systematische Theologie, Theologische Fakultät, Friedrich-Schiller-Universität Jena, Deutschland

Wanke, Dr. Roger Marcel, Dozent für Altes Testament, Faculdade Luterana de Teologia, São Bento do Sul, Brasilien

Westhelle, Prof. Dr. Vítor, Professor für Systematische Theologie, Lutheran School of Theology at Chicago, USA

Beat Weber | Torsten Uhlig (Hrsg.)
**»Wie ein Baum, eingepflanzt
an Wasserrinnen« (Psalm 1,3)**
Beiträge zur Poesie und Theologie
von Psalmen und Psalter für
Wissenschaft und Kirche
*Arbeiten zur Bibel und ihrer
Geschichte (ABG) | 41*

544 Seiten | Hardcover | 15,5 x 23 cm
ISBN 978-3-374-03228-0
EUR 74,00 [D]

Der Band vereint Beiträge von Beat Weber zur neueren Psalmenforschung. Der erste Teil führt in den Ansatz des »poe-
tologischen Zugangs« zu den Psalmen ein und reflektiert die
Auswirkungen eines kanonischen Ansatzes für die Exegese
des Psalters und seiner Psalmen. Diese Zugänge werden
konkretisiert in Studien zu Einzelpsalmen im zweiten Teil
und zu Psalmengruppen und ihrer Theologie und Träger-
kreisen im dritten Teil. Darin zeigt sich, wie fruchtbringend
die Korrelation der Exegese der Einzelpsalmen und der
Wahrnehmung ihrer Verflechtung innerhalb der Psalmengruppen ist. Der Sammelband schließt mit der Beschreibung
der seelsorglichen Relevanz der Psalmen und der Wiedergabe einiger Predigten des Autors über sie und zeigt damit
eines seiner Anliegen an: die fruchtbringende Verknüpfung
von wissenschaftlicher Arbeit und kirchlichem Handeln.

EVANGELISCHE VERLAGSANSTALT
Leipzig www.eva-leipzig.de

Tel +49 (0) 341/ 7 11 41 -16   vertrieb@eva-leipzig.de